JN445682

당신의 하나님,
나의 하나님,
그리고 우리 하나님

| 김종식 지음 |

하

쿰란출판사

김종식 장로의 글에 나타난 성경 속 인물들을 보면 묘사가 정말 디테일하게 잘되었다. 창세기의 인물 중 아브라함 믿음의 여정이나 야곱의 고난 등은 우리가 대략적으로 알고는 있으나, 유다의 회심, 요셉의 이야기 등은 그 어디에서도 들어보지 못한 것이다. 무심코 읽고 넘겼을 성경 속 인물의 삶을 보면서 덮었던 성경을 다시 한 번 열어보게 한다.

특히 유다 지파와 에브라임 지파에 이르게 되면 그는 아주 엉뚱한 주장을 하고 있다. 출애굽 당시 유다 지파 안에는 유다 지파보다 더 많은 이방인들이 섞여 있다고 주장하고 있다. 그는 이 논리를 위해 인구증가율을 직접 대입하고 갈렙이 이방인이었다는 것 등 다수를 그 증거로 제시하였다.

요셉의 아들인 에브라임 지파에 대해서는 이스라엘 민족이 출애굽하기 전에 이미 가나안 땅에 터전을 잡고 있었다고 주장한다. 그는 그에 대한 강력한 증거로 여호수아가 세겜에서 의식을 행할 때, 이스라엘 백성과 본토인, 이방인을 모두 이 의식에 참여시켰다는 것을 근거로 제시하였다. 즉 그 모든 사람들을 하나님의 율법으로 하나로 묶기 위한 의식을 행했다는 것이다.

그의 논리에 따르다 보면 모세의 율법이 결코 이스라엘 민족만을 위한 율법이 아니었으며, 구약시대에도 주변의 많은 이방 족속들이 하나님을 믿고 따랐다는 것이 된다. 조금 위험한 발상이지만, 그의 글을 읽으면 그가 성경 속에서 찾아낸 여러 증거들을 좇아가다 보면 이 책을 읽는 독자들도 고개를 끄덕이게 될 것이다.

그래서 우리가 알고 있는 율법과 구약 성경의 개념을 좀 넓게 보게 되어 어느새 저자의 생각처럼 눈이 밝아지는 것을 느끼게 될 것이다.

아무쪼록 독자들도 이 책을 통하여 성경을 다시 한 번 생각할 수 있는 계기가 되었으면 한다.

대한예수교장로회(통합) 제107회 총회장
C채널방송 사장 이순창 목사

저자의 글은 우리가 읽었던 어느 성경 주석서보다 신선함이 있다. 그의 글은 인물별로 구약과 신약 성경의 주요 인물을 아주 디테일하게 묘사하여 이 책을 다 읽으면 성경을 다 읽은 것 같은 착각을 느끼게 된다.

성경에는 간단하게 쓰여진 인물들을 그 당시의 지형들과 사건들을 분석하여 아주 디테일하게 설명하고 있으며, 그로 인하여 그들이 겪었을 당시의 상황들을 실감나게 표현하였다. 그래서 그의 글을 읽고 성경을 다시 본다면 좀더 하나님을 이해할 수 있게 된다.

특별히 율법에 있어서 그 율법이 매우 엄격하여 지키기 어려운 것이라 생각되어 정신을 번쩍 들게 하는 것이 있다. 우리는 율법을 공부하기 위해 많은 시간을 들이지만, 그의 글을 읽으면 율법 정신을 깨닫게 되고, 예수님이 너희가 모세도 성경도 오해했다고 하는 말의 뜻을 이해하게 된다.

하나님이 율법 정신에 대하여 말라기 선지자를 통하여 포로에서 돌아온 백성들에게 수없이 많은 경고를 보냈지만, 그들은 그 뜻을 이해하지 못했고 결국 예수님이 오실 때까지 400여 년간 하나님을 모르고 방황하게 된다.

그는 '말라기 이후 침묵하신 하나님'이라는 글에서 그 이유를 자세히 설명하고 있다. 에스라와 느헤미야만 읽은 성도라면 그들의 행동에 대한 잘못을 찾을 수 없지만, 동시대의 선지자 말라기가 외쳤던 말씀들을 통하여 그들의 잘못된 행동을 찾아볼 수 있다.

예수님이 오셨을 때 백성의 지도자들이 하나님을 잘못 섬긴 것에 대한 지적을 했는데, 복음서를 읽는 독자들은 백성의 지도자들의 잘못을 잘 찾아내지 못한다. 그런데 하나님을 떠나게 된 동기가 하나님을 열심히 섬겼다고 말하는 에스라와 느헤미야 때부터 이미 이것들이 조금씩 백성의 지도자들에게 스며들기 시작했다는 것을 알게 되면 신약 성경 그 어디에서도 에스라와 느헤미야를 인용하지 않은 이유를 알게 된다.

아무쪼록 독자들 모두 이 책을 읽으며 성경을 보는 눈과 하나님을 보는 눈이 더 넓어지기를 원한다. 그래서 이 책은 목회자들에게 유익이 있겠지만, 참하나님을 찾고자 하는 성도들에게 유익한 책이 될 거라는 것에는 의심의 여지가 없다.

글로벌선진학교 교장

강성봉 목사

이 글을 읽기에 앞서

나는 초등학교 2학년 때 처음 교회당에 발을 들였다. 가정환경이 그리 썩 좋지 않아 주일마다 주일학교에서 지내는 시간이 좋았다. 그 뒤로 여러 번 서울에서 시골로, 다시 서울 여러 곳으로 이사를 다녔지만, 나는 한 번도 교회를 떠난 적이 없었다. 주일학교에서 학생회, 청년회, 군대 생활 등을 거치면서 교회에서의 생활이 내 삶의 전부였다.

신앙의 변곡점을 맞이한 것은 아버지의 죽음 때문이었다. 아버지는 암 투병 중 나를 따라 교회에 다니셨지만, 큰 차도 없이 돌아가셨다. 마지막 임종 때 얼굴이 일그러지고 고통스러워하시던 모습을 40여 년이 된 지금도 잊을 수가 없다. 그 충격에 나는 6개월이 넘는 시간 동안 예배에 참석하지 않으면서 새번역을 포함한 여러 역본을 가져다 놓고 읽었다. 그러던 중 지금은 아내가 된 한 여인의 권유로 복음집회에 참석하게 되었다. 성경에 기록된 역사적이고 과학적인 내용을 통해 우주만물을 창조하신 분이 하나님이라는 것을 확실히 깨달을 수 있었다. 20년 동안 교회에 다니면서 처음 들은 내용이었다. 그런데 마지막 예수 그리스도에 대한 복음의 말씀은 지난 20여 년간 들었던 말씀과 똑같아 전혀 새롭게 다가오지 않았다.

그럼에도 모든 말씀 중 구원을 받으면 절대로 지옥에 가지 않는다는 말씀은 그전까지 들어본 적이 없는 말씀이었다. 그전까지는 매주 일요일 예배당에 나와 지난 일주일간 지은 죄를 자복하고 용서받아야 갈 수 있다고 들었기 때문이다. 나는 복음을 들은 후 집에서 요한복음과 로마서를 집중적으로 읽으면서 인도자의 말씀을 검증하려고 하였다. 그러던 중 다음의 말씀을 읽으면서 요동치는 마음을 진정시킬 수 있었다.

"그리스도께서 죽은 자 가운데서 다시 살아나셨다 전파되었거늘 너희 중에서 어떤 이들은 어찌하여 죽은 자 가운데서 부활이 없다 하느냐 만일 죽은 자의 부활이 없으면 그리스도도 다시 살지 못하셨으리라 그리스도께서 만일 다시 살지 못하셨으면 우리의 전파하는 것도 헛것이요 또 너희 믿음도 헛것이며 또 우리가 하나님의 거짓 증인으로 발견되리니 우리가 하나님이 그리스도를 다시 살리셨다고 증거하였음이라 만일 죽은 자가 다시 사는 것이 없으면 하나님이 그리스도를 다시 살리시지 아니하셨으리라 만일 죽은 자가 다시 사는 것이 없으면 그리스도도 다시 사신 것이 없었을 터이요 그리스도께서 다시 사신 것이 없으면 너희의 믿음도 헛되고 너희가 여전히 죄 가운데 있을 것이요 또한 그리스도 안에서 잠자는 자도 망하였으리니 만일 그리스도 안에서 우리의 바라는 것이 다만 이생뿐이면 모든 사람 가운데 우리가 더욱 불쌍한 자리라"(고전 15:12~19).

사도 바울의 너무도 확신에 찬 이 고백으로 나의 신앙이 완전히 바뀌게 되었다. 내 나이 29세 때였다. 그 후로 내 신앙은 온통 그리스도를 아는 것에 맞추어지게 되었다.

그런데 교회 내에서 열심인 성도들을 중심으로 성령 충만을 받았다는 이야기가 돌면서, 우리는 성령 충만으로 다시 구원을 받아야 하며, 이것을 경험하지 않은 성도는 구원받은 것이 아니라는 거짓된 사실이 전파되기 시작했다. 이것으로 교회가 나뉘었고, 급기야 그들을 출교하기에 이르렀다. 이런 일이 주기적으로 발생했고, 그때마다 교회는 소용돌이에 휩싸이게 되었다. 그들의 주장은 대체로 이 말씀을 근거로 시작되었다.

> "내가 그리스도와 함께 십자가에 못 박혔나니 그런즉 이제는 내가 산 것이 아니요 오직 내 안에 그리스도께서 사신 것이라 이제 내가 육체 가운데 사는 것은 나를 사랑하사 나를 위하여 자기 몸을 버리신 하나님의 아들을 믿는 믿음 안에서 사는 것이라"(갈 2:20).

즉 자신의 삶을 버리고 온전히 그리스도처럼 살지 않으면 아무리 열심히 교회에 다니더라도 완전한 구원을 받은 것이 아니므로 다시 구원을 받아야 한다는 것이었다. 이것은 결국 한 번 구원을 받더라도 세상 정욕에 얽매이면 구원을 잃어버리게 되므로 매 주일 교회에 나와 회개해야 한다는 일반적인 교회에서 가르치는 것과 형태만 다를 뿐 동일한 내용이었다.

일반적으로 구원의 메시지는 **'이신칭의'**(以信稱義)의 교리를 따르기에 명확하게 정의할 수 있지만, **'성화'**(聖化)의 단계는 개개인이 하나님과의 관계에서 이루는 것이므로 명확히 정의하거나 검증할 방법이 없다. 성화는 갈라디아서의 말씀과 같이 그리스도와 합하는 경지에 이르는 단계라고 하지만, 이것은 너무 막연하고 하나님과 성도 개개인의 체험에 따라 다르게 다가온다. 그래서 이 말씀으로 이 경지에 이르지 못하면 완전한 구원이 아니라고 했을 때, 교회는 혼란에 빠질 수밖에 없었던 것이다.

온전히 **'성화'**의 단계에 이른 성도도 없고, 이것을 올바른 방향으로 이끌 인도자도 없었기에 교회는 항상 **'칭의'**의 단계에 머물러 있었다.

느헤미야서에 나오는 예루살렘 성벽에서 10개의 성문은 많은 영적인 메시지를 전한다. 누구나 똑같겠지만, 나 역시 첫 번째 문인 **'양문'**에서 **'칭의'**를 얻은 즉시 소속된 사회에 나아가 복음을 전하는 데 많은 시간을 보냈다. 즉 구원의 기쁨에 **'어문'**으로 나아가 많은 사람에게 복음을 전했던 것이다. 그러나 20여 년간의 교회 생활로 얻은 전투력은 겨우 10퍼센트 정도에 불과하여 전도에 별반 도움이 되지 못했고, 오히려 세상 사람들과 어울리는 빌미만 제공할 뿐이었다. 즉 **'옛문'**에 걸려 옛사람을 벗어버리고, 새사람을 입지 못했던 것이다(엡 4:22~24). 결국 나는 옛사람과 새사람 사이에서 방황하다가 아주 오랫동안 깊은 **'골짜기문'**에 떨어졌다. 실제로 많은 성도가 **'골짜기문'**에서 방황하다 세상으로 돌아가 버리곤 한다.

'분문'에 이르러 자아를 내려놓고 **'샘문'**에서 새롭게 되는 경험을 해야 하는데, 그 경지에 이르면 교회는 또다시 내쫓는 일을 반복했기에 **'분문'**을 거쳐 **'샘문'**으로 나아가기를 꺼리기도 했다. 그리고 교회에 올바로 가르치는 인도자가 없었기에, **'샘문'**이라는 **'성화'**의 단계에 이르게 되면 그들 역시 이것이 마치 새로운 구원인 양 착각하면서 떠들고 다녔던 것이다.

나에게서 이 경험은 우연히 찾아왔다. 나는 성경 배우는 것을 워낙 좋아했기 때문에 많은 주석서도 보고 늘 성경을 손에서 놓지 않았는데, 하나의 말씀이 오랫동안 내 마음을 짓누르고 있었다. 교회에 오래 다닌 사람이라면 설교를 통해서도 여러 번 들었을 텐데, 사울이 하나님의 명령을 거역하여 하나님께 버림받는 사건을 기록한 내용이었다(삼상 15:13~23).

설교자들은 대부분 **"여호와께서 번제와 다른 제사를 그 목소리 순종하는 것을 좋아하심같이 좋아하시겠나이까 순종이 제사보다 낫고 듣는 것이 수양의 기름보다 나으니 이는 거역하는 것은 사술의 죄와 같고 완고한 것은 사신 우상에게 절하는 죄와 같음이라"**(삼상 15:22~23)라는 구절에 초점을 맞추지만 나는 그때 사무엘의 호통에 대한 사울의 대답으로 큰 근심에 싸였다.

"그것은 무리가 아말렉 사람에게서 끌어온 것인데 백성이 **당신의 하나님 여**

호와께 제사하려 하여 양과 소의 가장 좋은 것을 남김이요 그 외의 것은 우리가 진멸하였나이다"(삼상 15:15).

"나는 실로 여호와의 목소리를 청종하여 여호와께서 보내신 길로 가서 아말렉 왕 아각을 끌어왔고 아말렉 사람을 진멸하였으나 다만 백성이 그 마땅히 멸할 것 중에서 가장 좋은 것으로 길갈에서 **당신의 하나님 여호와**께 제사하려고 양과 소를 취하였나이다"(삼상 15:20~21).

"내가 범죄하였을찌라도 청하옵나니 내 백성의 장로들의 앞과 이스라엘의 앞에서 나를 높이사 나와 함께 돌아가서 나로 **당신의 하나님 여호와**께 경배하게 하소서"(삼상 15:30).

그때 사울은 사무엘에게 세 번씩이나 '**당신의 하나님 여호와**'께 제사하려고 양과 소를 남겼다고 말한다(삼상 15:15, 21, 30).

사울은 하나님이 선택하신 왕인데 그는 왜 '**나의 하나님**'이라 하지 않고 '**당신의 하나님**'이라고 했을까? 아니, '**나의 하나님**'이라 하지 않더라도 적어도 '**여호와 하나님**'이라고만 했어도 되었을 텐데, 왜 굳이 '**당신의 하나님 여호와**'라고 했을까? 다윗은 어려움 속에 있으면서도 평생 '**나의 하나님**'을 외치고 살았는데 똑같은 왕으로서 사울은 왜 그러지 못했을까?

사울은 왕이 되고 2년이 흘렀을 때 블레셋과 전쟁을 치렀다. 그 당시 이스라엘의 병사는 겨우 3천 명에 불과했으나, 블레셋은 병거가 3만에 마병이 6천, 그리고 백성은 해변의 모래와 같이 많았다. 이에 모든 이스라엘이 떨었고, 개중에는 굴과 수풀과 바위틈과 은밀한 곳과 웅덩이에 숨었고, 어떤 히브리 사람은 아예 요단강을 건너 갓과 길르앗 땅으로 도망쳤다. 사무엘이 와서 번제를 드리도록 되어 있었는데, 무려 이레를 기다려도 사무엘이 도착하지 않자 다급해진 사울이 자신이 제사장이 되어 번제를 드린다. 그런데 번제 드리기를 마치자 사무엘이 도착하였고, 그는 하나님 앞에 범죄한 사울을 책망한다(삼상 13:1~9). 번제는 제사장이 아닌 외인이 드리면 죽임을 당하도록 되어 있었기 때문에(민 3:10), 반드시 제사장이 드려야 했다(민 16:39~40, 대하 26:16~21).

"왕이 망령되이 행하였도다 왕이 **왕의 하나님 여호와**께서 왕에게 명하신 명령을 지키지 아니하였도다 그리하였더면 여호와께서 이스라엘 위에 왕의 나라를 영영히 세우셨을 것이어늘, 지금은 왕의 나라가 길지 못할 것이라 여호와께서 왕에게 명하신 바를 왕이 지키지 아니하였으므로, 여호와께서 그 마음에 맞는 사람을 구하여 그 백성의 지도자를 삼으셨느니라"(삼상 13:13~14).

사무엘은 비록 사울을 책망하였지만, 그때 분명히 하나님에 대한 호칭을 **'왕의 하나님 여호와'**라고 하였다. 즉 하나님께 범죄하였을지라도 여전히 사울에게 하나님은 **'나의 하나님 여호와'**였다. 사무엘도 그것을 인정하였다. 그랬기 때문에 그는 **'당신의 하나님 여호와'**가 아니라 자신 있게 **'나의 하나님 여호와'**라고 말할 수 있어야 했다.

그럼에도 그로부터 20여 년이 흐른 시점에 아말렉과의 전투에서 또다시 하나님의 말씀을 어긴다. 아말렉의 모든 것을 진멸하지 않았고, 그 소유물도 좋은 것을 남겨 자신의 전리품으로 삼았던 것이다. 그리고 사무엘이 책망하자 **'당신의 하나님 여호와'**께 제사하려 남겼다고 변명하였다. 사울은 자신의 범죄와 상관없이 **'나의 하나님 여호와'**라고 고백해야 했음에도 왜 **'당신의 하나님 여호와'**께 제사하기 위하여 남겼다고 말했던 것일까?

그는 하나님의 선택과 상관없이 평생 자신의 삶을 하나님께 의뢰하지 않았다는 것을 단 두 단어[당신의 하나님: thy(your) God]로 인정해 버렸다. 구약에서 하나님께 선택받았다는 것을 오늘날 우리에게 적용하면 그리스도인이 되었다는 의미일 수도 있는데, 그날까지 사울은 자신을 선택한 여호와 하나님을 **'나의 하나님'**으로 부르지 못했다.

이는 곧 구원받은 그리스도인도 하나님을 **'나의 하나님'**이라고 말할 수 없다는 말인가? 그러면 나는 하나님을 **'나의 하나님'**이라 부른 적이 있었던가? 내 평생의 모든 문제를 하나님께 의뢰하고 그분의 조언을 들었던가? 아니, 나의 모든 문제를 의뢰하지는 않았더라도, 내 삶을 하나님이 보호하시며 인도하시고 있다는 것을 느끼고나 있는 것일까?

아무리 생각해도 그것에 대해 '아멘'으로 대답할 자신이 없었다. 구원받고 10년이 넘는 세월 동안 꾸준히 신앙생활을 해왔으며, 누구보다 성경을 많이 안다고 자부하지만, 내 모든 삶을 하나님께 의뢰하면서 무릎으로 살았는가 하는 질문에는 쉽게 대답할 수 없었다. 결국 나의 하나님이 되지 못했다고 생각하니 두려움이 밀려와 깊은 잠을 이룰 수가 없었다.

하나님이 선택하셨음에도 사울은 왜 여호와 하나님을 '**나의 하나님**'이라 부르지 않아 그때 내 마음을 그리도 답답하게 만들었던 것일까? 그리고 그날 따라 '**당신의 하나님**'이라는 글자가 왜 그렇게도 크게 보였을까?

그 괴로움을 이기지 못해 '나의 하나님'을 찾아 성경을 다시 보기 시작했다. 그랬더니 구약 여러 곳에서 '당신의 하나님'이란 글자와 '나의 하나님'이란 글자를 찾아볼 수 있었다. 그뿐 아니라 하나님이란 글자 앞에 붙은 여러 수식어를 '당신의 하나님'과 '나의 하나님'으로 구별할 수도 있었다. 그리하여 성경 속 믿음의 선진들의 삶을 '당신의 하나님'과 '나의 하나님'이란 관점에서 보게 되었으며, 우리가 알고 있는 많은 믿음의 선진이 처음부터 하나님을 '나의 하나님'으로 믿고 따랐던 것은 아니었음을 알게 되었다. 그래서 정말 훌륭한 믿음의 선진들이 언제부터 진정으로 '나의 하나님'을 고백하게 되었는지 찾아보았다.

이 글은 이러한 나의 고민으로부터 시작하여 믿음의 선진들이 어떻게 진정으로 하나님을 의뢰하였는지를 나름대로 찾아낸 내용이다. 이 글을 읽기에 앞서 구약과 신약에서 정의하는 '나의 하나님'이라 부를 수 있는 자격의 차이에 대해 좀 살펴볼 필요가 있다. 나는 그 자격의 차이를 알지 못했기 때문에 많은 시간을 고민하였던 것이다.

구약에서는 모든 이스라엘 백성이 하나님을 '나의 하나님'으로 부를 수 있는 자격이 있었던 것은 아니었다. 신명기 26장을 보면 후일 이스라엘 민족이 약속의 땅에 들어갔을 때 하나님께 예배하는 방법에 대해 말씀하는데, 하나님은 특별히 '나의 하나님'이라고 부를 수 있는 사람을 당시 제사장으로 한정하셨다.

> "당시 제사장에게 나아가서 그에게 이르기를 내가 오늘날 당신의 하나님 여호와께 고하나이다 내가 여호와께서 우리에게 주리라고 우리 열조에게 맹세하신 땅에 이르렀나이다 할 것이요"(신 26:3).

즉 이스라엘 민족은 당시의 제사장에게 가서 하나님을 '당신의 하나님 여호와'라고 부르도록 가르침을 받았다. 그래서 엘리야 시대에 선지자를 100명이나 숨겼던 아합의 궁내 대신 오바댜도 엘리야 앞에서 하나님을 '당신의 하나님'이라고 불렀던 것이다(왕하 18:3~15).

제사장 외에도 하나님을 '나의 하나님'으로 부를 수 있었던 사람들이 있었는데, 곧 아브라함과 이삭과 이스라엘, 엘리야와 같은 선지자들, 다윗과 솔로몬 같은 왕들이다. 그것은 누가 가르쳤다기보다는 그들이 하나님을 믿고 의지하고 따랐던 덕분에 자연스럽게 그렇게 된 것이다.

그런데 신약에 와서 예수님이 죽고 부활하신 이후, 믿는 자는 누구나 하나님을 **'나의 하나님'**으로 부를 수 있는 자격을 얻었다. 한 번 구원받은 성도가 영원히 **'하나님의 사람'**인 것은, 예수님이 십자가 형벌을 앞에 두고서 세상에 있는 자기 사람들을 사랑하시되 끝까지 사랑하셨기 때문이다(요 13:1). 그래서 예수님은 부활하신 후 **"너는 내 형제들에게 가서 이르되 내가 내 아버지 곧 너희 아버지, 내 하나님 곧 너희 하나님께로 올라간다 하라"**(요 20:17)라고 하시며 우리의 신분을 확정하셨다. 예수님이 십자가에서 죽으시자 성소의 휘장이 위에서부터 아래까지 찢어진 사건은 오직 대제사장만 들어갈 수 있었던 지성소를 예수님의 피로 구원받은 그리스도인에게 열어주었다는 것을 상징적으로 보여준 사건이었다(마 27:51). 그래서 왕과 제사장과 선지자만 부를 수 있었던 **'나의 하나님'**이란 호칭을 그리스도인 모두가 부를 수 있도록 하셨고, 친히 **"오직 너희는 택하신 족속이요 왕 같은**

제사장들이요 거룩한 나라요 그의 소유 된 백성이니"(벧전 2:9)라고 하여 우리 모두를 왕과 제사장과 선지자로 인정하셨다. 이 얼마나 가슴 벅찬 일인가!

그러나 구원받은 많은 그리스도인이 '나의 하나님'이란 칭호를 자신 있게 사용하지 못하고 있다. 그랬기 때문에 내가 성경에서 '당신의 하나님'이란 표현을 보고 밤잠도 제대로 자지 못했던 것이다. 구원받은 즉시 하나님이 우리를 왕과 제사장과 선지자로 삼아 주셨음에도 나는 천지와 우주만물을 창조하신 전지전능한 하나님을 '나의 하나님'으로 섬기지 못하고 제한된 하나님의 능력 가운데 살아가고 있었던 것이다.

그리스도인이 하나님과 마음을 합하여 하나님을 '나의 하나님'으로 섬기고 사는 것은 구원받는 것과는 차원이 다른 이야기다. 이 책에 기록된 믿음의 선진들의 예를 보면 하나님과 마음을 합하는 것이 무엇인지 알 수 있다. 하나님은 우리에게 그들을 통하여 배우라고 하셨다.

> "하나님의 말씀을 너희에게 이르고 너희를 인도하던 자들을 생각하며 저희 행실의 종말을 주의하여 보고 저희 믿음을 본받으라 예수 그리스도는 어제나 오늘이나 영원토록 동일하시니라"(히 13:7~8).

아브라함은 말씀에 순종하여 비옥한 갈대아 우르를 떠나 척박한 가나안으로 왔다. 이삭은 아버지에게 묶여 제물로 죽음 앞에 섰을 때도 하나님과 아버지에게 순종하였다. 야곱은 비록 잔꾀의 대가였지만, 부모에게 순종하여 믿음의 아내를 만날 때까지 70세가 넘도록 결혼하지 않았다. 유다는 요셉을 팔았던 죄책감에 사로잡혀 20년이 넘도록 부모를 떠나 살면서 괴로워했다. 모세는 하나님의 능력이 아닌 애굽의 왕자라는 자신의 능력으로 이스라엘을 바로의 압제에서 구원하려 하였다. 그것으로 인하여 그는 40년이란 긴 세월 동안 광야에서 하나님의 사람으로 깎이고 다듬어져야 했다.

이 외에도 다윗은 소년이었을 때 오직 하나님만 의지하여 골리앗과 맞설 정도로 담대한 신앙의 소유자였으며, 다니엘은 포로로 끌려갔지만 뜻을 정하여 왕의 진미와 그가 마시는 포도주로 자신을 더럽히지 않겠다고 결심하고 실천하였다. 이처럼 이들 모두는 훌륭한 믿음을 소유한 신앙인이었음에도 처음에 그들의 삶은 결단코 평탄하지 않았으며, 오히려 힘들고 고단했다.

처음에 그들이 힘들고 고단했던 것은 삶을 주께 의뢰하기보다는 자기 힘으로, 자기 지혜대로 하나님을 섬겼기 때문이다. 즉 그들은 훌륭한 신앙인이었음에도 자기 생각대로 하나님을 섬겼던 것이다. 아무리 훌륭한 사람이라 할지라도 자아가 살아 있으면 하나님의 일을 할 수 없다. 그래서 하나님은 그들의 자아를 다루셨고, 그들은 고난을 통하여 하나님과 마음을 합하는 훈련을 받았던 것이다.

우리의 삶 가운데서도 혹 어려움이 있으면 하나님이 나도 믿음의 선진들처럼 은혜로 양육하시는 것으로 알고 감사해야 한다. 자녀를 징계하지 않는 부모가 없듯이, 하나님으로부터 징계가 없으면 사생자와 다름없기 때문이다. 그래서 사도 바울은 다음과 같이 분명하게 기록하였다.

> "모든 사람에게 구원을 주시는 하나님의 은혜가 나타나 우리를 양육하시되 경건치 않은 것과 이 세상 정욕을 다 버리고 근신함과 의로움과 경건함으로 이 세상에 살고 복스러운 소망과 우리의 크신 하나님 구주 예수 그리스도의 영광이 나타나심을 기다리게 하셨으니"(딛 2:11~13).

즉 하나님은 우리에게 경건치 않은 것과 이 세상 정욕을 버리고, 근신함과 의로움과 경건함으로 그리스도인의 삶을 살도록 양육하시는 것이다. 그래서 우리는 믿음의 선진들이 그러했듯이 **"그 귀를 내게 기울이셨으므로 내가 평생에 기도하리로다"**(시 116:2)라고 외치면서 하나님만 굳게 잡고 시련을 극복하며, 또 '나의 하나님'을 의지해야 한다.

내 생각을 내려놓고 주님과 마음을 합하는 것이 마치 내가 하는 일인 것 같지만, 사실 이 일을 행하시는 분은 하나님이시다. 이스라엘 민족의 출애굽에서 볼 때, 하나님은 가나안 족속을 일거에 다 멸하시고, 애굽에 있는 이스라엘 민족을 모두 공중으로 들어올려 가나안 땅에 두실 수 있는 능력을 가지신 분이다. 홍해를 가르고, 바위에서 물을 내고, 만나와 메추라기를 주시는 분이라면 충분히 이러한 능력을 행하실 수 있다. 그러나 하나님은 그렇게 하지 않으셨다. 그것은 하나님의 손이 짧기 때문이 아니었다.

하나님은 그 이유를 다음과 같이 말씀하셨다.

> "네 하나님 여호와께서 이 사십 년 동안에 너로 광야의 길을 걷게 하신 것을 기억하라 이는 너를 낮추시며 너를 시험하사 네 마음이 어떠한지 그 명령을 지키는지 아니 지키는지 알려 하심이라 너를 낮추시며 너로 주리게 하시며 또 너도 알지 못하며 네 열조도 알지 못하던 만나를 네게 먹이신 것은 사람이 떡으로만 사는 것이 아니요 여호와의 입에서 나오는 모든 말씀으로 사는 줄을 너로 알게 하려 하심이니라 이 사십 년 동안에 네 의복이 해어지지 아니하였고 네 발이 부릍지 아니하였느니라 너는 사람이 그 아들을 징계함같이 네 하나님 여호와께서 너를 징계하시는 줄 마음에 생각하고 네 하나님 여호와의 명령을 지켜 그 도를 행하며 그를 경외할찌니라"(신 8:2~6).

하나님은 결코 자기 자녀가 억울한 상태에 있거나 비참해지도록 놓아두시지 않는다. 어떤 형태로든 그 모든 것을 갚아 주신다(롬 12:17~19). 비록 **"사람 막대기와 인생 채찍으로 징계"**(삼하 7:14)하시더라도 그것은 하나님 앞에 자기 생각을 내려놓고 하나님과 마음을 합하는 법을 가르치시기 위함이다. 이에 특별히 주의 은혜를 많이 받은 자녀일수록 철저하게 훈련시키신다. 곤경에 빠졌을 때는 교훈을 받을 때까지 방치하시고, 너무 힘들어 주의 도우심을 간구하면 가까스로 구출해 주신다. 그러면서 하나님과 마음을 합할 때까지 그 일을 반복하신다.

이 책에 기록된 야곱, 모세, 사무엘, 다윗, 다니엘, 바울 등 믿음의 선진들은 하나님에 대한 특별한 신앙을 가졌고 하나님의 큰 사랑을 받았지만, 극한의 벼랑 끝에 몰릴 때까지 자아가 강하게 살아 있었던 사람들이다. 그러나 벼랑 끝에서 어찌할 수 없었을 때, 그들은 무릎을 꿇었고 진정 '나의 하나님'과 마음을 합했다. 그렇게 하나님께 무릎을 꿇고 하나님을 나의 왕으로 받아들였을 때 비로소 나의 입장에서 하나님의 자녀가 되는 것이고(물론 구원받았을 때 하나님의 자녀가 되는 것은 사실이지만), 하나님이 '나의 하나님'이 되는 것이다. 우리 역시 하나님 앞에 꿇어 엎드리지 않고 뻣뻣하게 있으면 자아를 내려놓을 때까지 그 훈련의 강도는 더욱 거세질 것이다.

신약에서는 이것에 대해 **"내가 그리스도와 함께 십자가에 못 박혔나니 그런즉 이제는 내가 산 것이 아니요 오직 내 안에 그리스도께서 사신 것이라 이제 내가 육체 가운데 사는 것은 나를 사랑하사 나를 위하여 자기 몸을 버리신 하나님의 아들을 믿는 믿음 안에서 사는 것이**

라”(갈 2:20)라고 말씀하여 ‘나의 하나님’에 대해 달리 표현하고 있다. 여기서 소개하는 많은 믿음의 선진이 자신의 모든 생각을 내려놓고 하나님께 온전히 복종했으며, 그래서 사도 바울의 “**내가 내 몸에 예수의 흔적을 가졌노라**”(갈 6:17)라는 고백과 동일한 고백을 몸과 마음에 새기고 살았던 것이다.

그럼에도 한 성도의 기도와 신앙은 결코 그 한 사람만을 위한 것이 아니라 주의 교회와 영광을 위한 것이 되어야 한다. 즉 “**나의 하나님**”이 아니라, ‘**우리 하나님**’이 되어야만 하는 것이다. 내 신앙이 아무리 뛰어나다 할지라도 그것이 주의 교회와 영광을 위한 것이 아니라면 아무런 쓸모가 없고 무용지물인 것이다.

왜 “**나의 하나님**”을 넘어 ‘**우리 하나님**’이 되어야 하는지 다음의 말씀을 통하여 생각해 보자.

> “그때에 헤롯 왕이 손을 들어 교회 중 몇 사람을 해하려 하여 요한의 형제 야고보를 칼로 죽이니 유대인들이 이 일을 기뻐하는 것을 보고 베드로도 잡으려 할쌔 때는 무교절일이라 잡으매 옥에 가두어 군사 넷씩인 네 패에게 맡겨 지키고 유월절 후에 백성 앞에 끌어내고자 하더라 이에 베드로는 옥에 갇혔고 교회는 그를 위하여 간절히 하나님께 빌더라”(행 12:1~5).

이 말씀을 읽을 때마다 나는 교회가 베드로를 위하여 어떤 기도를 했을까 참 궁금했다. 하나님 앞에 그를 살려달라고 간절히 빌었을까? 결론적으로 주의 사자에 의해 그 목숨을 건졌기 때문에 하나님이 교회의 기도를 들으셨다고 믿는다. 그런데 베드로가 살아왔을 때 교회의 반응을 보면 꼭 살려달라고 간절히 빌었던 것은 아닐 거라는 생각이 들었다.

> "베드로가 대문을 두드린대 로데라 하는 계집아이가 영접하러 나왔다가 베드로의 음성인 줄 알고 기뻐하여 문을 미처 열지 못하고 달려 들어가 말하되 베드로가 대문 밖에 섰더라 하니 저희가 말하되 네가 미쳤다 하나 계집아이는 힘써 말하되 참말이라 하니 저희가 말하되 그러면 그의 천사라 하더라 베드로가 문 두드리기를 그치지 아니하니 저희가 문을 열어 베드로를 보고 놀라는지라"(행 12:13~16).

이 말씀을 읽을 때마다, 교회가 빌었던 것은 그를 구해달라는 것이 아니라 죽음 앞에서도 그가 신앙을 잃지 않게 해달라는 것이 아니었을까 하는 생각을 떨쳐버릴 수가 없다. 왜냐하면 죽음에서 건짐받게 기도했다면 사람들이 그가 살아 돌아온 것에 기뻐하고 하나님께 감사를 했을 텐데, 이때 교회는 기뻐한 것이 아니라 오히려 그의 천사가 대신 왔다고 하면서 그의 생존을 의심했기 때문이다. 즉 교회는 그의 생명보다는 그의 믿음을 위하여 기도한 것이라 생각된다. 요한의 형제 야고보는 죽음에 내어 주셨는데, 베드로라고 살릴 거라고는 생각하지 않았기 때문이다. 베드로 역시 본인이 살아날 것이라고는 생각하지 않았을 것이다. 그는 주의 사자가 와서 옆구리를 칠 정도로 깊고 평안한 잠을 자고 있었다. 보통 사람 같으면 죽음을 코앞에 두었기 때문에 절대 깊고 평안한 잠을 자지 못하고 안절부절못했을 것이다.

성경을 모르는 사람들도 다윗과 골리앗의 싸움에 대해서는 잘 알고 있다. 물맷돌 하나로 골리앗을 쓰러뜨린 어린 다윗의 위대한 무용담은 모르는 사람이 없을 정도다. 다윗이 비록 어리지만 훌륭한 자질을 가진 사람이었던 것은 틀림없다. 그런데 그가 과연 하나님의 도움 없이 골리앗을 이길 수 있었을까?

아무리 투석 실력이 뛰어나고 담대함이 있었더라도 이 싸움은 근본적으로 이길 수 없는 싸움이었다. 고대 군인들의 보직에는 보병, 기병, 궁병, 투석병이 있었는데, 궁병까지는 기본적인 무기가 있었지만 투석병은 대체로 양치기들이 담당했으며, 체계적인 훈련도 무기도 없는 오합지졸이었다. 물매로는 두꺼운 갑옷을 뚫을 수 없을뿐더러 방패까지 있어 무용지물에 가까웠다. 골리앗도 방패를 들었기에 방패 뒤에서 물맷돌을 피할 수 있었다. 다윗은 뒤로 후퇴하면서 물매를 던진 것이 아니라 서로 달려들면서 싸웠기 때문에 골리앗이 방패 밖으로 머리를 내미는 찰나의 순간, 단 한 번밖에 기회가 없었다.

이건 하나님을 100퍼센트 신뢰하지 않으면 할 수 없는 행동이었다.

실제로 다윗은 사울 앞에서는 양을 칠 때 못된 짐승을 잡은 이야기로 자신의 실력을 과시했지만, 골리앗 앞에서는 그런 자신의 실력을 과시하지 않았다. 그는 이렇게 호령했을 뿐이다.

> "너는 칼과 창과 단창으로 내게 오거니와 나는 만군의 여호와의 이름 곧 네가 모욕하는 이스라엘 군대의 하나님의 이름으로 네게 가노라"(삼상 17:45).

다윗은 하나님으로부터 이스라엘의 왕으로 기름부음을 받았고, 이제 기름부음에 합당한 행동을 해야 했던 것이다. 그래서 그는 하나님 자신과 이스라엘 군대를 모욕하는 골리앗을 향하여 분연히 일어섰던 것이다. 만약 그가 기름부음을 받지 않았다면 골리앗과의 싸움은 아무런 의미가 없었다. 그러나 사무엘로부터 기름부음을 받은 후부터는 정통성을 지닌 이스라엘의 왕이었다. 사울도 처음 기름부음을 받고 왕이 되기 전에 암몬 자손과의 전투에서 왕으로 검증을 받은 후에야 백성들의 지지를 받아 정식으로 취임했기 때문에 (삼상 11:6~15), 다윗 역시 왕으로서의 역할을 수행해야 했다. 그래서 이 싸움은 다윗과 골리앗이라는 개인과 개인의 싸움이 아니라, 이스라엘과 블레셋이라는 국가, 아니 그들이 믿는 여호와 하나님과 다곤 간의 대리전쟁이었다. 그래서 하나님은 모욕받는 자신의 이름과 자신의 군대를 위하여 불가능한 전투에서 다윗을 위해 일하셨던 것이다. 즉 다윗의 입장에서 **"나의 하나님"**을 넘어 **'우리 하나님'**의 이름으로 전쟁에 임했던 것이다.

그런데 전장에서 돌아올 때 여인들이 **"사울의 죽인 자는 천천이요 다윗은 만만이로다"**(삼상 18:7)라고 하여 그 영광을 하나님께 돌리지 않고 다윗에게 돌림으로 사탄이 역사했던 것이다. 이 일은 전적으로 하나님이 하신 일로 그 영광이 하나님께 돌아갔다면 다윗에게 그렇게 혹독한 시련은 없었을 것이다.

하나님은 개개인의 기도에도 응답하시지만, 그 기도의 응답은 결코 그 한 사람만을 위한 것이 아니라 주의 교회와 영광을 위한 것일 때만 가능한 것이다.

다시 옥에 갇혔다 풀려난 베드로의 이야기로 돌아가 보자. 교회는 분명 두 가지 기도를 했을 것이다. 그를 살려달라고 했을 것이고, 죽음 앞에서도 그의 믿음이 흔들리지 않게 해달라고 했을 것이다. 그리고 교회는 두 가지 기도 모두 응답을 받았다. 베드로는 죽음 앞에서도 평안한 잠을 잘 정도로 믿음에 굳건했고, 그 목숨도 미래의 더 큰 일을 위해 건지심을 받았기 때문이다. 성도들이 합심하여 **'우리 하나님'**께 기도했기에 하나님이 일하셨던 것이다.

신앙은 나와 하나님과의 관계지만, 나와 하나님과의 관계를 넘어 우리와 하나님과의 관계로 이어진다. 성경에 나오는 많은 믿음의 선진에게 역사하신 하나님은 그 한 사람만을 위한 것이 아니라, 주의 영광과 교회를 위한 기도에만 응답하시고 일하셨다. 그러했기에 하나님은 가나안에 들어가게 해달라는 모세의 간절한 기도를 단호히 거절하셨고(신 3:26), 육체의 질병을 낫게 해달라는 사도 바울의 간절한 기도도 세 번씩이나 거절하셨다(고후 12:7~9).

하나님과 마음을 합할 때까지 하나님이 성도들을 다루시는 것은 그리스도의 신부인 교회를 형성하기 위함이다. 하나님은 항상 교회를 통하여 일하신다. 예수님은 성도 하나하나에게 임하시어 구원하셨지만 궁극적으로는 그들의 집합체인 교회를 구원하신 것이며, 그러한 교회를 그리스도의 신부로 삼으셨다.

따라서 하나님 앞에서 성화를 거친 각각의 성도는 교회 안에서 그리스도께서 주신 은사를 따라 섬겨야 하며, 아직 자아가 살아 있는 약한 성도를 이끌어 함께 그리스도 안에서 선을 이루고 덕을 세워야 한다(롬 15:1). 실제로 하나님은 성도에게 개별적으로 역사하시기도 하지만, 그 역사는 주의 교회를 위한 것일 때만 가능한 것이다.

홍해를 가르신 것도 모세 하나를 위해 역사하신 것이 아니라 광야교회를 위해서였고, 블레셋의 침략으로 이스라엘이 40년간 압제를 받았을 때 사무엘의 신앙 회복 운동으로 하나님의 역사가 일어난 것도 이스라엘이라는 교회를 위해서였다.

다윗을 비롯한 많은 믿음의 선진이 **"나**의 **하나님"**을 부르다 결국에는 **'우리 하나님'**이라 불렀던 것도 교회로 역사하시는 하나님인 것을 알았기 때문이다(출 10:25~26; 수 24:24; 삿 10:10; 대상 29:10~19; 고전 6:11; 살전 2:2 등).

느헤미야서의 예루살렘 성벽에서 일곱 번째 문이 **'수문'**인데, 그 문 앞 광장에서 이스라엘 사람들이 하나님의 말씀을 들었다. **'분문'**에서 자아를 내려놓고 하나님과 마음을 합한 성도들은 **'샘문'**에 이르러 하나님의 사람으로 거듭나고, **'수문'** 앞 광장에서 교회로 모여 하나님을 찬양하고 예배를 드려야 한다. 성화된 성도들이 아름다운 교회를 형성하여 예배할 때 비로소 하나님이 원하시는 이상적인 예수 그리스도의 신부가 될 수 있다. 즉 구원받은 성도의 진정한 **'성화'**란 **'분문'**에서 **'샘문'**에 이르는 것이 아니라 **'수문'** 앞 광장까지 이르는 것이다. 그리고 말씀으로 새 힘을 얻은 교회(사 40:28~31)는 **'마문'**으로 나아가 사탄과 싸워야 한다.

우리는 예수 그리스도의 피로 거듭나 하나님의 자녀가 된 후 자아를 내려놓고 하나님과 마음을 합하는 성화의 과정을 거치고, 그 다음에는 구원받은 성도들과 함께 주께서 원하시는 아름다운 교회를 이루어 함께 예배하고 섬겨야 한다.

"그러므로 우리가 그리스도 도의 초보를 버리고[떠나] 죽은 행실을 회개함과 하나님께 대한 신앙과 세례들과 안수와 죽은 자의 부활과 영원한 심판에 관한 교훈의 터를 다시 닦지 말고 완전한 데 나아갈찌니라 하나님께서 허락하시면 우리가 이것을 하리라"(히 6:1~3).

"오직 나의 의인은 믿음으로 말미암아 살리라 또한 뒤로 물러가면 내 마음이 저를 기뻐하지 아니하리라 하셨느니라 우리는 뒤로 물러가 침륜에 빠질 자가 아니요 오직 영혼을 구원함에 이르는 믿음을 가진 자니라"(히 10:38~39).

2025년 6월
김종식

김종식
1962.12.18~2025.7.15
신학을 전공하지 않았지만 하나님의 사랑을 깨닫고 말씀과 동행하였다.
하나님께서 성경 말씀을 깨닫게 하실 때마다 글을 썼다.
성경 말씀을 더 깊이 알기를 원하는 사람들에게 이 책이 길잡이가 되길 바란다.

차례

01

이스라엘 왕국을 번영시킨 솔로몬

솔로몬은 이스라엘 역사 가운데 가장 위대한 왕이었다. 그는 이스라엘 역사상 가장 넓은 영토를 확보했으며, 20년에 걸쳐 하나님의 성전과 왕궁을 건설하여 태평성대를 이룩한 왕이었다. 예수님도 그에 대하여 **"백합화를 생각하여 보아라 실도 만들지 않고 짜지도 아니하느니라 그러나 내가 너희에게 말하노니 솔로몬의 모든 영광으로도 입은 것이 이 꽃 하나만 같지 못하였느니라"**(눅 12:27)라고 하실 정도로 세상에서 가장 아름다운 것과 비교되는 왕이었다.

하나님과 마음을 합했던 다윗으로 인해 왕국은 강력해졌고, 이제는 평화롭고 풍요로운 하나님의 왕국을 계승할 왕이 필요하였다. 솔로몬이라는 이름은 **'평화롭게 하다'**라는 뜻을 가지고 있는데(대상 22:9), 이러한 시대적 요청에 부응하여 그가 왕위에 있었던 40년 동안 이스라엘은 안정되고 평화로운 환경 가운데 외국과 많은 무역을 하면서 부를 축적하고 크게 번성하였다.

다윗은 이미 오래전에 솔로몬을 후계자로 점 찍어 두었으나 이를 공식화하지는 못했던 것으로 보인다(왕상 1:17). 이는 솔로몬이 두 몫을 받을 수 있는 장자도 아니었고, 또한 그의 출생이 아름답지 못했기 때문이다. 하나님이 다윗과 밧세바의 간음으로 태어난 아들을 데려가시자, 다윗이 그녀를 위로하기 위해 동침하여 낳은 자식이 솔로몬이었다. 아도니야가 다윗의 말년에 추종자를 이끌고 스스로 이스라엘의 왕이라 선언한 것도, 그리고 다윗의 충성스러운 신하들, 즉 다윗이 사울에게 쫓겨다닐 때부터 끝까지 따랐던 제사장 아비아달, 군대장관 요압 등이 아도니야를 따랐던 것도 솔로몬의 정통성 문제로 인한 다윗의 망설임 때문이었다. 또한 솔로몬은 다윗처럼 시련을 통해 단련되지 않았고, 전쟁터를 누비지도 않았으며, 편안히 왕궁에만 거한 세상 물정 모르는 왕자였다.

그럼에도 그가 후계자가 될 수 있었던 것은 두 가지 자질 때문이었다.

첫째, 그는 부정한 여인을 통해 태어났다는 약점으로 그 마음이 충분히 낮아져 있었고, 그로 인해 다른 왕자들과 달리 오직 하나님만 바라보고 살았기 때문이다. 그것이 모든 왕자들의 서열을 뛰어넘어 왕이 될 수 있도록 한 그의 큰 자질이었다. 그가 하나님 앞에 낮은 마음을 간직하면서 자신을 하나님께 의뢰한 것은 다음의 사실로 확인된다. 그는 모든 정적들을 숙청한 후 기브온 성막에 이르러 다음과 같은 기도를 드린다.

> "주의 종 내 아비 다윗이 성실과 공의와 정직한 마음으로 주와 함께 주의 앞에서 행하므로 주께서 저에게 큰 은혜를 베푸셨고 주께서 또 저를 위하여 이 큰 은혜를 예비하시고 오늘날과 같이 저의 위에 앉을 아들을 저에게 주셨나이다 **나의 하나님 여호와여** 주께서 종으로 종의 아비 다윗을 대신하여 왕이 되게 하셨사오나 종은 작은 아이라 출입할 줄을 알지 못하고 주의 빼신 백성 가운데 있나이다"(왕상 3:6~8).

또한 성전의 모든 공사를 필역한 후 그는 하나님 앞에 기록할 수도 없고, 셀 수도 없는 수많은 양과 소로 제사를 드리고, 모든 이스라엘 앞에서 이같이 하나님께 기도하였다.

> "이스라엘 하나님 여호와여 상천하지에 주와 같은 신이 없나이다…이스라엘 하나님 여호와여 주께서 주의 종 내 아비 다윗에게 말씀하시기를 네 자손이 자기 길을 삼가서 네가 내 앞에서 행한 것같이 내 앞에서 행하기만 하면 네게로 좇아나서 이스라엘 위에 앉을 사람이 내 앞에서 끊어지지 아니하리라 하셨사오니 이제 다윗을 위하여 그 허하신 말씀을 지키시옵소서 그런즉 이스라엘 하나님이여 원컨대 주는 주의 종 내 아비 다윗에게 하신 말씀이 확실하게 하옵소서 하나님이 참으로 땅에 거하시리이까 하늘과 하늘들의 하늘이라도 주를 용납지 못하겠거든 하물며 내가 건축한 이 전이오리이까 그러나 **나의 하나님 여호와여** 종의 기도와 간구를 돌아보시며 종이 오늘날 주의 앞에서 부르짖음과 비는 기도를 들으시옵소서"(왕상 8:23~28).

이처럼 그는 국가가 많은 어려움에 처했을 때뿐 아니라 자신의 권력이 충분히 안정되었을 때에도 '**나의 하나님**'을 부르며 간절히 기도하고, 감사의 제사를 드리는 하나님의 사람이었다.

둘째, 그의 마음속에는 항상 이스라엘이 자리 잡고 있었기 때문이다. 그가 기브온 산당에서 하나님께 제사를 드릴 때 하나님이 그에게 나타나셔서 "**내가 네게 무엇을 줄꼬 너는 구하라**"(왕상 3:5)라고 말씀하셨는데, 그는 다음과 같이 대답한다.

> "**나의 하나님 여호와여** 주께서 종으로 종의 아비 다윗을 대신하여 왕이 되게 하셨사오나 종은 작은 아이라 출입할 줄을 알지 못하고 주의 빼신 백성 가운데 있나이다 저희는 큰 백성이라 수효가 많아서 셀 수도 없고 기록할 수도 없사오니 누가 주의 이 많은 백성을 재판할 수 있사오리이까 지혜로운 마

음을 종에게 주사 주의 백성을 재판하여 선악을 분별하게 하옵소서"(왕상 3:7~9).

그는 자신을 위하여 장수(長壽)를 구하지도 않았고, 원수의 생명 멸하기도 구하지 않았으며, 오직 송사를 듣고 백성을 올바르게 재판하고 다스릴 수 있는 지혜만 구했다. 그가 얼마나 백성을 생각하는 왕이었는지 능히 짐작할 수 있는 대목이다. 그 기도가 주의 마음에 맞았기에 하나님으로부터 부와 영광까지 함께 받았던 것이다(왕상 3:10~14). 실제로 그는 두 창기가 한 아이를 두고 서로 자신의 아들이라고 송사한 사건을 완벽하게 해결했는데, 이는 그가 얼마나 백성을 사랑하는 지혜로운 왕이었는지를 여실히 보여주는 훌륭한 재판이었다(왕상 3:16~28).

"하나님이 솔로몬에게 지혜와 총명을 심히 많이 주시고 또 넓은 마음을 주시되 바닷가의 모래같이 하시니 솔로몬의 지혜가 동양 모든 사람의 지혜와 애굽의 모든 지혜보다 뛰어난지라 저는 모든 사람보다 지혜로와서 예스라 사람 에단과 마홀의 아들 헤만과 갈골과 다르다보다 나으므로 그 이름이 사방 모든 나라에 들렸더라 저가 잠언 삼천을 말하였고 그 노래는 일천 다섯이며 저가 또 초목을 논하되 레바논 백향목으로부터 담에 나는 우슬초까지 하고 저가 또 짐승과 새와 기어 다니는 것과 물고기를 논한지라 모든 민족 중에서 솔로몬의 지혜의 소문을 들은 천하 모든 왕 중에서 그 지혜를 들으러 왔더라"(왕상 4:29~34).

솔로몬은 왕이 된 지 제4년 2월에 시작하여 제11년 8월까지 7년간 성전을 건축한다. 그리고 13년간 왕궁을 건축하여 20년에 걸쳐 성전과 궁전 공사를 마무리한다. 그리고 하나님 앞에 기록할 수도 없고,

셀 수도 없는 수많은 양과 소로 제사를 드린 후, 모든 이스라엘이 보는 앞에서 하나님께 아주 긴 기도를 드린다.

그는 모세와 다윗에게 약속한 언약을 상기시켰고, 그대로 지켜주실 것을 간청하였고, 마지막에는 설령 이스라엘이 범죄하였을지라도 이곳 성전을 향하여 하는 기도를 주의 계신 곳 하늘에서 들으사 그 죄악을 용서하시고 부르짖음에 응답해 달라는 기도도 잊지 않았다(왕상 8:23~52). 그리고 이스라엘을 향하여는 여호와를 찬양하고, 완전히 화합하여 계명과 법도를 지키라고 선언하였다(왕상 8:56~61). 이스라엘의 오랜 숙원인 성전을 완공하고 예배와 함께 드리는 그 기도에 모든 이스라엘의 가슴이 뜨거워졌을 것이다.

하나님은 그에게 나타나셔서 그 기도와 간구를 모두 들었은즉 주의 이름을 영영히 그곳에 두며, 그의 아비 다윗처럼 마음을 온전히 하고 바르게 하여 주 앞에서 행하며 순종하여 그 법도와 율례를 지키면 왕위를 영원히 견고하게 할 것이라고 복을 약속하셨다(왕상 9:3~9).

그는 성전과 궁전 공사를 마치고 다윗조차도 온전히 지키지 못했던 모세의 율법에서 정한 모든 절기를 지켰으며, 제사장들의 반차를 정하여 성전에서 섬기게 하였다(대하 8:12~14). 모세와 다윗이 꿈꾸었던 하나님만 섬기는 아름다운 나라가 그의 때에 이르러 완성되었던 것이다.

국가가 부강하다는 것은 힘 있는 군대로 여러 정복사업을 추진하고 대규모 건축사업을 추진할 뿐 아니라, 그 힘을 바탕으로 외국과 활발한 무역사업을 추진하는 것인데, 솔로몬은 이 모든 것을 추진하였다. 그러나 그것들이 그를 타락의 길로 인도하였다.

첫째, 그는 성전과 궁전 공사를 마치자 대대적인 건축사업에 나선다. 북쪽 끝 하솔과 서쪽 블레셋과의 경계이며 해변길에 있는 므깃도와 게셀을 건축하고, 남쪽 끝 바알랏과 다메섹 북동쪽 280km에 있는 다드몰(지금의 팔미라)까지 요새를 건축한다(왕상 9:15~18). 또한 국고성과 병거성과 마병의 성을 건축하였다(왕상 9:19).

이처럼 성전과 궁전에 이어 여러 국고성, 병거성, 마병의 성을 건축하고, 국경지대에 여러 성을 건축함으로 인해 백성은 그의 통치 40년간 끊임없이 그 일에 동원되었다. 그가 죽고 르호보암이 즉위했을 때, 이스라엘 장로들이 왕을 찾아와 솔로몬이 백성에게 지운 고역과 무거운 멍에를 가볍게 해달라는 청원을 할 정도로 그 부역은 힘들고 지겨운 것이었다(왕상 12:4).

둘째, 1,400대의 병거와 12,000명의 마병, 4,000개의 마구간을 유지하였다(왕상 10:26; 대하 9:25). 병거 1승에 10명의 마병이 승선했던 것을 볼 때(삼하 10:18; 대상 19:18), 그는 200대의 예비 병거와 많은 말을 예비로 추가 보유하고 있었다. 말과 병거는 대부분 애굽에서 구입한 것으로 병거 1승에 600세겔, 말은 한 필에 150세겔에 구입할 정도로 비쌌다(왕상 10:29).

셋째, 여러 나라와의 무역으로 나라를 부유하게 하였다. 다윗 이후로 국력이 강해지면서, 많은 나라들이 각종 예물, 즉 은그릇, 금그릇, 의복과 갑옷과 향품과 말과 노새의 정한 수를 매년 공물로 바쳤다(왕상 10:24~25). 또한 에시온게벨에서 배를 지어 멀리 오빌까지 3년 동안 여행하여 금과 백단목과 보석을 운반했고, 상아와 잔나비와 공작도 실어왔다(왕상 9:26~28, 10:11, 22). 예루살렘에서 은이 돌처럼 흔했다고 하니 얼마나 부유했는지 대략 짐작할 수 있다(왕상 10:27).

넷째, 그는 유다 지파만 우대하는 정책을 폈다. 왕궁에서 사용하는 어마어마한 양식(왕상 4:22~23)을 조달하기 위해 이스라엘 땅을 지파와 상관없이 12개 행정구역으로 나누어 각각 한 달씩 왕궁에서 사용할 양식을 책임지게 하였는데, 여기에 유다 지역은 제외되었다

(왕상 4:7~19,27). 국가가 부국강병과 태평성대를 이룰 때는 이것들이 아무런 문제가 되지 않지만, 조금만 어려워지면 이것들이 왕권을 위협하는 칼이 되어 돌아온다. 솔로몬 사후 여로보암을 중심으로 북쪽 10개 지파가 배반한 것은 이와 같은 유다 지파 우대정책이 큰 원인이었다.

마지막으로 그는 주변의 여러 나라와 우호관계를 유지하고 무역을 하기 위해 많은 외국의 여인들과 결혼하였다. 후비가 700인이요, 빈장이 300인이었다고 하니 얼마나 많았는지 상상이 되지 않는다(왕상 11:1~3). 그러나 결정적으로 이것이 그를 하나님으로부터 멀어지게 만들었다.

그는 처음부터 강성대국 애굽 바로의 딸을 아내로 취하였다. 그때 바로는 가나안(블레셋) 땅 게셀을 탈취하여 딸의 결혼지참금으로 주었다(왕상 9:16). 그럼에도 솔로몬은 바로의 딸인 이방인 아내를 하나님의 언약궤가 머물렀던 다윗궁에 거하지 못하게 하였고, 별도의 궁전을 지어 머물게 하였다(대하 8:11). 아예 왕궁 안에 우상이 발 디딜 틈이 없도록 하였던 것이다. 그런데 나이가 들어 늙었을 때, 이방인 아내들은 버젓이 궁전 안에 우상을 세워 왕으로 하여금 다른 신들을 좇게 하였고, 급기야 왕궁을 우상의 터전으로 만들어 버렸다(왕상 11:1~8).

굳건한 믿음으로 하나님께 지혜를 구했고, 힘을 다하여 성전을 건축했으며, 그 이후에도 신실했던 그가 어찌하여 그리도 쉽게 하나님을 떠난 것일까? 그것은 그가 하나님이 금하신 행동강령을 어겼기 때문이다. 앞서 열거한 네 가지가 그 행동강령과 관련이 있다.

"네가 네 하나님 여호와께서 네게 주시는 땅에 이르러서 그 땅을 얻어 거할 때에 만일 우리도 우리 주위의 열국같이 우리 위에 왕을 세우리라는 뜻

이 나거든 반드시 네 하나님 여호와의 택하신 자를 네 위에 왕으로 세울 것이며 네 위에 왕을 세우려면 네 형제 중에서 한 사람으로 할 것이요 네 형제 아닌 타국인을 네 위에 세우지 말 것이며 왕 된 자는 말을 많이 두지 말 것이요 말을 많이 얻으려고 그 백성을 애굽으로 돌아가게 말 것이니 이는 여호와께서 너희에게 이르시기를 너희가 이후에는 그 길로 다시 돌아가지 말 것이라 하셨음이며 아내를 많이 두어서 그 마음이 미혹되게 말 것이며 은금을 자기를 위하여 많이 쌓지 말 것이니라"(신 17:14~17).

하나님은 일찍이 솔로몬이 이것들로 인해 하나님을 떠날 것을 알고 계셨다. 모든 왕들이 재물과 군사적인 힘이 생기면 여자들로 인해 타락하고 마음이 스스로 높아져 교만해지기 때문이다. 그러면 하나님을 신실하게 믿기 위해서 재물을 멀리하고 힘을 키우지 말아야 하는 것일까? 이것만 없으면 모든 유혹에서 벗어날 수 있을까? 모세는 계속해서 이렇게 당부하였다.

"그가 왕위에 오르거든 레위 사람 제사장 앞에 보관한 이 율법서를 등사하여 평생에 자기 옆에 두고 읽어서 그 하나님 여호와 경외하기를 배우며 이 율법의 모든 말과 이 규례를 지켜 행할 것이라"(신 17:18~19).

중요한 것은 바로 이것이었다. 그는 모세의 율법에 기록된 대로 주의 말씀을 등사하여 평생 옆에 두고 읽음으로 하나님 경외하기를 배우며 하나님의 율법을 지켜야 했는데 그러지 않았던 것이다. 그가 여호와의 말씀을 가까이했더라면 왕으로서 하지 말아야 할 것은 스스로 삼갔을 것이다.

또한 다음의 말씀도 그가 말씀을 읽고 그대로 실천하지 않았다는 것을 증명한다.

"솔로몬이 낭실 앞에 쌓은 여호와의 단 위에 여호와께 번제를 드리되 모세의 명을 좇아 매일에 합의한 대로 안식일과 월삭과 정한 절기 곧 일 년의 세 절기 무교절과 칠칠절과 초막절에 드렸더라"(대하 8:12~13).

"그때에 모인 이스라엘 자손이 유월절을 지키고 연하여 무교절을 칠 일 동안 지켰으니 선지자 사무엘 이후로 이스라엘 가운데서 유월절을 이같이 지키지 못하였고 이스라엘 열왕도 요시야가 제사장들과 레위 사람들과 모인 온 유다와 이스라엘 무리와 예루살렘 거민과 함께 지킨 것처럼은 유월절을 지키지 못하였더라"(대하 35:17~18).

두 말씀을 비교해 보면 솔로몬은 분명 율법에 기록된 대로 모든 여호와의 절기를 지켜 행했다. 그런데 같은 성경(역대하) 마지막 즈음에 요시야 때까지 이스라엘의 모든 열왕들이 율법에 기록된 대로 유월절을 지키지 않았다고 기록하였다. 즉 솔로몬이 여호와의 모든 절기를 지켰을지는 모르지만 율법에 기록된 절차대로 온전히 지키지는 않았던 것이다.

솔로몬과 그 아비 다윗의 차이는 무엇일까?

다윗은 필요 이상의 말을 갖지 않았다. 소발 왕 하닷에셀을 쳐서 마병 1,700과 보병 2만을 사로잡았지만, 병거 1백 승의 말만 남기고 그 외의 말은 발의 힘줄을 끊어버렸다(삼하 8:4). 그는 물론 여러 명의 아내를 두었지만, 아내들로 인하여 그 마음이 미혹되지는 않았으며, 하나님의 성전을 위한 재물 외에 자기를 위하여 많은 재물을 쌓지 않았다. 그리고 다윗은 철저하게 하나님의 가르침을 받아 마음을 지켜 좌로나 우로나 치우치지 않았다.

실제로 하나님은 솔로몬의 범죄에 대해서도 인생 막대기를 세우셨다. 에돔 사람 하닷을 일으켜 에돔 왕이 되게 하고, 엘리아다의 아들 르손을 일으켜 수리아 왕이 되게 하여 평생 솔로몬을 대적하게 하셨다(왕상 11:25). 르손은 32개 도시국가를 통일하여 아람 왕국을 설립하였고(왕상 20:1), 훗날 그 아들 벤하닷은 수차례 이스라엘을 공격했다. 그 땅들이 원래는 모두 솔로몬의 관할 아래 있던 지역이었다. 그럼에도 그는 아비의 길을 따르지 않았다. 하나님을 의지하지 않아도 될 만큼 그에게는 부와 힘이 있었기 때문이다.

그러나 그는 생애 마지막 즈음에 이르러 그 모든 것을 깨닫고 다시 하나님께로 돌아온다.

> "내 마음에 궁구하기를 내가 어떻게 하여야 내 마음에 지혜로 다스림을 받으면서 술로 내 육신을 즐겁게 할까 또 어떻게 하여야 어리석음을 취하여서 천하 인생의 종신토록 생활함에 어떤 것이 쾌락인지 알까 하여 나의 사업을 크게 하였노라 내가 나를 위하여 집들을 지으며 포도원을 심으며 여러 동산과 과원을 만들고 그 가운데 각종 과목을 심었으며 수목을 기르는 삼림에 물주기 위하여 못을 팠으며 노비는 사기도 하였고 집에서 나게도 하였으며 나보다 먼저 예루살렘에 있던 모든 자보다도 소와 양 떼의 소유를 많게 하였으며 은금과 왕들의 보배와 여러 도의 보배를 쌓고 또 노래하는 남녀와 인생들의 기뻐하는 처와 첩들을 많이 두었노라 내가 이같이 창성하여 나보다 먼저 예루살렘에 있던 모든 자보다 지나고 내 지혜도 내게 여전하여 무엇이든지 내 눈이 원하는 것을 내가 금하지 아니하며 무엇이든지 내 마음이 즐거워하는 것을 내가 막지 아니하였으니 이는 나의 모든 수고를 내 마음이 기뻐하였음이라 이것이 나의 모든 수고로 말미암아 얻은 분복이로다…먹고 즐거워하는 일에 누가 나보다 승하랴"(전 2:3~10, 25).

그리고 글의 마지막에 이렇게 말하면서 세상 사람들에게 하나님께로 돌아오라고 권면한다.

"너는 청년의 때 곧 곤고한 날이 이르기 전 나는 아무 낙이 없다고 할 해가 가깝기 전에 너의 창조자를 기억하라…일의 결국을 다 들었으니 하나님을 경외하고 그 명령을 지킬찌어다 이것이 사람의 본분이니라 하나님은 모든 행위와 모든 은밀한 일을 선악 간에 심판하시리라"(전 12:1, 13~14).

그는 젊은 시절에 하나님과의 사랑을 아름다운 여인과의 사랑에 빗대어 아가서를 썼고, 지혜의 성경인 잠언을 기록하였다. 그리고 전도서를 기록할 때 그에게는 오직 하나님밖에 없었다.

"창업(創業)은 마상(馬上)에서 이루어지지만, 수성(守城)은 안상(案上)에서 이루어진다"고 했다. 그의 통치로 이스라엘은 찬란한 문화의 꽃을 피우고 번성했다. 그의 영향을 받았던 주변국에서 **'술레이만'**(솔로몬)이란 지명과 인명을 찾을 수 있는 것도 그의 명성을 대변하고 있다. 모든 나라와 백성이 꿈꾸는 부국강병과 태평성대가 솔로몬의 통치로 성취되었다. 정복의 왕 다윗과 평화의 왕 솔로몬의 통치는 이스라엘 왕국의 천년대계(千年大計)를 이어갈 가장 이상적인 조합이었다. 역사적으로도 창업과 수성이 조화롭게 이루어진 나라는 오랫동안 번성하였다. 그러나 하나님의 말씀을 소홀히 하는 신정국가는 천년을 이어갈 수 없다.

이 같은 예는 그리스도인에게도 영적으로 고스란히 적용된다. 사탄에 매인 사람은 십자가의 능력으로 구원을 받는다(롬 10:9~10). 이것을 칭의(稱義)라 한다. 그리고 그 사람은 그리스도 안에 거하면서 구원을 이룬다(빌 2:12). 이것을 성화(聖化)라 한다. 그러나 솔로몬처럼 말씀을 멀리하면 구원을 받은 뒤에도 구원을 이루지 못한다는 사실을 직시해야 할 것이다.

02

북왕국과의 전쟁을 종식시킨 여호사밧

여호사밧이라는 이름은 **'여호와는 심판자'**라는 뜻을 지니고 있다. 그는 남유다의 네 번째 왕으로 35세에 왕이 되어 25년간 다스렸다. 그가 남유다를 다스릴 당시, 북이스라엘은 오므리의 아들 아합이 왕으로 있었다. 그는 시돈 왕 엣바알의 딸 이세벨을 아내로 맞이하여 바알을 북이스라엘로 들여온 역사상 가장 악한 왕이었다. 여호사밧의 아비 아사는 41년간 통치하면서 북이스라엘의 바아사 왕조와 20여 년간 전쟁을 치렀고, 바아사 왕조가 혼란했던 시기인 10년간 전쟁이 없다가 그 뒤에 출범한 오므리 왕조와도 전쟁을 치러야 했다. 물론 이 전쟁으로 에브라임 산지 일부를 남유다로 편입했지만(대하 17:2), 이것이 오므리 왕조와도 평화를 깨는 빌미가 되었다.

여호사밧은 보위에 오르자 전심으로 하나님을 섬기며 산당과 아세라 목상을 제거하였다. 더불어 제위 3년에는 방백 벤하일과 오바댜와 스가랴와 느다넬과 미가야를 보내 유다 여러 성읍에 가서 가르치게 하였고, 또한 저희와 함께 레위 사람 스마야와 느다냐와 스바댜와 아사헬과 스미라못과 여호나단과 아도니야와 도비야와 도바도니야 등과 제사장 엘리사마와 여호람을 보내 율법도 가르치게 하였다(대하 17:7~9).

그는 국방을 강화하는 정책도 폈는데, 유다 지파의 천부장 아드나 휘하에 30만 명, 장관 여호하난 휘하에 28만 명, 시그리의 아들 아마시야 휘하에 20만 명을 두었고, 베냐민 지파의 큰 용사 엘리아다 휘하에 활과 방패를 잡는 자 20만 명, 여호사밧 휘하에 18만 명의 병사를 두어 총 116만 명의 동원능력을 보유하였고, 이 외에도 유다의 견고한 성에 군사를 두었다(대하 17:14~19). 그러한 강력한 국방력 덕분에 블레셋과 아라비아로부터 조공도 받을 수 있었다(대하 17:11).

그러나 그는 북이스라엘과의 오랜 전쟁을 종식시키기 위해 우상숭배자인 북이스라엘의 오므리 집안과 혼인동맹을 맺는 우를 범했다(대하 18:1). 즉 오므리의 딸이며 아합의 누이인 아달랴와 혼인하였고(킹 제임스 성경, 왕하 8:26; 대하 22:2), 그의 아들 여호람을 아합과 이세벨 사이에서 태어난 여인과 결혼시켰다(왕하 8:18).

동맹의 일환으로 아합은 여호사밧에게 요단 동편 길르앗 라못을 함께 치러 가자고 요청한다. 이 땅은 원래 북이스라엘에 속했으나, 아람에게 빼앗겼기에 아합은 땅의 수복을 원하고 있었다. 남유다의 여호사밧 18년(왕하 3:1), 여호람 2년(왕하 1:17)에 북이스라엘의 요람(여호람)이 즉위했으므로 여호사밧은 17년과 18년에 여호람을 보위에 앉혀두고, 아합과 함께 길르앗 라못을 치러 갔을 것이다. 왜냐하면 아합이 길르앗 라못 전투에서 죽고 아하시야가 보위에 올랐으나, 그도 곧 죽고 요람(여호람)이 즉위했기 때문이다. 그는 다음과 같이 말하며 전쟁에 적극적으로 동참한다.

> "나는 당신과 일반이요 내 백성은 당신의 백성과 일반이요 내 말들도 당신의 말들과 일반이니이다"(왕상 22:4).

그러나 여호사밧은 아합의 제안을 받아들이면서도 먼저 여호와께 물어본 후에 전쟁에 나가자고 권한다. 아합이 모은 사백 인의 선지자가 길르앗 라못으로 갈 것을 권했지만, 여호사밧은 또 다른 선지자가 없는지 묻는다. 이에 아합은 항상 흉한 일만 예언한다는 이믈라의 아들 미가야를 오게 한다. 미가야는 이 전쟁에서 아합이 죽을 것이라 예언한다. 여호사밧은 하나님의 뜻을 알았으나, 모든 일이 예비되었기에 멈출 수 없어 아합과 함께 전쟁터로 나갔을 것이다.

죽음을 두려워한 아합은 왕복을 벗고 병사들 속으로 들어갔고, 여호사밧은 왕복을 입고 전투에 임한다. 모든 아람 군대가 아합을 찾다가 여호사밧을 발견했으나 그가 아합이 아닌 것을 알고 쫓기를 멈춘다. 그러나 우연히 적군 병사가 쏜 화살이 갑옷 솔기를 뚫고 들어가 아합은 큰 부상을 당한다. 그날의 전투가 맹렬하여 그는 전쟁터를 빠져나올 수 없었고, 그 상태로 저녁에 죽음을 맞이한다. 반면 여호사밧은 평안히 예루살렘으로 돌아온다(대하 19:1).

예루살렘으로 돌아온 여호사밧은 선견자 예후로부터 큰 질책을 받는다.

> "왕이 악한 자를 돕고 여호와를 미워하는 자를 사랑하는 것이 가하니이까 그러므로 여호와께로서 진노하심이 왕에게 임하리이다 그러나 왕에게 선한 일도 있으니 이는 왕이 아세라 목상들을 이 땅에서 없이하고 마음을 오로지 하여 하나님을 찾음이니이다"(대하 19:2~3).

그가 전쟁터에 있는 동안 섭정왕 여호람이 그의 형제들을 모두 죽였다(대하 21:4). 엘리야가 북이스라엘 요람(여호람)의 즉위 때 하늘로 올라갔는데, 생전에 이 사건에 대하여 여호람을 꾸짖고 저주했다는 것이 이를 증명한다(대하 21:12~15). 그는 여호람을 섭정왕에서 끌어내리고 남유다 전체에 흐트러진 신앙을 바로잡기 위해 브엘세바에서부터 에브라임 산지까지 민간에 순행하며 다시 한 번 백성을 하나님께 돌아오게 하고, 또 유다 온 나라의 견고한 성마다 재판관을 세운다. 더불어 그들에게 하나님을 두려워하는 마음으로 불의하게 행하거나 뇌물을 받지 말고 올바르게 재판하라고 명한다. 또한 예루살렘에서는 레위 사람과 제사장과 이스라엘 족장 중에서 사람을 세워 하나님께 속한 일과 예루살렘 거민의 모든 송사를 올바르게 재판하도록 한다. 그리고 총괄 책임자로 하나님께 대한 것은 대제사장 아마랴로 다스리게 하였고, 왕에 대한 것은 유다 지파의 어른 이스마엘의 아들 스바댜로 다스리게 하여 민심을 수습한다(대하 19:4~11).

그렇게 그는 하나님으로부터 아합과 함께한 것에 대한 책망과 징계를 받고, 그 자신뿐 아니라 백성들도 하나님 앞으로 돌아오게 하는 정책을 폈다. 그 뒤 모압 자손과 암몬 자손이 마온 사람과 함께 유다를 치러 왔을 때, 백성에게 금식을 선포하고 하나님 앞에 간절히 기도한다.

> "우리 열조의 하나님 여호와여 주는 하늘에서 하나님이 아니시니이까 이방 사람의 모든 나라를 다스리지 아니하시나이까 주의 손에 권세와 능력이 있사오니 능히 막을 사람이 없나이다 우리 하나님이시여 전에 이 땅 거민을 주의 백성 이스라엘 앞에서 쫓아내시고 그 땅으로 주의 벗 아브라함의 자손에게 영영히 주지 아니하셨나이까…우리 하나님이여! 저희를 징벌하지 아니하시나이까 우리를 치러 오는 이 큰 무리를 우리가 대적할 능력이 없고 어떻게 할 줄도 알지 못하옵고 오직 주만 바라보나이다"(대하 20:6~12).

여호사밧은 전능한 하나님의 능력을 이야기하면서 아브라함에게 하신 약속과 솔로몬이 봉헌예배 때 했던 기도의 내용을 상기시켰다.

그리고 출애굽 때 하나님의 명령에 순종하여 모압과 암몬을 멸하지 않았는데 주께서 지금 그들의 침략을 용납하시려는 것은 아닌지 되물었다. 그러면서 자기들에게는 이들의 큰 무리를 대적할 능력이 없으므로 오직 주만 바라본다고 간절히 기도한다.

이에 하나님이 레위 사람 야하시엘의 입을 통하여 이 전쟁은 하나님께 속한 것이므로 유다 백성은 항오를 이루고 서서 하나님의 구원을 보라고 명한다(대하 20:15). 이에 그가 먼저 하나님께 엎드리자 모든 백성도 엎드려 경배하였고, 그핫 자손과 고라 자손이 큰 소리로 하나님을 찬송한다. 그러자 암몬과 모압과 세일산 사람들이 자기들끼리 서로 살육하여 엎드러진다. 그리하여 여호사밧은 이 전쟁에서 큰 승리를 얻는다.

그러한 태평성대로 인하여 여호사밧은 아카바만에 있는 에시온게벨에서 다시스의 선척을 제조하여 오빌로 금을 취하러 보내고자 하였으나, 처녀항해를 떠나기도 전에 모든 배가 파선되었다. 이때 그는 북이스라엘 왕 아하시야와 함께했는데, 하나님은 선지자 엘리에셀의 입을 빌려 아합 집안의 아하시야와 교제하였기 때문에 배를 파선시킨 것이라 하였다(대하 20:35~37). 아하시야가 또다시 함께하겠다고 했으나, 엘리에셀의 조언을 받아들여 거절한다(왕상 22:48~49).

북이스라엘의 아하시야가 여호사밧 17년에 보위에 올랐는데(왕상 22:51), 아합도 이때 길르앗 라못을 치기 위해 아하시야를 공동통치자로 앉힌 것으로 보인다. 그런데 아합이 죽고 얼마 후 아하시야도 죽자 아합의 둘째 아들인 여호람이 보위에 오른다. 이에 모압이 북이스라엘을 배반하였고, 여호람은 모압에 다시 공물을 납부하도록 압박하면서 여호사밧에게도 기별하여 함께 모압을 칠 것을 요청하였다. 여호사밧은 하나님께 여쭈어 보지도 않고 아합에게 했던 똑같은 말을 하면서 또다시 적극적으로 이스라엘을 돕기 위해 길을 나

선다(왕하 3:7). 그리하여 이스라엘 왕, 에돔 왕과 더불어 군사를 이끌고 에돔 광야길로 떠난다. 그런데 길을 떠난 지 7일이 되도록 군사와 짐승들에게 먹일 물이 없어 몰살될 위험에 직면한다. 여호사밧은 즉시 여호람과 에돔 왕으로 더불어 엘리사를 찾아가 도움을 요청한다. 이에 엘리사는 여호사밧의 얼굴을 보고 골짜기에 개천을 파서 물을 얻도록 하였고, 전쟁을 승리로 이끌었다(왕하 3:4~27).

하나님은 범죄한 북이스라엘일지라도 끝까지 선지자를 보내 그들이 돌아오기를 기다렸으므로 북이스라엘과 혼인동맹을 맺은 그의 생각이 전적으로 틀렸다고 섣불리 속단할 수 없다. 그는 단기적으로는 북이스라엘로부터 빼앗은 에브라임 산지를 지키고, 궁극적으로는 한 민족이면서 한 하나님을 섬기는 북왕국과 평화로운 관계를 유지하기를 원했을 것이다. 그래서 북쪽의 왕이 바뀔 때마다 그들과 우호적인 관계를 유지하기 위해 아합과 그의 두 아들 아하시야와 여호람의 부탁을 거절할 수 없었을 것이다. 그의 잘못은 우상숭배자와 혼인동맹을 맺은 것이었다. 성경이 악인과 함께 일을 도모하지 말라고 했기 때문이다(잠 24:1).

그렇다고 그가 하나님의 명령을 무시하고 북이스라엘과 연합했던 것은 아니었다. 그는 아합, 아하시야, 여호람 등 북이스라엘의 왕이 바뀔 때마다 단 한 번씩만 그들과 연합했다. 그리고 하나님의 책망을 들을 때마다 그들과의 관계를 끊는 것으로 순종했다. 여호사밧이 두 번이나 북이스라엘을 도운 것에 대하여 하나님으로부터 경고를 받고서 또다시 여호람이 즉위하자마자 그를 도왔던 것도, 그가 아합이 만든 바알의 주상을 없앴기 때문이다(왕하 3:2). 그로 인해 여호사밧은 북이스라엘의 여호람이 우상숭배에서 떠났다고 믿었을 것이다.

그러나 오므리 집안과의 잘못된 혼인동맹으로 인하여 그는 또 다른 정치적 어려움에 직면한다.

앞서 살폈듯이 아합과 동맹하여 길르앗 라못을 치러 갔을 때, 그의 모든 자식들이 여호람에 의해 죽는 일이 발생함으로 인하여(대하 21:4), 그가 직접 온 땅을 순행하면서 민심을 수습해야 했다. 불행은 여기에서 끝나지 않았다. 그는 북이스라엘의 요람(여호람) 5년에 다시금 아들 여호람과 공동통치를 한다(왕하 8:16). 두 번째 공동통치는 그가 죽을 때까지 지속되었다. 이로 인해 남유다는 급속하게 하나님으로부터 멀어졌고, 큰 어려움을 겪게 되었다(대하 21:11~13).

여호람은 엘리야의 저주를 받아 블레셋 사람과 아라비아 사람의 손에 의해 모든 자식들을 잃었고, 그 역시 창자에 중병이 걸려 죽는다(대하 21:12~17). 여호사밧 때 조공까지 바쳤던 블레셋과 아라비아였지만(대하 17:11), 여호람이 범죄하자 이렇게 돌변하였다. 그리고 아달랴가 데려온 아하시야만 남아 여호람의 뒤를 이었다(대하 21:14~19, 22:1). [킹 제임스 성경에서는 아달랴가 오므리의 딸이라 하였고(왕하 8:26; 대하 22:2), 여호람이 40세쯤 죽었을 때, 그의 막내 아들 아하시야가 42세였으므로(대하 22:2), 그는 보위를 잇기 위해 살해된 아들들을 대신하여 아하시야를 양자로 들여왔을 것이다. 북이스라엘의 예후가 아하시야를 여호사밧의 아들이라 했던 것도 이 때문이었다(대하 22:9). 아하시야가 22세에 왕이 되었다고 기록한 것은(왕하 8:26) 여호사밧이 그의 재위 8년에 잠시 아합과의 혼인동맹을 위해 아하시야와 함께 다스렸기 때문일 것이다.]

이리하여 여호사밧과 아합의 잘못된 혼인으로부터 시작된 동맹은 엘리사에게 기름부음을 받은 예후가 남유다의 아하시야와 북이스라엘의 여호람을 모두 살해하고 북이스라엘에 예후 왕조를 세우면서 끝을 맺었다. 북이스라엘은 예후의 바알 선지자를 모두 죽이는 강력한 개혁으로 강성국가의 기틀을 마련한 데 반하여, 남유다는 아하시야가 죽자 아달랴가 여왕이 되어 6년간이나 하나님 없는 나라로 만들었다.

유다 왕국(숫자는 왕의 통치년도)				이스라엘 왕국(숫자는 왕의 통치년도)			
8		아하시야	(왕하 8:26)	12			
	9	여	아하시야의 나이 22세.이때 여호사밧이	13			
	10		북왕국과 친족관계를 맺고서(대하18:2)	14		아	
	11	호	아합의 누이인 아달랴를 아내로 맞이	15			
	12		했고, 그녀가 데려온 아들 아하시야를	16		합	
	13	사	잠시 보위에 앉힘	17			
	14			18			
	15	밧		19			
	16			20			
17	1	여호람	1차 공동통치(여호사밧과 여호람)(왕하 1:17)	21	1	아하시야	공동통치
18	2	(요람)	엘리야의 책망(대하 21:12~15)	22	2	1	(왕상 16:29,22:51,왕하 1:17,3:1)
	19				2		
	20	여호사밧			3	여	
	21				4		
22	3				5	호	
23	4	여호람	2차 공동통치(여호사밧과 여호람)		6		
24	5	(요람)	(왕하 8:16)		7	람	
25	6				8		
	7				9		
	8				10		
	1	아하시야	아하시아 즉위(왕하 9:29, 대하 22:2)(42세)		11		
1	1	아달랴	아하시야 정식 즉위(왕하 8:25)	12	1	예 후	북이스라엘 예후왕조 시작

● 유다와 이스라엘의 혼인동맹시대

우상숭배자들에 대하여 율법은 아들, 딸이라 할지라도 죽이라 할 정도로 엄격하기 때문에 여호사밧은 아합과 혼인동맹을 맺지 말았어야 했다(신 13:6~9). 그가 율법을 깊이 묵상했더라면 굳이 하나님께 묻지 않더라도 자신의 생각이 잘못되었음을 알았을 것이다.

사도 바울 역시 믿지 않는 자와 멍에를 같이하지 말라고 이렇게 경고하였다.

"너희는 믿지 않는 자와 멍에를 같이하지 말라 의와 불법이 어찌 함께하며 빛과 어두움이 어찌 사귀며 그리스도와 벨리알이 어찌 조화되며 믿는 자와 믿지 않는 자가 어찌 상관하며 하나님의 성전과 우상이 어찌 일치가 되리요 우리는 살아 계신 하나님의 성전이라 이와 같이 하나님께서 가라사대 내가 저희 가운데 거하며 두루 행하여 나는 저희 하나님이 되고 저희는 나의 백성이 되리라 하셨느니라"(고후 6:14~16).

또한 형제라 하는 자가 음행하거나, 탐하거나, 우상숭배를 할 때는 내어 쫓으라(고전 5:9~13)고 할 정도로 우상숭배를 음행과 동일하게 보고 금했다.

그의 또 다른 잘못은 일을 도모하기 전에 하나님께 묻지 않았다는 데 있다. 그는 자기 생각대로 실행한 후 일이 어그러졌을 때 하나님을 찾았다. 그러나 잘못된 것을 돌이키기에는 역부족이었고, 그로 인해 하나님의 책망을 들어야 했다. 그는 아합에게 가기 전에, 아하시야와 함께 배를 건조하기 전에, 여호람과 함께 전쟁에 임하기 전에 물었어야 했다. 그는 범사에 하나님을 인정하면서 자기의 계획에 대하여 그 걸음을 인도하시는 하나님의 도우심을 받았어야 했다.

"너는 범사에 그를 인정하라 그리하면 네 길을 지도하시리라"(잠 3:6).

"여호와께서 집을 세우지 아니하시면 세우는 자의 수고가 헛되며 여호와께서 성을 지키지 아니하시면 파숫군의 경성함이 허사로다"(시 127:1).

범사에 하나님을 인정하면서 주께 아뢰어 그의 인도하심을 받아야 하는 것이다. **"모사(謀事)는 재인(在人)이요, 성사(成事)는 재천(在天)이니 강제로 할 수 없다(不可强也)"**라는 옛말처럼 하늘이 허락해야만 사람이 세운 지혜도 빛을 발할 수 있다.

> "들으라 너희 중에 말하기를 오늘이나 내일이나 우리가 아무 도시에 가서 거기서 일 년을 유하며 장사하여 이를 보리라 하는 자들아 내일 일을 너희가 알지 못하는도다 너희 생명이 무엇이뇨 너희는 잠간 보이다가 없어지는 안개니라 너희가 도리어 말하기를 주의 뜻이면 우리가 살기도 하고 이것저것을 하리라 할 것이거늘"(약 4:13~15).

이 말씀을 살펴보면 어떤 일을 도모하는 것에는 전혀 차이가 없다. 다만 똑같은 일을 하더라도 어떤 성도는 자신의 생각대로 일을 추진하는 반면, 어떤 성도는 자신의 생각에 앞서 먼저 하나님께 아뢰고 그것이 주의 뜻이면 그것을 이루어 주시리라고 믿고 맡긴다는 것이다. 아주 미묘하여 차이를 구분 짓기 어렵기 때문에 아사와 그의 아들 여호사밧을 서로 비교해 보고자 한다.

아사의 때 구스 사람 세라가 백만의 군사와 3백 승의 병거를 거느리고 유다를 치기 위해 마레사의 스바다 골짜기에 진을 쳤다. 그 당시 유다에서 동원할 수 있는 군대는 유다 지파에서 30만 명, 베냐민 지파에서 28만 명이었다. 군사적 열세로 인하여 아사는 하나님께 부르짖었고, 그 기도의 응답을 받아 구스와의 싸움에서 크게 승리하였다(대하 14:8~15). 이때의 승리로 아사와 그 백성은 하나님을 크게 찬양하면서, 유다 왕국 내에서 가증한 물건도 제하였다. 이에 북왕국의 에브라임과 므낫세, 시므온 사람들까지 유다 왕국으로 모여들었다(대하 15:1~8).

그런데 20년이 흘러 북이스라엘의 바아사가 라마를 건축하기 위해 남유다를 쳤을 때, 아사는 성전에서 금과 은을 취하여 다메섹의 아람 왕 벤하닷에게 예물로 보내면서 북이스라엘을 치도록 하였다.

그로 인하여 바아사는 라마를 떠날 수밖에 없었다. 참으로 놀라운 전략이 아닐 수 없었다. 그는 손 하나 까딱 안 하고 적을 이용하여 또 다른 적을 제압했던 것이다.

그러나 하나님의 생각은 달랐다. 선견자 하나니를 통하여 하나님이 아닌 아람을 의지한 것을 책망하였다. 그는 보위에 오르자마자 우상을 섬기는 할머니를 태후 자리에서 폐할 정도로 신실했고(왕상 15:13), 유다의 열왕 중 유일하게 다윗같이 여호와 보시기에 정직하게 행했다는 찬사를 받았지만(왕상 15:11), 말년에는 하나니를 옥에 가두고 자기 말을 듣지 않는 백성을 학대할 정도로 변해 있었다. 그는 병들어 죽을 때도 하나님께 구하지 않고 의원을 의지하였다.

반면 아사의 아들 여호사밧은 그의 아비와 다르게 한결같이 신실했다. 여호사밧은 아합 왕과 동맹한 것으로 인하여 선견자 하나니의 아들 예후의 꾸지람과 함께 장남 여호람이 다른 아들들을 모두 죽이는 징계를 받았지만, 근신하는 마음으로 하나님 앞에 엎드렸고, 브엘세바에서 에브라임 산지까지 순행하면서 관원을 세우고, 백성들을 하나님께 돌아오도록 하였다.

우리가 유다의 역대 왕들을 통하여 배워야 할 것은 그들의 구원 여부가 아니라, 모름지기 신앙인으로서 그 신앙과 삶이 어떠했냐는 것이다(히 13:7~8). 아무리 훌륭한 신앙인일지라도 하나님의 뜻을 온전히 알 수는 없다. 다만 잘못을 알았을 때 자신을 돌아보고 생각과 행동을 하나님께로 돌리면 된다. 다윗이 훌륭했던 것은 잘못을 알았을 때마다 엎드렸기 때문이다.

이처럼 신앙인이라면 당연히 하나님의 뜻을 살펴 삶의 기준으로 삼아야 하는데, 많은 사람이 자기 지혜대로 일을 처리하여 시험에 들고 고난을 받는다(약 1:13~15, 4:13~15). 그런데 그러한 잘못을 깨닫거나 지적받았을 때, 어떤 사람은 아사처럼 반응하고, 어떤 사람은 여호사밧처럼 반응한다. 인간의 입장에서 봤을 때 아사는 분명 이이제이(以夷制夷)라는 군사전략을 사용한 지혜로운 왕이었다. 여호사밧도 아합과 손잡고 과거 이스라엘 땅이었던 길르앗 라못을 회복하는 전쟁에 나간 것 역시 인간의 지혜로 봤을 때 국가를 다스리는 왕으로서 당연히 해야 할 일이었다.

신앙인이 아니라면 듣지 않아도 될 꾸지람으로 인하여 아사는 억울했고, 그래서 하나니를 감옥에 가두었다. 반면 여호사밧은 하나니의 아들 예후의 꾸지람에 곧바로 무릎을 꿇었다. 아사도 유다 내에서 우상을 제하고 하나님을 잘 섬기는 왕이었지만, 그가 여호사밧과 히스기야, 요시야의 신앙에까지 미치지 못했던 것은 바로 자아가 살아 있었기 때문이다. 자아를 내려놓고 먼저 하나님께 의뢰하는 것, 이것이 하나님의 사람이 가져야 할 궁극적인 미덕인 것이다.

여호사밧은 25년간 보위에 있으면서 처음에는 산당과 아세라 목상을 제하였고, 온 땅을 순행하면서 백성들이 하나님께 돌아오도록 독려하였으며, 올바른 재판이 시행되고 하나님의 율법이 바르게 가르쳐질 수 있도록 관원과 제사장을 세웠다(대하 17:6~9).

그러나 그는 죽을 때, 모든 것을 정직히 행하였으나 산당을 폐하지 않아 백성을 그 열조의 하나님께로 돌이키게 하지 못하였다(대하 20:32~33). 우상숭배자와의 혼인으로 인하여 그의 말년이 그렇게 바뀌었던 것이다. 그래서 선견자 예후와 엘리사가 그의 신앙을 인정하였고(대하 19:3; 왕하 3:14), 오므리 왕조를 무너뜨린 북이스라엘의 예후도 그의 신앙을 인정했을지라도(대하 22:9), 잘못된 결혼 때문에 그는 아름답지 못한 결말을 맞이하게 되었다.

03

하늘로 들림받은 엘리야

사무엘서의 주인공이 다윗이라면 열왕기서의 주인공은 단연 성전이다. 열왕기서가 성전 건축에서 시작하여 성전 파괴로 끝을 맺기 때문이다. 그런데 그 중간에 엘리야와 엘리사가 있다. 아합의 우상숭배에 대한 엘리야의 심판으로 열왕기상이 끝나고, 하나님과 백성에 대한 엘리사의 뜨거운 사랑에 의하여 여로보암 2세로 이어지는 부흥기를 준비하면서 열왕기하가 시작된다.

엘리야는 남북왕조 시대, 북이스라엘의 아합 왕 때 활동했던 선지자였다. 아합은 시므리로부터 왕위를 찬탈한 오므리의 아들로 22년간 북이스라엘을 다스렸던 왕이다. 그는 그때까지의 모든 왕들보다 가장 악했으며, 그의 아내 이세벨은 시돈 왕 히람의 아들로부터 왕위를 찬탈한 엣바알의 딸(왕상 16:31)로 바알을 섬기며 그로 하여금 더욱 큰 죄를 짓도록 했던 왕비였다.

이런 아합의 죄악을 징계하기 위해 엘리야는 아합을 향하여 자기 말이 없으면 수년 동안 이스라엘에 비가 없을 것이라 예언한다. 그것은 그들이 섬기는 바알이 비와 천둥의 신이었기 때문이다. 그리고 그릿 시냇가에 숨어 까마귀들의 보살핌을 받는다. 성경은 **"까마귀들이 아침에도 떡과 고기를, 저녁에도 떡과 고기를 가져왔고 저가 시내를**

마셨더니"(왕상 17:6)라고 간단히 기록했으나, 하나님의 돌보심이 없었으면 탐욕이 강하고 썩은 고기를 좋아하는 까마귀로부터 신선한 음식을 공급받을 수는 없었을 것이다. 그는 하나님의 손길을 확증할 수 있었고, **"어떠한 형편에든지 내가 자족하기를 배웠노니"**(빌 4:11)라는 말씀처럼 주께 의뢰하는 법을 배웠다.

가뭄이 계속되어 어느 날 아침 시냇물마저 노랫소리를 그치고 물웅덩이도 바닥이 드러나자, 하나님은 그를 다시 사르밧 과부에게 보내신다. 미물인 까마귀의 보살핌을 받았을 때는 하나님의 능력에 감사하면서 순순히 그 명령에 순종할 수 있었을 것이다. 그러나 사르밧이 속한 시돈 땅은 바알의 본고장이었기에 쉽게 순종할 수 없는 상황이었다. 하나님은 오히려 아합의 허를 찔러 엘리야를 폭풍의 중심으로 넣어 버리셨다. 사르밧 지역 역시 바알과 아세라를 섬기는 지역이라 기근을 피할 수 없었고, 과부는 너무 가난하여 마지막 음식을 먹고 죽을 작정이었다. 성경은 아주 간단하게 언급했지만 곰곰이 생각해 보면 참 기막힌 상황이라는 것을 알 수 있다.

아합은 그를 찾기 위해 사람을 보내지 않은 족속이나 나라가 없었는데(왕상 18:10), 그것은 그가 **"내 말이 없으면 수년 동안 우로가 있지 아니하리라"**(왕상 17:1)라고 하였기 때문에 그를 찾아 어떻게 하든지 가뭄에 대한 저주를 풀게 하기 위해서였다.

엘리야가 그녀에게 물과 떡을 구하자, 그녀는 **"당신의 하나님 여호와의 사심을 가리켜 맹세하노니 나는 떡이 없고 다만 통에 가루 한 움큼과 병에 기름 조금뿐이라 내가 나무가지 두엇을 주워다가 나와 내 아들을 위하여 음식을 만들어 먹고 그 후에는 죽으리라"**(왕상 17:12)라고 했다. 이에 엘리야는 **"두려워 말고 가서 네 말대로 하려니와 먼저 그것으로 나를 위하여 작은 떡 하나를 만들어 내게로 가져오고 그 후에 너와 네 아들을 위하여 만들라 이스라엘 하나님 여호와의 말씀이**

나 여호와가 비를 지면에 내리는 날까지 그 통의 가루는 다하지 아니하고 그 병의 기름은 없어지지 아니하리라 하셨느니라"(왕상 17:13~14)라고 말도 안 되는 요구를 했다.

그녀는 엘리야에게 '**당신의 하나님 여호와**'란 표현을 썼다. 그런데 엘리야는 그녀에게 '**나의 하나님**'이라 대답하지 못하고 '**이스라엘 하나님 여호와**'라고 대답했다. 그것은 그가 아직까지 온전히 하나님과 마음을 합하지 못했음을 알려주고 있다. 사르밧 여인은 이스라엘 바깥에 있는 이방 여인이었으나 하나님을 경외했기에 선지자의 말에 순종했다. 후일 예수님은 이 여인의 믿음에 대하여 이렇게 칭찬하셨다.

> "내가 참으로 너희에게 이르노니 엘리야 시대에 하늘이 세 해 여섯 달을 닫히어 온 땅에 큰 흉년이 들었을 때에 이스라엘에 많은 과부가 있었으되 엘리야가 그중 한 사람에게도 보내심을 받지 않고 오직 시돈 땅에 있는 사렙다의 한 과부에게뿐이었으며"(눅 4:25~26).

이 일 후에 여인의 아들이 병들어 죽었을 때 그녀는 엘리야를 붙잡고 이렇게 원망한다. **"하나님의 사람이여 당신이 나로 더불어 무슨 상관이 있기로 내 죄를 생각나게 하고 또 내 아들을 죽게 하려고 내게 오셨나이까**"(왕상 17:18). 그녀는 우주 만물을 지은 하나님 앞에 아들의 죽음이 자신의 죄 때문이라고 고백한다.

베드로도 예수님이 세 번째 부르셨을 때 진정으로 **"주여 나를 떠나소서 나는 죄인이로소이다**"(눅 5:8)라고 고백했다. 이처럼 진정 자신이 죄인임을 깨닫고 고백하는 사람만이 구원을 받는다.

하나님은 과부의 아들을 죽임으로써 마지막으로 엘리야의 믿음을 시험하셨다. 왜냐하면 하나님만 의지하여 아합과 이세벨 앞에 서야 했기 때문이다. 엘리야는 아이의 죽음이 하나님이 자신의 영광을 나타내시고 그를 시험하시기 위함이라는 것을 깨달았다. 그럴지라도 하나님은 그가 입술로 기도하고, 그로 인해 영광 받으시기를 원하셨다. **"그래도 이스라엘 족속이 이와 같이 자기들에게 이루어 주기를 내게 구하여야 할찌라"**(겔 36:37)라는 말씀처럼 모든 일이 하나님의 계획하에 예정되어 있더라도 하나님은 항상 믿는 자의 입술로 드리는 기도와 간구를 원하신다.

이제 그의 기도는 **"나의 하나님 여호와여 주께서 또 내가 우거하는 집 과부에게 재앙을 내리사 그 아들로 죽게 하셨나이까…나의 하나님 여호와여 원컨대 이 아이의 혼으로 그 몸에 돌아오게 하옵소서"**(왕상 17:20~21)라고 하며 **'나의 하나님 여호와'**를 부르며 하는 기도였다.

처음에 하나님의 부르심으로 아합에게 보내심을 받았을 때, 그는 아합에게 **"나의 섬기는 이스라엘 하나님 여호와의 사심을 가리켜 맹세하노니"**(왕상 17:1)라고 말했고, 사르밧 과부를 만났을 때도 **'이스라엘 하나님 여호와'**(왕상 17:14)라고 말하며 자신 있게 나의 하나님을 부르지 못했다. 그러나 불가능한 상황에서 까마귀의 부양을 받았고, 지금은 원수의 땅에 거하는 지극히 가난한 여인의 부양을 받으면서 그는 **'나의 하나님 여호와'**(왕상 17:20, 21)를 부를 수 있을 만큼 온전한 믿음으로 성장해 있었다.

갈멜산에서 불을 내려 제단을 태웠던 그의 능력은 하루아침에 이루어진 것이 아니었다. 불과 같은 시련을 통과했기에 가능했으며, 그래서 야고보는 **"엘리야는 우리와 성정이 같은 사람이로되 저가 비 오지 않기를 간절히 기도한즉 삼 년 육 개월 동안 땅에 비가 아니 오고 다시 기도한즉 하늘이 비를 주고 땅이 열매를 내었느니라"**(약 5:17~18)라고 말했던 것이다.

참고로 온전한 믿음의 정의에 대해서는 예수님이 제자들에게 하신 말씀으로 더 확실하게 알 수 있다. 예수님이 베드로, 요한, 야고보와 함께 변화산에서 모세와 엘리야를 만나고 내려와 나머지 제자들과 합류했을 때, 어떤 사람이 간질병에 걸린 아들을 데리고 와서 고쳐주기를 원했다. 이때 예수님은 제자들을 꾸짖으시며 귀신을 쫓아내셨다. 제자들이 조용히 나아와 자신들은 어찌하여 쫓아내지 못했는지 여쭈어보자 예수님은 다음과 같이 대답하셨다.

> "너희 믿음이 적은 연고니라 진실로 너희에게 이르노니 너희가 만일 믿음이 한 겨자씨만큼만 있으면 이 산을 명하여 여기서 저기로 옮기라 하여도 옮길 것이요 또 너희가 못 할 것이 없으리라 [기도와 금식이 아니면 이런 유가 나가지 아니하느니라]"(마 17:20~21).

예수님은 제자들의 믿음이 적기 때문이라 하시고, 또한 겨자씨만 한 믿음만 있으면 산을 옮길 수도 있다고 말씀하셨다. 이를 생각해 볼 때, 믿음이란 있느냐 없느냐의 문제이지 양적인 문제가 아닌 것을 알 수 있다. 이 말의 의미는 아들을 데리고 온 아버지의 말에 대한 예수님의 대답을 보면 확실하게 이해할 수 있다.

> "그러나 무엇을 하실 수 있거든 우리를 불쌍히 여기사 도와주옵소서 예수께서 이르시되 할 수 있거든이 무슨 말이냐 믿는 자에게는 능치 못할 일이 없느니라 하시니 곧 그 아이의 아비가 소리를 질러 가로되 내가 믿나이다 나의 믿음 없는 것을 도와주소서"(막 9:22~24).

이처럼 믿음이란 양적인 문제가 아니라 있느냐 없느냐의 문제인 것이다. 그리고 정말 간절히 원하는 것이 있으면 금식하며 기도해야 하는 것이다.

가뭄이 있은 지 3년 6개월이 지나자, 하나님은 비를 내리겠다고 하시면서 아합에게 갈 것을 명하신다. 그는 하나님을 경외하여 선지자 백 명을 숨겨 살려준 궁내대신 오바댜에게 나타나 아합을 그가 있는 곳으로 데리고 오라고 한다. 그러자 오바댜는 다음과 같이 이야기한다.

> "내가 무슨 죄를 범하였기에 당신이 당신의 종을 아합의 손에 붙여 죽이게 하려 하시나이까 당신의 하나님 여호와의 사심을 가리켜 맹세하노니 내 주께서 사람을 보내어 당신을 찾지 아니한 족속이나 나라가 없었는데 저희가 말하기를 엘리야가 없다 하면 그 나라와 그 족속으로 당신을 보지 못하였다는 맹세를 하게 하였거늘 이제 당신의 말씀이 가서 네 주에게 고하기를 엘리야가 여기 있다 하라 하시니 내가 당신을 떠나간 후에 여호와의 신이 나의 알지 못하는 곳으로 당신을 이끌어 가시리니 내가 가서 아합에게 고하였다가 저가 당신을 찾지 못하면 내가 죽임을 당하리이다 당신의 종은 어려서부터 여호와를 경외하는 자라 이세벨이 여호와의 선지자들을 죽일 때에 내가 여호와의 선지자 중에 일백 인을 오십 인씩 굴에 숨기고 떡과 물로 먹인 일이 내 주께 들리지 아니하였나이까"(왕상 18:9~13).

하나님을 경외하고 선지자를 숨겼던 오바댜였지만 하나님에 대한 호칭을 **'당신의 하나님 여호와'**라고 이야기한다. 그는 아합이 얼마나 악하고 하나님이 싫어하는 사람인지 잘 알고 있었으나, 아합과 이세벨 앞에 두려움과 불안에 떨고 있었다. 즉 그는 엘리야와 똑같이 하나님을 경외했지만 하나님에 대한 확신이 없었으며, 아합이라는 주인도 섬기는 사람이었다.

엘리야는 아합에게 이스라엘의 모든 백성을 이스라엘 땅 바알신의 본거지인 갈멜산으로 모으고, 자신과 바알의 선지자 450인, 아세라의 선지자 4백 인과 함께 백성이 보는 가운데서 누가 참 하나님인지 겨루자고 제안한다. 그가 이처럼 담대하게 이세벨과 맞설 수 있었던 것은 바로 3년 반의 기근 가운데서 까마귀와 이방 나라 과부 여인에게서 훈련받은 덕분이었다.

그는 바알의 선지자들에게 송아지를 잡아 나무 위에 놓게 하고, 자신도 송아지를 잡아 나무 위에 놓은 후, 서로 각각 자기의 신의 이름을 불렀을 때 불을 내려 사르는 신을 참하나님으로 인정하자고 제안한다. 바알의 선지자들이 아침부터 정오가 지나도록 외쳐도 아무런 반응이 없자, 엘리야는 **"큰 소리로 부르라 저는 신인즉 묵상하고 있는지 혹 잠간 나갔는지 혹 길을 행하는지 혹 잠이 들어서 깨어야 할 것인지"**(왕상 18:27)라고 조롱하며 자신의 제단에는 도랑을 파고 네 통의 물을 세 번이나 붓게 한다. 그리고 저녁 소제 드릴 때에 이르러 이같이 기도한다.

> "아브라함과 이삭과 이스라엘의 하나님 여호와여 주께서 이스라엘 중에서 하나님이 되심과 내가 주의 종이 됨과 내가 주의 말씀대로 이 모든 일을 행하는 것을 오늘날 알게 하옵소서 여호와여 내게 응답하옵소서 내게 응답하옵소서 이 백성으로 주 여호와는 하나님이신 것과 주는 저희의 마음으로 돌이키게 하시는 것을 알게 하옵소서"(왕상 18:36~37).

엘리야는 **'나의 하나님'**을 부르며 기도했고, 이에 하나님은 불로 응답하셨다. 그리고 바알의 선지자를 모두 잡아 두로와 시돈으로 향하는 길목인 기손시내에서 죽여 우상숭배자들의 본보기로 삼고, 다시 갈멜산 꼭대기에 올라가 하나님 앞에 비를 내려달라고 기도한다. 첫 번째 기도를 하고 사환에게 올라가 바다 쪽을 바라보라고 말한다. 그렇게 그는 일곱 번이나 사환을 보내 바다를 살피게 한다. 그의 간절한 기도는 결코 평범한 것이 아니었다. 만약 하나님이 응답하지 않으시면 그는 일곱 번이 아니라 일흔 번씩 일곱 번이라도 기도했을 것이다(약 5:17~18). 대체로 하나님을 믿는 많은 사람들이 간절한 마음으로 그렇게 끈기 있게 기도하지 못한다. 한두 번 기도한 후 하나님의 뜻이 아니라고 생각하며 스스로 포기해 버린다.

엘리야는 이러한 큰 능력으로 인해 온 이스라엘이 하나님께로 돌아오고, 하나님이 이세벨을 멸하실 줄 알았다. 그러나 오히려 이세벨이 바알의 선지자들을 죽인 자기를 죽이려 찾았고, 세상은 아무것도 변한 것이 없었다. 그는 브엘세바로 도망하였는데, 이세벨이 무서워서가 아니라 비전과 소망을 상실했기 때문이다. 그리고 거기에 종을 남겨둔 채, 광야로 하룻길을 더 가서 로뎀나무 아래에 앉아 **"여호와여 넉넉하오니 지금 내 생명을 취하옵소서 나는 내 열조보다 낫지 못하니이다"**(왕상 19:4)라고 부르짖으며 절망하다가 잠이 든다. 그는 이러한 큰 권능으로도 아합과 이세벨이 변하지 않는 것을 의아해했고, 이런 상황을 만들어 가신 하나님을 원망했다. 갈멜산에서 바알의 선지자들과 싸웠던 기개는 모두 사라지고, 초라한 모습으로 자살을 시도한다.

그때의 상황을 성경은 이렇게 이야기한다.

> "로뎀나무 아래 누워 자더니 천사가 어루만지며 이르되 일어나서 먹으라 하는지라 본즉 머리맡에 숯불에 구운 떡과 한 병 물이 있더라 이에 먹고 마시고 다시 누웠더니 여호와의 사자가 또다시 와서 어루만지며 이르되 일어나서 먹으라 네가 길을 이기지 못할까 하노라 하는지라"(왕상 19:5~7).

먼 훗날 예수님이 주님을 부인하여 코가 석 자나 빠져 있는 베드로에게 나타나셔서 부드럽게 **"네가 나를 사랑하느냐"**(요 21:16, 17)라며 위로와 힘을 주셨듯이, 하나님은 엘리야의 실망스러운 모습에 개의치 않고 그의 건강을 염려하시며 따뜻하게 위로하셨다. 주님은 어제나 오늘이나 동일하게 주의 종들의 슬픔과 고난에 똑같이 위로하신다. 우리가 알든 모르든 그것은 한결같다.

기운을 차린 그는 밤낮 사십 일을 더 가서 호렙산에 이르러 그곳 굴에 들어가 유하게 된다. 호렙산까지의 여정에서 그를 위로하신 하나님이 이제는 **"엘리야야 네가 어찌하여 여기 있느냐"**(왕상 19:9)라고 책망하신다. 그가 있을 곳은 **'여기'**가 아니었다. 그는 시돈 땅 사르밧 과부에게 가라 했을 때도, 아합에게 가라 했을 때도 모두 순종하고 그 말씀에 따랐다. 그런데 그 모든 능력을 체험한 지금 그는 하나님이 원하시는 장소에서 멀리 도망쳐 있었다.

그는 하나님의 책망에 이같이 자기를 변명하면서 이스라엘을 송사한다.

> "내가 만군의 하나님 여호와를 위하여 열심이 특심하오니 이는 이스라엘 자손이 주의 언약을 버리고 주의 단을 헐며 칼로 주의 선지자들을 죽였음이오며 오직 나만 남았거늘 저희가 내 생명을 찾아 취하려 하나이다"(왕상 19:10).

그는 하나님의 책망에 하나님을 위하여 자기의 모든 것을 다 바쳤는데 이러한 처지에 처했다며 원망한다. 하나님은 그 대답을 원하신 것이 아니었다. 주의 선지자는 마땅히 그 일을 해야 했다. 그는 하나님의 영광을 보고, 많은 능력을 맛본 선지자였다. 까마귀가 떡과 고기를 가져다주어 먹기도 했고, 사르밧 과부를 통해 공양을 받을 때는 다하지 않는 가루와 기름을 공급받았다. 또한 과부의 아들이 죽었을 때는 하나님의 능력으로 죽은 자를 살리는 기적도 일으켰으며, 하늘에서 불을 내리고 비를 내리는 이적도 행했던 사람이었다.

그랬기에 하나님은 선지자가 선지자답지 않게 겁에 질려 굴속에 숨어 지내는 것이 한심하고 답답하기 그지없으셨다. 하나님은 여호와 앞 산에 서라 하신 후 크고 강한 바람으로 산을 가르며 바위를 부수고, 지진을 일으키셨다. 엘리야가 이처럼 천지만물을 주관하시는 하나님의 선지자임을 보이시면서 그 놀라운 능력을 다시 한 번 상기시켜 주셨다. 그 옛날 아브라함과 야곱이 하나님의 약속을 믿지 못하여 그 말씀에 순종하지 않았을 때, 그들에게 나타나셔서 **"나는 전능한 하나님이라"**(창 17:1, 35:11)라고 하셨던 것처럼 이제 엘리야에게도 똑같이 말씀하셨다.

그리고 다시 한 번 똑같이 물어보셨다. **"엘리야야 네가 어찌하여 여기 있느냐"**(왕상 19:13). 하나님은 **"네, 전능하신 창조주 하나님의 능력을 힘입어 즉시 길을 떠나겠습니다"**라는 대답을 원하셨다. 그러나 엘리야는 방금 했던 말로 토씨 하나 틀리지 않게 똑같이 대답한다. 그는 지금 하나님을 원망하고 있었다. 그런 그에게 하나님은 다시 선지자로서의 비전과 사명을 부여하신다. 하사엘에게 기름을 부어 아람(시리아) 왕을 삼고, 예후에게 기름 부어 이스라엘 왕이 되게 하며, 엘리사에게 기름을 부어 그를 대신할 선지자로 삼으라고 하신다. 하나님의 선지자란 이곳 굴속에 숨어 사는 것이 아니라 세상에 나가 외쳐야 한다고 말씀하신 것이다. 그리고 그에게 **"내가 이스라엘 가운데 칠천 인을 남기리니 다 무릎을 바알에게 꿇지 아니하고 다 그 입을 바알에게 맞추지 아니한 자니라"**(왕상 19:18)라고 위로하신다.

훗날 그는 나봇을 죽이고 그의 포도원을 뺏은 아합의 죄에 대한 심판을 선포하기 위해 다시 한 번 아합 앞에 선다. 왕 앞에서 선포한 심판의 소식은 참으로 몸서리가 쳐지는 두려운 것이었으며, 그래서 당장 죽임을 당할 수도 있었다. 그러나 그는 이제 하나님의 능력으로 직접적인 보호를 받지 않아도 당당하게 아합 앞에 설 수 있을 만큼 담대한 선지자로 우뚝 서 있었다.

> "악인은 쫓아오는 자가 없어도 도망하나 의인은 사자같이 담대하니라" (잠 28:1).

그는 호렙산을 떠나 10년이나 더 긴 세월 동안 세상 가운데서 하나님의 선지자로 그 직임을 충실히 수행한다. 그리고 엘리사에게 자신의 모든 직임을 맡기고 요단강을 가른 후 모압 땅 골짜기에서 불말이 이끄는 불수레를 타고 하늘로 승천한다. 그는 이스라엘에서 가장 극악한 아합과 이세벨이 통치했던 시대에 기도의 능력으로 하나님의 말씀을 전했던 훌륭한 선지자였다.

04

구국의 선지자 엘리사

'하나님은 구원이시다'라는 이름의 뜻을 가지고 있는 엘리사는 아벨므홀라 사람 사밧의 아들이었다. 아벨므홀라는 갈릴리와 사해 사이를 흐르는 요단강 중류 지역에 위치하며, 엘리야의 고향인 길르앗의 디셉과 그리 멀지 않은 곳에 있다. 그는 이스라엘 아합의 아들 여호람 때부터 예후, 여호아하스, 요아스 때까지 활동했던 이스라엘의 선지자였다.

엘리야가 그를 만났을 때, 그는 열두 겨리의 소를 앞세우고 밭을 갈고 있었다. 따라서 그는 큰 부자였던 것으로 보인다. 그렇지만 엘리야가 그에게 겉옷을 던졌을 때, 다시는 뒤돌아보지 않겠다는 의지의 표시로 자신의 소를 죽이고 그 기구를 땔감으로 사용하여 친척과 친구들에게 작별만찬을 베풀었다(왕상 19:21). 예수님도 **"손에 쟁기를 잡고 뒤를 돌아보는 자는 하나님의 나라에 합당치 아니하니라"**(눅 9:62)라고 하셨던 것처럼, 그는 평생 뒤로 물러나지 않고 하나님 앞에서 매우 강단 있는 선지자로 살았다.

그의 이름이 본격적으로 언급된 것은 엘리야가 불수레를 타고 하늘로 승천하기 위해 함께 길을 떠난 때부터이다. 그는 하나님이 스승을 취하여 하늘로 들어올리실 것을 알고 있었다(왕하 2:3, 5). 그래서 자기를 떼어내려는 스승을 붙잡고, 길갈에서 벧엘, 그리고 여리고를 거쳐 요단강 앞까지 좇아온다. 그는 엘리야가 머무르라 할 때마다 **"여호와의 사심과 당신의 혼의 삶을 가리켜 맹세하노니 내가 당신을 떠나지 아니하겠나이다"**(왕하 2:2, 4, 6)라고 하면서 한사코 스승의 곁에 머물고자 했다. 결국 엘리야는 그와 함께 요단강을 가른 후 마른 땅을 건너간다. 그리고 하늘로 올라가기 전에 그에게 무엇을 원하느냐고 묻는다.

> "당신의 영감이 갑절이나 내게 있기를 구하나이다"(왕하 2:9).

그는 엘리야의 부름에 지체 없이 응하였고, 뒤를 돌아보지 않기 위해 농기구를 땔감으로 사용하여 자신의 소를 잡아 친척들과 친구들에게 작별만찬을 베풀고 하나님을 따랐던 선지자였다. 그렇게 자신의 모든 것을 버리고 하나님을 위한 삶을 살고자 했으며, 인내로써 그 길을 걸어갔다. 그런 그에게 가장 절실한 것은 권력과 재물이 아니라 바로 엘리야와 함께했던 하나님의 성령이었다. 마치 솔로몬이 하나님께 지혜를 구했던 것처럼 그는 엘리야와 함께했던 하나님의 성령의 능력을 원했던 것이다. 그런 그에게 엘리야는 이렇게 말한다.

> "네가 어려운 일을 구하는도다 그러나 나를 네게서 취하시는 것을 네가 보면 그 일이 네게 이루려니와 그렇지 않으면 이루지 아니하리라"(왕하 2:10).

엘리야가 성령의 능력을 주는 것이 아니라 하나님이 주시는 것이기 때문에, 그는 이 일이 어려운 일이라 했던 것이었다. 그러나 엘리사의 간절함으로 인해 하나님은 엘리야를 취하는 모습을 보여주시고 그의 소원을 들어주셨다.

엘리야가 하늘로 올라간 후, 그는 엘리야가 벗어둔 겉옷을 들고 엘리야가 했던 그대로 요단 물을 가른 후에 여리고로 돌아와 샘물을 깨끗하게 하는 이적을 행한다(왕하 2:19~22). 그 후 여리고에서 벧엘로 가는 길에 벧엘에서 내려온 한 무리의 젊은 아이들이 엘리사를 조롱하는 사건이 발생하는데, 그가 하나님의 이름으로 그들을 저주하자 곧 수풀에서 암곰 둘이 나와서 아이들 중 42명을 찢었다. 그리고 그는 갈멜산으로 갔다가 사마리아로 돌아온다(왕하 2:25).

갈멜산으로 가기 전까지 엘리사가 행한 기적들을 보면 온전히 하나님과 마음을 합한 것은 아니었음을 알 수 있다. 그는 엘리야의 겉옷으로 요단강을 가르면서 **"엘리야의 하나님 여호와는 어디 계시니이까"**(왕하 2:14)라고 엘리야의 하나님을 부르짖었다. 여리고의 샘물을 고칠 때도 **"여호와의 말씀이 내가 이 물을 고쳤으니"**(왕하 2:21)라고 하여 하나님을 제삼자처럼 이야기하였다. 또한 벧엘에서 내려온 젊은 아이들에게도 그저 **'여호와의 이름으로 저주'**하였다(왕하 2:24). 하나님께 헌신하기로 작정하여 모든 것을 버리고 엘리야를 따랐지만, 아직 그에게 하나님은 여전히 엘리야의 하나님이었을 뿐이었다.

그런데 갈멜산에서 사마리아로 온 후로 그의 신앙은 완전히 달라진다.

그가 사마리아로 돌아왔을 때, 유다 왕 여호사밧과 이스라엘 왕 여호람과 에돔 왕이 더불어 모압을 공격하는 사건이 발생한다. 그 당시 에돔은 유다가 섭정 왕을 두어 지배하였고(왕상 22:47; 왕하 8:20), 모압은 이스라엘의 지배하에 있었다(왕하 3:4~5). 그런데 이스라엘의 아합이 죽자, 모압의 메사 왕이 이스라엘에 대적하여 반역을 일으켰다. 그리하여 서로 동맹관계에 있던 세 왕이 모압을 치기 위해 출정했는데 모압 남쪽에 이르자 먹는 물이 떨어진 것이다. 이때 세 명의 왕들이 진중에 있는 그에게 와서 사정을 말하였다. 그는 그 왕들에게 이같이 대답한다.

> "**내가 섬기는 만군의 여호와**의 사심을 가리켜 맹세하노니 내가 만일 유다 왕 여호사밧의 낯을 봄이 아니면 당신을 향하지도 아니하고 보지도 아니하였으리이다 이제 내게로 거문고 탈 자[궁정음악가 : minstrel]를 불러 오소서"(왕하 3:14~15).

비로소 그의 입에서 '**엘리야의 하나님 여호와**'가 아니라 '**내가 섬기는 만군의 여호와**'라는 고백이 나왔다. 엘리야의 부름을 받고서 뒤도 돌아보지 않고 10여 년의 세월을 하나님만 바라보면서 엘리야의 손에 물을 붓는 자로 살았지만(왕하 3:11), 그는 그때 비로소 '**내가 섬기는 만군의 여호와, 나의 하나님 여호와**'를 불렀던 것이다. 아무리 엘리야의 성령이 갑절이나 약속되었어도, 하나님이 '**나의 하나님**'이 되지 않고서는 그러한 능력은 자기 것이 될 수 없었고 오래갈 수도 없었다. 그는 스승을 떠나보낸 후 갈멜산에서 기도로써 하나님과 마주하며 시험과 훈련을 받았던 것이다. 이제 그는 왕들의 계곡에 구덩이를 파면 그곳에 물이 가득할 것이라 예언하였고, 그들이 그렇게 행하자 산으로부터 물이 흘러내려 계곡을 채우게 되었다(왕하 3:1~27).

이후에 그는 그의 선지자 학교에서 훈련받은 한 생도의 과부가 빚을 갚기 위하여 두 아이를 팔아야 할 지경에 처했다고 부르짖는 것을 들었다. 그녀에게는 기름 한 병 외에는 가진 것이 아무것도 없었다. 이에 엘리사는 빈 그릇을 많이 빌려 문을 닫고 들어가 거기에 기름을 부으라고 말한다. 그녀가 그렇게 했을 때 기름이 모든 그릇에 넘쳤으며, 그것을 판 돈은 모든 빚을 갚고 그녀와 두 아들이 살아갈 수 있을 만큼 충분하였다(왕하 4:1~7).

엘리사는 하나님 앞에 기도하고 영감을 얻기 위해 갈멜산에 정기적으로 다녔던 것으로 보인다. 그가 갈멜산으로 가기 위해 수넴을 지날 때마다 한 귀한 여인으로부터 음식을 대접받았는데, 그녀는 자주 방문하는 그를 위해 따로 작은 방을 담 위에 짓고, 침상과 책상과 의자와 촛대를 마련하여 불편함이 없도록 하였다. 이에 그는 이처럼 꼼꼼하게 준비하고 대접한 그녀의 소원을 들어주고자 한다. 그녀는 자기는 백성 가운데에서 평안히 거하니 아무런 필요가 없다고 사양한다. 그러나 무엇인가 보답하고 싶었던 그는 사환인 게하시에게 물었고, 게하시는 그녀의 남편이 늙었는데 아들이 없다고 대답한다. 이에 엘리사는 그녀에게 곧 아들을 안게 될 것이라고 말해 준다.

그런데 그렇게 태어난 아들이 수년 후 까닭 없이 갑자기 병들어 죽는다. 그녀는 갈멜산에 있는 엘리사를 찾아온다. 엘리사는 먼저 게하시를 보냈지만 아이를 살릴 수 없었고, 그가 직접 와서 기도한 후 아이 위에 엎드리어 얼굴과 손을 서로 마주하였을 때 아이의 숨결이 돌아왔다(왕하 4:8~37).

이후 이스라엘 땅에는 7년 대기근이 찾아온다. 기근뿐 아니라 이 기간 중 이스라엘은 아람 왕 벤하닷의 침공으로 인해 말할 수 없는 고통을 당한다. 이는 오므리 집안의 범죄 때문이었는데, 아합의 아들 여호람이 비록 그 아비가 만든 바알의 주상은 제하였지만 이스라엘로 범죄케 한 여로보암의 죄에서 떠나지 않았기 때문이다(왕하 3:1~3). 대기근에 대한 계시를 받은 그는 수넴 여인을 향하여 권속들을 데리고 기근을 피하여 어디든지 거할 만한 곳으로 떠나라고 명한다(왕하 4:38, 8:1~3). 그가 이 수넴 여인을 얼마나 아끼고 잘 보살폈는지를 알 수 있다. 그러나 그는 이스라엘에 남아 기근과 전쟁 중에 많은 이적들을 행하여 백성을 구한다.

먼저 그는 독이 든 음식을 먹게 될 뻔했던 선지자 학교 생도들을 구한다. 먹을 것이 부족한 길갈의 선지자 학교에서 한 생도가 야등 덩굴에서 들외를 따다가 국 속에 넣었는데, 그것은 사람이 먹을 수 없는 독풀이었다. 엘리사는 기적을 행하여 이 음식으로 많은 사람이 먹을 수 있도록 하였다(왕하 4:38~41). 또한 바알살리사로부터 온 사람에게서 받은 보리떡 20개와 자루에 담은 채소를 가지고 많은 무리를 먹이는 기적을 행하여 기근으로 굶주린 많은 사람들을 먹였다(왕하 4:42~44). 이것은 예수님이 보리떡 다섯 개와 물고기 두 마리로 5천 명을 먹이신 기적에 버금가는 것이었다(마 14:14~21; 막 6:35~44; 눅 9:12~17; 요 6:5~14).

기근에 겹쳐 아람 왕 벤하닷의 군대까지 수차례 이스라엘을 공격하여 괴롭히기 시작했다.

침공이 있기 전 아람과 이스라엘 사이에는 잠시 평화가 있었는데, 그때 그는 아람의 군대장관 나아만의 문둥병을 고쳐준다. 나아만은 문둥병을 고치기 위해 은 열 달란트와 금 육천 개와 의복 열 벌을 가지고 엘리사를 찾아온다. 그러나 엘리사는 그를 문 앞에 세워둔 채 얼굴도 보지 않고, 요단강에 가서 일곱 번 몸을 씻으라고 명한다. 이에 그는 분노하여 돌아가려 했다.

> "내 생각에는 저가 내게로 나아와 서서 그 하나님 여호와의 이름을 부르고 당처 위에 손을 흔들어 문둥병을 고칠까 하였도다 다메섹강 아마나와 바르발은 이스라엘 모든 강물보다 낫지 아니하냐 내가 거기서 몸을 씻으면 깨끗하게 되지 아니하랴 하고 몸을 돌이켜 분한 모양으로 떠나니"(왕하 5:11~12).

그러나 종들의 간곡한 권유에 의해 나아만은 요단강으로 가서 문둥병을 고치게 된다. 그는 엘리사에게 감사하면서 가져온 선물을 주려 한다. 엘리사는 막대한 선물을 거절하였지만, 그의 종 게하시가 나아만을 좇아가 은 한 달란트와 옷 두 벌을 구한다. 나아만은 억지로 자신의 두 종에게 은 두 달란트와 옷 두 벌을 넣은 자루를 지게 하고서 게하시를 따라가게 한다. 이 사실을 알게 된 엘리사는 다음과 같이 말하면서 그를 책망하고 나아만의 문둥병이 그에게 들어갈 것이라고 선언한다.

> "그 사람이 수레에서 내려 너를 맞을 때에 내 심령이 감각되지 아니하였느냐 지금이 어찌 은을 받으며 옷을 받으며 감람원이나 포도원이나 양이나 소나 남종이나 여종을 받을 때냐 그러므로 나아만의 문둥병이 네게 들어 네 자손에게 미쳐 영원토록 이르리라"(왕하 5:26~27).

엘리사가 지금 아람으로부터 그런 재물을 받을 때냐고 책망했던 것은, 이 백성이 하나님을 멀리함으로 기근이 왔음에도 회개하지 않았기 때문에 곧 아람의 침공을 받을 텐데 어찌하여 재물에만 눈이 어두워 앞뒤를 분간하지 못하느냐는 것이었다.

아람 왕은 자주 특수부대를 보내 여호람을 잡으려 했는데 이는 과거 길르앗 라못 전투 때 아합만 죽여 전쟁을 승리로 이끈 경험 때문이었다(왕상 22:31). 그러나 벤하닷이 공격할 때마다 엘리사는 적군의 공격 위치를 알려줌으로써 이스라엘의 여호람 왕을 도왔다. 이것으로 인해 벤하닷은 분노하였는데, 그것은 그의 백성 중 하나가 그를 배신하고 이스라엘 왕에게 비밀을 알렸다고 생각했기 때문이다. 그러나 그의 신하 중 하나가 이 일을 행한 자는 엘리사라고 고하자 그는 엘리사를 체포할 것을 결심하고 도단으로 군대를 보낸다. 엘리사는 하나님께 간구하여 그들을 맹인으로 만든 후 사로잡아 사마리아까지 이끌고 온다. 그들은 눈을 뜨게 되었을 때 깜짝 놀랐으나, 엘리사는 그들을 배불리 먹여 벤하닷 왕에게로 돌려보낸다. 그로 인해 벤하닷은 더 이상 소규모의 특수부대를 보내지 않았다(왕하 6:8~23).

이후 아람은 대규모의 군대를 동원하여 사마리아 성을 포위한다. 그 결과 기근 가운데 있었던 성읍에는 더더욱 먹을 것이 없어 여인들이 자식을 먹는 일까지 발생했다(왕하 6:26~29). 여호람 왕은 이에 대하여 엘리사를 비난하면서 그를 죽이려고 사람까지 보낸다. 이에 다음 날 그는 모든 백성이 먹기에 충분한 양식이 생길 것이라고 약속했는데, 한 장관이 **"여호와께서 하늘에 창을 내신들 어찌 이런 일이 있으리요"**(왕하 7:2)라고 하면서 비웃었다. 이에 엘리사는 하나님의 선지자를 비웃은 그에게 그가 그것을 보겠지만 먹지는 못할 것이라고 꾸짖었다.

이 약속은 아람 군대가 도망침으로써 실현되었는데, 그들은 애굽 군대의 침공 소리를 들었던 것이다. 이때 사마리아 성의 네 명의 문둥이들이 그들이 있는 곳에 머무르는 것보다 차라리 아람인들에게 투항하여 자비를 구하는 것이 낫다고 생각하여 적군의 진지로 향했다. 그런데 그곳에서 그들은 적들이 많은 식량과 물품을 남겨두고 도망한 것을 발견하였다. 그들은 그 기쁜 소식을 성읍에 전하였고, 백성은 식량을 구하기 위하여 급히 뛰어나갔다. 그러는 사이에 전날 엘리사의 말을 비웃었던 왕의 신하는 밟혀서 죽임을 당한다(왕하 7:3~20).

7년간의 대기근이 막을 내리자, 블레셋에 우거하던 수넴 여인도 고향으로 돌아온다. 그녀는 왕에게 와서 자신의 재산을 찾아달라고 호소한다. 그때 엘리사의 사환 게하시가 엘리사에 관한 일들을 왕에게 고하고 있었다. 마침 수넴 여인의 아들을 살린 기적을 말하고 있을 때 그녀가 찾아와 자신의 재산을 돌려줄 것을 호소하였던 것이다. 이에 게하시는 바로 이 여인의 아들을 엘리사가 살려주었다고 이야기한다. 왕은 관리를 임명하여 그녀의 재산과 그녀가 이 땅을 떠날 때부터 이제까지 거두어들였던 그 밭의 소출을 돌려주라 명한다(왕하 8:1~6).

이때 엘리사는 수십 년을 미루어왔던 하나님의 명령을 수행한다. 그것은 다메섹의 하사엘에게 기름 부어 아람 왕이 되게 하고, 님시의 아들 예후에게 기름 부어 이스라엘 왕이 되게 하라는 명령이었다. 이 명령은 원래 엘리야에게 내려졌었는데(왕상 19:15~16), 두 선지자는 웬일인지 그 명령을 태업으로 일관했다. 그것은 아합과 여호람이 비록 악했어도 죄를 지적했을 때 스스로 겸비하기도 했고, 더불어 이스라엘을 사랑했기 때문이었다. 그런데 엘리사가 드디어 그 명령을 수행하기로 결심한다. 더는 하나님의 명령 수행을 지체할 수 없었던 것이다(왕하 8:7).

이제 그는 다메섹으로 떠난다. 마침 아람 왕 벤하닷이 병들었고, 그가 다메섹으로 왔다는 소식을 들은 벤하닷이 하사엘에게 예물을 가지고 찾아뵐 것을 명한다. 그는 하사엘이 부끄러워할 때까지 쳐다보며 울다가, 하사엘이 왕이 되어 이스라엘에게 많은 악을 행할 것이라고 예언한다. 벤하닷에게로 돌아간 하사엘은 이튿날 젖은 이불을 덮어 왕을 죽이고 왕위를 차지한다.

또한 선지자 생도 중 하나를 길르앗 라못으로 보내어 군대장관들과 함께 있던 님시의 손자이며 여호사밧의 아들인 예후를 몰래 불러내 기름을 붓고 빠르게 도망치도록 한다. 이로써 오므리 왕조의 통치권은 아합과 그 아들들의 범죄로 인하여 예후 집안으로 넘어간다. 하나님께 신실했던 이드로의 후예인 레갑 족속 여호나답을 장관으로 임명한 예후는 아합의 집안을 하나도 남김없이 진멸하였고, 바알 선지자들을 바알의 당에 모은 뒤 모두 죽였다. 여호나답의 개혁 때문인지 예후와 그의 아들 여호아하스가 통치한 45년 동안의 엘리사의 기록은 찾을 수 없다.

그러나 그가 임종할 때 병문안을 온 여호아하스의 아들 요아스 왕이 눈물을 흘리며 **"내 아버지여 내 아버지여 이스라엘의 병거와 마병이여"**(왕하 13:14)라고 외친 것을 보면, 이스라엘 왕국을 위한 기록되지 않은 수많은 노고가 있었던 것으로 보인다. 그는 왕에게 활과 화살을 잡게 한 다음 자신의 손으로 왕의 손을 안찰한 후, 왕에게 창문을 통하여 그 화살을 쏘라고 한다. 왕이 그렇게 하자 엘리사는 이는 여호와의 구원의 살, 곧 아람에 대한 구원의 살이라고 말한다. 그리고 나서 왕에게 그의 손에 들고 있는 화살로 땅을 치라고 한다. 왕이 겨우 세 번을 치자 엘리사는 실망의 빛을 보이면서 왕이 대여섯 번을 쳤으면 아람을 진멸하였을 것이지만, 그렇지 않았기 때문에 오직 세 번만 아람을 격퇴시킬 것이라고 말한다(왕하 13:14~19).

그는 죽은 후에도 이적을 행한다. 장사 지내는 자들이 어떤 사람을 장사 지낼 때 모압인들의 공격을 받는다. 그들은 두려움에 떨면서 그 시체를 엘리사가 묻힌 곳으로 던졌는데, 그 시체가 그의 뼈에 닿자 곧 살아나서 그 발로 일어서는 일이 발생한다(왕하 13:20~21). 하나님은 진정으로 그의 소원을 들어주시어 그에게 엘리야의 갑절이나 되는 성령의 능력을 부어주셨던 것이다.

엘리야와 그의 제자 엘리사는 북이스라엘 왕조 중 가장 큰 악행을 저질렀던 아합 집안으로부터 이스라엘을 하나님께로 돌리기 위해 일생을 바친 이스라엘의 위대한 선지자였다. 호렙산에서 엘리야에게 내려졌던 하나님의 명령은 엘리사 때에도 빠르게 이행되지 않았다. 그것은 이스라엘의 범죄로 인해 7년의 대기근과 함께 찾아온 아람 군대의 침공에도 그가 수많은 기적을 행하며 백성과 함께 그 시련의 기간을 넘길 만큼 이스라엘을 사랑하였기 때문이다. 그가 행한 대부분의 기적들은 바로 이 기간에 이루어진 것들이었다. 그는 진정으로 은혜로우시며, 자비하시며, 노하기를 더디하시며, 인자하심이 큰 하나님의 사랑을 소유한 선지자였다(출 34:6; 민 14:18; 시 86:15, 103:8, 145:8; 사 48:9; 욜 2:13; 욘 4:2 등).

아합의 아들 여호람의 악행을 더는 두고 볼 수 없었을 때 그는 비로소 다메섹으로 가서 하사엘을 만난다. 비록 하나님의 명령에 의해 거기까지 갔지만, 하사엘에 의해 고통받을 이스라엘 왕국을 위하여 뜨거운 눈물을 흘렸으며, 이 짐을 평생 가슴에 안고 살아간다. 그랬기에 임종을 맞이하여 찾아온 요아스가 그의 죽음을 슬퍼하면서 이스라엘의 병거와 마병이라 외쳤고, 그 또한 사력을 다해 아람을 무찌를 방도를 알려줬던 것이다. 그의 간절함이 있었기에 요아스는 아람을 무찌르고 왕국을 넓힐 수 있었으며, 그의 아들 여로보암 2세 때 이스라엘은 솔로몬이 이룩한 북쪽 영토 대부분을 회복하여 강성대국의 위치에 들어설 수 있었다. 그는 진정으로 강단 있고, 뜨거운 심장을 가진 하나님의 선지자였다.

05

북이스라엘의 신앙을 회복시킨 예후

'그는 여호와이시다'라는 이름의 뜻을 가진 예후는 님시의 손자이며, 여호사밧의 아들로 북이스라엘의 군대장관이었다. 그는 오므리 왕조 아합의 아들 여호람(요람)이 왕으로 있을 때 기름부음을 받았으며, 이스라엘 왕국에서 유일하게 하나님의 기름부음을 받은 왕이었다.

당시의 시대 상황을 보면, 에브라임 지파 여로보암이 반역하여 북쪽 지역 10개 지파를 규합하여 이스라엘 왕국을 세운 뒤 남쪽의 유다 왕국과 끊임없이 전쟁을 치렀다. 이를 타개하기 위해 유다 왕국의 여호사밧이 북이스라엘의 아합 집안과 연혼하여 오랜 싸움을 종식시켰다(대하 18:1). 즉 여호사밧은 이스라엘 왕국의 오므리의 딸 아달랴와 결혼했고, 여호사밧의 아들 여호람은 오므리의 아들 아합과 이세벨 간에 태어난 딸과 결혼하였다. 여호사밧은 비록 하나님 앞에 선한 왕이었지만, 이로 인해 자식들 간에 서로 죽고 죽이는 심한 반목을 겪어야 했다.

오므리 왕조의 아합은 오므리보다 더 악한 왕으로, 특히 바알 숭배자인 시돈 왕 엣바알의 딸인 이세벨을 아내로 삼아 북이스라엘을 우상숭배의 본거지로 만들어버렸다. 보다 못한 하나님이 이스라엘 왕국에 기근을 보내고, 엘리야를 보내 갈멜산에서 큰 이적을 베풀었지만 오히려 이세벨은 바알 선지자들을 죽인 엘리야의 목숨을 찾았다. 그래서 엘리야는 하나님의 산(호렙산)으로 도망가야만 했다.

호렙산에 도착한 엘리야를 향하여 하나님은 하사엘에게 기름을 부어 아람(시리아) 왕을 삼고, 예후에게 기름 부어 이스라엘 왕이 되게 하며, 엘리사에게 기름을 부어 그를 대신할 선지자로 삼으라고 명하신다(왕상 19:15~17). 엘리야는 이 명령 중 엘리사에게 기름 부음으로 자신의 사명을 넘기고 하늘로 올라갔다. 그리하여 나머지 2개의 명령은 자연스럽게 엘리사에게 넘어왔다.

엘리사는 다메섹으로 가서 아람의 군대장관 하사엘을 만났고, 그가 부끄러워할 때까지 쳐다보며 울다가, 하사엘이 왕이 되어 이스라엘에 많은 악을 행할 것이라고 예언한다. 벤하닷에게로 돌아간 하사엘은 물에 적신 이불을 벤하닷에게 덮어 살해하고 아람 왕이 된다(왕하 8:15).

몇 년 후 아람 왕 하사엘이 길르앗 라못으로 쳐들어왔을 때, 이스라엘 왕 요람은 유다 왕 아하시야에게 도움을 청하였고 이에 두 왕은 하사엘과 맞서 싸운다. 이때 요람은 큰 부상을 입고 이스르엘 아궁으로 물러나 요양하고, 군대장관 예후에게 나머지 전쟁을 치르도록 하였다. 이에 유다 왕 아하시야도 이스르엘을 병문안하러 전쟁터를 떠나게 된다.

이때 갑자기 엘리사의 명을 받은 선지자 생도가 군대장관 예후를 찾아와 그에게 기름을 붓고 하나님의 명령을 전달한다.

> "이스라엘 하나님 여호와의 말씀이 내가 네게 기름을 부어 여호와의 백성 곧 이스라엘의 왕을 삼노니 너는 네 주 아합의 집을 치라 내가 나의 종 곧 선지자들의 피와 여호와의 종들의 피를 이세벨에게 갚아주리라 아합의 온

집이 멸망하리니 이스라엘 중에 매인 자나 놓인 자나 아합에게 속한 모든 남자는 내가 다 멸절하되 아합의 집을 느밧의 아들 여로보암의 집과 같게 하며 또 아히야의 아들 바아사의 집과 같게 할찌라 이스르엘 지방에서 개들이 이세벨을 먹으리니 저를 장사할 사람이 없으리라 하셨느니라"(왕하 9:6~10).

소년이 떠나자 부하 장수들이 소년이 온 연유를 물었고, 그 소년이 예후에게 기름 부어 이스라엘 왕으로 삼았다고 이야기한다. 그러자 부하들이 급히 자기들의 옷을 취하여 예후 밑에 깔고 나팔을 불며 **"예후는 왕이라"**라고 선언한다(왕하 9:13).

그리하여 예후는 요람을 찾아 이스르엘로 왔고, 유다 왕과 이스라엘 왕이 이스르엘 사람 나봇의 토지에서 그를 맞이한다. 예후는 요람을 활로 쏴서 죽이고, 예언대로 그의 시체를 라봇의 토지에 던진다. 그 자리에 있던 유다 왕 아하시야는 도망쳤으나, 예후의 병사들이 사마리아에 숨어 있는 그를 찾아내 이블르암까지 쫓아가서 치명상을 입히고 므깃도에서 죽게 하였다(왕하 9:27; 대하 22:9). 이때 아하시야를 죽인 무리들이 **"저는 전심으로 여호와를 구하던 여호사밧의 아들이라"**(대하 22:9)라고 했는데, 이는 그가 아합 집안의 핏줄이었기 때문에 자신들이 존경하는 여호사밧의 아들인 줄 알면서도 죽였다는 것이다.

예후가 이스르엘 아궁으로 돌아오자 예후를 본 이세벨이 그를 향하여 **"주인을 죽인 너 시므리여 평안하냐"**라고 했는데, 이는 엘라 왕을 죽여 바아사 왕조를 무너뜨리고 겨우 7일간 다스리다 동료 장군 오므리에게 죽임을 당한 시므리처럼 그도 그렇게 될 것이라는 저주였다. 예후는 아랑곳하지 않고 내시를 시켜 그녀를 왕궁 밖으로 던지게 한 뒤 그 시체를 밟는다. 결국 이세벨과 그 아들 요람은 엘리야의 예언대로 비참한 최후를 맞이한다(왕상 21:17~25; 왕하 9:25~36).

그리고 사마리아에 남아 있는 아합의 아들 70인을 죽이기 위해 그는 이 같은 편지를 보낸다.

> "너희 주의 아들들이 너희와 함께 있고 또 병거와 말과 견고한 성과 병기가 너희에게 있으니 이 편지가 너희에게 이르거든 너희 주의 아들들 중에서 가장 어질고 정직한 자를 택하여 그 아비의 위에 두고 너희 주의 집을 위하여 싸우라"(왕하 10:2~3).

그러나 이미 겁을 먹어 예후의 기세를 꺾을 수 없다는 것을 안 이스라엘의 관원들은 **"두 왕이 저를 당치 못하였거든 우리가 어찌 당하리요"** 하고는 **"우리는 당신의 종이라 무릇 명하는 것을 우리가 행하고 아무 사람이든지 왕으로 세우지 아니하리니 당신의 소견에 좋은 대로 행하라"**라고 답한다(왕하 10:4~5). 그러자 예후는 만일 그들이 자기 편이라면 왕자들의 머리를 가지고 내일 이맘때 이스르엘로 나오라고 한다. 이 편지를 받은 관원들과 왕자를 양육한 자들이 함께 70인의 왕자들을 죽이고 그 머리를 광주리에 담아 이스르엘로 보낸다.

무리가 왕자들의 머리를 가지고 왔다고 하자 예후가 두 무더기를 쌓아 내일 아침까지 두라고 한다. 이는 그가 하나님의 말씀의 성취를 백성들에게 보여주기 위함이었다. 그리고 다음 날 아침 백성들을 향하여 **"너희는 의롭도다 나는 내 주를 배반하여 죽였거니와 이 여러 사람을 죽인 자는 누구냐"**(왕하 10:9)라고 하면서 이스르엘에 남아 있는 아합의 관원들을 모두 죽인다.

그 후 예후는 사마리아로 가던 중 유다 왕 아하시야의 형제들을 만난다. 그들은 태후인 이세벨의 아들들에게 문안하러 가는 중이었다. 이에 예후는 그들 42명도 양털 깎는 집 웅덩이 곁에서 죽인다(왕하 10:13~14).

예후가 아합 집안뿐 아니라 지나쳐 유다 왕 아하시야와 그의 형제들까지 죽인 것은 하나님의 말씀에 복종하지 않은 행동이라고 생각할 수도 있다. 그러나 유다 왕 아하시야는 유다 왕 여호사밧과 여호람의 직계 후손이 아니었다. 유다 왕의 계보를 기록한 역대상에서는 아하시야가 왕의 계보에 있지만(대상 3:10~12), 다윗의 계보를 기록한 마태복음에서는 아하시야가 빠졌다(마 1:8). 따라서 유다 왕 아하시야는 여호람의 뒤를 이어 왕이 되었지만 다윗의 직계는 아니었다. 그는 오므리의 딸 아달랴가 여호사밧과 결혼하기 전에 다른 남자로부터 얻은 아들이었으며, 이상하게도 여호사밧의 양자가 아닌 여호람의 양자로 입양되었다. 그것은 여호람의 자식들이 이미 블레셋과 아라비아 사람들의 공격으로 모두 죽었기 때문일 것이다(대하 21:16~17). 여호람이 재위 8년 만에 죽자, 아달랴가 데려온 아하시야를 여호람의 막내 아들로 입양하여 보위를 잇게 했을 것이다(대하 22:1). 아하시야가 재위 1년 만에 죽자 아달랴가 유다 집안의 모든 씨를 진멸하고 여왕이 된 것만 봐도 유다 왕국에서 아합 집안의 영향력이 얼마나 컸는지 알 수 있다. 따라서 42명의 아하시야 형제들은 아합 집안의 후손이었으며, 그래서 이스라엘 왕국까지 태후의 형제들에게 문안하러 왔고, 때마침 예후가 그들을 만나자 모두 죽였던 것이다.

예후는 그곳을 떠나 길을 가던 중 레갑의 아들 여호나답을 만난다. 그는 여호나답에게 안부를 묻고 **"내 마음이 네 마음을 향하여 진실함과 같이 네 마음도 진실하냐"**고 묻는다. 여호나납이 그렇다고 답하였고, 이에 여호나답이 예후를 도와 개혁 작업을 진행한다(왕하 10:15~17).

사실 여호나답은 이스라엘 사람이 아니었다. 그는 모세의 장인 이드로의 후손인 겐 족속이었고, 그들 중 레갑의 자손들은 이스라엘의 중추로 들어와 율법을 연구하여 서기관 족속으로 불렸다(대상 2:55). 그들이 율법에 익숙한 것은 유다 지파 인근에 거주했기 때문이었다. 유다 지파는 율법에 익숙한 제사장들을 위해 9개의 성읍을 내놓았고, 가까운 거리에 겐 족속이 함께 살고 있었다. 레갑의 후손들은 야베스(길르앗 야베스가 아님) 인근에 살았는데, **'불모지'**라는 그 뜻을 봤을 때 유다 남방 네게브 사막 인근일 가능성이 크다. 여호나답이 어떻게 예후와 만났는지는 알 수 없으나, 그 당시 모든 사람들이 나실인의 삶을 살고 있던 여호나답을 잘 알고 있었다. 여호나답은 자신뿐 아니라 자손들에게도 나실인의 삶을 살도록 유언으로 남길 만큼 신앙심이 깊었다. 그 자손들은 북이스라엘 왕국이 멸망한 후에 바벨론 왕 느부갓네살을 피하여 예루살렘으로 왔으며, 240여 년이 흘렀어도 끝까지 여호나답의 유언을 지켰다(렘 35:6~17). 그랬기 때문에 예후는 여호나답을 보자 **"내 마음이 네 마음을 향하여 진실함과 같이 네 마음도 진실하냐"**라고 물을 수 있었고, 여호나답은 예후를 도와 이스라엘을 개혁할 수 있었던 것이다.

예후는 사마리아에 이르러 온 이스라엘에 이르기를, **"아합은 바알을 조금 섬겼으나 예후는 많이 섬기리라 그러므로 내가 이제 큰 제사를 바알에게 드리고자 하노니 바알의 모든 선지자와 모든 섬기는 자와 모든 제사장들을 한 사람도 빠치지 말고 불러 내게로 나오게 하라 무릇 오지 아니하는 자는 살리지 아니하리라"**(왕하 10:18~19)라고 하여 바알 선지자를 불러 모은다. 또한 여호나답과 함께 그곳에 들어가, **"너희는 살펴보아 바알을 섬기는 자만 여기 있게 하고 여호와의 종은 하나도 너희 중에 있지 못하게 하라"**(왕하 10:23)라고 하여 혹시 잘못 들어온 여호와의 선지자는 죽음을 면하도록 하였다. 그리고 그 무리가 바알에게 제사를 마쳤을 때에 80명의 군사로 하여금 그들 모두를 죽이도록 하였다. 더불어 바알의 당에 들어가 모든 우상을 부수어 이스라엘 왕국에서 바알을 완전히 멸하였다(왕하 10:28). 하나님은 엘리야를 향하여 **"하사엘의 칼을 피하는 자를 예후가 죽일 것이요 예후의 칼을 피하는 자를 엘리사가 죽이리라"**(왕상 19:17)라고 하셨는데, 엘리사의 손을 빌릴 필요도 없이 아합 집안과 바알의 잔당들은 모두 예후의 손에 사라졌다. 이에 하나님은 예후에게 4대까지 약속하신다(왕하 10:30). 실제로 '예후 → 여호아하스 → 요아스 → 여로보암 2세'로 이어지는 4대를 보장받았고, 이들은 이스라엘 왕국에서 가장 긴 89년간 왕국을 다스렸다.

아하시야의 모친인 아달랴는 자기의 권력 기반이 되는 아합 집안의 권력이 예후에게 넘어가고 모든 가족들이 몰살당했을 뿐 아니라, 유다 왕국에 남아 있던 아하시야의 형제들마저 몰살당한 것을 알고, 남아 있는 왕의 씨를 모두 죽이고 스스로 유다 왕국의 여왕이 된다.

예후는 통치 기간 28년 동안 아람의 하사엘에게 많은 괴롭힘을 당한다. 그것은 그가 비록 북이스라엘 가운데 바알을 완전히 제거했지만, 여로보암이 세운 벧엘과 단에 있는 금송아지를 섬기는 죄에서 떠나지 않았기 때문이다. 또한 하사엘 역시 엘리사의 기름부음을 받아 이스라엘을 징계하는 막대기로 사용되었기 때문이다(왕상 19:15~17; 왕하 8:12).

아람 왕 하사엘은 예후가 다스리던 때에 요단 동편 땅, 즉 갓 지파, 르우벤 지파, 므낫세 반 지파에게 배분되었던 그 땅을 완전히 정복하여 아람에 편입하였다(왕하 10:33, 암 1:3). 그리고 그 땅은 이스라엘 왕국이 앗수르에 멸망할 때까지 회복되지 못하였다. 하사엘은 요단 동편을 점령한 후 요단 서편의 땅도 침범했다. 왜냐하면 예후의 아들 여호아하스 시대에 하사엘은 이스라엘 왕이 소유할 수 있는 마병, 병거, 보병의 숫자를 명령할 수 있었다고 되어 있기 때문이다

(왕하 13:7).

또한 아람 왕 하사엘이 올라와서 블레셋의 가드를 쳐서 취했는데, 아마도 이때 하사엘이 블레셋과 손잡고 유다 왕국에 속한 가드를 손에 넣은 것으로 보인다(왕하 12:17). 이때 하사엘이 가드를 취한 후 예루살렘까지 올라오고자 하여 유다 왕 요아스가 여호와의 전 곳간과 왕궁에 있는 금을 다 취하여 하사엘에게 주었는데, 이 정도의 위세라면 아람이 이스라엘 왕국을 극도로 모욕적인 상황까지 이끌어 갔을 것이다(왕하 12:18) 아람 군대가 가드까지 가려면 당연히 이스라엘 왕국을 거쳐야 했기 때문이다.

참고로 가드는 원래 블레셋 땅이었으나, 르호보암이 이곳을 요새화하였으므로(대하 11:8), 당연히 요아스 때까지 유다 왕국에 속하다가 하사엘의 침공으로 빼앗겼다. 그리고 웃시야 때 비로소 그 땅은 유다 왕국에 다시 합병되었다(대하 26:6).

이처럼 예후는 북이스라엘 왕국을 다스리는 동안 많은 어려움을 겪어야 했다. 가장 큰 이유는 아합 집안을 섬겼던 관원들까지 모두 죽였기 때문이었다. 오므리 왕조는 유다 왕국의 여호사밧과 연혼하여 평화를 이루었고, 해상무역이 발달한 시돈 왕국과도 혼인하여 국가의 번영을 이루었다. 그러나 아합이 이스라엘 왕국 역사상 가장 크게 우상을 섬겼기에 하나님의 심판을 받아야만 했다. 예후는 아합 집안뿐 아니라 아합을 섬겼던 백성의 모든 관원들까지 죽임으로써 국가를 하나님께 돌릴 수 있었으나, 국가를 다스리는 데 어려움이 있었을 것이다. 역사학자들은 예후 때 아람과 앗수르로부터 잦은 침략을 받았던 것은 관원들까지 모두 죽이고, 해상무역이 발달한 시돈(페니키아) 등과의 국교가 끊어져 나라의 기반이 흔들렸기 때문이라고 말한다. 그러나 사실 그것은 오므리 왕조의 커다란 죄악으로 인하여 하나님이 하사엘에게 이스라엘 왕국을 괴롭히도록 허락하셨기 때문이다. 비록 예후 때는 외침으로 인하여 많은 어려움을 겪어야 했지만, 예후 왕조는 하나님을 향한 신앙에 올바로 서 있었기에 이스라엘 왕국 역사상 가장 긴 89년의 통치 기간과 번영을 누릴 수 있었다. 그의 뒤에는 신앙에 굳게 선 여호나답이 국정을 다스리고 있었고, 위대한 선지자 엘리사가 든든히 받치고 있었다.

예후와 그의 아들 여호아하스, 그리고 손자 요아스가 다스리는 동안 선지자의 활동이 뜸했던 것도 예후 집안과 함께했던 여호나답이 하나님을 향한 신앙에 굳건했기 때문이다. 엘리사가 여호아하스의 아들 요아스의 때까지 살았음에도 불구하고, 그에 대한 특별한 활동 기록이 없는 것도 예후 왕조가 여호와 앞에 신실했기 때문일 것이다. 그리고 요아스를 거쳐 여로보암 2세에 이르러서는 하맛 어귀부터 아라바 바다까지 회복하고, 긴 세월 동안 북이스라엘 역사상 가장 찬란한 번영을 누리게 된다(왕하 14:23~25). 이것이 하나님을 신실하게 섬겼던 예후의 복이었다.

06

니느웨에서 복음을 전한 요나

아밋대의 아들 요나는 스불론 지파의 땅 가드헤벨 출신 선지자였으며, 북이스라엘 여로보암 2세의 통치 기간 동안 사역했다(왕하 14:25; 수 19:10, 13). 가드헤벨은 갈릴리 지방 나사렛에서 북동쪽으로 3km 지점에 있는 지역이다. 그 당시 북쪽의 앗수르가 일시적인 쇠락의 길을 걸은 틈을 타 북이스라엘은 하맛 어귀부터 아라바 바다까지 회복하고, 여로보암 2세는 41년 동안 북이스라엘을 통치하여 이스라엘 역사상 가장 찬란한 번영을 누리게 된다.

요나는 원래 북쪽 땅 이스라엘을 위하여 하나님의 말씀을 전했던 선지자였다(왕하 14:25). 그런데 하나님은 특별히 그에게 이방 민족이 사는 니느웨로 가서 복음을 전하라는 사명을 부여하셨다. 니느웨는 당시 세계 최강국인 앗수르의 수도였으며, 요나의 조국과 백성을 포함하여 주변국을 정복하고자 하는 야망을 가지고 있었다. 성경에는 기록되지 않았지만, 앗수르의 살만에셀 3세는 북이스라엘을 침공하여 예후의 조공을 받았을 정도로 강력했다.

그러한 앗수르였기에 요나는 니느웨로 갈 마음이 전혀 없었다. 이스라엘을 위해서는 하나님의 선지자로 외칠 수 있었지만, 니느웨로 가는 것은 조국을 배반하는 일이었기 때문이다.

'나는 니느웨에 말씀을 전파하지 않겠다. 혹시 내 설교를 듣고 그들이 회개할 수도 있기 때문에 나는 가지 않겠다.'

이 생각이 그의 머리를 꽉 채우고 있었다. 그는 하나님의 명령을 거부하고 욥바로 내려가서 급히 다시스로 향하는 배를 탄다. 어찌나 빨리 도망 갔던지 정기 여객선을 타지 못하고 화물선에 승선했다. 그래서 배 안에는 사공들과 화물밖에 없었으며, 여객이라고는 오직 그뿐이었다.

다시스는 지금의 스페인 땅으로 당시 이스라엘에서 갈 수 있는 가장 먼 곳이었다. 그는 하나님으로부터 도망칠 수 있다고 믿었기 때문에 하나님이 대풍을 바다 위로 보내셔서 배가 거의 깨어지게 된 상태에서도 배 밑층에 누워 깊은 잠에 빠질 수 있었다.

> "저희가 파고 음부로 들어갈찌라도 내 손이 거기서 취하여 낼 것이요 하늘로 올라갈찌라도 내가 거기서 취하여 내리울 것이며 갈멜산 꼭대기에 숨을찌라도 내가 거기서 찾아낼 것이요 내 눈을 피하여 바다 밑에 숨을찌라도 내가 거기서 뱀을 명하여 물게 할 것이요 그 원수 앞에 사로잡혀 갈찌라도 내가 거기서 칼을 명하여 살륙하게 할 것이라"(암 9:2~4).

그러나 이 말씀처럼 하나님의 손길은 이 우주 어느 곳이든지 미치지 않는 곳이 없다. 어쩌면 요나도 바다와 육지를 지으신 하늘의 하나님(욘 1:9)의 눈길을 피할 수 없으리란 것을 알고 있었을지도 모른다. 다만 그 눈길을 피해 아주 빠르게 그리고 가장 멀리 도망하여 이미 먼 곳에 있으면 하늘의 하나님이시라도 어쩔 수 없으리라 생각했을 것이다.

한 번 하나님께 붙잡힌 사람은 결코 그 손에서 벗어날 수 없다. 사람이 한 번 구원을 받으면, 그는 성도로 살아야지 다른 도리가 없다.

그는 하나님의 백성이고, 그의 본적은 하늘에 있으며, 지옥의 구덩이로부터 나왔다. 그 안에 그리스도가 살아 계시기에 이방인들은 곧바로 그가 누구인지 알게 된다. 하나님은 사냥개가 떨어진 메추라기를 추적하듯이 그를 추적하셔서 사람들에게 망신을 주실 것이다.

구원을 받았다는 것은 다시 지옥에 떨어지지 않는다는 약속의 보증도 되지만, 대가를 필요로 한다. 그것은 하나님의 자녀로 하나님의 말씀에 순종하고 자녀답게 사는 것이다. 그러나 요나는 그렇지 못하여 하나님의 명령을 어기고 다른 곳으로 도망쳤다.

선장은 이 재앙이 누구로부터 온 것인지 알기 위해 제비를 뽑았고 요나가 선택된다. 그리고 그는 선원들에 의해 바다에 던져진다. 그러자 바다는 곧 잠잠해졌고, 그는 큰 물고기에게 먹혀 3일 3야를 물고기 배 속에 있게 된다. 그는 그곳에서 하나님 앞에 간절히 기도한다.

> "내가 받는 고난을 인하여 여호와께 불러 아뢰었삽더니 주께서 내게 대답하셨고 내가 스올의 뱃속에서 부르짖었삽더니 주께서 나의 음성을 들으셨나이다 주께서 나를 깊음 속 바다 가운데 던지셨으므로 큰 물이 나를 둘렀고 주의 파도와 큰 물결이 다 내 위에 넘쳤나이다 내가 말하기를 내가 주의 목전에서 쫓겨났을찌라도 다시 주의 성전을 바라보겠다 하였나이다 물이 나를 둘렀으되 영혼까지 하였사오며 깊음이 나를 에웠고 바다 풀이 내 머리를 쌌나이다 내가 산의 뿌리까지 내려갔사오며 땅이 그 빗장으로 나를 오래도록 막았사오나 **나의 하나님 여호와여** 주께서 내 생명을 구덩이에서 건지셨나이다 내 영혼이 내 속에서 피곤할 때에 내가 여호와를 생각하였삽더니 내 기도가 주께 이르렀사오며 주의 성전에 미쳤나이다 무릇 거짓되고 헛된 것을 숭상하는 자는 자기에게 베푸신 은혜를 버렸사오나 나는 감사하는 목소리로 주께 제사를 드리며 나의 서원을 주께 갚겠나이다 구원은 여호와께로

서 말미암나이다"(욘 2:2~9).

그는 하나님께 붙잡혀 하나님의 말씀을 선포하는 이스라엘의 선지자였다. 그러나 그가 바다에 빠지기 전까지 섬기던 하나님은 그의 모든 것이 되시는 그의 하나님이 아니었다. 그래서 다시스로 도망가는 배 안의 사람들이 그에게 **"네 생업이 무엇이며 어디서 왔으며 고국이 어디며 어느 민족에 속하였느냐"**(욘 1:8)라고 물었을 때, **"나는 히브리 사람이요 바다와 육지를 지으신 하늘의 하나님 여호와를 경외하는 자로라"**(욘 1:9)라고 소개했다. 즉 그전까지 그는 하나님을 바다와 육지를 지으신 하늘의 하나님으로 경외했을 뿐, '나의 모든 것이 되시는 **나의 하나님**'으로 섬기지 않았다. 그러나 이제 큰 물고기 배 속에서 비로소 '**나의 하나님**'을 부르고 이 깊은 구렁에서 건져주신 전능하신 하나님께 감사와 경배를 드린다.

"나의 하나님 여호와여 주께서 내 생명을 구덩이에서 건지셨나이다"(욘 2:6).

"나는 감사하는 목소리로 주께 제사를 드리며 나의 서원을 주께 갚겠나이다 구원은 여호와께로서 말미암나이다"(욘 2:9).

비록 하나님의 낯을 피해 멀리 도망한 사람이었지만 그는 여전히 하나님의 사람이었다. 그리하여 고난에 이르자 비로소 전능하신 하나님을 부르며 '나의 하나님'으로 맞이했던 것이다.

이제 성경은 **"여호와의 말씀이 두 번째 요나에게 임하니라"**(욘 3:1)라고 말씀한다. 하나님은 다른 선지자를 택하실 수도 있었지만, 멍에에 익숙지 못한 송아지와 같은 그를 그대로 사용하신다. 비록 사람은 실패할지 모르나, 하나님의 선택에는 후회함이 없으시며 그 선택을 바꾸지 않으신다.

니느웨는 3일 길이나 되는 굉장히 큰 성이었는데, 그는 단 하룻길을 걸으며 이렇게 외친다.

"사십 일이 지나면 니느웨가 무너지리라"(욘 3:4).

요나는 참으로 불성실한 선지자였다. 하나님의 말씀을 어기고 하나님의 낯을 피하여 가장 멀리 도망치다가 붙잡혀 와서도 사흘이나 걸어야 되는 큰 성을 단 하루 만에 다니며 건성으로 전했던 것이다. 그는 죽음 가운데서 '나의 하나님 여호와'를 부르짖으며 구원을 받긴 했지만, 여전히 자기 생각으로 꽉 차 있었다.

그러나 그의 생각과 정반대로 그의 예언으로 인하여 앗수르 왕이 보좌에서 일어나 굵은 베를 입고 재에 앉았을 뿐 아니라, 조서를 내려 금식을 선포하였고, 하나님께 부르짖고 악에서 떠날 것을 명한다. 이에 니느웨에 살던 모든 사람들이 하나님을 믿고 금식하며 높고 낮은 자를 막론하고 굵은 베를 입고 죄를 회개하게 된다. 이처럼 모든 백성이 한마음으로 회개하자, 하나님은 니느웨로 향하던 재앙을 멈추신다.

"내가 언제든지 어느 민족이나 국가를 뽑거나 파하거나 멸하리라 한다고 하자 만일 나의 말한 그 민족이 그 악에서 돌이키면 내가 그에게 내리기로 생각하였던 재앙에 대하여 뜻을 돌이키겠고"(렘 18:7~8).

하나님은 니느웨가 회개하자 그 말씀대로 약속을 지키셨다. 이에 요나는 이를 심히 싫어하고 노하여 하나님께 이같이 대든다.

"여호와여 내가 고국에 있을 때에 이러하겠다고 말씀하지 아니하였나이까 그러므로 내가 빨리 다시스로 도망하였사오니 주께서는 은혜로우시며 자비로우시며 노하기를 더디하시며 인애가 크시사 뜻을 돌이켜 재앙을 내리지 아니하시는 하나님이신 줄을 내가 알았음이니이다 여호와여 원컨대 이제 내 생명을 취하소서 사는 것보다 죽는 것이 내게 나음이니이다" (욘 4:2~3).

요나의 마음속은 아주 복잡했다. 무엇보다 적대국의 왕이 있는 니느웨가 망하기를 원하는 마음에서 가장 먼 다시스를 향하여 도망쳤다가, 어쩔 수 없이 하나님께 붙잡혀 와서 성의 없이 건성건성 외쳤는데 그들이 회개하였다는 것에 무척이나 화가 났다. 그는 **"너희가 이 죄악에서 돌이키지 않으면 40일 후에 이 큰 성 니느웨가 무너질 것이다. 그렇기 때문에 너희는 하나님 앞에 회개하여야 한다"**라고 말하지 않았다. 그는 단지 **"사십 일이 지나면 니느웨가 무너지리라"**(욘 3:4)라고만 말했을 뿐이다. 니느웨 사람들에게 어떻게 하라고 전혀 말하지도 않았는데 그들은 국가적으로 회개했던 것이다. 그럼으로써 니느웨 사람들 앞에 실없는 사람이 된 것 같아 속이 상했다. 만약 니느웨가 망했다면 자신의 예언이 맞아떨어졌기 때문에 스스로 우쭐했을 것이다. 그런데 그가 우려했던 일이 진짜로 발생했던 것이다.

그는 죄악에 빠진 니느웨가 멸망하는 것을 보고 싶었다. 그런데 그는 똑같은 죄에 빠진 자기 민족이 주 앞에 더 큰 은혜를 입었다는 사실을 알지 못했다. 북이스라엘은 여로보암 1세 때부터 시작된 벧엘과 단에 있는 금송아지를 섬기는 죄에서 여전히 떠나지 않았지만, 하나님의 은혜로 이스라엘의 영토는 다메섹 북쪽 20㎞ 지점에 있는 하맛 어귀에서부터 아라바 바다까지 확장되었다. 이 땅은 옛날 모세에게 약속된 땅이었고, 솔로몬 때 얻은 땅이었다. 그래서 북이스라엘 역사상 가장 번성한 시기라는 영광도 누렸다. 하나님이 그들을 은혜로 이끄신 것은, 그들의 고난이 심하여 매인 자도 없고 놓인 자도 없고 그들을 도울 자도 없음을 보셨기 때문이었다. 이처럼 북이스라엘은 하나님으로부터 니느웨보다 더 큰 보살핌을 받고 있었다. 그리고 이 모든 하나님의 뜻을 북이스라엘에 전달한 선지자가 바로 요나 자신이었다(왕하 14:24~28). 주께서는 은혜로우시며, 자비로우시며, 노하기를 더디하시며, 인애가 크신 분이기에 니느웨가 회개하면 재앙을 내리지 않을 것이라는 사실을 그는 너무도 잘 알고 있었다. 그래서 그는 하나님의 명령을 거부하고 다시스로 도망쳤던 것이다(욘 4:2).

그렇게 주님의 성품을 잘 알고 있음에도 그는 회개한 니느웨의 멸망을 간절히 원했다. 더구나 이곳은 좌우를 분간 못 하는 어린아이가 12만 명이나 있는 큰 성이었다(욘 4:11). 그는 물고기 배 속에서 온전한 하나님의 사랑을 깨달아 하나님이 '당신의 하나님'에서 '나의 하나님'으로 변화되는 체험을 하였다 그래서 순종하는 마음으로 니느웨로 왔지만 하나님의 사랑을 품지 못한 하나님의 선지자였다. 하물며 이방인 선원들조차도 요나라는 한 생명을 살리기 위해 노심초사하며 마지막까지 사력을 다하다 어쩔 수 없었을 때 부득불 그를 바다에 던졌는데(욘 1:13~15), 그에게는 그런 하나님의 마음이 없었다.

자기 자신과 이스라엘이 하나님으로부터 더 큰 은혜를 받았다는 것을 간과한 그는 성 동편에 자기를 위하여 초막을 짓고, 그 그늘에 앉아 니느웨가 어찌 되는지 보려 한다. 이미 하나님이 재앙을 거두시겠다고 했음에도 끝까지 그 뜻을 돌이켜 달라고 떼를 쓰고 있었다.

이에 하나님은 박 넝쿨을 준비하시어 그 잎으로 그늘을 만들어 뜨거운 태양을 가리도록 하셨다. 그는 박 넝쿨로 인하여 크게 기뻐하였으나, 하나님이 벌레를 준비하여 이튿날 새벽에 그 박 넝쿨을

씹게 하여 곧 시들도록 하셨다. 또한 해가 뜰 때에 뜨거운 동풍이 불게 하셨고, 태양마저 뜨겁게 내리쪼여 그를 괴롭게 하였다.

그는 뜨거운 태양으로 괴로워하면서 하나님께 자기를 죽이시라고 간청한다. 이에 하나님은 **"박 넝쿨로 인하여 성냄이 어찌 합당하냐"**(욘 4:9)라고 반문하신다. 이 말에는 크신 은혜로 범죄한 이스라엘도 징벌하지 않았는데 죄악에서 돌이켜 회개한 니느웨를 심판하는 것은 공평하지도 공의롭지도 않다는 뜻이 내포되어 있었던 것이다.

그러자 그는 **"내가 성내어 죽기까지 할찌라도 합당하니이다"**(욘 4:9)라고 하나님께 분을 쏟아낸다. 요나는 분명 하나님 앞에 큰 잘못을 하고 있었다. 성경도 **"사람의 성내는 것이 하나님의 의를 이루지 못함이니라"**(약 1:20)라고 하여 성내는 것은 하나님의 의를 이루는 데 걸림돌이 된다고 말씀하신다.

이에 하나님은 **"네가 수고도 아니하였고 배양도 아니하였고 하룻밤에 났다가 하룻밤에 망한 이 박 넝쿨을 네가 아꼈거든 하물며 이 큰 성읍, 니느웨에는 좌우를 분변치 못하는 자가 십이만여 명이요 육축도 많이 있나니 내가 아끼는 것이 어찌 합당치 아니하냐"**(욘 4:10~11)라고 책망하신다.

하나님은 요나를 깊이 사랑하셨다. 하나님의 명을 거역하고 다시스를 향하여 도망친 그를 큰 물고기의 배 속에 넣었다가 꺼내어 억지로 니느웨로 보냈던 것은, 하나님의 선지자로서 당연히 은혜로우시며, 자비하시며, 노하기를 더디하시며, 인자하심이 큰 하나님의 성품을 깨닫기를 원하셨기 때문이다. 그럼에도 여전히 그는 그 큰 도시에서 단 하루만 외치고 다녔던 하나님의 마음을 품지 못한 하나님의 선지자였다. 그럴지라도 하나님은 여전히 자녀로 사랑하셨으며, 그래서 박 넝쿨의 경험을 통해 또다시 너그럽게 교훈하신 것이다.

요나서는 여기까지만 기록되어 있다. 그래서 주님을 '나의 하나님'으로 만난 요나가 진정으로 하나님의 사랑을 품고 하나님을 닮은 하나님의 선지자로 성장했는지는 알 수 없다. 그러나 요나서는 그리스도인에게 하나님의 사랑을 품고 하나님을 닮아가는 그리스도인의 삶을 살아야 한다는 긴 여운을 남긴다. 또한 하나님은 주의 자녀를 멍에에 익숙한 송아지로 키우기 위해 포기하지 않으시고 끝까지 사랑으로 다루시고 또 다루신다는 것을 요나의 이야기로 알려주신다.

이것이 하나님이 요나의 이야기를 통하여 우리에게 말씀하고자 하신 첫 번째 교훈이다.

두 번째 교훈은 예수님이 말씀하셨다. 예수님은 생전에 요나의 표적을 두 번이나 언급하셨다(마 12:41~42, 16:3~4). 그만큼 이를 통해 교훈받기를 원하셨다.

> "심판 때에 니느웨 사람들이 일어나 이 세대 사람을 정죄하리니 이는 그들이 요나의 전도를 듣고 회개하였음이어니와 요나보다 더 큰 이가 여기 있으며"(마 12:41).

즉 니느웨 사람들은 단 하루 만의 전도에도 죄악에서 돌이키고 하나님 앞에 무릎을 꿇었지만, 주님의 은혜를 받은 주의 백성인 이스라엘은 하나님이신 예수님이 직접 오셔서 그들에게 전도했음에도 주님을 알아보지 못하고 배척하였다. 그렇기 때문에 예수님은 그들이 심판 때 니느웨 사람들로부터 정죄를 받게 될 것이라고 말씀하셨다(마 12:41~42; 눅 11:30~32).

엘리야와 엘리사의 노력과 훌륭한 신앙을 간직한 레갑 족속이 예후 왕조의 사회 지도층으로 있었던 덕분에, 이스라엘은 여로보암 2세 때 부흥기를 맞이했다. 그러나 땅의 소산이 풍성해지자 사람들은 교만해졌고(암 3:15, 5:11), 부의 증가와 함께 극단적인 빈곤도 증가하여 부정직한 소득과 거짓된 저울로 강한 자들은 약자를 강탈하였다(호 12:7; 암 8:5~6). 부자는 마음대로 과부와 고아를 압제했으며, 심지어 가난한 자들을 시장에서 사고팔기까지 하였다(암 8:4, 6). 공의가 무너졌지만, 재판관들은 이러한 상황을 바꾸기 위하여 아무런 노력도 하지 않았다. 또한 여로보암 1세가 벧엘과 단에 세운 금송아지 우상을 여전히 섬기고 있었다(왕하 14:24).

이에 하나님은 많은 선지자들을 보내셔서 그들에게 경고하셨다. 요나 외에도 호세아(선지자)에게는 음란한 아내를 얻도록 하여(호 1:2), 우상을 섬기는 음란한 이스라엘일지라도 이토록 사랑하니 죄에서 돌이키라 하셨고, 이스라엘에 믿을 만한 선지자가 없었는지 유다 드고아의 목자였던 아모스까지 보내 경고하셨다(암 1:1). 그러나 그들은 끝내 돌이키지 않았다.

그리하여 요나의 단 하루 만의 경고로 하나님 앞에 회개한 앗수르는 훗날 살만에셀 5세와 사르곤 2세에 이르러 강성대국으로 발전하였고, 죄 가운데에서 헤어나지 못한 이스라엘은 여로보암 2세가 죽자 점차 쇠락의 길을 걸어 호세아(왕) 때에 이르러 결국 앗수르에 의해 멸망했다.

아이러니하게도 하나님 앞에 회개한 니느웨 역시 부강해지자 죄악에 빠진다. 하나님은 또다시 갈릴리 엘고스(신약의 가버나움 : 나훔의 마을) 사람 나훔을 보내신다(나 1:1). 나훔이 '니느웨에 대한 엄한 경고'라고 할 정도로 그 메시지는 강렬했다. 그러나 그들은 백여 년 전 요나의 전도로 회개했던 선조들처럼 행동하지 않았다. 그리하여 그들도 바벨론에 의해 멸망했다.

따라서 예수님의 말씀은 하나님의 은혜로 강성한 국가가 되었음에도 그 죄악에서 돌이키지 않아 앗수르에 멸망한 북이스라엘처럼,

그리고 요나의 전도로 회개하여 강성대국의 길을 걸었던 앗수르가 후일에는 나훔의 경고도 무시하고 죄악에 빠져 바벨론에 멸망한 것처럼, 우리도 죄악에서 돌이키지 않으면 똑같이 멸망할 수밖에 없다는 사실을 알려준다.

> "자랑하는 자는 이것으로 자랑할찌니 곧 명철하여 나를 아는 것과 나 여호와는 인애와 공평과 정직을 땅에 행하는 자인줄 깨닫는 것이라 나는 이 일을 기뻐하노라"(렘 9:24).

07

앗수르의 침략을 물리친 히스기야

앗수르가 북이스라엘을 멸망시킬 때, 남유다를 다스리고 있던 왕은 히스기야였다. 그 당시 앗수르는 제국의 전성기를 맞이하여 디글랏빌레셀 3세, 살만에셀 5세, 사르곤 2세, 산헤립으로 이어지는 매우 강력한 국가로 발돋움하여 있었다. 그리하여 북이스라엘을 멸망시킨 앗수르는 남유다까지 침입했지만 끝내 히스기야가 다스리는 유다 왕국을 무너뜨리지 못하였다.

히스기야라는 이름은 **'여호와는 강하시다'**라는 뜻을 지니고 있다. 히스기야의 아버지 아하스는 이스라엘 열왕의 길로 행하여 바알들의 우상을 부어 만들고, 산당과 작은 산 위와 모든 푸른나무 아래에서 제사를 드렸을 정도로 악한 왕이었다. 심지어 힌놈의 아들 골짜기에서 분향하고 이방 사람의 가증한 일을 본받아 그 자녀를 불살랐으며(대하 28:2~4), 하나님을 신뢰하지 못하여 유다를 침략한 다메섹의 신들에게까지 제사하며 섬길 정도였다(대하 28:23).

그가 그런 아버지 밑에서 훌륭한 신앙을 간직했던 것은 어머니의 영향이 컸다. 히스기야의 외조부 스가랴는 하나님의 묵시를 아는 제사장으로, 증조부 웃시야에게 하나님을 섬기는 바른 정치를 하도록 도왔던 사람이었다(대하 26:5). 웃시야는 스가랴의 살아생전에 하나님을 잘 섬겼으나, 스가랴가 죽자 교만으로 제사장직을 침해하려다 문둥병에 걸려 아들인 요담에게 왕위를 물려준 왕이었다. 더불어 당대 최고의 선지자였던 이사야가 굳건하게 히스기야를 도와주고 있었다.

왕이 된 히스기야는 먼저 아버지 아하스에 의해 닫힌 성문을 열고, 훼손된 부분을 복원하는 것부터 시작했다. 그의 통치 원년 정월에 이 일을 시작했는데, 아마도 아하스와의 공동통치에서 벗어나 단독통치를 시작했을 때였을 것이다. 왜냐하면 단독통치를 시작한 해에 이스라엘이 앗수르의 침략으로 멸망했기 때문이다. 그는 절박한 심정으로 하나님의 성전을 복원하고, 다윗과 갓과 나단이 명한 대로 예배를 회복하였다. 그리하여 우상의 산당들과 그 안의 우상을 부쉈고, 심지어 그때까지 유대인들이 분향하였던 모세의 놋뱀조차도 산산조각 내버렸다(왕하 18:4). 그는 북왕국의 멸망이 우상숭배에 기인했을 것이라고 믿었기 때문이다.

그는 제사장들과 레위 사람들을 동편 광장에 모으고 이같이 당부한다.

> "레위 사람들아 내 말을 들으라 이제 너희는 성결케 하고 또 너희 열조의 하나님 여호와의 전을 성결케 하여 그 더러운 것을 성소에서 없이하라…이제 이스라엘 하나님 여호와로 더불어 언약을 세워 그 맹렬한 노로 우리에게서 떠나게 할 마음이 내게 있노니 내 아들들아 이제는 게으르지 말라 여호와께서 이미 너희를 택하사 그 앞에 서서 수종들어 섬기며 분향하게 하셨느니라"(대하 29:5~11).

그리하여 레위 사람들과 제사장들에 의해 성전이 깨끗하여지고, 아하스가 버렸던 모든 기구들도 성결하게 하여 단 앞에 두었다. 그리고 하나님 앞에 번제와 속죄제를 드리고 레위 사람들은 시로 노래하며 악기를 울리고 모든 백성은 찬송하며 주 앞에 경배를 올렸다(대하 29:15~30).

그리고 곧바로 유월절을 예비했다. 그는 통치 원년 정월에 시작된 성전 정화에 16일을 쏟았고, 다시 여러 날에 걸쳐 번제와 속죄제를 드렸다. 그리고 온 이스라엘과 유다에 사람을 보내고, 에브라임과 므낫세 지파에게도 편지를 보내 예루살렘 전으로 와서 유월절을 지킬 것을 명했다(대하 30:1). 이스라엘이 앗수르에 의해 멸망하였으므로 멀리 브엘세바에서 단까지의 유다와 온 이스라엘까지 보발꾼을 보내 하나님께로 돌아오라고 전했다(대하 30:6~9).

북이스라엘은 앗수르에 멸망했음에도 많은 사람들이 왕의 전달자들을 비웃고 조롱하였다. 그래도 므낫세와 스불론 지파 중 몇몇 사람은 겸손하여져서 예루살렘으로 왔다. 그리하여 많은 사람들이 유월절을 지키기 위해 예루살렘에 모여들었으며, 2월 14일이 되어서야 비로소 유월절을 지키게 되었다. 그것은 성결케 할 제사장이 부족했고 북이스라엘이 멸망한 직후라 백성들도 일정에 맞추어 예루살렘에 도착할 수 없었기 때문이다. 이때 북이스라엘로부터 온 많은 사람들이 자기를 깨끗하게 하지 않고 유월절 양을 먹어 병이 들었다.

율법에 따르면 시체나 무덤을 만진 자가 성 안으로 들어올 때는 대제사장이 흠 없고 멍에 메지 않은 붉은 암송아지를 성 밖에서 잡아 태운 재를 성 밖에 두어, 그 잿물을 우슬초에 묻혀 뿌리는 정결례 의식을 치러야 했다(민 19장). 당시 앗수르에 멸망한 북이스라엘 땅에는 사방으로 시체들이 널려 있었기 때문에, 사람들이 예루살렘에서 명절을 지키기 위해서는 반드시 필요한 절차였다. 그런데 이때는 붉은 암송아지를 준비할 여력이 없었기에 레위 사람들이 모든 부정한 사람을 위하여 유월절 양을 잡아 저희를 성결케 하였으나, 북이스라엘로부터 온 많은 무리가 이마저도 행하지 않고 유월절 양을 먹었던 것이다(대하 30:17~18).

비록 그들이 율법을 어겼지만 중심에 하나님을 섬기고자 하는 마음이 있었기에 하나님은 히스기야의 간절한 기도에 응답하여 모두 치유하셨다(대하 30:18~20). 그리하여 예루살렘 유월절에 참여한 백성이 칠 일 동안 무교절을 지킨 후에도 큰 기쁨이 넘쳐 칠 일을 더하여 지켰다. 명절 기간 내내 레위인들과 제사장들은 큰 소리 나는 악기들로 날마다 주를 찬양하였다.

모든 백성이 자기의 처소로 돌아간 후, 히스기야는 제사장들과 레위 사람들의 반차를 정하여 번제와 희생제를 드리며 여호와의 영문에서 섬기며, 감사하며 찬송하게 하였다. 그뿐 아니라 스스로 십일조를 드렸고, 백성에게도 명령을 내려 성물의 십일조를 드리도록 하였다. 그로 인하여 제사장들과 레위 사람들이 하나님을 섬기는 일에 전념할 수 있었다(대하 31:2~21).

"히스기야가 온 유다에 이같이 행하되 그 하나님 여호와 보시기에 선과 정의와 진실함으로 행하였으니 무릇 그 행하는 모든 일 곧 하나님의 전에 수종드는 일에나 율법에나 계명에나 그 하나님을 구하고 일심으로 행하여 형통하였더라"(대하 31:20~21).

이처럼 히스기야는 하나님을 섬기는 모든 일에 소홀함이 없었다.

이때 북이스라엘을 정복한 앗수르의 사르곤 2세는 하맛과 갈그미스, 우라투 왕국을 정복하는 데 여념이 없었다. 앗수르가 워낙 강력했기 때문에 블레셋의 아스돗을 중심으로 여러 나라가 동맹하여 앗수르에 대항했는데, 이것도 사르곤에 의해 평정되었다. 히스기야는 선지자 이사야의 충고로 여기에 가입하지 않아 앗수르의 침략에서 비껴갈 수 있었다(사 20:1~6). 그는 전쟁에서 비껴나 있어 대상로를 확보하여 많은 부를 축적할 수 있었으며, 이를 재원으로 요새를 세우고 새로운 무기를 만들어 군대를 강화하였다. 특별히 그는 장기간 성이 포위되었을 때를 대비하여 적군이 물을 사용하지 못하도록 성 밖의 기혼샘을 감추고, 지하수로를 뚫어 그 샘물을 성 안 실로암 못까지 공급하는 놀라운 공사를 단행하였다(대하 32:1~8).

사르곤의 아들 산헤립이 왕위에 오르자, 히스기야는 반앗수르 동맹에 가담한다. 그리하여 앗수르의 지배하에 있었던 블레셋의 가사를 쳐서 산헤립에게 빌미를 제공한다(왕하 18:7~8). 산헤립은 바벨론의 반란이 평정되자 유다에 눈을 돌린다. 이때 대부분의 도시들이 점령되었고, 히스기야는 반란 동맹에 가입한 것에 대한 사죄의 표시로 라기스에 있는 산헤립에게 사신을 보낸다.

유다와 함께했던 반앗수르 동맹이 와해되고, 예루살렘을 제외한 유다의 대부분의 도시들이 앗수르에 의해 파괴되었기에 하나님 앞에 신실했던 그였지만, 마음의 흔들림은 어쩔 수 없었을 것이다. 산헤립은 은 삼백 달란트와 금 삼십 달란트를 요구하였고, 그는 이를 마련하기 위해 하나님의 성전과 왕궁의 보물창고에 있는 것도 모자라 하나님의 성전의 문과 기둥들에 입힌 금까지 뜯어내야 했다(왕하 18:13~16). 그러나 유다의 제2의 도시인 라기스에 머물고 있던 산헤립은 다르단과 랍사리스와 랍사게에게 명하여 예루살렘을 치도록 한다(왕하 18:17).

공물을 예비했음에도 산헤립이 마음을 돌이키지 않은 것을 보면서 그는 잠시나마 인간을 믿었던 것을 후회했을 것이다. 그리하여 그는 다시금 마음을 담대히 하고 하나님 앞에 굳건히 선다(대하 32:7~8). 아마도 이사야가 마음을 강하게 하도록 그의 마음을 붙들었을 것이다. 이처럼 그가 자신뿐 아니라 백성에게까지 마음을 담대히 하여 하나님을 따르라고 한 것은 랍사게가 유다 방언으로 백성을 향하여 위협했기 때문이다(대하 32:10~15).

랍사게는 살아 계신 하나님을 모독한 후 다시 라기스에 있던 산헤립에게 돌아간다. 그때 산헤립은 라기스를 점령하고 립나에서 싸우고 있었는데, 구스 왕 디르하가가 나와서 앗수르 왕과 싸우고자 한다는 말을 듣고, 또다시 사신 편에 이스라엘 하나님 여호와를 욕하고 비방하여 이르기를 **"열방의 신들이 그 백성을 내 손에서 구원하여 내지 못한 것같이 히스기야의 신들도 그 백성을 내 손에서 구원하여 내지 못하리라"**(대하 32:17)라는 편지로 히스기야를 협박한다.

이제 히스기야는 선택의 기로에 섰다. 항복하면 평안히 거할 것이라고 말한 산헤립의 말을 믿을 것인지(왕하 18:31~32), 아니면 산헤립이 풍문을 듣고 본국으로 돌아갈 것이라는 이사야가 전한 하나님 말씀을 신뢰할 것인지(왕하 19:6~7) 그는 결정을 해야 했다. 산헤립은 이미 유다 제2의 도시인 라기스를 점령하고 곧 예루살렘으로 진격할 준비를 마친 상태였다. 그는 벼랑 끝에 서 있었다. 이 경우 대부분의 국가들은 앗수르를 이길 수 없었기에 항복을 택했다.

그는 성전에 올라 그 협박 문서를 펼쳐놓고 온 힘을 다하여 '나의 하나님'을 부르짖는다.

"그룹들 위에 계신 이스라엘의 하나님 여호와여 주는 천하만국에 홀로 하나님이시라 주께서 천지를 조성하셨나이다 여호와여 귀를 기울여 들으소서 여호와여 눈을 떠서 보시옵소서 산헤립이 사신 하나님을 훼방하러 보낸 말을 들으시옵소서 여호와여 앗수르 열왕이 과연 열방과 그 땅을 황폐케 하고 또 그 신들을 불에 던졌사오니 이는 저희가 신이 아니요 사람의 손으로 지은 것 곧 나무와 돌뿐이므로 멸하였나이다 우리 하나님 여호와여 원컨대 이제 우리를 그 손에서 구원하옵소서 그리하시면 천하만국이 주 여호와는 홀로 하나님이신 줄 알리이다"(왕하 19:15~19).

그는 전지전능한 하나님을 찬양하고, 하나님을 대적한 산헤립을 고발했다. 즉 히스기야의 신들이 자기 백성을 산헤립에게서 구원하지 못하리라 협박했다고 말했다(대하 32:17). 그리고 산헤립이 멸한 이방신들이 사실은 사람의 손으로 만든 나무와 돌뿐이라고 고백하면서, 하나님이 유다 왕국을 구원하시면 천하만국이 하나님을 전능한 하나님으로 기억할 것이라고 기도한다. 그에게서 더는 산헤립의 침략에 안절부절하여 서둘러 조공을 바쳤던 처음 모습은 찾아볼 수 없었다. 그는 이사야가 전한 말씀을 믿고 하나님을 모독한 산헤립의 편지를 하나님 앞에 펼쳐놓고 고발함으로써 이 전쟁을 산헤립과 자신의 전쟁이 아니라, 산헤립과 하나님의 전쟁으로 만들어 버렸다. 그것은 이사야의 입을 통한 하나님의 응답에서도 확인할 수 있다.

"네가 누구를 꾸짖었으며 훼방하였느냐 누구를 향하여 소리를 높였으며 눈을 높이 떴느냐 이스라엘의 거룩한 자에게 그리하였도다…네가 듣지 못하였느냐 이 일은 내가 태초부터 행하였고 상고부터 정한 바라 이제 내가 이루어 너로 견고한 성들을 멸하여 돌무더기가 되게 함이니라…네가 내게 향한 분노와 네 교만한 말이 내 귀에 들렸도다 그러므로 내가 갈고리로 네 코에 꿰고 자갈을 네 입에 먹여 너를 오던 길로 끌어 돌이키리라"(왕하 19:22~28).

산헤립이 열국을 무너뜨린 것은 하나님이 태초부터 정하여 허락한 것인데, 마치 스스로 잘나서 세계를 제패한 것처럼 감히 하나님을 향하여 꾸짖고, 훼방하고, 소리를 높이며, 눈을 높이 뜬 것에 대하여 하나님은 대노(大怒)하셨다. 이에 하나님은 한 천사를 보내 앗수르 진영의 모든 큰 용사와 대장과 장관을 포함한 18만 5천 명을 하룻밤에 멸하셨다. 그리하여 산헤립은 철군할 수밖에 없었으며, 니느웨에서 자신이 섬기는 우상 니스록을 경배하다가 아비를 배반한 두 아들의 손에 비참한 최후를 맞았다(왕하 19:37; 대하 32:21). 그는 자신이 섬기는 우상 앞에서 살해당했는데, 이것이 창조주를 모독한 자의 말로였다. 그리스의 역사가 헤로도토스는 앗수르 군이 들쥐들의 습격을 받았다고 기록했고, 갈대아의 역사가 베로수스는 큰 전염병으로 하룻밤에 18만 5천 명이 죽었다고 기록했는데, 두 기록을 비교해 보면 그들은 흑사병에 의한 떼죽음을 당한 듯싶다.

그즈음에 히스기야도 큰 병에 걸려 죽음 앞에 놓여 있었다. 이사야가 무화과 반죽을 그 환부에 붙여 치료한 것을 봤을 때, 그 역시 흑사병에 걸렸던 것으로 보인다(왕하 20:7).

"너는 집을 처치[정리]하라 네가 죽고 살지 못하리라"(왕하 20:1).

집을 처치하라는 것은 히스기야를 계승하여 보좌에 오를 사람을 뽑으라는 뜻이었다. 그의 아들 므낫세가 12세에 보좌에 올랐던 것을 보면 그 당시 그에게는 보좌를 계승할 아들이 없었던 듯하다.

"여호와여 구하오니 내가 진실과 전심으로 주 앞에 행하며 주의 보시기에 선하게 행한 것을 기억하옵소서"(왕하 20:3).

유다를 제외한 주변의 모든 국가들이 앗수르에 굴복하였고, 유다 역시 46개의 성곽 도시와 그 주변 마을이 점령당한 때에 그마저 목숨을 잃으면 유다 왕국의 미래는 알 수 없었다. 하나님이 그와 그

성을 앗수르 왕의 손에서 구원하겠다고 응답한 것을 보면(왕하 20:6), 산헤립이 아직 립나에 머물며 예루살렘을 위협하고 있었을 때였다. 즉 유다는 앗수르의 침략으로 바람 앞에 등불인 절박한 상황인데, 엎친 데 덮친 격으로 왕이 후계자도 없이 죽을병에 걸렸던 것이다.

그는 낯을 벽으로 향하여 기도하며 심히 통곡했는데(왕하 20:2~3), 얼마나 그 마음이 절박했는지 능히 짐작할 수 있다. 하나님은 앗수르로부터 왕국을 구원할 뿐 아니라, 그가 15년을 더 살게 하겠다고 약속하셨다(왕하 20:5~6). 그리고 그 약속의 보증으로 아하스의 일영표 위에 나아갔던 해 그림자를 10도나 뒤로 물러나게 하셨다. 즉, 40분의 시간을 뒤로 돌리셨던 것이다.

그 옛날 여호수아가 가나안을 점령할 때 태양이 거의 종일토록 하늘에 머물렀던 일이 있었다. 그런데 이제 하나님은 히스기야의 간절한 기도에 응답하시면서 또다시 천지를 불러 세웠다. 아니, 이번엔 천지를 뒤로 돌리셨다. 그의 기도가 얼마나 하나님의 마음에 합했는지 알 수 있다. 병이 나은 후 그는 자신을 구원하신 하나님을 찬양한다(사 38:15~20).

병이 나았을 때 바벨론 왕 므로닥발라단의 사신들이 찾아왔고, 그는 사신들에게 왕궁과 나라 안에 있는 모든 것을 보여준다. 하나님은 이사야를 통하여 이렇게 책망하신다.

> "날이 이르리니 무릇 왕궁의 모든 것과 왕의 열조가 오늘까지 쌓아 두었던 것을 바벨론으로 옮긴 바 되고 하나도 남지 아니할 것이요 또 왕의 몸에서 날 아들 중에서 사로잡혀 바벨론 왕궁의 환관이 되리라 하셨나이다"(왕하 20:17~18).

이에 히스기야는 **"당신의 전한바 여호와의 말씀이 선하니이다…나**

의 사는 날에 태평과 진실이 있을찐대 어찌 선하지 아니하리요"(왕하 20:19)라고 대답한다.

그가 자신의 병에 대해서는 혼신의 힘을 다하여 간구한 반면, 후손의 재앙에 대해서는 아무런 간구도 하지 않아 마치 그가 자기만 생각하는 이기적인 사람처럼 보일 수 있다. 그러나 하나님의 말씀과 그의 대답을 들여다보면 전혀 이기적인 대답이 아니란 것을 알 수 있다. 지금 우리는 유다가 바벨론에 멸망한 것을 알고 있지만 이사야가 전한 말씀에는 왕국의 멸망이 언급되지 않았다. 단지 열조가 쌓은 보물이 모두 바벨론으로 갈 것이고, 후손 중 일부가 바벨론으로 사로잡혀 거기서 환관이 될 것이라 하였다. 그러므로 그는 비록 교만하였을지라도 여전히 긍휼을 베푸시는 하나님 앞에 감사를 드린 것이었다.

그의 나머지 통치 기간은 참으로 행복한 때였다. 산헤립은 훗날 그의 아들들에게 살해될 때까지 더는 유다를 넘보지 않았다. 이전에 구축했던 대상로는 회복되었고, 앗수르에 점령당하지 않았던 예루살렘으로 인하여 주변국에 대한 그의 입지는 더욱 강화되어 많은 조공도 받았다(대하 32:22~23). 그는 하나님께 복을 받아 보물을 많이 쌓았고, 이를 위하여 따로 국고성까지 지을 정도였다(대하 32:27~30).

그리하여 그는 덤으로 얻은 15년을 오직 하나님을 위한 삶으로 살아간다. 율법 이외에 구약성경의 근간이 되는 많은 말씀들을 모아 순서를 붙인 것도 그였다고 알려져 있다. 솔로몬의 삼천 잠언 중 일부를 그가 성경으로 엮었으며(왕상 4:32; 잠 25:1), 그래서 잠언의 마지막 말씀인 31장의 르무엘 왕도 솔로몬이 아니라 히스기야일 가능성이 크다. 솔로몬의 어머니 밧세바는 지혜롭지도 않았고 하나님을 따르는 여인도 아니었지만, 히스기야의 어머니 아비야는 그 아버지 스가랴의 영향을 받아 굳건한 신앙의 소유자였기 때문이다. 그가 잠언을 정리하면서 마지막에 그 어머니를 기리기 위해 기록했을 가능성이 크다. 또한 성경학자들은 시편 120~134편인 **'성전에 올라가는 노래'**가 히스기야의 병과 회복을 기념하기 위하여 엮은 것이라고 믿고 있다. 그래서 그가 죽었을 때 유다와 예루살렘 거민들이 저를 다윗 자손의 묘실 중 높은 곳에 장사하여 깊은 존경을 표하였다(대하 32:33).

그는 여호수아 이후로 중단된 유월절 예배를 시행하였고, 제사장과 레위인 조직을 정비하여 온전한 예배를 회복했으며, 스스로 십일조의 모범을 보여 백성이 따르도록 하였다. 그리고 율법 이외의 말씀도 정비하여 성경을 완성하는 데 많은 노력을 기울였다. 그러한 믿음이 있었기에 하나님의 마음에 합하는 온전한 기도를 드릴 수 있었으며, 앗수르 군대를 물리치고, 자신의 병을 고칠 수 있었다. 우리는 천지를 멈춘 그의 기도를 통해 그의 위대함을 알 수 있다.

08

마지막 부흥을 일으킨 요시야

요시야에 대한 기록을 읽을 때마다 참으로 안타까움을 금할 수 없다. 요시야 왕이 안타깝고, 그의 때가 안타깝다. 그는 바벨론 포로 시기를 앞두고 진노한 하나님의 마음을 붙잡았던 참으로 신실한 왕이었다. 겨우 39세라는 젊은 나이에 전쟁터에서 요절하지 않았더라면 유대 왕국의 평화는 오래도록 지속되었을 것이다.

그 당시 주변국의 상황을 볼 때, 유다 왕국은 결코 평화로이 거할 형편이 아니었다. 북이스라엘을 멸망시킨 앗수르는 세력이 약해지기는 했지만 여전히 건재했고, 애굽은 앗수르의 약해진 세력을 틈타 북쪽으로 진출하기 위해 호시탐탐 노리고 있었다. 이와 더불어 바벨론의 나보폴라살이 앗수르에 대항하면서 영토를 넓히고 있었다. 그만큼 유다의 주변은 일촉즉발의 위기 가운데 놓여 있었다. 요시야 제13년부터 시작된 예레미야의 예언을 봐도 요시야가 다스린 기간은 결코 평화로운 때가 아니었다(렘 1:13~16).

그럼에도 그의 시대에는 외부와의 전쟁이 없었고, 그래서 사람들은 건축사업에 집중할 수 있었다. 앗수르와 바벨론, 애굽이라는 강력한 국가가 주도권 다툼을 하고 있고, 특히 느부갓네살의 아버지 나보폴라살이 세력을 넓히던 시기에 어떻게 31년간의 통치 기간을 그렇게 행복하게 보낼 수 있었을까? 그것은 하나님을 향한 그의 개혁이 사사 시대 이후로 유래를 찾아볼 수 없을 만큼 완벽하여 하나님의 진노에서 벗어났기 때문이다.

요시야의 아버지 아몬은 악한 왕이었다. 22세에 왕위에 올랐으나, 우상을 섬기고 하나님 앞에 많은 악을 행하였다. 그리하여 겨우 2년을 다스렸을 때 신복들에 의해 암살당한다. 이에 백성들이 아몬을 반역한 사람들을 죽이고, 여덟 살에 불과한 그의 아들 요시야를 왕위에 앉힌다.

그렇게 겨우 여덟 살밖에 되지 않은 어린 왕이 그것도 아버지의 암살로 인하여 스스로도 어떻게 될지 알 수 없는 상황 속에서 보위에 올랐다. 참으로 기막힌 일이 아닐 수 없었다. 아무리 암살범들이 모두 처형되었다고는 해도 잠자리에 누웠을 때 그 눈을 제대로 감을 수나 있었을까? 여덟 살은 자기 자신을 지키지도 못할 나이이다. 그래서 누군가 어린 그를 지켜줘야만 했다. 그가 얼마나 무섭고 힘들었을지 상상하는 일은 결코 어렵지 않다. 그런데 성경은 이렇게 기록하고 있다.

> "여호와 보시기에 정직히 행하여 그 조상 다윗의 길로 행하여 좌우로 치우치지 아니하고 오히려 어렸을 때 곧 위에 있은 지 팔 년에 그 조상 다윗의 하나님을 비로소 구하고"(대하 34:2~3).

어린 나이에 수렴청정을 하는 사람도 없이 홀로 나라를 다스리기 위해 그는 하나님을 붙들었다. 특히 히스기야 왕의 현손이었던 선지자 스바냐는 자주 왕궁에 드나들면서 요시야에게 하나님 섬기는 법을 가르쳤을 것이다. 그리하여 보위에 오른 지 8년이 지났을 때 하나님을 찾았고, 4년간의 영적인 훈련을 마친 후, 즉 보위에 오른 지

12년이 지난 20세가 되었을 때, 그는 하나님을 위하여 비로소 개혁의 칼을 빼 들었다.

> "그 십이 년에 유다와 예루살렘을 비로소 정결케 하여 그 산당과 아세라 목상들과 아로새긴 우상들과 부어 만든 우상들을 제하여 버리매 무리가 왕의 앞에서 바알들의 단을 훼파하였으며 왕이 또 그 단 위에 높이 달린 태양상들을 찍고 또 아세라 목상들과 아로새긴 우상들과 부어 만든 우상들을 빻아 가루를 만들어 거기 제사하던 자들의 무덤에 뿌리고 제사장들의 뼈를 단 위에서 불살라 유다와 예루살렘을 정결케 하였으며 또 므낫세와 에브라임과 시므온과 납달리까지 사면 황폐한 성읍들에도 그렇게 행하여 단들을 훼파하며 아세라 목상들과 아로새긴 우상들을 빻아 가루를 만들며 온 이스라엘 땅에 있는 모든 태양상을 찍고 예루살렘으로 돌아왔더라"(대하 34:3~7).

나이 20세 불과한, 그래서 지지 기반도 확고하지 않았을 것이 분명한 그가, 더구나 겨우 여덟 살에 아비의 암살을 목도한 그가 어떻게 그 모든 두려움을 떨쳐버리고 이처럼 대단한 개혁을 진행할 수 있었을까?

왕이라도 동역자 없이 개혁을 이룰 수는 없다. 1세기 전 개혁을 이루었던 요아스에게는 외삼촌이며 대제사장인 여호야다가 있었고, 북이스라엘의 예후에게는 요나답이라는 신앙적으로 뛰어난 동역자가 있었다. 그들은 모두 백성으로부터 신망이 두터운 사람들이었다. 그에게도 그처럼 강력한 동역자가 있었다. 동역자 없이 그와 같이 강력한 개혁은 불가능하기 때문이다.

앞서 살폈듯이 그 당시 히스기야왕의 현손인 선지자 스바냐가 예루살렘을 중심으로 예언을 했다(습 1:1, 12). 그가 우상숭배에 대하여 강력하게 경고한 것은 요시야의 개혁 전부터였다. 그는 요시야와 왕래하면서 많은 영향을 끼쳤을 것이다. 그럼에도 개혁 초기에는 많은 반대에 부딪혔을 것이다. 그리하여 개혁을 시작한 이듬해인 요시야 제13년부터 또다시 하나님은 아나돗의 제사장 힐기야의 아들 예레미야를 부르셔서 강력한 메시지로 백성의 마음을 깨우치도록 하셨다(렘 1:1~2).

> "야곱 집과 이스라엘 집 모든 가족아 나 여호와의 말을 들으라 나 여호와가 이같이 말하노라 너희 열조가 내게서 무슨 불의함을 보았관대 나를 멀리하고 허탄한 것을 따라 헛되이 행하였느냐…내 백성이 두 가지 악을 행하였나니 곧 생수의 근원 되는 나를 버린 것과 스스로 웅덩이를 판 것인데 그것은 물을 저축지 못할 터진 웅덩이니라…내가 너를 순전한 참 종자 곧 귀한 포도나무로 심었거늘 내게 대하여 이방 포도나무의 악한 가지가 됨은 어찜이뇨 주 여호와 내가 말하노라 네가 잿물로 스스로 씻으며 수다한 비누를 쓸찌라도 네 죄악이 오히려 내 앞에 그저 있으리니"(렘 2:4~5, 13, 21~22).

그 외에도 나훔 선지자가 일어나 니느웨를 향하여 강력한 심판의 메시지를 전하기 시작했다. 물론 그의 메시지는 앗수르를 향한 것이었지만, 그로 인하여 사람들은 자신들의 소위를 돌아보고 반면교사로 삼았을 것이다. 하박국 역시 요시야 때부터 활동했다.

이스라엘의 역사 가운데 한 왕을 위하여 이렇게 많은 선지자들이 일어났던 적은 없었다. 그리하여 그는 백성의 지지 속에 예루살렘과 유다에 있는 우상들을 제거할 수 있었다. 그뿐 아니라 이미 앗수르에 멸망한 북이스라엘의 므낫세와 에브라임과 시므온과 납달리까지 가서 우상들을 제거하였다. 6년의 기간 동안 땅을 정결케 하기를 마치자(대하 34:3~7), 곧바로 재위 18년에 그는 성전을 수리하기로 마음먹는다. 그때 대제사장 힐기야가 성전에 마련된 연보함을 여는 과정에서 오랫동안 감추어졌던 율법책을 발견한다(왕하 22:8; 대하 34:14).

서기관 사반이 율법책을 받아 젊은 왕 앞에서 읽는다. 율법의 말씀을 듣자 그는 그 앞에서 자기 옷을 찢는다(대하 34:8~19). 그리고 여선지자 훌다에게 나아가 묻도록 한다. 훌다의 예언을 들은 그는 유다와 예루살렘의 모든 장로들을 불러 모으고 여호와의 전에 올라간다. 이에 제사장과 레위 사람을 포함한 모든 백성이 여호와의 전에다 함께 모여 언약책의 모든 말씀을 듣는다. 그 땅의 우상들이 제거되어 정결케 되자 몇백 년간 감추어졌던 율법책이 펼쳐졌고, 사람들은 참된 하나님의 말씀을 들을 수 있었다.

이 일을 상상하는 것은 참으로 가슴 벅찬 일이 아닐 수 없다. 그동안 하나님을 무시하고 곁길로 갔던 사람들이 예루살렘에 있는 하나님의 성전에 모여 회개하고 주의 말씀을 들었다니, 이 얼마나 기쁨이 넘치고 하나님께 영광이 되는 일이었겠는가? 그들은 매우 긴 시간 동안 출애굽기부터 신명기까지 낭독되는 율법을 들었을 것이다.

> "왕이 자기 처소에 서서 여호와 앞에서 언약을 세우되 마음을 다하고 성품을 다하여 여호와를 순종하고 그 계명과 법도와 율례를 지켜 이 책에 기록된 언약의 말씀을 이루리라 하고 예루살렘과 베냐민에 있는 자들로 다 이에 참가하게 하매 예루살렘 거민이 하나님 곧 그 열조의 하나님의 언약을 좇으니라 이와 같이 요시야가 이스라엘 자손에게 속한 모든 땅에서 가증한 것을 다 제하여 버리고 이스라엘의 모든 사람으로 그 하나님 여호와를 섬기게 하였으므로 요시야가 사는 날에 백성이 그 열조의 하나님 여호와께 복종하고 떠나지 아니하였더라"(대하 34:31~33).

율법 낭독이 끝나자 왕은 이같이 선언한다. 그리고 6년 전의 개혁에 만족하지 않고, 기록된 언약의 말씀을 이루겠다고 맹세한 후 더욱 강력한 개혁을 추진한다. 그리하여 성전 안에 있던 아세라 상을 부수고, 솔로몬에 의해 예루살렘에 세워졌던 시돈 사람들의 가증한 아스다롯과 모압 족속의 가증한 그모스와 암몬 자손의 가증한 밀곰도 허물었는데, 이것들은 하나님 앞에 신실했던 요아스와 히스기야도 감히 손대지 못했던 우상들이었다. 또한 그는 여로보암이 벧엘에 세워 북이스라엘로 범죄케 하였던 금송아지 제단까지 허물어 버리는 일을 감행한다(왕하 23:13~20). 북이스라엘과 남유다를 통틀어 어떤 왕도 이처럼 철저한 개혁을 이룬 자가 없었다.

모든 것이 하나님 앞에 정결케 되어 완전해졌을 때 비로소 그들은 완벽한 유월절 예배를 행할 수 있었다. 그는 언약궤를 성전에 안치하고 다시는 레위인의 어깨로 이것을 메지 말라고 명한다(대하 35:3). 그 유월절 예배가 얼마나 위대하였는지 성경은 이렇게 기록하고 있다.

> "선지자 사무엘 이후로 이스라엘 가운데서 유월절을 이같이 지키지 못하였고 이스라엘 열왕도 요시야가 제사장들과 레위 사람들과 모인 온 유다와 이스라엘 무리와 예루살렘 거민과 함께 지킨 것처럼은 유월절을 지키지 못하였더라"(대하 35:18).

> "사사가 이스라엘을 다스리던 시대부터 이스라엘 열왕의 시대에든지 유다 열왕의 시대에든지 이렇게 유월절을 지킨 일이 없었더니 요시야왕 십팔 년에 예루살렘에서 여호와 앞에 이 유월절을 지켰더라"(왕하 23:22~23).

역대하에서는 선지자 사무엘 이후로 이스라엘 가운데 이같이 완벽한 유월절은 없었다고 하였고, 열왕기하에서는 사무엘이 아니라 사사 시대 이후로 이처럼 완벽한 유월절은 없었다고 하였다. 즉 여호수아가 가나안 땅에 발을 내딛고 길갈에서 지냈던 유월절(수 5:10~11) 이후로 이같이 온전한 유월절을 지킨 적이 없었다는 것이다. 히스기야 시대에도 백성과 성소를 정결케 하여 지키기는 했으나, 온전한 유월절로 지키지 못하여 많은 사람들이 병이 들었었다. 그래서 히스기야의 간절한 기도로 그 병이 치유되었던 것이다(대하 30:18~20). 이처럼 하나님은 다른 그 무엇보다도 온전한 예배를 원하셨다.

실제로 신약에 이르러 유월절 예배는 형식만 남았고, 그래서 여호와의 유월절이 아니라 유대인의 명절이 되어 버렸다(요 2:13, 5:1, 6:4, 11:55). 예수님은 예배에 대하여 온전히 행하여야 한다고 강조하셨고(요 4:23~24), 사도 바울 역시 창조주 하나님 앞에 드리는 예배는 거룩한 산 제사로 행하여야 한다고 하였다(롬 12:1~2). 그만큼 예배는 성도들에게 중요한 의식이다.

온전한 유월절을 지킨 후에 성경은 **"이 모든 일 후"**(대하 35:20)라는 슬픈 어조로 이어간다. 하나님의 말씀에 엄격하게 순종하여 수년간 하나님과 동행했던 요시야가 영적인 분별력을 상실하여 조심성 없이 전쟁터로 향한다. 그 당시 애굽의 바로(왕)인 느고가 쇠락해가는 앗수르를 돕기 위해 해변길을 거쳐 갈그미스로 향하고 있었는데, 요시야가 므깃도에서 막았던 것이다.

"요시야에게 사자를 보내어 가로되 유다 왕이여 내가 그대와 무슨 관계가 있느뇨 내가 오늘날 그대를 치려는 것이 아니요 나로 더불어 싸우는 족속을 치려는 것이라 하나님이 나를 명하사 속히 하라 하셨은즉 하나님이 나와 함께 계시니 그대는 하나님을 거스리지 말라 그대를 멸하실까 하노라"(대하 35:21).

이는 참으로 놀라운 일이 아닐 수 없다. 그가 하나님께 의뢰하지 않았음에도 하나님은 이방인인 바로의 입을 빌려 그에게 경고하셨다. 그가 돌이켜 떠나기를 싫어하며 변장하고 싸움에 임했던 것을 보면, 그는 그것이 하나님의 경고라는 것을 알고 있었던 것 같다(대하 35:22). 만약 그가 하나님을 의뢰하고 그 힘으로 전쟁에 임했으면 당당하게 나아가지 변장하고 싸우지 않았을 것이기 때문이다.

그가 그렇게 변장까지 하면서 느고와 싸워 므깃도에서 최후를 맞았던 이유는 무엇이었을까?

그가 전투에 나가면서 기도하지 않았고, 선지자에게 묻지도 않았으며, 그렇게 하라는 하나님의 명령도 없었기 때문에 말년에 교만하여 영적인 분별력을 상실했다고 말하는 사람들이 있다. 그러나 그동안 하나님을 신실하게 믿었던 그의 행동을 봤을 때, 그는 일부러 선지자에게 묻지 않고 전투에 나갔던 것으로 보인다. 변장까지 하면서 하나님의 눈을 피했던 것은 애굽의 바로인 느고를 막아서야만 했던 절박함이 있었기 때문일 것이다.

이 당시 앗수르 제국은 점점 강성해지는 바벨론의 적수가 되지 못하였다. 그런데 애굽의 바로 느고가 바벨론과 싸우기 위해 갈그미스로 가고 있었다. 만약 애굽이 갈그미스에서 패한다면 길을 내준 요시아는 그 책임에서 벗어날 수 없었다. 실제로 바벨론의 느브갓네살이 2차 갈그미스 전투에서 승리하자 애굽에 의해 왕이 된 여호야김을 능욕했고, 여호야김이 배반하자 유다를 짓밟고 많은 백성들을 끌고 갔다(왕하 24:1~4). 요시야가 하나님의 뜻을 무시하고 끝까지 바로를 막아섰던 것은 왕으로서 그러한 국제적인 힘의 질서를 보았기 때문이다. 그러나 그 모든 것보다 하나님을 신뢰해야 했는데, 그는 그러지 못했다(렘 20:4~5, 21:1~10 등).

잠시 다윗과 비교해 보면, 다윗은 매사에 그 기준을 하나님께 두었고, 고집을 부리다가도 하나님의 뜻이 아니면 물러섰다(삼하 16:10~12; 대상 21:8, 22:8~12 등). 그래서 그는 하나님과 마음을 합한 사람이었다(행 13:22; 갈 2:20). 그러나 요시야는 그 믿음의 경지를 넘지 못했다.

요시야의 통치는 유다 왕국에게는 참으로 큰 행복이었다. 주변국의 정세를 봤을 때 이미 유다 왕국은 바람 앞의 등불이었다. 그럼에도 불구하고 하나님은 그의 온전한 믿음으로 인하여 그의 때에 다윗의 등불을 밝게 빛나도록 하셨다(왕상 11:36). 그랬기에 그가 죽자 온 유다와 예루살렘 사람들이 슬퍼하였고, 예레미야 역시 그를 위하여 애가를 지었으며, 노래하는 남자들과 여자들이 슬피 노래하였다(대하 35:24~25). 백성이 왕의 죽음을 슬퍼하며 울었던 사건은 유다와 이스라엘을 통틀어 요시야가 유일하다. 또한 율법을 지킨 것에 대해서도 하나님은 다윗과 솔로몬보다 그를 더 높이 평가하셨다.

> "요시야와 같이 마음을 다하며 성품을 다하며 힘을 다하여 여호와를 향하여 모세의 모든 율법을 온전히 준행한 임금은 요시야 전에도 없었고 후에도 그와 같은 자가 없었더라"(왕하 23:25).

또한 예레미야의 입을 통하여 여호아하스(살룸)와 여호야김(엘리야김)에게 경고하면서 요시야의 믿음에 대하여 이렇게 말씀하셨다.

> "네가 백향목으로 집 짓기를 경쟁하므로 왕이 될 수 있겠느냐 네 아비가 먹으며 마시지 아니하였으며 공평과 의리를 행치 아니하였느냐 그때에 그가 형통하였었느니라 그는 가난한 자와 궁핍한 자를 신원하고 형통하였나니 이것이 나를 앎이 아니냐 여호와의 말이니라"(렘 22:15~16).

그가 죽자 유다 왕국은 급격히 기울었다. 여호아하스는 3개월간

재임하다 애굽으로 끌려가 죽었고, 뒤를 이은 여호야김도 바벨론으로 쇠사슬에 묶여 끌려갔다. 시드기야 역시 여호야김의 아들 여호야긴의 뒤를 이어 유다의 마지막 왕이 되어 눈이 뽑힌 채 바벨론의 포로가 되었다. 요시야가 그렇게 하나님 앞에 신실한 왕이었음에도 후세 왕 중 누구도 그의 믿음을 따르지 못했다.

히스기야가 그동안 분향했던 모세의 놋뱀까지 부수는 개혁을 했지만, 그의 개혁에는 율법이라는 성경이 없었기 때문에 완벽하지 못했다. 그러나 요시야의 개혁은 율법을 발견한 이후로 더욱더 강력한 힘을 받았고, 그래서 여호와의 전에서 우상을 제하고, 솔로몬이 세웠던 우상과 북왕국에 여로보암이 세웠던 벧엘의 금송아지 제단까지 허물어 버릴 수 있었다. 즉 그는 성경의 정확한 말씀에 뿌리를 둔 덕분에 아무도 이루지 못한 개혁을 이루었던 것이다.

다만 므깃도에서 자기 생각에 사로잡혀 죽게 된 것이 안타깝다. 요시야가 성경에 기록된 말씀을 잘 지킨 것은 칭찬받을 만한 일이었다. 그렇지만 그것보다 더 중요한 것은 하나님께 영광을 돌리며 사는 것이며, 그러기 위해서는 항상 하나님과 마음을 합하는 삶을 살아야 한다. 그가 그렇게 하나님의 말씀을 온전히 준행했을지라도 다윗의 경지에까지 미치지 못했던 것은, 자기 생각에 사로잡혀 하나님과 마음을 합하지 못했기 때문이다. 그러나 비록 말년의 불순종으로 잘못된 선택을 했을지라도, 그는 성경이 그의 통치 시기를 바벨론으로 이거할 때라고 말할 정도로 어려운 시기를(마 1:11) 굳건한 믿음으로 극복한 훌륭한 왕이었다.

유다 왕국이 앗수르와 바벨론이라는 강대국의 위협 속에서 국난을 극복하고 평안을 누릴 수 있었던 것은, 이사야와 예레미야라는 훌륭한 선지자를 곁에 두고서 하나님을 성실하게 섬긴 히스기야와 요시야라는 위대한 왕이 있었기 때문이다.

09

왕의 계보에 대한 구약과 신약의 관점

"솔로몬의 아들은 르호보암이요 그 아들은 아비야요 그 아들은 아사요 그 아들은 여호사밧이요 그 아들은 요람이요 그 아들은 아하시야요 그 아들은 요아스요 그 아들은 아마샤요 그 아들은 아사랴[대하 26:1에서는 웃시야]요 그 아들은 요담이요"(대상 3:10~12).

"아사는 여호사밧을 낳고 여호사밧은 요람을 낳고 요람은 웃시야를 낳고"(마 1:8).

이제 왕조시대를 마감하면서 한 가지 짚고 넘어갈 대목이 있다. 구약과 신약을 비교해 보면 왕의 계보에서 차이점이 발견되기 때문이다. 마태는 유다 왕의 계보 중 의도적으로 아하시야, 요아스, 아마샤라는 세 명의 왕을 제외하고 기록하였다. 이것을 이해하기 위해서는 기본적으로 성경에서 아들과 씨를 구별하여 기록하고 있다는 것을 이해해야 한다. 즉 역대상 3장은 왕위를 계승한 아들을 기록한 것이고, 마태복음 1장은 그 씨를 기록한 것이다. 그래서 역대상 3장은 **'아들'**이라고 표현했고, 마태복음 1장은 **'낳았다'**라고 표현하였다. 그러므로 요람의 아들인 아하시야가 어떤 인물인지 먼저 파악해야 한다.

아하시야는 유다의 여호람(요람)왕의 막내아들이라고 불리면서(대하 22:1), 여호사밧의 아들이라고 불리기도 했다(대하 22:9, 21:2, 22:6). 따라서 실제로 아하시야는 여호람(요람)과 그의 아내 사이에서 태어난 정상적인 아들이 아니었다. 왜냐하면 여호사밧의 아들인 여호람이 죽을 때가 40세였는데(대하 21:20), 아하시야는 42세에 왕이 되었기 때문이다(대하 22:2). 즉 막내 아들이라고 한 아하시야의 나이가 아버지인 여호람보다 두 살이나 많기 때문이다. 물론 다른 성경에서는 아하시야가 22세에 왕이 되었다고 기록하고 있어 사람들을 혼란스럽게 한다(왕하 8:26).

이 문제를 해결하기 위해서는 여호사밧 때까지 거슬러 올라가야 한다.

여호사밧은 유다의 왕이었는데, 이스라엘의 여호사밧 왕(킹 제임스 성경)이라 불리기도 할 정도로 북이스라엘과 친밀했다(대하 21:2). 이 당시 여호사밧과 아합의 집안은 서로 연혼하여(대하 18:1) 군사동맹 이상의 혈연관계를 맺으면서, 여호사밧은 오므리의 딸이며 아합의 누이인 아달랴를 아내로 맞이한다. 이때 아달랴에게는 이미 아하시야라는 자식이 있었던 것으로 보인다.

여호사밧의 아들인 여호람이 아합의 딸과 결혼했고(왕하 8:18), 그의 막내아들인 아하시야가 아달랴의 아들이라고 기록된 것 때문에(왕하 8:26), 개역성경은 아달랴를 오므리의 손녀라고 잘못 기록하여 아달랴가 아합의 딸이며, 여호람과 결혼하여 아하시야를 낳은 것처럼 기록하였다. 그러나 킹 제임스 성경은 아달랴를 오므리의 딸이라고 기록하여(왕하 8:26; 대하 22:2), 여호사밧이 오므리의 딸인 아달랴와 결혼했고(대하 18:1), 여호람이 아합의 딸과 결혼하여(왕하 8:18) 연혼관계를 맺었다고 말하고 있다.

아하시야가 여호람의 씨가 아니고, 여호사밧의 의붓아들이라는 것은 아하시야의 다른 이름이 아사랴인 것으로 확인할 수 있다. 이스라엘 왕 요람이 아람 왕 하사엘과 싸울 때 요람이 병들자 아하시야가 병문안을 가는데, 이때 그의 이름을 아사랴로 기록하였다(대하 22:6~7). 그런데 여호사밧의 아들들 중에 두 명의 아사랴가 언급되는데, 몇 명 되지 않은 아들 중에서 같은 이름의 자식이 두 명이라는 것은 한 명이 친자가 아니었기 때문일 것이다(대하 21:2).

아하시야가 여호람의 자식이 아니라는 것은 여호람과 아하시야의 나이 차이에서도 확인할 수 있다. 여호람은 32세에 즉위하여 8년을 치리하고 죽었다(대하 21:20). 그런데 아하시야가 보위에 오른 것은 42세였다(대하 22:2). 즉 자식의 나이가 두 살이나 더 많았다. 물론 열왕기하에서는 아하시야가 권좌에 오른 나이를 22세라고 기록하여(왕하 8:26) 역대하의 기록과 상이하다. 이것은 유다와 이스라엘의 역사를 기록한 열왕기와 유다의 역사만 기록한 역대기의 차이 때문이다. 유다와 이스라엘의 역사를 기록한 열왕기는 여호사밧이 재위 8년에 잠시 아하시야를 권좌에 앉히고 전쟁에 참가했을 때를 기준으로 하여 기록했고, 유다의 역사만 기록한 역대기에서는 이스라엘과 관계된 보위를 무시했기 때문이다.

여호사밧이 아합과 연합하여 길르앗 라못을 치러 갔을 때, 여호사밧은 여호람을 섭정왕으로 두었다. 그때 여호람은 장차 왕위에 대한 화근이 될 자신의 형제들을 모두 죽였다(대하 21:4). 이 악행에 대해 엘리야가 책망하였고(대하 21:12~15), 전쟁에서 돌아온 여호사밧이 직접 유다 전역을 순행하면서 민심을 수습하였다(대하 19:4). 그러나 정작 아버지와 공동통치자로 있었던 아하시야(여기서는 그의 이름을 여호아하스로 기록하였다)를 죽이지 못하는데, 이는 아직 아합 집안이 건재하고, 아달랴가 막강한 영향력을 행사하고 있어 형제들을 죽인 후에 혹시 발생할 수 있는 소요를 막기 위함이었을 것이다.

그 후 아라비아 사람과 함께 영을 치던 부대가 여호람의 아들들을 모두 죽였기 때문에(대하 22:1), 아하시야는 오히려 여호람의 막내 아들로 되어 42세에 보위에 올랐다(대하 22:1~2). 즉 여호사밧의 아들들은 장자인 여호람이 죽였고, 여호람의 아들들은 아라비아 사람들이 모두 죽였기 때문에, 부득이 여호사밧의 양자인 아하시야를 여호람의 막내 아들로 삼아 왕위를 계승했던 것이다. 그리고 아하시야마저 1년 만에 예후에 의해 살해되자, 아달랴는 왕의 씨를 모두 잡아 죽이고 친히 6년간 유다 왕국을 다스린다.

예후는 이스라엘 왕국에 남아 있던 70명이나 되는 아합 집안의 모든 사람을 죽였고(왕하 10:7~11), 42명이나 되던 남유다 아하시야의 형제들마저 사마리아 인근 양털 깎는 집에서 죽였다(왕하 10:12~14). 남유다 왕 아하시야를 포함한 그들 모두가 아합 집안 사람이기 때문이었다. 여호사밧의 친아들들은 여호람이 왕권 강화를 위해 모두 죽였기 때문에(대하 21:4), 예후와 만났던 아하시야의 형제들은 아합 집안의 사람들이었던 것이다. 예후를 따랐던 무리가 아하시야에 대하여 **"저는 전심으로 여호와를 구하던 여호사밧의 아들이라"**(대하 22:9)라고 하면서도 죽였던 것은 그가 아합 집안의 씨였기 때문이다.

아달랴가 유다 왕국에서 스스로 여왕이 된 것은, 아하시야의 죽음으로 인해 더 이상 예루살렘에는 자신을 옹호해 줄 사람이 없었고, 북이스라엘 역시 예후가 왕이 된 후 아합 집안을 모두 진멸할 정도로 공포정치를 했기 때문에 살아남기 위한 최후의 방편이었을 것이다. 그러나 제7년에 이르러 제사장 여호야다와 백부장들이 힘을 합하여 아달랴를 몰아내고 몰래 숨겨두었던 어린 왕자 요아스를 데려다 왕으로 삼는다. 그리하여 여호람의 뒤를 이은 아하시야, 요아스, 아마샤가 다윗의 씨를 받지 않았다.

아마샤의 뒤를 이은 아사랴가 아마샤의 아들이라고 했지만(왕하

15:1), 친아들이 아니라 양자였을 가능성이 크다. 이 당시 아마샤가 전쟁 중 이스라엘 왕국에 사로잡히자 백성은 아사랴를 데려다가 왕으로 세우게 되었다(왕하 14:13, 21). 왕이 실권을 갖고 제자리에 있었으면 왕이 지정한 아들이 그냥 왕이 되는 것이지 백성이 왕을 세울 일도 없었을 것이다. 아사랴가 왕이 된 시점은 아마샤가 사로잡힌 후 예루살렘으로 아직 돌아가지 못한 때였다. 아마샤가 나중에 예루살렘으로 돌아왔을 때, 그는 백성이 세운 아사랴를 물러나게 할 수 없었다. 아마샤의 교만으로 벌어진 전쟁 때문에 남왕국에서는 왕도인 예루살렘이 파괴되고 보물들을 빼앗기고 인질이 사로잡혀 가게 되었고(왕하 14:13~14), 아마샤의 입지는 좁아졌다. 예루살렘으로 돌아온 아마샤는 백성들의 모반으로 라기스로 도망했으나 거기서 살해되었다(왕하 14:19). 이로 인해 유다 왕국은 다시 다윗의 혈통으로 왕조를 이어가게 되었다.

> "요시야의 아들들은 맏아들 요하난과 둘째 여호야김과 셋째 시드기야와 넷째 살룸이요 여호야김의 아들들은 그 아들 여고냐 그 아들 시드기야요"(대상 3:15~16).

> "바벨론으로 이거할 때에 요시야는 여고냐와 그의 형제를 낳으니라"(마 1:11).

마태는 바벨론으로 이거할 때의 왕들인 여호아하스(요하난), 여호야김, 여호야긴(여고니야, 여고냐, 고니야), 시드기야 중 여호아하스와 여호야김, 시드기야를 왕의 계보에서 제외시켰다. 여고냐(여호야긴)를 여호야김의 아들이라 했으므로(대상 3:16), 여호아하스와 시드기야를 제외한 것은 당연하다 하더라도, 여호야김까지 제외한 것은 이해하기 어렵다. 그가 빠진 이유에 대해서 정확히 알려주는 성경 안팎의 자료는 없다.

다만 유추해 볼 수 있는 것은 여호아하스(요하난)와 여호야김이 요시야의 적자가 아닐 가능성이 있다는 것이다. 요시야가 39세에 므깃도에서 애굽과의 전투에서 죽자(왕하 22:1), 유다는 애굽에 반대 정책을 펴온 여호아하스를 급히 왕으로 세운다. 그가 왕이 되었을 때의 나이는 23세였다(왕하 23:31). 그리고 3개월 만에 폐위되어 애굽으로 끌려간 다음 그의 형제인 여호야김이 왕이 되는데, 여호야김이 왕이 되었을 때의 나이는 25세였다(왕하 23:36). 여호아하스가 적자라면 요시야는 그를 16세에 낳았다는 것이 되고, 여호야김은 14세에 낳았다는 것이 된다.

미심쩍은 것은 여호아하스와 여호야김을 낳았을 때의 요시야의 나이가 너무 적다는 것이다. 유대인이 혼인할 수 있는 나이는 성경에 정해진 것이 없지만, 율법에 **"남자가 부모를 떠나 그 아내와 연합하여 둘이 한 몸을 이룰찌로다"**(창 2:24)라고 했기 때문에 남자는 율법적으로 성인이 되는 20세가 되어야 혼인하여 부모를 떠날 수 있었을 것이다. 물론 율법이야 어느 시대에도 제대로 지켜진 적이 없기 때문에 요시야가 20세가 되기 전에 결혼하여 아들을 낳았을 수도 있겠지만, 여호아하스와 여호야김의 나이를 감안할 때 요시야가 여호아하스와 여호야김을 낳은 나이가 너무 적다는 것이다. 더욱 이해할 수 없는 것은 여호아하스를 장자라고 기록하고 있는데, 그는 여호야김보다 두 살이나 적었다(대상 3:15).

또한 여호야김은 25세에 보위에 올라 11년간 다스렸고, 그 뒤를 이은 왕이 여호야긴이었다(왕하 23:36). 그런데 여호야긴이 보위에 오를 때의 나이가 18세였다(왕하 24:8). 즉 여호야김이 35세였을 때, 여호야긴은 18세였던 것이다. 따라서 여호야김이 17세였을 때 여호야긴을 낳았다는 결론에 도달한다. 그런데 만약 여호야긴이 요시야의 적자라면 요시야는 31세에 여호야긴을 낳은 셈이 된다. 이 모든 것을 종합해 볼 때, 여호아하스와 여호야김은 왕의 씨를 받지 않았고, 여호야긴의 생부는 여호야김이 아니라 요시야일 가능성이 더 크다.

그렇지만 하나님은 여호야긴이 적자라 하더라도 그를 매우 싫어하셨다. 그래서 예레미야 선지자를 통해 저주까지 하셨다(렘 22:30). 그것은 이미 바벨론을 통해 유다를 징계하시는 중인데도 그가 그 징계를 겸손히 받지 않고 어설픈 민족주의를 내세워 느부갓네살에 반역했기 때문이다. 그렇게 싫어한 여호야긴(고니아, 여고냐)이었지만, 하나님은 그를 바벨론의 옥에서 풀어 그 지위를 보장받게 하신다(왕하 25:27~30). 여호아하스는 애굽에 의해, 여호야김과 시드기야는 바벨론에 의해 죽임을 당하게 하신 것에 비하면 여호야긴에 대해서는 큰 은혜를 베푸신 것이었다.

여고냐의 후손에 대해서도 성경은 다르게 말씀한다. 역대상에서는 스룹바벨의 아버지가 여고냐의 아들 중 하나인 브다야라고 말하는데(대상 3:17~19), 마태복음은 여고냐의 다른 아들인 스알디엘이라고 말한다(스 3:2; 마 1:12). 역대상은 왕의 계보에 더 중점을 두고 기록했고, 마태복음은 왕의 혈통에 더 중점을 두고 기록했다고 보면 역대상과 마태복음의 기록의 차이를 쉽게 이해할 수 있을 것이다.

그러므로 역대상은 단지 유다의 열왕들을 기록한 것이고, 마태복음은 정확히 왕의 씨에 대해서만 기록한 것이다.

성경은 왜 요시야 때를 바벨론으로 이거할 때라고 했을까? 그것은 애굽의 왕이 비록 요시야를 죽이고(왕하 23:29) 여호아하스를 폐위시켰지만, 갈그미스 전투에서 바벨론의 느부갓네살에게 크게 패함으로써 이 지역의 패권을 완전히 바벨론에게 넘겼기 때문이다. 그래서 성경은 바벨론 침략기인 이때를 바벨론으로 이거할 때라고 표현하고 있다.

다음으로 생각해 볼 것은 14대씩 끊은 왕의 계보에 대한 것이다. 마태복음은 아브라함에서 다윗까지 14대라고 말씀하고 있고, 다윗부터 바벨론으로 이거할 때까지 14대라고 말씀하고 있으며, 바벨론으로 이거한 후인 여호야긴(여고냐)부터 예수 그리스도까지를 14대라고 기록하고 있다. 처음 14대는 열조들의 세대이며, 다음 14대는 열왕들의 세대, 마지막 14대는 일반인의 세대이다. 다윗이 두 번이나 언급된 것은 처음에는 열조의 세대에 속했으나, 두 번째는 열왕의 세대로 분류했기 때문이며, 그래서 여고냐는 왕의 명칭인 여호야긴 대신 일반인의 명칭인 여고냐로 기록하였다.

그러나 아브라함부터 예수 그리스도까지의 실제 대수는 41대가 아니라 42대가 맞을 수도 있다. 그것은 요람(여호람)과 웃시야로 이어지는 열왕의 계보에서 한 명의 계보가 빠졌기 때문이다. 즉 앞서 살펴본 것처럼 웃시야가 여호람의 적자이고 죽기 전에 자식을 낳았다면 아하시야의 1년 통치, 아달랴의 6년 통치, 요아스의 40년 통치, 아마샤의 29년 통치를 더했을 때 왕위에 오른 그의 나이는 76세가 되어야 하는데 16세라고 했으므로 여호람과 웃시야 사이에는 1명 이상의 중간 계보가 있어야 옳다. 그러나 열왕기서와 역대기서는 왕의 역사이기 때문에 이를 제외하였고, 마태복음도 열왕들의 세대를 기록한 것이기에 제외하였다.

왕의 계보를 다루면서 또 짚고 넘어갈 것은 왜 이스라엘의 왕권이 유다에게 넘어오고, 또 남북왕국으로 분열되었을 때 르호보암이 왕으로 있는 유다가 이스라엘이라는 명칭을 사용하지 않고 북왕국이 이스라엘로 불렸는가 하는 것이다. 장자권은 왕권과 두 몫의 땅을 갖는 장자권, 제사장 직분을 모두 포함하는데, 이스라엘 민족의 장자권은 모두 분산되었다.

창세기 49장을 살펴보면 야곱의 축복이 유다로 넘어오고 르우벤과 시므온, 레위는 축복에서 제외되는 것을 볼 수 있다. 르우벤은 아비의 첩인 빌하와 동침하여 아비의 침상을 더럽혔고(창 35:22), 시므온과 레위는 하나님의 거룩한 할례를 빙자하여 야곱의 딸 디나를 더럽힌 세겜을 살해했다(창 34장). 혹 자신의 동생을 더럽힌 사람을 죽인 것은 정당하다고 생각할 수도 있을 것이다. 그러나 할례는 하나님께로부터 시작된 하나님과 사람 간의 표적이기에 사람끼리 합의하여 살인의 보조수단으로 사용해서는 안 된다. 또한 그들은 꾸짖는 아버지 앞에 자신들의 행위가 정당하다고 대들었다. 포도주에 취하여 잠든 노아를 보고 함이 행한 행동에 대하여 노아가 분노하여 아들을 저주한 예에서 볼 수 있듯이 부모의 권위는 하나님으로부터 받은 것이다.

유다 역시 하나님 앞에 간음을 했다. 바로 창녀와 동침한 것이다. 적어도 유다는 다말과 동침할 때 그녀를 며느리가 아니라 창녀로 알고 있었다. 그러나 다말이 도장과 끈과 지팡이의 주인으로 인하여 잉태하였다고 했을 때, 유다는 죄를 감추기 위해 다말을 죽일 수도 있었으나 다말이 자기보다 옳다고 인정했다. 그리고 근본적으로 그는 요셉을 팔았던 것으로 죄책감에 사로잡혀 20년의 세월 동안 가족과 떨어져 후회하며 살았다. 다말의 용기로 인하여 그는 아버지께 돌아와 죄를 자복했으며, 아버지 야곱에게 베냐민을 애굽의 총리대신(요셉)에게 데려가고 모든 책임을 자신이 지겠다고 한다(창 43:3~9). 그리고 애굽의 총리대신 앞에서는 베냐민을 곁에 두고 싶어 하던 요셉이 마음을 돌리게 하는 결정적인 용기를 발휘한다(창 44:18~34).

요셉을 미디안 상인에게 판 것으로 요셉의 모든 형들이 죄를 지었으나, 오직 유다만 이것으로 괴로워하여 20년의 세월 동안 후회하고 살았으며 이를 극복했을 때 그는 아버지 앞에 나아가 죄를 자복하고 용서를 받았다. 이러한 용기가 그를 왕의 선조가 되게 하였던 것이다.

성경은 요셉에게 물려준 두 몫의 땅에 대하여 **"이스라엘의 장자 르우벤의 아들들은 이러하니라(르우벤은 장자라도 그 아비의 침상을 더럽게 하였으므로 장자의 명분이 이스라엘의 아들 요셉의 자손에게로 돌아갔으나 족보에는 장자의 명분대로 기록할 것이 아니니라 유다는 형제보다 뛰어나고 주권자가 유다로 말미암아 났을찌라도 장자의 명분은 요셉에게 있으니라)"**(대상 5:1~2)라고 적고 있다.

그래서 요셉의 아들인 므낫세와 에브라임은 두 지파를 형성하게 되었고, 둘째 아들인 에브라임이 장자로 인정되었다. 그로 인해 이스라엘이 남북왕국으로 분열되었을 때 북왕국을 이스라엘이라고 부르게 되는데, 이는 장자권이 있는 에브라임 지파의 여로보암이 왕이 되었기 때문이다(왕상 11:28). 또한 실제적인 장자권이 에브라임에게 있어 성경은 이스라엘을 종종 에브라임이라 부르기도 한다(대하 25:7; 사 7:2; 겔 37:16; 호 5:14; 슥 9:10 등).

레위 지파는 하나님의 장자로 인정되어 제사장 직분을 물려받고, 이스라엘의 12지파에서 빠진다. 이스라엘 민족은 하나님의 장자로 인정되어(출 4:22), 장자를 죽이기로 한 재앙에서 구원을 받았다. 죽어야 될 사람들인데 죽음에서 건짐을 받았기 때문에 이스라엘 민족은 하나님의 것이 되었고, 그래서 하나님은 그들의 섬김을 받으셔야 했다. 그런데 거룩해야 하는 그들이 다른 민족과 똑같이 금송아지 우상을 섬기는 사건이 발생하였고, 하나님은 우상숭배에 빠지지 않고 하나님 편에 섰던 레위 지파를 하나님의 장자로 삼으셨다(민 3:12~13).

● 열왕기하와 역대하를 통하여 검증한 역대상과 마태복음의 계보

□ 역대상의 계보

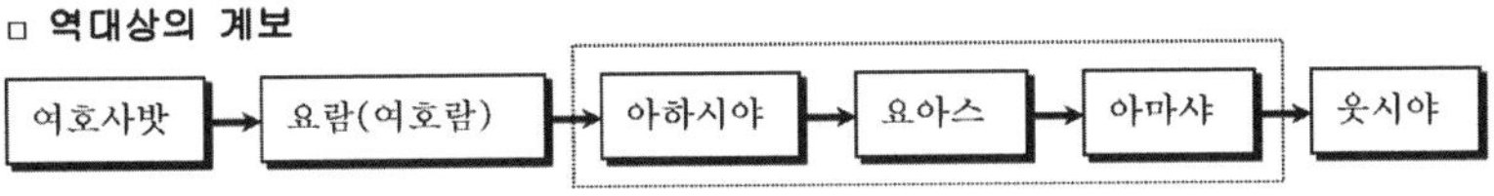

□ 마태복음의 계보

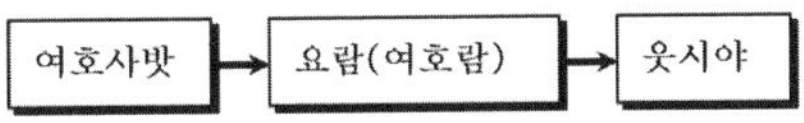

□ 열왕기하와 역대하를 통하여 검증한 계보

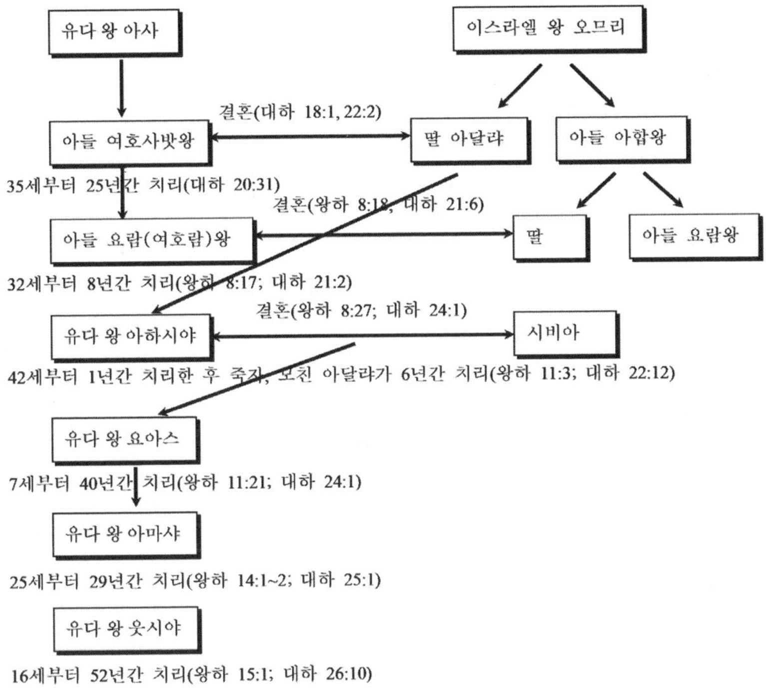

10

포로지에서 믿음을 지킨 다니엘

다니엘은 여호야김 3년 바벨론 왕 느부갓네살이 예루살렘을 포위했을 때 바렐론에 포로로 잡혀 온 유다 왕족 혹은 귀족 소년이었다(단 1:3, B.C. 605). 이때를 첫 번째 바벨론 유수라고 하는데, 그 뒤로도 두 번의 유수가 더 있었다(왕하 24:14~16-여호야김 11년, 왕하 25:8~17-시드기야 9년).

다니엘이라는 이름은 **'하나님의 심판'**이라는 뜻을 가지고 있는데, 그 이름을 통하여 그 아버지와 그의 신앙을 충분히 짐작할 수 있다. 그의 아버지는 하나님이 이스라엘의 죄악으로 인해 조만간 심판하실 것임을 알고 있었기에 그 아들의 이름을 다니엘이라 짓고 엄격하게 훈련시켰을 것이다. 따라서 그는 아버지 덕분에 어려서부터 굳건한 신앙을 지닐 수 있었다.

처음 바벨론에 왔을 때, 심지가 굳은 하나냐와 미사엘, 아사랴라는 세 친구가 다니엘과 함께 있었다. 그들 역시 왕족 또는 귀족 출신의 소년들이었다. 그들은 바벨론 왕 느부갓네살의 명으로 선별되어 벨드사살(다니엘), 사드락(하나냐), 메삭(미사엘), 아벳느고(아사랴)라는 바벨론식 이름을 받고, 3년간 왕의 진미와 그가 마시는 포도주로 길러졌다. 그러나 그들은 비록 어린 소년이었지만 하나님의 말씀으로 잘 훈련된 신앙인이었기에 왕의 진미를 거부하였다.

음식을 거부하는 것과 하나님을 향한 믿음을 간직하는 것이 무슨 상관이 있는지 의아하겠지만, 왕의 음식은 비록 훌륭할지라도 온갖 우상에게 바쳐진 것이었다. 그래서 그들은 이로부터 자신을 더럽히지 않기 위해 환관장 아스부나스에게 채식과 물만 먹겠다고 이야기하였다. 환관장은 10일간 그들을 시험한 후에 그 얼굴이 왕의 진미를 먹은 모든 소년들보다 더 나은 것을 확인한 다음 그들의 원대로 채식과 물만 먹게 하였다. 그들은 그 믿음으로 인해 하나님께 은혜를 얻어 모든 학문과 재주에 명철한 자로 성장하였고, 왕 앞에 나아가 공직에 오른다.

한편 느부갓네살이 재위 2년에 기이한 꿈을 꾼다. 바벨론은 왕이 즉위한 해를 1년이라 하지 않고 원년이라 하고 이듬해를 1년이라 했기 때문에, 이때는 그들이 3년간의 훈련을 마치고 공직에 오른 뒤였다. 왕은 꿈이 너무 기이하여 마음이 번민하였지만 꿈의 내용이 명확히 생각나지 않았다. 그래서 박수와 술객과 점쟁이와 갈대아 술사들을 불러 그 꿈과 해석을 말하게 하였다. 갈대아 술사들이 그 꿈을 알려줘야 해석하지 않겠냐고 하자, 왕은 분명히 명을 내려 꿈과 그 해석을 말하라 했으므로 꿈을 알려달라고 하는 것은 시간을 벌려는 행동에 불과하다고 일축한다. 이에 그들은 왕의 질문은 희한한 것이며, 오직 육체와 함께 거하지 않는 신 외에는 이런 일을 행할 수 있는 자가 없다고 대답한다. 한마디로 왕의 명령이 상식적이지 않다는 것이다.

결국 왕은 바벨론의 모든 박사를 죽이라는 명령을 내렸고, 다니엘도 3년간의 훈련을 마치고 공직에 오른 박사였기에 죽음을 피할 수 없게 되었다. 이에 그는 **'열조(조상)의 하나님'**(단 2:23) 앞에 기도를 드린 후 그 해답을 가지고 왕 앞에 선다. 그 꿈은 느부갓네살을 신상의 금머리로 묘사한 인류의 미래에 대한 예언이었다. 느부갓네살은 자신을 최고의 위대한 왕으로 해석한 것에 감명을 받았는지 그에게 엎드려 경배하고 예물과 향품으로 보답하였다. 더불어 그를 바벨론의 모든 지방을 다스리게 하였고, 그의 청을 받아들여 사드락과 메삭과 아벳느고도 바벨론의 지방을 다스리게 하였다. 그는 요셉이 겪은 시련의 절반에도 미치지 못했지만, 요셉보다 더 어린 나이에 총리의 자리에 올랐던 것이다.

다니엘의 해석에 고무되었는지, 느부갓네살은 높이 60규빗(약 27m)이나 되는 거대한 금신상을 바벨론의 두라 평지에 세워 낙성 예식을 행한다. 낙성 예식에는 방백과 수령과 도백과 재판관과 재무관과 모사와 법률사와 각 도 모든 관원을 참석시킨다. 그리고 나팔과 피리와 수금과 삼현금과 양금과 생황과 및 모든 악기 소리를 들을 때에 엎드리어 그 신상에 절하게 하고, 절하지 않는 자는 극렬히 타는 풀무에 던지겠다고 선포한다. 이때 사드락, 메삭, 아벳느고는 그 신상에 절하지 않아 풀무에 던져질 처지에 놓인다. 왕이 **"능히 너희를 내 손에서 건져낼 신이 어떤 신이겠느냐"**(단 3:15)라고 말하며 그들을 설득했지만 그들은 의지를 굽히지 않는다.

> "느부갓네살이여 우리가 이 일에 대하여 왕에게 대답할 필요가 없나이다 만일 그럴 것이면 왕이여 우리가 섬기는 우리 하나님이 우리를 극렬히 타는 풀무 가운데서 능히 건져내시겠고 왕의 손에서도 건져내시리이다 그리 아니하실찌라도 왕이여 우리가 왕의 신들을 섬기지도 아니하고 왕의 세우신 금 신상에게 절하지도 아니할 줄을 아옵소서"(단 3:16~18).

왕이 그들을 아껴 제발 자기 명령이 땅에 떨어지지 않게 해달라고 설득했음에도, 그들이 오히려 왕의 명령을 무색하게 하였으므로 크게 분노하여 풀무의 불을 일곱 배나 더 뜨겁게 한다. 사드락과 메삭과 아벳느고를 불에 던질 때, 그 붙든 사람조차도 모두 타는 불길에 죽었다고 하니 그 불이 얼마나 뜨거웠을지는 능히 짐작할 수 있다(단 3:22). 그러나 그 불 가운데 하나님이 함께하셔서 그들은 죽지 않았을 뿐 아니라 하나님을 높이는 도구로 사용되었다(단 3:25~26).

다니엘이 이때 어디에서 무엇을 하고 있었는지는 성경의 기록에서 찾아볼 수 없다. 분명 금신상의 낙성 예식 때 방백과 수령과 도백과 재판관과 재무관과 모사와 법률사와 각 도의 모든 관원이 참석했으므로 그도 그 자리를 피할 수 없었을 것이다. 그런데 금신상에 절하지 않고 뜨거운 풀무에 들어간 사람은 오직 사드락과 메삭과 아벳느고뿐이었다. 그는 어디에 있었는가? 하나님을 경외하는 젊은 총리는 이때 어디서 무엇을 하고 있었단 말인가?

그는 자신의 성공에 도취되어 있었든지, 아니면 왕의 그 뜨거운 풀무가 무서워 숨었을 것이다. 비록 적극적으로 금신상에 절하지는 않았을지라도 그는 사드락과 메삭과 아벳느고가 왕의 진노를 받아 풀무에 들어가는 것을 지켜봤을 것이다.

얼마 후 느부갓네살은 또다시 이상한 꿈을 꾸고 이를 다니엘에게 해석하게 한다. 이 꿈은 느부갓네살에게 커다란 시련이 닥쳐 7년의 세월 동안 왕위에서 쫓겨나게 된다는 것이었다. 그는 꿈의 내용이 무엇인지 알았기 때문에 왕 앞에서 말을 잇지 못하고 어안이 벙벙해지고 마음에 번민을 한다(단 4:18). 어쩌면 왕에게 불길한 그 꿈을 해석함으로 인해 자신의 목숨이 위태로워질 수도 있겠다고 생각했을지도 모른다. 그래서 그는 꿈을 해석하기에 앞서 조심스럽게 운을 뗀다.

"내 주여 그 꿈은 왕을 미워하는 자에게 응하기를 원하며 그 해석은 왕의 대적에게 응하기를 원하나이다"(단 4:19).

그의 세 친구들은 극렬히 타는 풀무 앞에서 '**느부갓네살이여**!'라고 담대히 왕의 이름을 불렀으나, 그는 최고의 존칭어로 조심스럽게 '**내 주여**!'라고 부르며 시작한다. 그리고 왕이 그 권좌에서 7년 동안이나 쫓겨날 것임을 이야기하면서 선정을 베풀면 죄악을 속하게 되어 평안함이 혹시 장구하리라고 조심스럽게 마무리한다(단 4:27). 그는 훗날 하나님 앞에 정말 위대한 선지자로 서게 되지만, 젊은 시절에는 이처럼 겁이 많고 담대하지 못했다.

사실 그동안 그에게는 큰 시련이 없었다. 물론 어린 나이에 우상에게 바쳐진 왕의 진미를 먹지 않고 그 믿음을 지킨 것은 훌륭하지만, 그에게는 10일간의 시험 기간이 있었고 세 친구들과 함께한 일이었으며, 꿈에 대한 해석도 하나님의 응답을 받아 왕 앞에 나아갔기 때문에 그 모든 일이 전적으로 그의 깊은 신앙심에 기인한 것이었다고 평가하기는 어렵다. 이처럼 그의 신앙은 시련으로 단련된 것이 아니었기에 금신상 앞에서 여지없이 무너져 내릴 수밖에 없었으며, 그래서 느부갓네살이 권좌에서 쫓겨나리라는 것을 알았을 때도 왕 앞에 하나님의 메시지를 명확히 전달하는 것을 주저하였던 것이다. 그러나 이 모든 연약함에도 그는 우상을 멀리하고 하나님에 대한 굳건한 믿음을 간직함으로 이국 땅에서 점점 하나님의 능력을 체험적으로 깨닫고, 믿음으로 사는 법을 배우고 있었다.

많은 세월이 흘러 벨사살 원년까지 다니엘의 삶이 어떠했는지는 성경에서 찾아볼 수 없다. 다만 벨사살 원년과 제3년에 하나님으로부터 이스라엘과 세상의 미래에 대한 이상을 받은 것을 볼 때, 그는 이미 하나님과 연합한 사람이 되어 있었다는 것을 알 수 있다. 특히 벨사살 3년에 이스라엘의 미래에 대해 들었을 때는 혼절하여 수일을 앓다가 왕의 일을 보았을 정도로 하나님과 자기 민족을 사랑하고 있었다. 그 뒤로 10여 년이 지나 바벨론이 망하기 직전에 담대하게 벨사살을 정죄하고 꾸짖는 모습에서 그의 신앙이 어떻게 성장했는지 넉넉히 짐작할 수 있다.

> "왕의 예물은 왕이 스스로 취하시며 왕의 상급은 다른 사람에게 주옵소서…왕이여 지극히 높으신 하나님이 왕의 부친 느부갓네살에게 나라와 큰 권세와 영광과 위엄을 주셨고 그에게 큰 권세를 주셨으므로 백성들과 나라들과 각 방언하는 자들이 그의 앞에서 떨며 두려워하였으며 그는 임의로 죽이며 임의로 살리며 임의로 높이며 임의로 낮추었더니 그가 마음이 높아지며 뜻이 강퍅하여 교만을 행하므로 그 왕위가 폐한바 되며…지극히 높으신 하나님이 인간 나라를 다스리시며 자기의 뜻대로 누구든지 그 위에 세우시는 줄을 알기까지 이르게 되었었나이다 벨사살이여 왕은 그의 아들이 되어서 이것을 다 알고도 오히려 마음을 낮추지 아니하고 도리어 스스로 높여서 하늘의 주재를 거역하고 그 전 기명을 왕의 앞으로 가져다가 왕과 귀인들과 왕후들과 빈궁들이 다 그것으로 술을 마시고…왕의 호흡을 주장하시고 왕의 모든 길을 작정하시는 하나님께는 영광을 돌리지 아니한지라 이러므로 그의 앞에서 이 손가락이 나와서 이 글을 기록하였나이다(단 5:17~24).

이렇게 질책하는 그의 모습에서 그 옛날 느부갓네살이 7년간 왕위에서 쫓겨나리라는 것을 말할 때의 모습은 찾아볼 수 없다. 그는 정말 많이 달라져 있었다.

그날 밤 바벨론은 메대의 다리오에 의해 멸망하게 된다. 다리오는 전국을 127도로 나누고, 그 127명의 방백들 위에 3명의 총리를 두었다. 다니엘은 그중 한 명으로 선출되었는데, 왕은 마음이 민첩하고 모든 방백들 위에 뛰어난 그를 세워 전국을 다스리고자 했다. 이에 다른 총리들과 방백들이 그를 끌어내리고자 했으나 도무지 빈틈을 찾을 수 없었다.

그들은 다니엘을 끌어내리고자 다리오에게 앞으로 30일 동안 누구든지 왕 이외에 어느 신에게나 사람에게 무엇을 구하면 사자 굴에 던져 넣게 하는 법령을 세우도록 한다. 다리오에게 그렇게 하도록 한 것은 평생 예루살렘을 향하여 열린 창에서 무릎을 꿇고 하루 세 번의 기도를 그치지 않았던 다니엘에게 올무를 씌워 제거하기 위함이었다.

> "다니엘이 이 조서에 어인이 찍힌 것을 알고도 자기 집에 돌아가서는 그 방의 예루살렘으로 향하여 열린 창에서 전에 행하던 대로 하루 세 번씩 무릎을 꿇고 기도하며 그 하나님께 감사하였더라"(단 6:10).

"조서에 어인이 찍힌 것을 알고도", "전에 행하던 대로"라는 표현을 볼 때, 그의 기도생활은 습관이 되어 굳어져 있었으며, 이는 그의 신앙이 죽음을 두려워하지 않을 정도로 굳건해졌다는 것을 알려준다. 그는 오직 하나님께만 소망을 두었기에 더는 두려울 것이 없었다.

다리오는 어떻게 해서든지 그를 구원하려고 해가 질 때까지 애를 썼다. 그러나 그를 모함한 방백들과 장관들의 반대로 결국 사자 굴에 던져진다. 왕이 얼마나 그를 사모했던지 이튿날 새벽에 일어나 사자 굴에 이른다. 왕의 부름에 그는 이같이 응답한다.

> "왕이여 원컨대 왕은 만세수를 하옵소서 나의 하나님이 이미 그 천사를 보내어 사자들의 입을 봉하셨으므로 사자들이 나를 상해치 아니하였사오니 이는 나의 무죄함이 그 앞에 명백함이오며 또 왕이여 나는 왕의 앞에도 해를 끼치지 아니하였나이다"(단 6:21~22).

그는 처음에 느부갓네살의 꿈을 해석하기 위해 하나님 앞에 나아갔을 때, **'나의 열조의 하나님이여'**(단 2:23)라고 부르며 기도했다. 비록 하나님을 굳건히 믿었지만, 온전히 **'나의 하나님'**을 부르면서 하나님과 마음을 합하지는 못했다. 그러나 지금 메대 왕 다리오 앞에서 담대히 **'나의 하나님'**을 소개하고 자랑한다. 그 모습에서 느부갓네살을 두려워했던 옛 모습은 찾아볼 수 없다. 하나님은 맹수로부터 그를 구하셨고, 그를 모함했던 사람들이 오히려 사자의 밥이 되었다. 그리고 사시는 하나님을 두려워하라는 조서가 온 땅에 내려져 하나님을 드높이도록 하였다.

이제 다니엘은 예레미야에게 말씀하신 70년의 기간이 다가온 것을 알고 금식하며 베옷을 입고 재를 무릅쓰고 엎드려 민족을 위한 간절한 중보기도를 드린다. 그의 기도를 하나하나 곱씹어보면 하나님에 대한 간절함이 베어 나온다. 그는 기도 말미에 이같이 간구한다.

> "그러하온즉 우리 하나님이여 지금 주의 종의 기도와 간구를 들으시고 주를 위하여 주의 얼굴 빛을 주의 황폐한 성소에 비취시옵소서 나의 하나님이여 귀를 기울여 들으시며 눈을 떠서 우리의 황폐된 상황과 주의 이름으로 일컫는 성을 보옵소서 우리가 주의 앞에 간구하옵는 것은 우리의 의를 의지하여 하는 것이 아니요 주의 큰 긍휼을 의지하여 함이오니 주여 들으소서 주여 용서하소서 주여 들으시고 행하소서 지체치 마옵소서 나의 하나님이여 주 자신을 위하여 하시옵소서 이는 주의 성과 주의 백성이 주의 이름으로 일컫는 바 됨이니이다"(단 9:17~19).

일찍이 하나님은 에스겔을 통해 이스라엘에 대하여 다음과 같이 예언하셨다.

"나 주 여호와가 말하노라 그래도 이스라엘 족속이 이와 같이 자기들에게 이루어 주기를 내게 구하여야 할찌라"(겔 36:37).

"그러나 이스라엘 족속이 들어간 그 열국에서 더럽힌 내 거룩한 이름을 내가 아꼈노라 그러므로 너는 이스라엘 족속에게 이르기를 주 여호와의 말씀에 이스라엘 족속아 내가 이렇게 행함은 너희를 위함이 아니요 너희가 들어간 그 열국에서 더럽힌 나의 거룩한 이름을 위함이라 열국 가운데서 더럽힘을 받은 이름 곧 너희가 그들 중에서 더럽힌 나의 큰 이름을 내가 거룩하게 할찌라 내가 그들의 목전에서 너희로 인하여 나의 거룩함을 나타내리니 열국 사람이 나를 여호와인 줄 알리라"(겔 36:21~23).

물론 이 말씀은 먼 훗날의 이스라엘에 대한 예언이었지만, 그는 어떻게 하나님께 기도를 해야 하는지 잘 알고 있었다. 비록 하나님이 이스라엘을 회복시켜 주시기로 작정하셨더라도 엎드려 이스라엘의 죄를 자복하고 긍휼을 베풀어주시기를 간구하였으며, 그 일이 하나님의 거룩함을 나타내기 위함이므로 지체하지 마시라고 독촉했다. 이러한 기도는 그 옛날 모세가 하나님의 거룩한 이름을 위하여 이스라엘을 멸하지 말라고 했던 기도와 다를 것이 없다(민 14:13~19).

그를 통하여 살아 계신 하나님이 나타나셨기에 다리오의 뒤를 이은 바사의 고레스는 즉위하자마자 온 나라에 공포도 하고 조서도 내려 유다 족속은 그 고향으로 돌아가라고 선언한다(대하 36:22~23; 스 1:1~4, B.C. 536). 예레미야를 통하여 예언하신 말씀이 이루어지는 순간이었다.

"바사 왕 고레스는 말하노니 하늘의 신 여호와께서 세상 만국으로 내게 주셨고 나를 명하사 유다 예루살렘에 전을 건축하라 하셨나니…무릇 그 남아 있는 백성이 어느 곳에 우거하였든지 그곳 사람들이 마땅히 은과 금과 기타 물건과 짐승으로 도와주고 그 외에도 예루살렘 하나님의 전을 위하여 예물을 즐거이 드릴찌니라"(스 1:2~4).

그는 처음 총리가 되었을 때 유다의 멸망에 손을 쓸 수 없었고, 세 친구들이 뜨거운 풀무에 들어갔을 때에도 속수무책으로 바라만 보았다. 그러나 훗날 에윌므로닥이 여호야긴을 옥에서 풀어주고 바벨론 제국의 모든 왕들보다 높여 평생 바벨론 왕의 상에서 함께 먹을 수 있게 했던 것은, 총리로서 입지가 굳어진 다니엘의 영향 때문이었을 것이다(왕하 25:27~30).

다니엘은 바벨론 왕 느부갓네살 때부터 메대 왕 다리우스 때를 거쳐 바사 왕 고레스 원년까지 67년간 총리라는 공직에 머물렀다(단 1:5,21). 그중 느부갓네살과 다리오 때는 그의 믿음으로 인해 하나님을 경배하라는 칙령과 조서도 내려졌다(단 4:1~3, 6:26~27). 평화로운 상황에서 그 아들이 왕위를 승계했을 때라도 선왕을 섬겼던 신하는 벼슬에서 물러난다. 하물며 다니엘은 멸망한 국가의 포로였다. 그런데 그는 유대인으로서 바벨론을 정복한 바사에서도 총리로 형통하였다(단 6:28). 그는 진정으로 하나님의 큰 은총을 받은 자였다(단 10:11, 19).

하나님과 상관없는 고레스가 하나님을 찬양하고 유다같이 작은 나라의 백성에게 귀환령을 내린 것은 분명 하나님이 하신 일이었다(사 45:1~4). 그러나 이것은 다니엘이 바벨론 왕 느부갓네살 때부터 바사 왕 고레스 때까지 총리로 있으면서 금식하며 드린 기도와 함께 이 모든 일이 이루어지도록 관여한 덕분에 가능했다. 고레스는 느부갓네살이 가져간 성전 기물들을 다 내주었을 뿐 아니라, 왕실의 비용으로 예루살렘 성전까지 다시 지으라고 명할 정도로 파격적인 호

의를 베풀었다(스 1:2~4, 7~8, 6:4).

> "비록 노아, 다니엘, 욥, 이 세 사람이 거기 있을찌라도 그들은 자기의 의로 자기의 생명만 건지리라…비록 노아 다니엘, 욥이 거기 있을찌라도 나의 삶을 두고 맹세하노니 그들은 자녀도 건지지 못하고 자기의 의로 자기의 생명만 건지리라"(겔 14:14~20).

이 말씀은 아무리 의로운 자라도 그 의로 자신만 구원할 수 있다는 뜻이지만, 하나님이 노아와 다니엘, 욥을 의인으로 인정하셨다는 것을 간접적으로 표현하는 말씀도 된다. 그는 한때 뜨거운 풀무가 무서워 뒤로 물러선 적도 있었지만, 평생 하루도 빠짐없이 기도를 멈추지 않았고, 민족을 향한 뜨거움을 간직하였다. 그로 인해 하나님이 인정하신 의인의 반열에 올라섰다.

11

무너진 성벽을 재건한 느헤미야

바벨론으로 이주한 유대인들은 과거 조상들이 애굽에서 살았던 때보다 비교적 안정된 삶을 살았다. 많은 유대인들이 비옥한 그발강 근처에 살았는데, 그들은 자기 땅을 소유하면서 경작도 하였다(겔 1:1, 3:15, 23). 그들이 힘들어했던 것은 고향에서 쫓겨나 포로 생활을 해야 한다는 모멸감이었다. 그러나 예레미야는 그들에게 오히려 스스로의 처지를 받아들이고 가능한 한 즐겁게 살라고 촉구하였다. 하나님은 포로 된 곳에서 하나님을 잘 섬기면 70년의 기한을 채우고 다시 본국으로 돌아가게 하겠다는 약속도 하셨다(렘 29:4~14). 특히 다니엘이 바벨론과 바사에서 67년간 총리로 있었던 덕분에 유대인에 대한 대우가 나쁘지 않았을 것이다.

느헤미야를 이해하기 위해서는 바벨론 포로와 포로 귀환 이후를 전반적으로 살펴야 한다. 먼저 바벨론 유수부터 살펴보자.

첫 번째 바벨론 유수는 여호야김 4년에 일어났다. 여호야김 4년에 바벨론의 느부갓네살 왕이 갈그미스에서 애굽을 무찌르고 예루살렘을 포위하여 선지자 다니엘과 하나냐, 미사엘, 아사랴 등 왕족과 귀족들을 포함한 많은 포로들을 붙잡아 갔다(왕하 24:1~2; 단 1:1~2; 렘 46:2). 이때를 첫 번째 바벨론 유수라 부르며, 이는 느부갓네살 원년에 일어났다(렘 25:1, B.C. 605). 여호야김 4년, 느부갓네살 원년을 강조하는 것은 첫 번째 포로들이 잡혀간 때를 바벨론 유수 제1년으로 보기 때문이다. 성경이 이때 붙잡혀간 사람들의 숫자를 기록하지 않아 얼마나 많은 사람들이 바벨론으로 갔는지는 알 수 없다. 다만 여호야김이 보위에 그대로 있었기 때문에 왕족과 귀족을 중심으로 1만 명 이내였을 것이다.

두 번째 바벨론 유수는 여호야김 11년, 여호야긴 1년에 일어났다. 여호야긴이 하반기에 즉위하여 3개월간 보위에 있었기 때문에 같은 해에 발생한 사건이다. 열왕기하는 바벨론 왕 8년이라고 기록하고, 예레미야서는 느부갓네살 7년이라고 기록했다(왕하 24:12; 렘 52:28). 예레미야서와 열왕기하의 연도에서 1년의 차이가 있는 것은 바벨론의 연수 계산은 통치 1년을 원년이라 부르고 이듬해를 제1년이라 부르는 반면, 이스라엘은 통치 첫해를 제1년이라 불렀기 때문이다. 예레미야는 바벨론의 연도 계산을 따랐다. 그는 유대인 3,023명이 사로잡혀 갔다고 기록하였으나(렘 52:28, B.C. 598), 열왕기하에서는 1만 명이 붙잡혀 갔다고 기록하였다(왕하 24:14). 따라서 예레미야서와 열왕기하의 기록을 종합하면 왕과 함께 1만 명 정도의 백성들을 잡아갔을 것이다.

세 번째 바벨론 유수는 시드기야 9년부터 유다가 완전히 멸망할 때 있었다. 두 번째 포로 송환이 있은 후 느부갓네살은 여호야긴을 폐위시켜 바벨론으로 데려가고, 여호야긴의 삼촌인 시드기야를 왕위에 앉히는데, 시드기야 9년에 바벨론에 대적한다. 느부갓네살이 예루살렘을 포위하자 예루살렘은 2년간 버티다가 성전과 성읍이 무너진다. 그리고 시드기야는 눈이 뽑힌 채로 바벨론으로 끌려가고 그 아들들은 죽임을 당한다. 이때가 느부갓네살 18년이고, 832명이 붙잡혀 갔다(렘 52:29). 열왕기하에서는 바벨론 왕 느부갓네살 19년

5월 7일에 예루살렘이 훼파되고 포로들을 데려갔다고 적고 있다(왕하 25:8~17). 예레미야서와 열왕기하의 연도가 다른 것은 앞에서 설명하였다. 성경의 기록을 봤을 때, 시드기야 9년, 느부갓네살 17년부터 예루살렘이 바벨론 군대의 공격을 받았고, 느부갓네살 19년(바벨론 계산법으로 느부갓네살 18년)에 유다가 망하여 포로 송환이 이루어졌다(B.C. 587). 이때도 832명이 바벨론으로 끌려갔다.

예레미야는 느부갓네살 23년에 745명을 끌고 갔다고 적고 있는데, 이때는 이미 유다가 멸망하고 4~5년이 흐른 시점이기 때문에 진정한 의미의 포로 송환은 아니다(렘 52:30).

따라서 느부갓네살에 의해 바벨론으로 끌려간 전체 유대인의 숫자는 3만 명을 넘지 않았다.

첫 번째 포로들은 일종의 볼모였기에 왕족과 귀족을 중심으로 한 사회 지도층 인사들이었다. 두 번째 포로들은 여호야긴과 1만 명 정도의 백성들이었고, 예루살렘에 남아 있는 백성들을 다 데려갔다 해도 2만 명을 넘지 않았을 것이다. 유다 왕국이 완전히 멸망한 세 번째 포로들의 숫자도 1천 명을 넘지 못했고, 그 후 느부갓네살 23년에도 아주 작은 무리가 잡혀갔을 뿐이다.

유대인들의 귀환과 관련한 바사 왕의 칙령은 네 번에 걸쳐 선포되는데, 그와 달리 실제 귀환은 포로 송환과 마찬가지로 세 번에 걸쳐 진행된다.

바벨론이 바사(페르시아) 왕 고레스에 의해 멸망하자마자, 고레스는 유대인을 향하여 귀환령을 내린다(대하 36:22~23; 스 1:1~4). 고레스의 칙령은 느부갓네살에 의해 바벨론 포로로 잡혀갔던 B.C. 605년부터 정확히 70년이 되는 B.C. 536년에 내려졌다. 즉 첫 번째 귀환령은 첫 번째 바벨론 유수로부터 70년째 되는 고레스 원년에 내려졌다. 이때 유다 총독 스룹바벨(세스바살)과 함께 돌아온 사람은 일반 백성 42,360명, 노비 7,337명, 노래하는 사람 200명이었다(스 2:64~65; 느 7:66~67). 느헤미야 7장에 따르면 노래하는 자가 245명으로 45명이나 더 많지만, 에스라는 노래하는 사람을 중요하게 생각하지 않아 대략적으로 기록한 것으로 보인다. 바벨론으로 끌려간 사람들의 숫자를 고려할 때, 대부분의 유대인이 고레스의 귀환령에 응했던 것으로 보인다.

B.C. 519년 다리오 왕 2년에 내려진 두 번째 칙령은 유대인의 귀환과 상관이 없다(스 6:1~12). 이 다리오 왕은 다니엘 6장에 기록된 다리오가 아니다. 고레스가 죽고 그 뒤를 이어 아하수에로(캄비세스)가 왕이 되고(스 4:6), 그 뒤로 잠시 아닥사스다(가짜 스메르데스)를 거쳐(스 4:7) 다리오가 왕이 된다(다리우스 1세). 에스라 4장을 읽어보면, 유다와 베냐민의 대적이 아하수에로 왕에게 글을 올려 성전 건축을 방해하였고, 또한 사마리아의 방백 르훔과 서기관 심새가 아닥사스다 왕에게 편지를 보내 예루살렘 백성이 반역을 꾀하기 위해 성전을 건축한다고 고소한다. 결국 아닥사스다 왕은 조서를 내려 공사를 그치게 하였고 다리오 2년까지 2년간 성전 공사는 중단된다.

다리오 2년에 선지자 학개와 스가랴가 독려하면서 성전 공사가 다시금 활기를 찾아 빠르게 진척되자 강 서편 총독 닷드네와 스달보스내가 누가 그것을 허락하였는지 문제 삼는다. 이들은 다리오 왕에게 편지를 보내 고레스 왕에 의해 과연 그런 칙령이 내려졌었는지 조사해 달라고 요구함으로써 공사를 다시 방해한다(스 5:1~17). 참고로 여기에 기록된 다리오 왕은 다리우스 1세로, 그리스를 침공하여 마라톤전쟁을 일으킨 왕이다. 그러자 다리오 왕은 바벨론의 보물이 쌓여 있던 서고에서 고레스 왕의 칙령을 발견함으로써 그 명령이 사실이었음을 재확인해 준다. 그리고 다리오 왕 역시 조서를 내려 예루살렘에 하나님의 전을 건축할 것을 명한다. 이 칙령은 유대인의 귀환 명령이 아니라 단지 성전 공사를 재개하라는 왕의 편지였다. 다리오 왕의 칙령과 선지자 학개의 독려로 성전 공사는 빠르게 진척되어(학 1:1~8) 드디어 4년 뒤, 처음 삽을 떴을 때부터 20년 만인 다리오 6년 아달월 셋째 날에 성전을 완공한다(스 6:15, B.C. 516. 2.21).

두 번째 귀환은 첫 번째 귀환이 있은 지 80여 년이 지났을 때 이루어졌다. 이 명령은 바사 왕 아닥사스다(아탁세르세스 1세 또는 아닥사스다 롱기마누스) 7년에 내려졌다(B.C. 458). 이때의 아닥사스다는 두 번째 칙령을 내린 그 아닥사스다가 아니다. 다리오가 죽자 그 뒤를 이어 아하수에로(크세르크세스 1세)가 왕이 되고(아하수에로는 에스더의 남편이며, 그리스를 침공하여 살라미스 해전을 일으킨 장본인이다), 그 뒤를 이은 왕이 두 번째 귀환을 명한 아닥사스다이다.

이 칙령은 에스라에게 건네준 왕의 편지로, 예루살렘 귀환을 허락하고, 제사장들과 레위인들을 데리고 가게 했으며, 자원하여 바치는 금과 은 및 재물을 가지고 가서 그 돈으로 수송아지라든지 숫양 및 어린양들을 사서 제단에 바치도록 했다. 또한 필요하면 무엇이든 왕의 보물창고에서 가져다 드릴 것을 허용했다. 아닥사스다 왕의 칙령은 하나님의 계명들과 규례들을 맡은 서기관들이 귀환하여 하나님의 전에서 하나님의 율법이 잘 수행될 수 있도록 소원했던 왕의 편지였다(스 7:11~22). 아닥사스다는 아하수에로의 아들로 왕자 시절에 에스더와 함께하셨던 하나님의 능력을 직접 목격한 왕이었다. 그래서 에스라에게 파격적으로 사법권까지 권한을 위임하여 예루살렘으로 보내 성전에서 섬기게 하였다(스 7:12~26).

이때 아하와 강가에 모인 사람은 남자만 1,496명이었으나, 모인 사람 중에 레위인이 없어 38명의 레위인과 이들을 수종들었던 220명의 느디님 사람들까지 설득하여 도합 1,754명이 귀환하였다. 그러나 이것은 남자만 계수한 숫자이기 때문에 가족까지 합하면 1만여 명

정도 되었을 것이다(스 8:1~20). 1차 귀환령에 응하지 않았던 나머지 사람들이 2차 귀환령에 응했는데, 이는 아하수에로 때 하만에 의해 멸망할 뻔한 사람들이 자극받아 귀환에 응한 것으로 보인다. 에스라는 4개월 만에 예루살렘에 도착하여 율법을 지키지 않는 백성들을 치리하였다(스 7:9).

세 번째 귀환은 두 번째 귀환령을 내렸던 바사 왕 아닥사스다에 의해 그의 제위 제20년 니산월에 왕의 포도주를 맡은 관원 느헤미야에게 내려졌다(느 2:1~8, B.C. 445. 3.14). 성전이 완공되자 예루살렘 성의 재건도 시도되었는데, 주변 대적들에 의해 많은 방해를 받은 것으로 보인다. 이에 도성의 재건을 위해 하나니를 비롯한 두어 사람을 수산궁에 파견하여 바사 왕국에서 권한을 가진 느헤미야를 접견토록 한다(느 1:1~4).

이에 느헤미야는 아닥사스다에게 나아갔고, 왕은 예루살렘으로 돌아가 도성을 재건하라는 명령을 내린다. 세 번째 귀환에는 귀환자 명단이 없는데, 아마도 느헤미야와 몇몇 수종자들만 귀환한 것으로 보인다.

느헤미야는 재건 공사를 시작한 지 52일 만인 엘룰월 25일(B.C. 445.10. 2)에 도성을 완공한다(느 6:15). 스룹바벨 성전 재건 명령이 고레스 원년(B.C. 536)에 내려지고 20년 뒤인 다리오 6년(B.C. 516)에 완공된 것과 비교했을 때, 예루살렘 도성의 중건은 아닥사스다에 의해 명령이 내려지고 200일도 안 되어 완공되었다.

이제 본격적으로 그에 대한 이야기를 살펴보자.

느헤미야는 바사 왕국에서 성공한 사람이었다. 왕을 최측근에서 모실 수 있는 술 따르는 관원이었기에 명예와 권력을 가지고 있었다. 왕이 술에 취했을 때 가장 위험했기 때문에 큰 신임을 받는 사람만이 술 따르는 관원이 될 수 있었다. 그래서 그는 이미 건축된 성전과 예루살렘 도성에 대하여 관심을 갖지 않아도 되었다. 그러나 **"사로잡힘을 면하고 남은 자가 그 도에서 큰 환난을 만나고 능욕을 받으며 예루살렘성은 훼파되고 성문들은 소화되었다"**(느 1:3)는 말을 들었을 때 눈물을 흘리고 금식하며 하나님 앞에 이렇게 기도한다.

> "하늘의 하나님 여호와 크고 두려우신 하나님이여 주를 사랑하고 주의 계명을 지키는 자에게 언약을 지키시며 긍휼을 베푸시는 주여 간구하나이다 이제 종이 주의 종 이스라엘 자손을 위하여 주야로 기도하오며 이스라엘 자손의 주 앞에 범죄함을 자복하오니 주는 귀를 기울이시며 눈을 여시사 종의 기도를 들으시옵소서 나와 나의 아비 집이 범죄하여 주를 향하여 심히 악을 행하여 주의 종 모세에게 주께서 명하신 계명과 율례와 규례를 지키지 아니하였나이다 옛적에 주께서 주의 종 모세에게 명하여 가라사대 만일 너희가 범죄하면 내가 너희를 열국 중에 흩을 것이요 만일 내게로 돌아와서 내 계명을 지켜 행하면 너희 쫓긴 자가 하늘 끝에 있을찌라도 내가 거기서부터 모아 내 이름을 두려고 택한 곳에 돌아오게 하리라 하신 말씀을 이제 청컨대 기억하옵소서 이들은 주께서 일찍 큰 권능과 강한 손으로 구속하신 주의 종이요 주의 백성이니이다. 주여 구하오니 귀를 기울이사 종의 기도와 주의 이름을 경외하기를 기뻐하는 종들의 기도를 들으시고 오늘날 종으로 형통하여 이 사람 앞에서 은혜를 입게 하옵소서"(느 1:5~11).

이렇게 이스라엘의 죄를 자복하고 하나님이 모세에게 하신 약속을 상기시키면서 이스라엘을 회복시켜 달라고 간절히 기도한다. 그의 기도는 오직 하나님의 영광을 위한 기도였다. 그리고 얼굴에 수색이 가득한 상태로 왕 앞에 나아가 술을 따르는데 이는 큰 불경이었다. 왕이 **"네가 병이 없거늘 어찌하여 얼굴에 수색이 있느냐"**(느 2:2)라고 묻자 그는 이같이 대답한다.

"왕은 만세수를 하옵소서 나의 열조의 묘실 있는 성읍이 이제까지 황무하고 성문이 소화되었사오니 내가 어찌 얼굴에 수색이 없사오리이까"(느 2:3).

이같이 대답하는 느헤미야의 행동을 볼 때 그의 심정이 어떠했는지 대략 알 수 있다. 영원히 살라는 말인 만세수는 간절한 소망을 이야기할 때 절대 권력의 왕께 드리는 최고의 표현이었다(왕상 1:31).

아닥사스다 왕은 느헤미야에게 무엇을 원하느냐고 되묻는다. 이제 그는 돌이킬 수 없는 길에 들어섰다. 그는 잠시 하늘의 하나님께 기도하고 이같이 아뢴다.

"왕이 만일 즐겨하시고 종이 왕의 목전에서 은혜를 얻었사오면 나를 유다 땅 나의 열조의 묘실 있는 성읍에 보내어 그 성을 중건하게 하옵소서" (느 2:5).

그 당시 신하는 왕의 명령만 받을 뿐 자신의 이야기를 해서는 안 되었기 때문에 이처럼 왕 앞에 소원을 말하는 것은 있을 수 없는 일이었다. 에스더가 왕비임에도 죽음을 각오하고 왕 앞에 나아갔듯이, 그 역시 왕 앞에서 자신의 목숨을 내놓고 자기를 예루살렘으로 보내 성벽을 건축할 수 있도록 해달라고 간청을 올린 것이다.

느헤미야의 간청에 왕은 그 소원을 들어주며 그 일이 얼마나 걸리겠느냐고 묻는다. 왕은 느헤미야의 소원을 들어주기 위해 모든 일을 허락했지만, 빨리 그 일을 마치고 다시 자기에게 돌아오기를 희망했던 것이다. 그만큼 그는 왕의 신뢰를 받고 있었다. 왕의 허락에 대하여 그는 다음과 같이 왕에게 아뢴다.

"왕이 만일 즐겨하시거든 강 서편 총독들에게 내리시는 조서를 내게 주사 저희로 나를 용납하여 유다까지 통과하게 하시고 또 왕의 삼림 감독 아삽에게 조서를 내리사 저로 전에 속한 영문의 문과 성곽과 나의 거할 집을 위하여 들보 재목을 주게 하옵소서"(느 2:7~8).

아닥사스다 왕은 느헤미야를 유다 총독으로 임명하여 군대장관과 마병을 내어 주었고, 강 서편에 있는 총독들에게 왕의 조서도 써주어 무사하게 예루살렘으로 떠날 수 있었다. 그는 자신이 세운 목표에 대해 철저히 계획을 세우고, 그것을 일관되게 실천하였다.

그는 예루살렘에 도착한 후 3일을 쉬고, 밤에 일어나 아무에게도 말하지 않고 최측근 두어 사람만 데리고 예루살렘 성벽을 순찰한다. 그리고 성벽 하나하나를 자세히 살펴본 후에 아무도 모르게 돌아온다. 그다음 유대인과 이방인을 모두 활용하여 계획에 따라 성벽 재건을 시행한다(느 3~4장). 느헤미야 3장을 보면 예루살렘을 둘러싸고 있는 성벽의 12개 문 중 10개와 7개 망대 중 3개가 언급된다. 또한 '**그다음은**'이라는 말이 절마다 나오는 것을 볼 수 있는데, 이는 누가 어느 관할에서 어떤 일을 할 것인가에 대한 계획을 목록표로 만들어 가지고 있었다는 것을 뜻한다. 즉 그는 하나님에 대한 열심을 가지고 이 일을 철저히 준비했던 것이다.

느헤미야 4장을 자세히 읽어보면, 성을 건축하기 위해 애쓰는 느헤미야의 모습이 참으로 믿음직하고 굳건했다는 것을 알 수 있다. 도성의 건축이 진행되자, 대적인 호론 사람 산발랏과 암몬 사람 도비야가 유대인을 조롱하기 시작한다.

호론 사람 산발랏은 "**이 미약한 유다 사람들의 하는 일이 무엇인가, 스스로 견고케 하려는가, 제사를 드리려는가, 하루에 필역하려는가, 소화된 돌을 흙 무더기에서 다시 일으키려는가**"(느 4:2)라고 비방하였고, 암몬 사람 도비야는 "**저들의 건축하는 성벽은 여우가 올라가도 곧**

무너지리라"(느 4:3)라고 조롱하였다.

이에 느헤미야는 이렇게 기도한다.

> "우리 하나님이여 들으시옵소서 우리가 업신여김을 당하나이다 원컨대 저희의 욕하는 것으로 자기의 머리에 돌리사 노략거리가 되어 이방에 사로잡히게 하시고 주의 앞에서 그 악을 덮어 두지 마옵시며 그 죄를 도말하지 마옵소서 저희가 건축하는 자 앞에서 주의 노를 격동하였음이니이다" (느 4:4~5).

느헤미야는 이렇게 기도하면서 흔들림 없이 성벽 공사를 진행한다. 성벽 공사가 굳건히 진행되자 산발랏과 도비야는 군대를 일으켜 성벽을 부수려 한다. 이에 그는 피하기보다 파수꾼을 세워 방비한다. 그러나 그가 하나님을 믿고 의뢰하면서 예루살렘 성 재건 공사를 추진해 나갔음에도, 겁에 질린 유다 사람들은 하나님을 신뢰하지 못하고 오히려 그의 힘을 빼는 행동을 하였다.

유다 사람들은 "**흙 무더기가 아직도 많거늘 담부하는 자의 힘이 쇠하였으니 우리가 성을 건축하지 못하리라**"라고 말하고, 대적의 근처에 거하는 유다 사람들은 "**그 각처에서 와서 열 번이나 우리에게 고하기를 너희가 우리에게로 와야 하리라**"라고 했다고 말한다. 또한 대적들도 "**저희가 알지 못하고 보지 못하는 사이에 우리가 저희 중에 달려들어가서 살륙하여 역사를 그치게 하리라**"라고 협박하여 느헤미야의 마음을 흔들어 놓는다(느 4:10~12).

그들의 조상들이 그 옛날 가데스바네아에서 하나님을 신뢰하지 못했듯이 여전히 그들도 하나님을 신뢰하지 못하였다. 그들에게 하나님은 '**나의 하나님**'이 아니라 '**느헤미야의 하나님**'이었던 것이다.

느헤미야는 거기에 굴하지 않고 성벽 재건 공사를 이끌어 간다.

그는 자신의 부하들을 둘로 나누어 절반은 갑옷을 입히고 창과 활과 방패를 갖도록 했으며, 나머지 절반인 성벽을 건축하는 자와 짐을 지는 자들에게도 한 손으로는 일을 하고 한 손에는 병기를 쥐게 하였다. 그뿐 아니라 공사가 크고 방대하여 일하는 사람이 서로 나뉘어 멀리 떨어져서 서로 돕기에 어려움이 있으니, 그럴 때는 나팔을 불어 서로 돕자고 독려한다. 그들은 집으로 돌아가지 않고 성벽을 건축하는 예루살렘에서 유숙하였고, 몸을 씻을 때를 제외하고는 옷도 벗지 않았다. 그들은 생명을 걸고 예루살렘 성벽을 중건하였던 것이다(느 4:15~23).

훗날 바울도 영적인 싸움에 대해 그와 같은 믿음의 무장을 할 것을 우리에게 요구하였다.

"종말로 너희가 주 안에서와 그 힘의 능력으로 강건하여지고 마귀의 궤계를 능히 대적하기 위하여 하나님의 전신갑주를 입으라 우리의 씨름은 혈과 육에 대한 것이 아니요 정사와 권세와 이 어두움의 세상 주관자들과 하늘에 있는 악의 영들에게 대함이라 그러므로 하나님의 전신갑주를 취하라 이는 악한 날에 너희가 능히 대적하고 모든 일을 행한 후에 서기 위함이라 그런즉 서서 진리로 너희 허리 띠를 띠고 의의 흉배를 붙이고 평안의 복음의 예비한 것으로 신을 신고 모든 것 위에 믿음의 방패를 가지고 이로써 능히 악한 자의 모든 화전을 소멸하고 구원의 투구와 성령의 검 곧 하나님의 말씀을 가지라"(엡 6:10~17).

"오직 너 하나님의 사람아 이것들을 피하고 의와 경건과 믿음과 사랑과 인내와 온유를 좇으며 믿음의 선한 싸움을 싸우라 영생을 취하라 이를 위하여 네가 부르심을 입었고 많은 증인 앞에서 선한 증거를 증거하였도다"(딤전 6:11~12).

그런데 문제는 외부에만 있는 것이 아니었다. 유대인들 내부에 남아 있는 악한 것들이 그들을 한마음으로 묶는 것을 방해하였다. 그것은 유대인들이 동족의 어려움을 돌보지 않을 뿐 아니라 착취한 것인데, 그는 그것도 멈추게 하여 백성의 힘을 하나로 집결시킨다. 그것에 대해 그는 모범을 보여 아닥사스다 제20년부터 12년간 예루살렘 총독으로 근무하면서 백성들로부터 당연히 받아야 하는 총독의 녹을 거절하였다(느 5:14). 그뿐 아니라 성 역사에만 힘을 쏟아 땅도 사지 않았고, 부하들마저도 모두 성벽 재건에 참여토록 하였다. 그러면서 그는 **"내 하나님이여 내가 이 백성을 위하여 행한 모든 일을 생각하시고 내게 은혜를 베푸시옵소서"**(느 5:19)라는 기도도 멈추지 않았다.

그가 이렇게 한 것은 하나님을 두려워하는 사람이었기 때문이다(느 5:15). 하나님을 두려워하는 사람은 사람들을 두려워하지 않는다. 이에 반해 사람들을 두려워하는 사람은 하나님을 두려워하지 않는다. 그래서 성경은 다음과 같이 말씀한다.

> "사람을 두려워하면 올무에 걸리게 되거니와 여호와를 의지하는 자는 안전하리라"(잠 29:25).

이스라엘이 성을 건축하여 퇴락한 곳을 남기지 않았다는 말을 듣고 긴장한 산발랏과 도비야와 아라비아인 게셈과 나머지 대적들은 그들에게 오노 평지에서 회담할 것을 네 번이나 요구하였다.

그래도 응하지 않자 그들은 다섯 번째로 느헤미야에게 이러한 음해성 편지를 써서 보낸다.

> "이방 중에도 소문이 있고 가스무도 말하기를 네가 유다 사람들로 더불어

모반하려 하여 성을 건축한다 하나니 네가 그 말과 같이 왕이 되려 하는도 다 또 네가 선지자를 세워 예루살렘에서 너를 들어 선전하기를 유다에 왕이 있다 하게 하였으니 이 말이 왕에게 들릴찌라 그런즉 너는 이제 오라 함께 의논하자"(느 6:6~7).

이것은 느헤미야에게 엄청난 협박이었다. 이 회담에 응하지 않으면, 그가 성벽을 건축하여 유다 왕이 되어 모반을 꾀할 것이라고 바사 왕에게 보고하겠다는 내용이었다. 이에 그는 **"너의 말한바 이런 일은 없는 일이요 네 마음에서 지어낸 것이라"**(느 6:8)라고 회신한 뒤 **"이제** [오 하나님이여] **내 손을 힘있게 하옵소서"**(느 6:9)라고 기도하면서 마음을 굳게 하였다.

그들이 최종적으로 므헤다벨의 손자 들라야의 아들 스마야를 매수하여, 느헤미야를 하나님의 전 외소에 가두어 암살할 계획이라는 말을 전하게 하였다. 그들이 바사 왕이 파견한 총독인 느헤미야를 어찌할 수 없음에도 이와 같이 협박한 것은 그를 두렵게 하고, 그렇게 함으로 범죄하게 하고, 악한 말을 지어 그를 비방하기 위함이었다(느 6:10~13).

그는 이런 기도를 드리면서 다시 한 번 마음을 굳건히 한다.

"내 하나님이여 도비야와 산발랏과 여선지 노아댜와 그 남은 선지자들 무릇 나를 두렵게 하고자 한 자의 소위를 기억하옵소서"(느 6:14).

이처럼 그는 대적의 음모에 의해 힘이 약해지고 무섭고 외로울 때마다 **'나의 하나님'**을 붙들고 기도하였다. 그는 기도하는 사람이었고, 기도의 능력을 믿은 사람이었다.

그리하여 예루살렘 성벽은 단 52일 만에 완공되었다(느 6:15). 갖은 반대에도 이렇게 빠르게 진척된 것은 실로 놀라운 일이 아닐 수 없다. 성벽이 완성되자 그는 백성들을 모은 후 에스라로 하여금 율법을 낭독하도록 하였다. 초막절을 명한 부분이 낭독되자, 백성들은 초막절이 바로 그때이므로 이를 지키고자 하였다. 그리고 초막절과 함께 율법을 충실히 지키겠다는 언약에 그와 백성의 대표들이 서명했다(느 9:38~10:39). 그는 제사장과 레위인을 재조직하여 봉사의 일에 철저하도록 하고, 성벽 봉헌식을 성대하게 치른다(느 11:1~47).

느헤미야는 12년간의 총독 임기를 마치고 바사로 돌아갔다가, 몇 년 후 다시 유대의 총독으로 돌아온다(느 13:6). 다시 돌아온 그는 자기가 없는 동안 백성이 율법에 대해 해이해져 있는 상황을 보고 슬퍼한다. 대제사장 엘리아십이 그의 적이었던 암몬 사람 도비야로 하여금 백성들의 십일조를 저장하는 성전의 한 방에서 살도록 허락한 것을 알고, 그는 도비야를 쫓아내고 그 방을 본래의 목적으로 환원시킨다. 또한, 안식일에 상행위를 하는 일에 대해서도 성문을 닫고 수비대를 두어 금지시켰고, 혼합결혼에도 개혁을 가하였다. 특히 대제사장 엘리아십의 손자가 산발랏의 딸과 결혼하였을 때 느헤미야는 그를 유다 밖으로 쫓아내었다(느 13:15~28).

그는 다시 총독으로 돌아와 이 모든 일을 행할 때도 항상 그 기준을 하나님께 두었고, 그래서 여전히 모든 일을 하기 전에 **"내 하나님이여 이 일을 인하여 나를 기억하옵소서"**(느 13:14), **"나의 하나님이여, 나를 위하여 이 일도 기억하옵시고"**(느 13:2), **"내 하나님이여 나를 기억하사 복을 주옵소서"**(느 13:31)라고 외치며 기도하는 것을 잊지 않았다. 그렇게 간절히 **'나의 하나님'**을 부르짖으며 전능하신 하나님께 기도한 사람은 다윗 이후로 없었다.

그러나 그의 하나님에 대한 열심이 오히려 이스라엘 민족에게는 독이 되었다. 그는 에스라와 함께 유대 왕국의 재건을 꿈꾸었으나 그 꿈을 이루지 못했고, 백성들을 너무도 경직된 율법 아래로 몰아 넣어 하나님의 율법을 닫게 하는 우를 범하였다. 그리하여 말라기 선지자를 마지막으로 세례 요한이 나타날 때까지 이스라엘은 400여 년간의 긴 암흑기로 접어든다.

다음 장에서는 그의 열심이 왜 유대인에게 독이 되었고, 그래서 왜 하나님이 침묵하셨는지 살펴보고자 한다. 우리 역시 하나님께 열심은 있으나 그것이 지나쳐 오히려 하나님을 거스르는 일을 종종 범하기 때문이다.

12

말라기 이후 침묵하신 하나님

하나님은 바벨론 포로로 잡혀갔던 유대인을 고토로 데려오셨지만 말라기 이후로 400여 년간 침묵하셨다. 우리는 그냥 막연히 유대인들이 하나님의 뜻을 거스렸기 때문이라고 말하지만, 에스라서와 느헤미야서를 읽다 보면 그들이 얼마나 하나님의 뜻을 따르기 위해 노력했는지를 알게 되면서 의구심을 갖게 된다. 그래서 학자들은 에스라와 느헤미야 다음에 나온 백성의 지도자들이 타락했기 때문이라고 말하곤 한다. 그러나 에스라서와 느헤미야서를 읽어 보면 이미 그때부터 하나님과 율법을 거슬렀던 것을 확인할 수 있다.

에스라서와 느헤미야서는 주로 하나님의 약속이 성취되었음을 기록한 것이다. 즉 이스라엘 민족이 하나님을 배반하였기 때문에 성전과 도성이 훼파되었고 그 백성이 바벨론으로 끌려갔지만, 70년 만에 돌아와 성전과 도성을 재건할 것이라는 예언의 성취였다. 실제로 에스라서에는 사로잡혔던 자들이 대부분 옛 땅으로 돌아왔고, 온갖 어려움 속에서도 착공한 지 20년 만에 예루살렘 성전을 완공함과 동시에 유월절을 지켰다고 기록되어 있다. 또한 느헤미야서에서는 성전이 재건되고 70년이 흘렀을 때, 느헤미야에 의해 예루살렘 도성도 중건된 사실을 기록하였다. 이로써 하나님이 이스라엘 민족과 하신 약속을 지키셨음을 보여주었다.

그러나 에스라서와 느헤미야서의 후반부는 바벨론에서 돌아온 자들이 율법을 곡해하여 하나님의 생각과 전혀 다른 방향으로 백성들을 이끌어 간 것을 보여주고 있다.

귀환한 자들은 **'사로잡혔던 자의 회**(모임)'(스 10:8)를 조직하여 옛 땅에 남아 있던 자들과 어울리지 못했고, 옛 땅에 남아 있던 자들을 이방인과 섞인 자들이라 하여 배척하였다. 더구나 귀환한 자들 중 많은 사람들이 그 땅 여인들과 결혼한 것으로 인하여 에스라는 성전 앞에서 엎드려 울며 회개하였고, 이에 찔림을 받은 사람들이 에스라의 행동에 동조하였다. 그리하여 2개월에 걸쳐 이방 민족과 결혼한 사람들을 조사하여 다 내어쫓도록 하였다. 이때 대제사장 가문에서 4명, 제사장 가문에서 13명, 레위인 중에서 10명, 도합 27명이 있었고(스 10:18~24), 일반 백성 중에서 86명이 있어 총 113명의 사람들이 이방 여인과 결혼한 것으로 밝혀졌다(스 10:25~44). 그리하여 그들은 이방인 아내와 자녀들을 모두 내어쫓았다.

에스라가 이렇게 행한 것은 이스라엘과 유다 왕국의 멸망이 이방 여인과의 결혼으로 발생했다고 보았기 때문이다. 분명 사사 시대나 왕국 시대에 이스라엘이 우상숭배에 빠진 것은 이방 여인과 결혼한 것에 기인한 경우가 많았다. 그런데 그 반대인 때도 많은 경우 있었기 때문에 그의 행동은 매우 지나친 것이었다. 율법이 이방인과의 혼인을 금한 것은 사실이지만(신 7:3~4), 이미 혼인한 여인을 이방인이라는 이유로 이혼하라고 강요하지는 않았다. 율법은 음행한 연고 외에는 이혼을 금지하였으며(신 24:1), 사도 바울조차도 믿지 않는 배우자가 함께 살기를 원한다면 버리지 말라고 했다(고전 7:12~13). 당시에는 유대 민족의 정체성을 확립하기 위한 극단적 조치였을지 모르지만 이것은 명백하게 율법을 위반한 것이다. 느헤미야 역시 혼인에 대해서는 에스라와 동일한 입장을 취하였다. 그리하여 대제사장 엘리아십의 손자 요야다의 아들 하나가 이방 여인과 혼인한 것을 확인하여 강제로 이혼시켜 좇아내었다(느 13:27~28).

이에 대하여 하나님은 말라기 선지자를 통하여 분명하게 지적하셨다.

"이스라엘의 하나님 여호와가 이르노니 나는 이혼하는 것과 학대로 옷을 가리우는 자를 미워하노라 만군의 여호와의 말이니라"(말 2:16).

또한 느헤미야는 십일조를 밭에서부터 강제로 세금처럼 징수하였다(느 12:44). 물론 십일조를 내지 않는 사람이 있었기 때문에 모든 백성으로부터 십일조를 걷기 위해서는 어쩔 수 없는 선택이었을 것이다. 그런데 율법에 십일조는 전적으로 개인의 신앙에 따라 내도록 하였다. 다른 모든 율법은 지키지 않으면 여러 가지 제재가 있었으나 십일조에 대해서는 아무런 제재조항이 없었다. 그것은 십일조는 오직 믿음에 따라 자발적으로 내도록 하기 위함이었다. 그렇게 강제로라도 거둔 십일조이기에 책망받을 일이 없는데, 웬일인지 말라기 선지자는 그들이 십일조를 착복했다고 지적하였다.

"사람이 어찌 하나님의 것을 도적질하겠느냐 그러나 너희는 나의 것을 도적질하고도 말하기를 우리가 어떻게 주의 것을 도적질하였나이까 하도다 이는 곧 십일조와 헌물이라 너희 곧 온 나라가 나의 것을 도적질하였으므로 너희가 저주를 받았느니라 만군의 여호와가 이르노라 너희의 온전한(perfect(x), 모든(all)) 십일조를 창고에 들여 나의 집에 양식이 있게 하고. 그것으로 나를 시험(test(x), 증명(proof))하여 내가 하늘 문을 열고 너희에게 복을 쌓을 곳이 없도록 붓지 아니하나 보라"(말 3:8~10).

따라서 이러한 책망은 원칙적으로 십일조를 착복할 수 없었던 일반 백성들을 향한 것이 아니라 제사장과 관원들을 향한 것이었다. 그들은 백성들 앞에서는 율법을 지킨다고 하면서 뒤로는 음흉한 행동을 했던 것이다.

느헤미야는 안식일에 대해서도 율법을 매우 경직되게 적용하였다. 두로 사람이 안식일에 예루살렘에 들어와 유다 족속에게 물고기와 각양 물건을 팔자, 오히려 유다 사람들을 꾸짖어 물건을 사지 못하게 하였고, 성문지기를 세워 안식일에는 아무도 들어오지 못하게 하였다(느 13:16~21). 그런데 이러한 조치로 인하여 사람들의 움직임이 제한되었으며, 급한 용무가 있는 사람들은 안식일에 어떠한 일도 할 수 없게 되었다.

율법은 안식일에 아무 일도 하지 말라고 했고, 안식일을 범하면 죽이라고 했다(출 31:15, 35:2). 그런데 정작 광야에서 어떤 사람이 안식일에 나무하다 걸렸을 때 모세와 아론은 징벌에 대해 지시받은 것이 없다며 그를 가두었다(민 15:34). 결론적으로 하나님은 그 사람을 죽이라 하셨지만, 모세와 아론이 징벌에 대해 지시받은 것이 없다고 한 데는 까닭이 있었다.

율법은 모든 경우에 공통적으로 적용되는 것이 있고, 광야에서만 적용되는 것이 있으며, 가나안 정착 때 적용되는 조항이 있다. 대체로 출애굽기는 광야에서 지켜야 할 규례이며, 레위기와 민수기, 신명기는 가나안에 들어가서 지켜야 할 규례라 할 수 있다. 십계명은 출애굽기와 신명기에 모두 기록되어 있으므로 이것은 공통으로 적용되어야 하는 규례이다(출 20:3~17; 신 5:7~21). 십일조의 규례는 민수기와 신명기에 기록되었으므로, 가나안 정착 후에 지켜야 할 규례이다. 광야에서는 하나님이 주시는 것으로 먹었기 때문에 십일조가 필요 없었다.

그러면 출애굽기의 규례는 광야의 규례이기 때문에 가나안에 들어가서는 무용지물인가? 그렇지 않다. 비록 광야에서만 적용되는 규례라 할지라도 레위기 이후에 개정되지 않았다면 유효했다. 예를 들면 안식일에 대한 징벌 규정은 레위기에서 삭제되었다.

"내 안식일을 지키고 내 성소를 공경하라 나는 여호와니라"(레 19:30).

"너희는 나의 안식일을 지키며 나의 성소를 공경하라 나는 여호와니라" (레 26:2).

레위기를 읽어보면 우상숭배와 간음에 대해서는 죽이라 하셨지만 안식일에 대해서는 죽이라 하지 않으셨다. 모세와 아론이 징벌에 대해 지시하심을 받지 않았다고 한 까닭은 율법이 개정되었기 때문이며(민 15:34), 하나님이 죽이라 하신 것은 그들이 일사불란하게 움직여야 하는 군인이었기 때문이다. 이스라엘 민족이 광야에 있을 때 하나님은 만나와 메추라기로 먹이시고 기르셨다. 그들은 양식을 위하여 무언가를 할 필요가 없었다. 그리고 안식일 전날에는 안식일에 먹을 것까지 예비하셨으므로 안식일을 지키지 못할 이유가 없었다.

유대인들도 안식일 규례가 개정된 것을 알았기 때문에 간음한 여자는 돌로 쳤지만(레 20:10; 요 8:5), 안식일을 범한 것으로는 돌을 던지지 않았다. 그들은 안식일을 거룩하게 지키면 되었다.

그러므로 에스라와 느헤미야는 개정된 안식일 규례를 따라야 했다. 예수님도 분명 안식일이 사람을 위해 있는 것이지, 사람이 안식일을 위해 있는 것이 아니라고 하셨기 때문이다(막 2:27). 레위기와 예수님의 말씀을 종합해 보면, 쉬면서 거룩하게 안식일을 지키되 급한 용무가 발생했다면 양심에 따라 행할 수도 있었던 것이다. 현대의 그리스도인들이 그렇게 주일을 보낸다.

또한 느헤미야는 암몬 사람과 모압 사람은 여호와의 회중에 들어오지 못한다는 율법 조항을 들어(신 23:3), 이들뿐 아니라 다른 이방인까지 모두 이스라엘 가운데서 분리하였다. 그들을 여호와의 총회에 들어오지 못하게 했던 것은 출애굽 때 양식과 물로 이스라엘을 영접지 않고, 오히려 발람에게 뇌물을 주어 저주하게 했기 때문이었다(느 13:1~3). 그러나 룻은 모압 여인이었지만 여호와의 회중에 들어왔으며, 그 외 많은 이방인들이 이스라엘과 함께했었다.

이스라엘 민족은 처음부터 이방인과 함께 살았다. 요셉과 모세는 이방신을 섬기는 제사장의 딸과 결혼했고, 출애굽 때는 수많은 잡족과 함께 탈출했다. 모세는 그들에게도 동일한 율법을 적용하였다. 그들은 이스라엘의 광야 40년을 동행하였고, 가나안에 입성해서도 유다 땅에 거주하면서 유다 사람이라는 칭호를 받았다. 그뿐 아니라 본토에 거주했던 에브라임 지파 역시 출애굽한 이스라엘 자손들과 어울리는 데 아무런 문제가 없었다. 모세와 여호수아는 이스라엘 민족과 이방인, 그리고 본토인까지 이들 모두의 화합을 위해 세겜에서 큰 행사를 치르게 할 정도로 마음을 쏟았다(수 8:33). 또한 기브온, 그비라, 브에롯, 기럇여아림에 거주한 히위 족속은 이스라엘에 항복하여 성전 봉사자로 살았다(수 9:25~27). 그들 모두가 모세의 율법에 순종했던 것은 그 당시의 모든 법령보다 율법이 인권을 중시하고 합리적이었기 때문이다. 즉 에스라와 느헤미야가 그렇게 지키고자 했던 모세의 율법은 하나님을 믿고자 하는 모든 사람에게 열려 있었지만, 그들은 모세의 율법을 **'사로잡혔던 자의 회**(모임)**'** 안으로 가두어 버렸던 것이다.

바벨론으로 잡혀갔던 사람들은 지도자들을 포함하여 3만 명을 넘지 않았고, 대부분의 백성들은 옛 땅에 남아 있었다. 70년 후에

5만여 명이 귀환하고, 다시 80년 후에 1만여 명이 돌아온 것을 봤을 때 대부분의 포로들은 고토로 돌아왔다. 하나님이 그들을 다시 유대 땅으로 불러들인 것은 지도자를 잃어버려 하나님을 떠난 야곱의 후손을 다시 언약 백성으로 돌아오게 하려는 의도였다. 사로잡혔던 자들만을 위한 것이었다면 그들을 굳이 옛 땅으로 귀환시킬 이유가 없었다.

그럼에도 그들은 본토 사람들에 대하여 지극히 배타적이었으며, 에스라의 뒤를 이은 제사장과 서기관들은 점점 모세의 율법마저 폐쇄적이며 배타적으로 해석하기에 이르렀다. 에스라와 느헤미야는 하나님에 대한 열심은 있었으나 율법을 이해하는 통찰력이 부족했다. 사도 바울은 이런 행동을 하는 지도자들에 대해 정확히 지적하였다.

> "내가 증거하노니 저희가 하나님께 열심이 있으나 지식을 좇은 것이 아니라 하나님의 의를 모르고 자기 의를 세우려고 힘써 하나님의 의를 복종치 아니하였느니라"(롬 10:2~3).

그들은 의도하지 않았을지 모르겠지만, 무거운 짐을 묶어 사람들의 어깨에 지우고 자신들은 한 손가락으로도 움직이려 하지 않는 자들이었다(마 23:4). 즉 광야에서의 율법은 이방인들도 지킬 수 있었지만(신 30:11~14), 에스라 이후의 지도자들은 그들도 지킬 수 없는 규례를 만들어 사람들을 옭아매었던 것이다.

하나님은 이러한 조치에 대하여 마지막 선지자인 말라기를 통하여 통렬하게 지적하셨다.

> "레위와 세운 나의 언약은 생명과 평강의 언약이라 내가 이것으로 그에게 준 것은 그로 경외하게 하려 함이라 그가 나를 경외하고 내 이름을 두려워

하였으며 그 입에는 진리의 법이 있었고 그 입술에는 불의함이 없었으며 그가 화평과 정직한 중에서 나와 동행하며 많은 사람을 돌이켜 죄악에서 떠나게 하였느니라 대저 제사장의 입술은 지식을 지켜야 하겠고 사람들이 그 입에서 율법을 구하게 되어야 할 것이니 제사장은 만군의 여호와의 사자가 됨이어늘 너희는 정도에서 떠나 많은 사람으로 율법에 거치게 하도다 나 만군의 여호와가 이르노니 너희가 레위의 언약을 파하였느니라"(말 2:5~8).

예수님도 이에 대하여 이렇게 지적하셨다.

"화 있을찐저 외식하는 서기관들과 바리새인들이여 너희가 박하와 회향과 근채의 십일조를 드리되 율법의 더 중한바 의와 인과 신은 버렸도다 그러나 이것도 행하고 저것도 버리지 말아야 할찌니라"(마 23:23).

즉 율법에서 중요하게 강조한 정신은 정의와 긍휼과 믿음이었던 것이다. 율법의 첫 번째 조항이 노예의 인권에 대한 것임을 봤을 때(출 21:2~11), 하나님이 정의와 긍휼을 얼마나 강조하셨는지 알 수 있다. 그들은 말씀도, 하나님의 능력도 모르므로 오해했던 것이다(마 22:29).

그리하여 하나님은 말라기 선지자를 마지막으로 예수 그리스도가 올 때까지 400여 년이란 긴 세월 동안 선지자를 보내지 않으시고 침묵하셨다. 이스라엘 왕조가 사울부터 바벨론에 멸망할 때까지 462년인 것을 감안할 때, 그 세월이 얼마나 긴 시간인지 대략 가늠할 수 있을 것이다. 그 긴 세월 동안 탈무드라는 새로운 율법 해석법이 생겼고, 그 탈무드마저 또다시 해석하는 방법이 나올 정도로 하나님과 모세의 의도와 상관없이 전혀 다른 방향으로 변질되어 버렸다.

예수님은 제사장과 서기관을 포함한 백성의 지도자들을 수없이 책망하셨는데, 그들이 믿고 따르는 것들의 대부분이 에스라와 느헤미야 때부터 시작된 것들이었다. 그랬기 때문에 예수님과 사도들은 구약에서 아브라함과 모세와 다윗, 솔로몬, 엘리야와 엘리사, 다니엘, 심지어 말라기도 언급했지만(마 11:10), 동시대의 에스라와 느헤미야에 대해서는 한마디도 인용하지 않았다.

그들은 겉으로 나타난 안식일과 십일조, 이방인과의 혼인 금지는 지켰을지 모르지만, 율법에서 강조한 정의와 긍휼과 믿음은 저버렸다. 그랬기 때문에 하나님을 믿는 모든 사람들에게 열려 있던 유월절, 오순절, 초막절 같은 **'여호와의 절기'**가 오직 유대인만을 위한 **'유대인의 명절'**로 전락했다(요 5:1, 6:4, 7:2). 그리하여 하나님은 **"너희는 내가 호렙에서 온 이스라엘을 위하여 내 종 모세에게 명한 법 곧 율례와 법도를 기억하라 보라 여호와의 크고 두려운 날이 이르기 전에 내가 선지 엘리야를 너희에게 보내리니, 그가 아비의 마음을 자녀에게로 돌이키게 하고 자녀들의 마음을 그들의 아비에게로 돌이키게 하리라 돌이키지 아니하면 두렵건대 내가 와서 저주로 그 땅을 칠까 하노라"**(말 4:4~6)라는 말씀을 끝으로 예수님이 오실 때까지 눈을 감으시고 귀를 닫으셨던 것이다.

13

메시아를 기다린 마태

마태는 가버나움에 사는 '**레위**'라는 유대식 이름을 가진 세리였다. 그는 마태복음에서조차 자신에 대해서는 단 두 절만 기록할 정도로 겸손히 주님을 따른 제자였다(마 9:9~10). 그 당시의 시대 상황을 확인해 보면서 그의 성품과 하나님을 향한 그의 마음을 살펴보자.

> "예수께서 거기서 떠나 지나가시다가 마태(레위)라 하는 사람이 세관에 앉은 것을 보시고 이르시되 나를 좇으라 하시니 일어나 좇으니라"(마 9:9, 참조. 눅 5:27~28).

예수님의 제자 중 야고보와 요한의 모친은 살로메로 예수님의 육신의 이모였다(마 19:25; 막 15:40; 요 19:25). 예수님의 육신의 모친과 이모는 예수님의 공생애 기간 내내 따라다니며 봉사했고, 부활 때까지 곁에서 지켰다. 그럼에도 야고보와 요한은 두 번이나 예수님의 부르심에 응했다가 생업을 위해 돌아섰으며(요 1:35~42; 마 4:18~20), 세 번째 부르심에 비로소 주로 따르며 진정한 제자가 되었다(눅 5:1~11). 그런데 마태는 단 한 번의 부르심에 자기의 직업을 통해 형성한 모든 소유를 버리고 한 치의 망설임 없이 예수님을 따랐다(눅 5:28).

무엇이 그로 하여금 망설임 없이 그 모든 소유를 버리고 주님을 따르도록 했던 것일까? 그의 행동을 온전히 이해하기 위해서는 이스라엘의 예언이 끊겼던 말라기 선지자 때까지 거슬러 올라가야 한다.

바벨론으로 끌려갔던 유대인들은 바벨론을 멸망시킨 바사 왕 고레스에 의해 이스라엘로 귀환하여 스룹바벨의 인도 아래 다리오 왕 6년에 예루살렘 성전을 재건한다(스 6:15, B.C. 516). 이때부터 그들은 이스라엘 민족이 아니라 유대 민족 또는 유대인으로 불리기 시작했다. 그리고 약 70년이 흐른 뒤 느헤미야의 인도 아래 예루살렘 성벽도 복원한다(느 6:15, B.C. 445).

세스바살, 스룹바벨, 에스라, 느헤미야와 같은 지도자와 학개, 스가랴, 말라기와 같은 선지자의 영향으로 바사에서 귀환한 유대인들은 성전과 성벽을 재건하고 절기를 지켰으며, 이방인 아내들을 내쫓는 등 민족적 정체성을 확립하여 신앙에서도 가시적인 성과를 이룩한 것처럼 보였다. 그러나 마지막 지도자인 에스라와 느헤미야가 유대인 우월 정책과 경직된 율법 적용으로 오히려 백성들을 하나님과 멀어지게 하였다. 이에 하나님은 예루살렘을 중건하라는 영이 날 때부터 일곱 이레(49년)가 지나자 성전 문을 닫으시고(말 1:10), 말라기 이후 모든 계시를 멈추셨다(단 9:25, B.C. 396). 그리고 이스라엘이 430년 동안 애굽에 거주했던 것처럼(출 12:40~41), 예수님이 십자가에 돌아가실 때까지 그들은 62이레(434년)를 암흑기로 보내며(단 9:25), 여러 제국의 지배를 받는다.

이스라엘을 포로에서 풀어주었던 바사 왕국(페르시아제국)은 다리우스 3세 때 이르러 마케도니아의 알렉산더 왕의 침략을 받는다. 이수스와 가우가멜라에서 알렉산더에게 패한 다리우스 3세는 도망 중 부하에게 암살당하였고, 이와 함께 바사 왕국도 멸망한다(B.C. 330).

이때부터 세계는 헬라제국의 시대로 접어든다. 알렉산더는 인도를 정복하고 아라비아 정복을 계획하던 중 중병으로 죽는다(B.C. 326). 이후 헬라제국은 톨레미, 셀류쿠스, 카산더, 리시마쿠스에 의해 네 개의 제국으로 분할 통치되었으며, 유대 땅은 이집트 톨레미 왕조의 지배를 받는다(B.C. 323~198). 톨레미 1세의 우호정책에 의해 많은 유대인들이 이집트 최대 도시인 알렉산드리아로 이주하여 헬라어 70인역을 출간하는 등 큰 세력을 형성한다. 그러나 헬라제국 간의 세력 다툼으로 인해 유대 땅은 시리아 셀류쿠스 왕조의 지배로 넘어간다(B.C. 198~65).

셀류쿠스 왕조의 안티오쿠스 4세(B.C. 175~163)는 조서를 내려 예루살렘 성전 제단에 제우스 신전을 세운 후, 돼지를 제물로 드리고, 성직을 매직하였으며, 안식일을 지키기 위해 모인 유대인들을 학살하였다(B.C. 167). 이때 예루살렘 북서쪽 마데인 마을의 제사장 마타디아가 이 제사를 거절하자 다른 유대인들이 희생제사를 드렸는데, 이에 분노한 마타디아는 왕의 관리를 죽이고, 제사드리는 자도 죽였다. 율법에 충실한 하시딤을 비롯한 많은 유대인들이 마타디아 및 그의 다섯 아들과 뭉쳤고, 마타디아가 죽자 마카비, 즉 그의 셋째 아들 유다를 중심으로 저항하였다. 저항운동은 독립전쟁이 되었고, 그의 이름을 따서 마카비 전쟁이라 불렀다.

마카비는 엠마오에서 시리아 군대를 물리치고, 예루살렘으로 진격하여 제우스 제단을 허물고 새로운 제단을 쌓는다(B.C. 164년 12월). 유대인들은 이를 수전절로 기념하여 지켰다(요 10:22). 안티오쿠스 4세는 파르티아 정복 중 사망하였고, 죽기 전 어린 안티오쿠스 5세를 위해 친구인 필립포스를 섭정자로 지명한다. 그러자 안티오쿠스 5세의 스승인 리시아스와 필립포스 사이에 치열한 주도권 다툼이 벌어졌다. 예루살렘에서 마카비와 싸워 이긴 리시아스는 부득이 필립포스를 견제하기 위해 귀국할 수밖에 없었기에 종교적 자유를 허용하는 조건으로 화해를 제의한다. 종교적 자유만을 원했던 하시딤의 의견이 관철되었고, 정치적 자유까지 보장받기를 원했던 유다 마카비는 이에 만족하지 못하여 계속 저항하다 시리아와의 전투에서 사망한다(B.C. 160).

마카비 사후 그의 동생 요나단이 저항군의 지도자가 된다. 그리고 안티오쿠스 4세의 아들을 자처한 알렉산더 발라스가 안티오쿠스 5세와 리시아스를 죽이고 왕이 된 데메트리우스 1세를 대적하였고, 요나단은 발라스를 지지한다(B.C. 153). 이에 발라스는 요나단을 유대지방 총독과 대제사장으로 임명한다. 그러나 요나단이 살해되자 그의 동생 시몬이 대제사장이 되어 데메트리우스 1세를 지지한다. 이후 유대인들은 진정한 예언자가 나타날 때까지 시몬을 영구적인 영도자와 대제사장으로 삼는다. 이로써 합법적인 하스몬 왕조(B.C. 142~63)가 탄생한다.

시몬이 프톨레미호에게 살해되자, 살아남은 아들 요한이 예루살렘에 도착하여 요한 힐카누스 1세라는 칭호로 시몬의 뒤를 잇는다(B.C. 134). 그러나 수개월 후 시리아의 안티오쿠스 7세가 예루살렘을 포위하여 힐카누스의 항복을 받는다. 그리하여 하스몬 왕조는 로마에 점령될 때까지 자치권을 보장받는 대신 모든 요새를 헐고, 셀류큐스 왕조(시리아)에 조공을 바친다.

힐카누스가 죽자(B.C. 104), 그의 아들 아리스토불루스가 권좌에 올라 1년간 다스린다. 아리스토불루스는 어머니를 감옥에 가두어 굶겨 죽였고, 세 동생들을 투옥시켰으며, 한 동생을 암살했다. 아리스토불루스가 죽자, 그의 처 알렉산드라가 세 동생을 석방시키고, 그 중 큰 형제인 알렉산더 얀네우스를 대제사장에 앉히고 그와 재혼하였다(B.C. 103).

이때 바리새인이 백성들과 함께 시리아의 원조를 받은 얀네우스와 싸웠다. 승리한 얀네우스는 800명의 바리새인을 십자가에 처형하였다. 얀네우스 사후 그의 처 알렉산드라가 권좌를 이어받아, 대제사장직을 아들 힐카누스 2세에게 넘긴다. 알렉산드라가 죽자 차남인 아리스토불루스 2세가 힐카누스 2세를 축출하고 권력을 장악한다(B.C. 67). 이때 이두메 지방의 토호였던 헤롯 안티파터가 왕위를 되찾게 해주겠다고 힐카누스 2세에게 접근하였다. 이는 결국 내전으로 발전하였고, 시리아에 머물고 있던 폼페이우스는 중재를 빌미로 유대로 왔으나, 이들과 맺은 협정을 무시하고 무력을 행사하여 예루살렘을 점령한다(B.C. 63년). 이 전투에서 1만 2천 명의 유대인이 죽었다. 이로써 유대의 지배권은 헬라제국에서 로마제국으로 넘어진다.

아리스토불루스 2세와 자녀들은 로마로 호송되었고, 힐카누스 2세는 대제사장으로 복직되었으며, 로마는 예루살렘을 점령하는 데 협조했던 이두메 사람 헤롯 안티파터를 로마행정관으로 파견한다. 그리고 로마에서는 카이사르가 살해된 후, 카이사르의 양아들인 아우구스투스와 카이사르의 신하인 안토니우스 간에 내전이 발발한다. 이 와중에 헤롯 안티파터는 살해당했고, 그의 아들 대헤롯은 하스몬 왕가의 안티고누스와 합세한 파르티안의 공격을 받아 이집트로 도망 갔다가 로마로 들어간다. 그리하여 안티고누스가 유다를 통치하게 된다. 이때 로마로 간 대헤롯은 돈으로 로마 원로원에 로비를 하였고, 원로원은 그를 유대의 왕으로 임명하였다. 그는 로마의 안토니우스의 도움을 받아 안티고누스를 죽이고 다시 예루살렘을 빼앗는다(B.C. 37). 이로써 그나마 가지고 있던 유대인의 자기 땅에 대한 지배권은 완전히 이방인의 손에 넘어갔다.

예수님이 세상에 오셨을 때, 유대의 정치 상황은 이처럼 복잡했다. 그뿐 아니라 하스몬 왕조가 탄생할 즈음부터 종교 지도자들 사이에도 바리새파, 사두개파, 에세네파, 열심당 등 여러 파벌이 생겨나기 시작했다. 바리새인들은 율법의 계명을 엄격하게 지키는 무리들로 민중의 지지를 받고 있었다. 반면 사두개인은 제사장적 귀족 집단을 형성한 사람들이었다. 그들은 바리새인들과 반대 입장을 취했으며, 육체의 부활을 믿지 않았고, 천사와 영의 존재를 부인하였다(행 23:8). 이처럼 지도자들은 모세의 율법을 명확히 한다는 명목으로 백성을 율법으로 옭아맸다.

또한 백성의 종교 지도자들은 이미 포로 귀환 때부터 부정한 일을 행하였다. 스룹바벨, 에스라, 느헤미야와 같은 지도자와 학개, 스가랴, 말라기와 같은 선지자의 영향 아래 있었을 때부터 이미 부패한 길을 걸었다(느 13:7). 예수님 당시 대제사장이었던 안나스는 시리아 총독 구레뇨로부터 임명되었는데, 그의 다섯 아들과 사위인 가야바 역시 그의 후임으로 오랫동안 대제사장으로 있었다. 그들은 그 권력으로 성전 안에서 파는 제물만 희생제사로 드릴 수 있도록 규제하였으며, 이를 통하여 많은 이득을 보았다. 예수님이 공생애 첫 번째와 세 번째 유월절 때 성전에서 물건을 파는 사람들을 쫓아낸 것도 이러한 연유 때문이었다(요 2:14~16; 막 11:15~17). 예수님이 지나치다 싶을 정도로 종교 지도자들을 몰아붙인 것은 그들이 이처럼 부패했기 때문이다. 그래서 또 그들이 예수님을 그렇게 죽이고 싶어 했던 것이다(막 11:18). 그로 인해 바리새인 중 많은 사람들이 경건한 유대 공동체인 에세네파에 가담하여 광야와 쿰란 동굴 등에서 은둔과 금욕의 삶을 이어 가기도 했다.

그러한 레위인 중에는 마카비를 추종한 집단처럼 외세에 항거한 집단에 속하지도 못하고, 안나스처럼 전적으로 권력에 붙어 각종 이권을 챙겼던 집단에도 속하지 못한 절대 다수의 힘없는 사람들이 있었다. 그렇게 나약한 레위인들은 농사 지을 땅도, 고기 잡는 기술도 없었다. 그래서 많은 레위인들이 먹고살기 위해 말단 공무원인 세리가 되었다. 율법을 배웠던 그들은 뛰어난 지적능력을 가진 덕분에 말단 공무원의 역할을 훌륭하게 소화할 수 있었다. 그로 인해 그들은 민족의 배반자라는 낙인과 함께 창녀와 동일한 취급을 받았다(마 9:10, 21:31 등).

마태와 그의 아비가 그렇게 힘 없는 레위인의 후손이었다. 그를 레위인으로 확신하는 것은 그가 기록한 마태복음에서 구약에 대한 인용이 많은 것과 **'레위'**라는 유대식 이름 때문이다.

유대인은 자식의 이름을 지을 때 두 가지 형태를 택하였다. 첫째, 자식에 대한 소망을 담아 작명하였다. **'유다'(찬송함)**, **'다니엘'(하나님의 심판)** 등이 부모의 소망을 담아 지은 이름들이었다. 둘째, 조상이나 친족들의 이름 중 하나를 골라 지었다. 세례 요한의 부친 사가랴가 그 아들의 이름을 요한이라 하자, 그 친족들이 자기 친족들 중에 그런 이름을 가진 사람이 없다고 이의를 제기했다는 것이 이를 반증한다(눅 1:61).

알패오는 아들의 이름을 헬라식으로는 소망을 담아 **'하나님의 선물'**이라는 뜻을 자신 **'마태'**라고 지었고, 유대식으로는 자랑스러운 조상들의 이름 중에서 골라 **'레위'**라고 지었다. 그리하여 마태는 비록 먹고살기 위해 세리로 일했지만, 레위인으로서의 자긍심을 가지고 모두가 바랐던 메시아를 기다렸다. 그래서 예수님의 부르심에 지체 없이 따랐던 것이다.

예수님은 시험받으신 후 고향 나사렛을 떠나 가버나움에 사셨다(마 4:13). 이곳에 주님이 거주하는 **'집'**(베드로 장모의 집 : 막 2:1, 9:33)이 있었고, 그래서 이곳이 주님의 **'본 동네'**(마 9:1)였다. 이곳은 갈릴리를 가로지르는 남북 도로상에 위치하고 이두래의 벳새다와 접한 국경 도시로 세관이 설치되어 있었으며, 백부장의 종을 치유하신 이적에서 볼 수 있듯이 로마군단의 파견대가 있는 큰 도시였다(마 8:5~13). 이곳에서 예수님은 회당과 자신의 거처에서 가르치셨고(막 1:21, 2:1), 앓아 누운 베드로의 장모(마 8:14~15), 들것에 실려 온 중풍병자(막 2:1~12), 왕의 신하의 아들(요 4:46~54), 중풍병 걸린 백부장의 하인(마 8:5~13)을 치유할 정도로 많은 이적을 행하셨다. 벳새다 출신인 어부 베드로가 이곳에 살았고(요 1:44; 눅 4:38), 야고보와 요한 형제도 여기에 살고 있었다. 그래서 마태 역시 예수님을 잘 알고 있었다.

이곳 국경도시에서 마태는 통행세를 받는 세리로 있었다. 통행세는 할당량만 채우면 되었기 때문에 큰 돈을 착복할 수 있었고, 그래서 사람들에게 많은 비난을 받았다. 어느 날 마태가 세관에 앉아 있을 때, 예수님이 한 떼의 사람들과 함께 다가오셨다. 사람들로부터 손가락질을 받고, 창녀와 같은 취급을 받고 있는 그에게 예수님이 다가오신 것이다. 그의 마음이 어떠했을까? 그는 철렁하는 마음을 진정시키면서 속으로 이렇게 외쳤을 것이다.

'당신이 비록 메시아라 한들 나와 무슨 상관인가! 당신도 나와 같은 처지에 놓여보라. 당신도 세리가 되었을 것이다.'

그러나 더 가까이 다가오자, 베드로처럼 **"주여 나를 떠나소서 나는 죄인이로소이다"**(눅 5:8)라고 외치며 부끄러움에 고개를 돌렸을 것이다. 레위인으로서 세리가 된 것에 대한 자괴감으로 쥐구멍이라도 찾고 싶었을 것이다. 그런데 주님이 다가와 **"나를 좇으라"**(눅 5:27)라고 하셨다.

나다나엘은 예수님을 처음 봤을 때, **"어떻게 나를 아시나이까?"**라고 물었고, 예수님은 **"너를 부르기 전에 네가 무화과나무 아래 있을 때에 보았노라"**(요 1:48)라고 대답하셨다. 예수님과 마태도 속으로 비슷한 질문과 대답을 주고받았을 것이다. 이처럼 예수님은 겸손한 그의 마음도 유심히 살피셨기에 **"나를 좇으라"**(마 9:9)고 했던 것이다.

그는 너무 기뻐 다른 세리들과 많은 사람들을 초청하여 잔치를 벌였으며, 예수님의 부르심에 모든 것을 버리고 지체 없이 따라나섰다.

예수님은 그와 함께 먹는다고 비난한 자들을 향하여 이렇게 말씀하셨다.

> "내가 의인을 부르러 온 것이 아니요 죄인을 불러 회개시키러 왔노라" (눅 5:32).

예수님은 십자가 고난을 앞두고 제자들에게 이런 비유를 드셨다. 두 사람이 기도하러 성전에 올라갔는데, 한 사람은 바리새인이었고, 다른 사람은 세리였다. 바리새인은 따로 서서 **"하나님이여 나는 다른 사람들 곧 토색 불의 간음을 하는 자들과 같지 아니하고 이 세리와도 같지 아니함을 감사하나이다 나는 이레에 두 번씩 금식하고 또 소득의 십일조를 드리나이다"**(눅 18:11~12)라고 기도했고, 세리는 멀리 서서 감히 눈을 들어 하늘을 우러러보지도 못하고 다만 가슴을 치며, **"하나님이여 불쌍히 여기옵소서 나는 죄인이로소이다"**(눅 18:13)라고 기도했다. 그런데 오히려 세리가 바리새인보다 더 의롭다 함을 받고 집으로 내려갔다고 하셨다.

또한 예수님이 바리새인 시몬의 집에서 잡수실 때 죄인인 한 여자가 예수님의 발에 향유를 부은 사건이 있었다(눅 7:37~50). 시몬은 예수님이 선지자라면 이 여자가 얼마나 큰 죄인인지 알 것이라고 생각했다. 이에 예수님은 그 마음을 살피시고 이렇게 말씀하셨다.

> "빚 주는 사람에게 빚진 자가 둘이 있어 하나는 오백 데나리온을 졌고 하나는 오십 데나리온을 졌는데 갚을 것이 없으므로 둘 다 탕감하여 주었으니 둘 중에 누가 저를 더 사랑하겠느냐"(눅 7:41~42).

그러자 시몬은 많이 탕감함을 받은 자가 더 사랑할 것이라고 대답했다. 예수님은 '네 판단이 옳다'고 하시면서 이 여인에 대하여 이렇게 말씀하셨다.

> "저의 많은 죄가 사하여졌도다 이는 저의 사랑함이 많음이라 사함을 받은 일이 적은 자는 적게 사랑하느니라"(눅 7:47).

마태는 로마제국의 세리로서 스스로에 대하여 항상 떳떳하지 못했지만, 주님은 그의 모든 죄를 간과하셨고 회개한 그를 제자로 삼으셨다. 그 덕분에 그는 그 뒤로 한 번도 예수님을 떠나지 않았다. 그것은 그가 성경의 확고한 기반 아래 예수님을 믿고 따랐기 때문이었으며, 더 많은 죄 사함을 받았기 때문이었다. 그가 얼마나 신앙이 훌륭했고, 또 얼마나 예수님과 동족을 사랑했는가 하는 것은 그가 기록한 마태복음에 고스란히 녹아 있다.

그는 마태복음에서 예수님을 영접한 유대인들을 소개하였으며(마 8:19, 21~22), 예수님이 열두 제자를 택하여 이스라엘 집의 잃어버린 양에게 선교여행을 떠나보낸 것을 기록하였다(마 10:5~14). 그리고 외식하는 서기관과 바리새인의 위선을 강하게 지적하면서 통분한 예수님의 말씀도 기록했다(마 23:1~39). 이것들은 타 복음서에는 기록되지 않았는데, 이것을 볼 때 그가 얼마나 예수님을 메시아로서 자기 동족에게 소개하고 그들이 구원받기를 간절히 원했는지를 알 수 있다.

참고로 신약성경은 예수님의 생애를 4개의 복음서에 기록할 정도로 많은 비중을 두었다. 증거를 위해 많은 부분이 중복되었지만, 그럼에도 중복되지 않는 말씀들이 있는데, 그것은 그 기록 목적과 대상이 달랐기 때문이었다. 마태는 동족인 유대인, 마가는 로마인, 누가는 헬라인(이방인), 요한은 그리스도인을 주요 대상으로 기록하였다. 그래서 다른 복음서에는 없으나 마태복음에만 있는 내용은 특별히 유대인에게만 적용되는 말씀이며, 요한복음에만 있는 말씀이라면 그리스도인 개개인에 대한 회심과 신앙생활을 위한 말씀이라 할 수 있다.

이처럼 다른 복음서에 기록되지 않은 많은 말씀들은 그가 메시아를 기다리면서 동족을 위하는 간절한 마음을 담아 기록했던 것들이었다(마 25장 등). 그는 그렇게 세리로서 동족에게 진 빚을 평생 갚으면서 살기를 원했던 사도였다. 그리하여 그가 기록한 마태복음은 유대인뿐 아니라 그리스도인에게도 진정한 하나님의 선물이 되었다.

14

사람을 낚는 어부 베드로

베드로는 신약성경에서 가장 많이 언급된 예수님의 제자이다. 모든 제자들이 마찬가지였겠지만, 그 역시 처음에는 이스라엘을 구원할 자로 예수님을 좇아다녔다. 그 뒤로 그는 여러 차례 예수님과 만났다 헤어지기를 반복하면서, 이스라엘을 구속할 메시아에서 선생으로, 그리고 다시 주님으로 믿고 따랐으며, 십자가 사건 이후에는 자신의 일생을 예수 그리스도께 바쳤다.

> "또 이튿날 요한이 자기 제자 중 두 사람과 함께 섰다가 예수의 다니심을 보고 말하되 보라 하나님의 어린 양이로다 두 제자가 그의 말을 듣고 예수를 좇거늘 예수께서 돌이켜 그 좇는 것을 보시고 물어 가라사대 무엇을 구하느냐 가로되 랍비여 어디 계시오니이까 하니 (랍비는 번역하면 선생이라) 예수께서 가라사대 와 보라 그러므로 저희가 가서 계신 데를 보고 그날 함께 거하니 때가 제 십시쯤 되었더라 요한의 말을 듣고 예수를 좇는 두 사람 중에 하나는 시몬 베드로의 형제 안드레라 그가 먼저 자기의 형제 시몬을 찾아 말하되 우리가 메시아를 만났다 하고 (메시아는 번역하면 그리스도라) 데리고 예수께로 오니 예수께서 보시고 가라사대 네가 요한의 아들 시몬이니 장차 게바라 하리라 하시니라"(요 1:35~42).

이것이 요단강 건너편 베다니에서 이루어진 예수님과 베드로의 첫 만남이었다. 예수님이 세례를 받은 이튿날 안드레는 세례 요한의 말을 듣고 예수님을 만났고, 형제인 시몬에게 소개한다. 예수님은 시몬을 만나자마자 그를 게바(베드로)라 부르시며 마음에 두고 계셨다. 이후 예수님은 광야에서 사탄의 시험을 받은 후 갈릴리로 돌아온다. 그리고 갈릴리 해변에서 염두에 두고 있던 베드로와 안드레 형제 및 야고보와 요한 형제를 만나 제자로 다시 부르신다.

> "갈릴리 해변에 다니시다가 두 형제 곧 베드로라 하는 시몬과 그 형제 안드레가 바다에 그물 던지는 것을 보시니 저희는 어부라 말씀하시되 나를 따라 오너라 내가 너희로 사람을 낚는 어부가 되게 하리라 하시니 저희가 곧 그물을 버려 두고 예수를 좇으니라"(마 4:18~20).

베드로는 그물을 버려두고 예수님을 좇았다고 했지만, 자신들의 생업을 중요시하여 지속적으로 예수님을 믿고 따르지는 않았다. 누가복음 4장을 보면, 시몬 베드로의 장모의 심한 열병을 예수님이 고쳐주시는데(눅 4:38), 이 말씀은 마태복음과 마가복음에도 기록되어 있다(마 8:14; 막 1:30). 그런데 마태복음 4장에서 베드로와 안드레, 야고보, 요한을 부르신 후, 마태복음 8장 이전까지 예수님이 그의 제자들과 함께했다는 기록이 전혀 보이지 않는다. 예수님이 베드로의 장모의 열병을 고쳐주신 사건 이후로 비로소 제자들이 예수님과 함께했다고 언급되어 있다(마 8:21). 따라서 베드로와 다른 제자들은 그때까지 주님과 함께하지 않았던 것으로 보인다.

그러면 그들은 예수님과 함께하지 않고 무엇을 하고 있었을까?

베드로의 장모의 열병 사건은 누가복음 4장에도 기록되어 있는데(눅 4:38~39), 베드로를 포함한 네 명의 제자들은 누가복음 5장에서 여전히 물고기를 잡고 있었다(눅 5:3~10). 따라서 그들은 두 번째 부름에 응한 후에도 예수님을 온전히 따르지 않고 생업에 종사한 것을 알 수 있다.

그것은 예수님이 그토록 바랐던 메시아가 아니라는 실망감 때문이었을 것이다. 그러나 예수님은 그를 계속 주시하셨는데, 그것은 이미 처음 만났을 때 게바라고 부르셨을 정도로 그를 마음속에 두셨기 때문이다. 그랬기에 예수님은 베드로의 장모의 열병을 고치신 후 그의 배에 올라 무리를 가르치셨던 것이다. 베드로가 온전히 예수님을 믿고 따른 것은 그 사건 때문이었다.

> "호숫가에 두 배가 있는 것을 보시니 어부들은 배에서 나와서 그물을 씻는지라. 예수께서 한 배에 오르시니 그 배는 시몬의 배라 육지에서 조금 띄기를 청하시고 앉으사 배에서 무리를 가르치시더니 말씀을 마치시고 시몬에게 이르시되 깊은 데로 가서 그물을 내려 고기를 잡으라 시몬이 대답하여 가로되, **선생이여!** 우리들이 밤이 깊도록 수고를 하였으되 얻은 것이 없지마는 말씀에 의지하여 내가 그물을 내리리이다 하고, 그리한즉 고기를 에운 것이 심히 많아 그물이 찢어지는지라…시몬 베드로가 이를 보고 예수의 무릎 아래 엎드려 가로되, '**주여!** 나를 떠나소서, 나는 죄인이로소이다' 하니, 이는 자기와 및 함께 있는 모든 사람이 고기 잡힌 것을 인하여 놀라고 세베대의 아들로서 시몬의 동업자인 야고보와 요한도 놀랐음이라. 예수께서 시몬에게 일러 가라사대, '무서워 말라. 이제 후로는 네가 사람을 취하리라' 하시니, 저희가 배들을 육지에 대고 모든 것을 버려두고 예수를 좇으니라" (눅 2:1~11).

그는 비로소 예수님에 대한 호칭을 **'선생'**에서 **'주'**로 바꾸어 부른다.

그는 처음에 안드레의 소개로 예수님을 이스라엘을 구속할 메시아로 알고 좇아갔다. 그런데 그 뒤 예수님의 행보를 보면서 그는 실망감을 감추지 못했고, 그로 인해 예수님을 떠나갔던 것이다. 그리고 가끔 예수님의 소식을 들으면서 그저 훌륭한 선생 정도로 치부해 버렸을 것이다. 그런데 주님은 여전히 그를 염두에 두고 계셨고, 그의 장모의 열병을 고치신 후에 그의 배에 올라 무리를 가르쳤으며, 많은 물고기를 잡도록 하셨다. 그는 비로소 예수님이 메시아라는 것을 알았고, 그동안 의심하면서 온전히 따르지 않았던 자신의 모습을 바라보게 되었다. **"주여 나를 떠나소서 나는 죄인이로소이다"**(눅 5:8)라는 고백은, 의심하면서 예수님을 온전히 신뢰하지 않았던 부끄러운 자신을 주 앞에 내어놓는 모습이다.

이제 그는 예수님이 **'선생'**을 넘어 자기 일생을 맡길 수 있는 **'주'**라는 것을 깨달았다. 그는 지난 두 번의 만남을 통해 예수님을 끝까지 좇지 않았던 자신의 모습과 인간으로서의 한계, 그리고 자신의 마음을 들여다보는 주님을 보았다. 그 전까지는 가르침을 받는 **'선생'**이었기에 쉽게 떠날 수 있었으나, **'주'**가 되었을 때는 다시는 떠나지 않는 제자의 신분이 되었던 것이다.

여기서 잠깐 **'선생'**과 **'주'**가 어떻게 다른지 고찰해 보자. 구원받지 않은 사람들은 예수님을 소크라테스, 공자, 석가모니와 같은 반열인 인류의 4대 성인(위대한 스승) 중 하나라 이야기하면서 그들의 기록물을 통해 큰 가르침을 받으려 한다. 하지만 그리스도인에게 예수님은 인류의 큰 스승이 아니라 인류의 구원자이다. 그 차이가 사람을 생명의 길과 사망의 길로 인도한다.

> "너희가 나를 선생이라 또는 주라 하니 너희 말이 옳도다 내가 그러하다"
> (요 13:13).

예수님은 잡히시던 날 제자들의 발을 씻어주시며 자신에 대하여 **'선생'**과 **'주'**로 표현했다. 거기에는 가룟 유다가 있었고, 그가 자기를 팔 것이라는 말씀도 하셨다. 베드로가 주님을 판 것은 아니므로 가룟 유다와 비교해서는 안 되겠지만, 어쨌든 그 자리에 있었던 두 사람 모두 주님을 배반했다(마 26:25, 74). 그리고 둘 다 배신에 대하여 뉘우쳤다(마 26:75, 27:3). 그러나 베드로는 제자의 신분을 잃었다가 회복한 반면, 가룟 유다는 예수님으로부터 차라리 태어나지 않았으면 좋았을 것이라는 말을 들었다. 한 사람은 예수님을 **'선생'(랍비)**으로 따랐기에 멸망하였고(마 26:49), 한 사람은 예수님을 **'주'(랍오니)**로 섬겼기에 생명을 얻었다(마 26:35). 주님도 구원받은 제자에게는 **'자기 사람'**이라 말했고(요 13:1), **"이미 목욕한 자는 발밖에 씻을 필요가 없느니라 온몸이 깨끗하니라 너희가 깨끗하나 다는 아니니라"**(요 13:10)라고 하시며 **'선생'**으로 따르는 자와 **'주'**로 섬기는 자를 구분하셨다. 이처럼 **'선생'**과 **'주'**의 차이는 하늘과 땅만큼이나 크다.

또 한 가지 짚고 넘어갈 것은, 이 당시 사람들이 **'선생'**을 뜻하는 히브리어 **'라브'**와 **'랍비'**, **'랍오니'**를 어떻게 구분하여 사용했는가 하는 것이다. **'라브'**는 일반적인 **'선생'**을 뜻했고, **'랍비'**는 **'나의 선생님'**이라는 뜻으로 **'라브'**보다 존칭어였다. 그리고 **'랍오니'**는 **'큰 선생님'**이라는 뜻으로 산헤드린 공회 의장에게나 사용했던 극존칭어였다. 사람들은 예수님을 통상적으로 **'랍비'**라고 불렀지만(마 26:25; 막 9:5 등), 맹인인 바디매오와 막달라 마리아는 **'랍오니'**라는 극존칭어를 사용하였다. 개역성경은 바디매오가 사용한 **'랍오니'**라는 단어를 단순히 **'선생님'**이라고 번역한 반면, 킹 제임스 성경은 **'주'**(Lord)라고 번역하였다(막 10:51). 따라서 막달라 마리아가 부활한 예수님을 향하여, **'랍오니여'**라고 부른 것은 **'주여'**라고 부른 것이라 할 수 있다(요 20:16). [히브리어에서 하나님에 대한 호칭은 **'아도나이'**이며, 킹 제임스 성경과 개역성경은 이를

'주'(Lord)로 번역하였다. 물론 이 당시 사람들이 예수님을 **'아도나이'**라고 부르지는 않았을 것이지만, 신약성경은 예수님의 호칭에 대하여 **'선생'**과 **'주'**를 구분하여 사용하였다.]

아무튼 그 뒤로 예수님에 대한 그의 호칭은 항상 주님이었다. 그리고 그는 예수님이 중요한 일을 하실 때 항상 빠지지 않는 세 명의 제자 중 하나가 되었다. 변화산에서 모세와 엘리야를 만날 때도 함께 있었고, 겟세마네 동산에서 따로 떨어져 기도할 때도 함께 있었다. 그래서 그는 항상 사탄의 공격 목표 1호였다.

그는 **"사람들이 인자를 누구라 하느냐"**(마 16:13)라는 예수님의 질문에 **"주는 그리스도시요 살아 계신 하나님의 아들이시니이다"**(마 16:16)라고 정확히 답변한다. 그러나 고난을 받고 죽은 후 사흘 만에 다시 살아날 것이라고 하셨을 때, **"주여 그리 마옵소서 이 일이 결코 주에게 미치지 아니하리이다"**(마 16:22)라고 말했고, 이에 주님은 그에게 **"사단아 내 뒤로 물러가라 너는 나를 넘어지게 하는 자로다"**(마 16:23)라고 책망하셨다.

주님에게서 책망을 받았음에도 그는 주님이 고난받으시고 죽는 것을 인정하지 않았기에 주님을 붙잡으러 온 대제사장의 종 말고의 오른편 귀를 잘라 버렸다(요 18:10). 가장 가까운 위치에서 주님을 따랐던 그는 주님이 붙잡히셨을 때도 떠나지 않았다. 그래서 주님이 자기를 붙잡은 자들에게 제자들은 자기 길을 가게 하라고 요청했을 때도(요 18:8) 괴로워하면서 요한과 함께 멀찍이 따라가면서 사랑하는 주님의 마지막을 지켜봤다(마 26:58; 요 18:15~16).

주님은 붙잡히시기 전 그에게 **"베드로야 내가 네게 말하노니 오늘 닭 울기 전에 네가 세 번 나를 모른다고 부인하리라"**(눅 22:34)라고 하셨고, 그는 이에 대하여 **"주여 내가 주와 함께 옥에도, 죽는 데도 가기를 준비하였나이다"**(눅 22:33), **"다 주를 버릴찌라도 나는 언제든지 버**

리지 않겠나이다"(마 26:33), **"내가 주와 함께 죽을찌언정 주를 부인하지 않겠나이다**"(마 26:35)라고 고백했다. 그러나 그는 예수님의 말씀대로 닭이 울기 전 세 번이나 부인한다. 그는 세 번이나 **"너도 이 사람의 제자 중 하나가 아니냐**"(요 18:17, 25, 26)라는 질문에 **"나는 아니라**"(요 18:17, 25, 26)라고 부인하였다. 세 번째는 저주하고 맹세하면서 예수님을 알지 못한다고 대답하였다(마 26:74). 그렇게 그는 스스로 제자의 신분을 버렸다. 이윽고 새벽 닭이 울고 예수님이 그를 보셨을 때, 그는 자신의 나약함에 비통함을 이기지 못하고 나가서 심히 통곡한다(눅 22:60~62).

그래서 주님이 부활하신 후 흰옷 입은 청년(천사)은 여인들에게 **'베드로를 포함한 그의 제자들**'이라 하지 않고 **'그의 제자들과 베드로**'라고 말했다(막 16:7). 그는 이제 예수님의 제자가 아니었다. 그렇게 그는 스스로 제자의 직분을 포기했으며, 그래서 여인들에게 주님이 부활하셨다는 말을 듣고 예수님의 무덤까지 찾아갔고 부활한 예수님을 두 번이나 만났음에도 스스로 더는 주님을 따를 수 없다고 생각하여 다른 제자들에게 **"나는 물고기 잡으러 가노라**"(요 21:3)라고 말했다. 그렇지만 예수님은 여전히 그를 자기 사람으로 여기셨다. **'그의 제자들과 베드로**'라는 말 속에는 여전히 베드로를 제자로 대우하시는 주님의 변함없는 사랑이 녹아 있다. 그래서 주님은 디베랴 바닷가에서 베드로에게 다가와 이렇게 물으셨다.

> "요한의 아들 시몬아 네가 이 사람들보다 나를 더 사랑[agapao]하느냐"
> (요 21:15).

주님은 베드로가 열정을 가지고 처음 주를 만났을 때의 이름인 **'시몬**'으로 부르셨다. 주님이 그의 이름을 베드로로 바꾸신 것은 그의 사랑을 보셨기 때문이었다. 주님은 그에게 **"바요나 시몬아 네가 복이 있도다 이를 네게 알게 한 이는 혈육이 아니요 하늘에 계신 내 아버지시니라 또 내가 네게 이르노니, 너는 베드로라 내가 이 반석 위에 내 교회를 세우리니 음부의 권세가 이기지 못하리라 내가 천국 열쇠를 네게 주리니 네가 땅에서 무엇이든지 매면 하늘에서도 매일 것이요 네가 땅에서 무엇이든지 풀면 하늘에서도 풀리리라"**(마 16:17~19)라고 하시며 새 이름과 함께 엄청난 권세를 주셨다. 그런데 지금 주님은 옛 이름을 부르시면서 참으로 대답하기 곤란한 질문을 하셨다. 그는 열정을 바쳐 주님을 사랑했다. 그것은 누구나 다 아는 사실이었다. 사랑했기에 주님을 버리지 않겠다 맹세했고, 모두 예수님을 버리고 도망했을 때도 대제사장의 뜰에서 재판에 귀를 기울였던 것이다. 얼마나 주님을 사랑했으면, 요한이 **"주시라"** 했을 때 주님을 만나러 오기 위해 미친듯이 겉옷을 두른 상태에서 바다로 뛰어내렸겠는가(요 21:7)! 그러나 예수님의 질문은 **'이 사람들만큼'** 주님을 사랑하느냐가 아니라 **'이 사람들보다 더'** 주님을 사랑하느냐였다.

그는 예수님의 제자로 다니면서 그 누구보다도 주님을 더 사랑했다고 확신했다. 그랬기에 **"다 주를 버릴찌라도 나는 언제든지 버리지 않겠나이다"**(마 26:33)라고 맹세했던 것이다. 그러나 그 맹세도 죽음의 공포 앞에서는 무색했다. 그는 주님을 저주하며 부인까지 했었다. 그래서 자신 있게 대답할 수 없었기에 **"이 사람들보다 더 주를 사랑한다"**고 하지 못하고, **"주여 그러하외다 내가 주를 사랑**[phileo]**하는 줄 주께서 아시나이다"**(요 21:15)라고만 간신히 대답했던 것이다.

헬라어를 잘 안다는 사람들은 주님이 신적인 사랑인 아가파오로 물으셨을 때, 베드로가 자신이 없어 친구 간의 우정인 필레오로 대답했고, 두 번째도 아가파오로 물었는데, 그가 여전히 자신 없이 필레오로 대답하자, 세 번째는 필레오로 물어 그의 낮은 영적 수준에 맞추었다고 말한다.

그러나 예수님과 베드로는 히브리 방언으로 대화했을 것이다(마 26:73; 행 21:40, 22:2, 26:14). 갈릴리 사람들의 언어인 히브리 방언은 정통 유대인이 사용하는 히브리어와 달리 이 지역 공용어인 아람어가 많이 섞여 있었다. 신약에 나오는 **'달리다굼'**, **'엘리 엘리 라마 사박다니'**, **'라가'**, **'에바다'**, **'아바'**, **'보아너게'**, **'골고다'**, **'마라나타'** 등의 단어와 **'게바'**, **'도마'**라는 이름이 모두 아람어에서 파생되었다. 그런데 아람어와 히브리어는 헬라어만큼 정교하지 못하여 **'라하민'**(아람어) 또는 **'아하바'**(히브리어)라는 단어로 신적인 사랑, 남녀 간의 사랑, 우정 등을 모두 표현했다. 그러므로 주님은 **'라하민'(또는 아하바)**으로 물으셨고, 베드로도 **'라하민'(또는 아하바)**으로 대답했을 것이다. 또한 단순히 일차적인 언어로만 볼 때, 두 사람의 대화에 나오는 사랑이라는 단어가 신적인 사랑인지, 친구 간의 우정인지 구분하기 매우 어렵다. 그렇기 때문에 성경 기록자들이 과연 대화의 의미를 정확히 파악하여 헬라어로 옮겼는지도 의심스럽다.

참고로 예수님과 제자들의 대화를 헬라어로 옮기는 과정에서 또 다른 오류도 있다.

> "***약대***가 바늘귀로 들어가는 것이 부자가 하나님의 나라에 들어가는 것보다 쉬우니라"(마 19:24, 참조. 막 10:25; 눅 18:25).

아람어에서 파생된 히브리 방언에서 약대(낙타)는 **'가말'**인데, **'가말'**은 **'낙타'**라는 일반적인 뜻 외에 **'들보'**, **'종아리'** 또는 **'굵은 동아줄'**과 같은 의미로도 사용되었다. 따라서 예수님은 **"*굵은 동아줄*이 바늘귀로 들어가는 것이 부자가 하나님의 나라에 들어가는 것보다 쉬우니라"**라고 말씀하셨을 것이다. 낙타가 바늘귀에 들어간다는 것은 상식적으로 이치에 맞지 않기 때문이다.

다시 '필레오'(phileo)와 '아가파오'(agapao)에 대한 이야기를 계속해 보자.

> "시몬 베드로와 예수의 사랑[phileo]하시던 그 다른 제자에게 달려가서 말하되"(요 20:2).

> "예수의 사랑[agapao]하시는 그 제자가 베드로에게 이르되"(요 21:7).

> "아버지께서 아들을 사랑[agapao]하사 만물을 다 그 손에 주셨으니"(요 3:35).

> "아버지께서 아들을 사랑[phileo]하사 자기의 행하시는 것을 다 아들에게 보이시고"(요 5:20).

이 말씀들에서 보듯이 사도 요한은 예수의 사랑하시던 제자를 말할 때, 한 곳은 아가파오, 다른 곳에서는 필레오를 사용했다. 또한 성부 하나님이 성자 하나님을 사랑하셨다는 표현에서도 아가파오와 필레오를 구분 없이 사용했다. 그뿐 아니라 요한 서신과 바울 서신 여러 곳에서 사도 요한과 사도 바울은 이것들을 구분 없이 사용했다(아가파오 : 요 3:16, 19, 12:43; 요일 2:15; 딤후 4:10 ; 필레오 : 요 11:3, 16:27; 계 3:19; 고전 16:22). 아가파오와 필레오를 구분한 것은 학자들이었으며, 말씀 전파를 위해 사용된 공용어인 헬라어 코이네는 이를 구분하지 않았다.

아무튼 주님은 다시 부담스럽지 않게 **"요한의 아들 시몬아 네가 나를 사랑**[agapao]**하느냐"**(요 21:16)라고 물으셨고, 그는 **"주여 그러하외**

다 내가 주를 사랑[phileo]**하는 줄 주께서 아시나이다**"(요 21:16)라고 자신 있게 답한다. 그러자 주님은 "**내 양을 치라**"(요 21:16)라고 하신다.

"요한의 아들 시몬아 네가 나를 사랑[phileo]하느냐"(요 21:17).

예수님은 묻고 또 물으신다. 아마도 그는 고개를 숙이고 쥐구멍이라도 들어가고 싶은 심정이었을 것이다. 그리고 안드레의 소개로 예수님을 처음 만났을 때부터 예수님을 저주하면서 모른다고 했을 때까지의 날들이 주마등처럼 스쳐지나갔을 것이다. 그는 근심하면서 "**주여 모든 것을 아시오매 내가 주를 사랑**[phileo]**하는 줄을 주께서 아시나이다**"(요 21:17)라고 대답한다.

"주님은 제 마음을 아시잖습니까? 비록 이 사람들보다 더 사랑하는지에 대해서는 자신 있게 대답할 수 없지만 저는 주님을 사랑합니다. 그런데 자꾸 물어보시니 제 마음이 너무 죄송스럽고 괴롭습니다."

그의 대답은 이런 뜻이었다. 그러자 주님은 "**내 양을 먹이라**"(요 21:17)라고 하시면서, "**젊어서는 네가 스스로 띠 띠고 원하는 곳으로 다녔거니와 늙어서는 네 팔을 벌리리니 남이 네게 띠 띠우고 원치 아니하는 곳으로 데려가리라**"(요 21:18)라고 하여 그가 어떻게 고난받고 죽을 것인가를 알려주신다. 그리고 "**나를 따르라**"(요 21:19)라고 하시며 제자의 직분을 회복시키신다. 예수님의 말씀은 더는 생각하기도 부끄러운 과거에 얽매이지 말고 제자로서의 삶을 살라고 하신 뜻이었다. 예수님은 그가 장담할 때부터 이미 자신을 부인할 것을 아셨기에, 십자가를 앞에 두고서도 다음과 같이 말씀하시며 끝까지 사랑하는 제자의 마음을 헤아렸던 것이다.

"내가 너를 위하여 네 믿음이 떨어지지 않기를 기도하였노니 너는 돌이킨 후에 네 형제를 굳게 하라"(눅 22:32).

그리고 예수님의 부활 이후, 그는 정말 담대한 제자가 되어 주님의 복음을 전하는 데 앞장섰다. 그는 성전 미문에서 구걸하는 앉은뱅이를 향하여 **"은과 금은 내게 없거니와 내게 있는 것으로 네게 주노니 곧 나사렛 예수 그리스도의 이름으로 걸으라"**(행 3:6)라고 말하여 그를 걷도록 하였다. 참으로 가슴 뜨거운 외침이 아닐 수 없다. 그가 얼마나 담대했고, 예수님을 신뢰했는지 능히 짐작할 수 있다. 또한 그는 대제사장 안나스와 가야바 앞에서도 이같이 담대하게 말했다.

"하나님 앞에서 너희 말 듣는 것이 하나님 말씀 듣는 것보다 옳은가 판단하라 우리는 보고 들은 것을 말하지 아니할 수 없다"(행 4:19~20).

그뿐 아니라 가이사랴에서 이달리야 부대의 백부장 고넬료에게 복음을 전한 후 예루살렘에 왔을 때, 할례자들로부터 무할례자의 집에 들어가 함께 먹었다는 비난을 받았다. 그때 그는 하나님이 함께하신 일에 대한 간증을 마친 후, 그를 비난한 자들에게 이렇게 대답했다.

"그런즉 하나님이 우리가 주 예수 그리스도를 믿을 때에 주신 것과 같은 선물을 저희에게도 주셨으니 내가 누구관대 하나님을 능히 막겠느냐"(행 11:17).

그가 얼마나 담대했는지는 옥에 갇혔을 때 했던 행동으로도 알 수 있다. 헤롯이 요한의 형제 야고보를 칼로 죽이고, 유대인들이 이 일을 즐거워하는 것을 보고 베드로도 붙잡아 옥에 가두었다. 마침 무교절 기간이라 죽이지는 못했지만, 명절이 지나면 그를 백성들 앞으로 끌어내려 하였다. 그런데 헤롯이 끌어내려고 한 그 전날 하나님의 능력으로 풀려나게 된다. 그는 천사가 와서 깨울 때까지 깊이 잠들어 꿈인지 생시인지 구분을 못 할 정도로 비몽사몽(非夢似夢)이었다(행 12:1~10). 그가 죽음을 목전에 두고서도 이처럼 평안히 깊은 잠을 이룰 수 있었던 것은 그만큼 의연하고 담대했기 때문이다. 그리고 로마(벧전 5:13)에서 생의 마지막에 이르렀을 때 성도들에게 다음과 같은 말로 믿음을 지킬 것을 당부한다.

> "그리스도께서 이미 육체의 고난을 받으셨으니 너희도 같은 마음으로 갑옷을 삼으라 이는 육체의 고난을 받은 자가 죄를 그쳤음이니 그 후로는 다시 사람의 정욕을 좇지 않고 오직 하나님의 뜻을 좇아 육체의 남은 때를 살게 하려 함이라"(벧전 4:1~2).

15

사랑의 사도 요한

사도 요한은 예수님이 가장 사랑하신 제자였으며 제자들 중에서 가장 오랫동안 살았다. 발년에 기록한 요한복음은 다른 세 복음서에 없는 여러 가지 사건들과 예수님의 말씀들이 자세히 기록되어 있는데, 이는 예수님의 가장 사랑하는 제자로서 가까운 거리에서 예수님을 보았기 때문이다. 그가 기록한 예수님의 말씀들은 사도 바울이 기록한 로마서의 말씀들과 조화를 이루며 사람들을 구원의 길로 바르게 안내해 주고 있다. 또한 밧모섬에서 기록한 요한계시록은 인류의 미래에 대한 예수 그리스도의 계시를 잘 나타내주고 있는데, 다니엘서, 에스겔서와 함께 짝을 이루어 하나님의 비전을 아주 잘 보여주고 있다.

그러나 사도 요한은 예수님의 제자로 있었던 내내 예수님과 마음을 합했던 제자는 아니었다. 또한 그는 불 같은 성격의 소유자였는데, 예수님도 열두 명의 제자를 확정하신 후에 특별히 세베대의 아들들인 야고보와 요한에게는 **'보아너게'**(우레의 아들, 막 3:17)라는 별명을 주셨을 정도로 다혈질의 소유자였다.

그가 처음으로 예수님을 만났던 것은 세례 요한의 제자로 있었을 때였다. 요단강에서 세례를 베풀던 세례 요한이 예수님이 지나가시는 것을 보고, 그의 두 제자(요한과 안드레)에게 **"보라 하나님의 어린 양이로다"**(요 1:36)라고 하였다. 이 말을 들은 그들은 즉시 예수님을 좇아갔다. 예수님은 그들이 좇아오는 것을 아시고, **"무엇을 구하느냐"**(요 1:38)라고 물으신다. 좇아가던 두 제자는 당황하여 **"랍비여 어디 계시오니이까"**(요 1:38)라고 되물었고, 이에 예수님은 **"와 보라"**(요 1:39)라고 하시고, 그날 그들과 함께 머무셨다.

안드레와 요한은 예수님이 이스라엘 나라를 회복하실 것이라고 생각했다. 그것은 그 전날 세례 요한이 예수님에 대하여 **'하나님의 아들'**이라고 했기 때문이었다. 모든 제자들이 **"이 사람이 이스라엘을 구속할 자라고 바랐노라"**(눅 24:21)라고 했던 것처럼 그도 그런 예수님을 바랐다. 그가 세례 요한의 제자가 되었던 것도 그런 연유 때문이었다. 그래서 그들의 생각을 아셨던 주님이 **"무엇을 구하느냐"**(요 1:38)라고 물으셨으며, 주님의 제자가 되고 싶었던 그들은 **"랍비여 어디 계시오니이까"**(요 1:38)라고 반문했던 것이다.

그 후 요한은 사흘 뒤 예수님이 가나의 혼인잔치에서 물을 포도주로 변화시키신 사건을 목격한 후, 자신이 품었던 생각이 맞았다고 생각하여 한동안 예수님을 따라다녔다. 더구나 스승이었던 세례 요한이 얼마 지나지 않아 투옥되었기 때문에 더욱 열심일 수밖에 없었다. 그러나 사마리아 여인을 만난 사건 이후로 그는 한동안 예수님 곁에 없었다. 이스라엘 나라의 해방을 꿈꾸었던 그의 생각과 예수님의 생각 사이에 많은 괴리가 있었기 때문이었다.

그는 그 뒤로 안드레와 베드로 형제, 그리고 그의 형 야고보와 함께 갈릴리에서 다시 어부의 생활을 이어갔다. 예수님은 그런 그들에게 **"나를 따라오너라 내가 너희로 사람을 낚는 어부가 되게 하리라"**(마 4:19)라고 하시며 다시 부르신다. 이때 그들이 즉시 배를 버려두고 예수님을 좇았다고 성경에 기록되어 있는데(마 4:18~22; 막 1:16~20), 그럼에도 그 뒤로 요한은 십자가 사건이 있을 때까지 한 번 더 예수님 곁을 떠났던 것으로 보인다. 왜냐하면 시몬 베드로의 장모가 심한 열병이 나서 예수님이 고쳐주셨는데(마 8:14; 막 1:30; 눅 4:38), 그 뒤에 베드로를 포함한 안드레, 야고보, 요한이 다시 물고기를 잡고 있었기 때문이다(눅 5:1~11). 아마도 그들은 산상수훈을 들으면서 자신들의 생각과의 커다란 괴리를 느꼈던 것 같다.

이처럼 예수님을 좇아다녔던 내내 요한은 예수님이 이스라엘을 해방시키실 분이라는 생각에서 벗어난 적이 없었다. 그랬기 때문에 그 뒤로도 그의 생각은 항상 예수님과 어긋났다.

예수님의 이름으로 귀신을 쫓는 사람들에 대하여 **"선생님 우리를 따르지 않는 어떤 자가 주의 이름으로 귀신을 내어쫓는 것을 우리가 보고 우리를 따르지 아니하므로 금하였나이다"**(막 9:38; 눅 9:49)라고 하였고, 이에 예수님은 **"금하지 말라 내 이름을 의탁하여 능한 일을 행하고 즉시로 나를 비방할 자가 없느니라"**(막 9:39; 눅 9:50)라고 대답하셨다. 바로 전날에 그는 베드로, 야고보와 함께 높은 산에 올라 예수님의 변화된 모습을 보았음에도 스승의 마음을 모르는 한심한 제자였다.

또한 사마리아 한 촌에서 사람들이 예수님 일행을 받아들이지 않자, **"주여 우리가 불을 명하여 하늘로 좇아 내려 저희를 멸하라 하기를 원하시나이까?"**(눅 9:54)라고 하여 예수님으로부터 꾸중을 듣기까지 하였다. 그뿐 아니라 그들 형제는 예수님에게, **"주의 영광 중에서 우리를 하나는 주의 우편에, 하나는 좌편에 앉게 하여 주옵소서"**(막 10:37)라고 하여 그 야심을 드러내었으며, 심지어 어머니까지 동원하여 그 일을 부탁하였다(마 20:20~21). 이 일로 인해 요한과 야고보는 다른 열 명의 제자들로부터 공분을 사게 된다.

그가 얼마나 이스라엘의 구원자로서 예수님을 좇아다녔나 하는 것은 주님이 붙잡히신 후 그의 행적으로도 확인할 수 있다.

예수님이 겟세마네에서 붙잡히신 후에 모든 제자들이 예수님을 버리고 도망갔지만, 요한은 베드로와 함께 예수님의 뒤를 좇아 대제사장 가야바의 집까지 들어간다. 그는 대제사장과 잘 아는 사이였기에 예수님과 함께 대제사장 집 뜰에 있었고, 베드로는 문 밖에 서 있었다. 그러자 그는 밖으로 나가 문 지키는 여자에게 말하여 베드로를 데리고 들어온다(요 18:15~16).

대제사장은 예수님을 심문하여 사형에 넘겨준 사람이었다. 그러므로 예수님의 제자였던 베드로와 요한은 당연히 문 밖에 서 있어야 했다. 그래서 문을 지키는 여종이 베드로에게 **"너도 이 사람의 제자 중 하나가 아니냐"**(요 18:17)라고 말했을 때, 그는 죽음이 두려워 세 번씩이나 극구 부인할 수밖에 없었던 것이다. 그런데 어느 누구도 요한에게는 물어보지 않았다. 그가 예수님의 제자였음에도 여전히 대제사장과 친분을 유지하고 있었다는 것은 미심쩍기 그지없다. 그때 그는 마음속에 두 가지 상반된 생각을 가진 채 따라갔을 것이다. 첫째, 예수님이 가장 사랑하시는 제자였기에 요한도 예수님을 사랑했기 때문이었다. 둘째, 그동안 예수님이 수많은 기적을 일으켰던 것을 보았으므로, 마지막 순간에 그 모든 사건을 반전시키실 것이란 희망을 가졌기 때문이었다. 그 순간에 자신만이 그 자리에 있었으므로, 주의 영광 중에 우편에 앉기 위해서였을 수도 있다.

예수님이 잡히시던 때로부터 십자가의 죽음까지 요한복음에 기록된 내용을 보면 다른 공관복음에는 있으나 요한복음에는 없는 것이 있고, 또 그 반대인 것이 있다. 요한은 자신이 본 것에 대해서만 기록하였으므로(요 21:24), 그의 기록에서 빠진 것은 그가 그 자리에 없었다는 것을 뜻한다. 따라서 요한복음에 구레네 사람 시몬의 이야기가 빠진 것은, 그가 빌라도의 법정에서 모든 희망을 버리고 그 자리를 끝으로 예수님 곁을 떠났다는 것을 말해준다.

그런데 그는 골고다 언덕에서 다시 모습을 드러낸다. 예수님이 그를 사랑한 것만큼에는 미치지는 못했을지라도 그 역시 주님을 사랑했기에 모든 제자들이 떠난 그 마지막 자리를 지키기 위해서였다. 그는 비록 예수님의 제자로 있으면서 온전히 주님께 마음을 합하여 드리지는 못했지만, 주님이 자신을 얼마나 끔찍히 사랑하셨는지는 잘 알고 있었다.

예수님이 변화산에 올라 모세, 엘리야와 함께하셨을 때도 요한을 포함한 세 명의 제자만 데려가셨고, 겟세마네 동산에서 마지막 기도를 하셨을 때도 베드로, 야고보, 요한과만 함께하셨다. 또한 요한에 대해서는 매우 각별하셨는데, 마지막 만찬을 드셨을 때 요한은 예수님이 사랑하시던 제자로 주님의 품에 기대어 있었다. 이때 예수님은 심령에 민망해하시며, **"내가 진실로 진실로 너희에게 이르노니 너희 중 하나가 나를 팔리라"**(요 13:21)라고 하셨는데, 어느 제자도 감히 그가 누구인지 묻지 못하였다. 그때 베드로가 요한에게 머릿짓으로 그가 누구인지 예수님에게 여쭈어 보도록 시킨다. 이처럼 예수님은 모든 제자들이 알 정도로 그를 편애하셨다.

요한에 대한 예수님의 사랑은 십자가에서 절정에 이른다. 십자가 위의 예수님은 자신의 죽음을 지켜보는 유일한 제자인 요한과 육신의 모친인 마리아를 바라보신다. 그리고 먼저 마리아에게 **"여자여 보소서 아들이니이다"**(요 19:26)라고 하시고, 요한에게는 **"보라, 네 어머니라"**(요 19:27)라고 하신다. 그때부터 요한은 평생 마리아를 모시고 살아간다(요 19:27).

십자가 위의 예수님은 그를 어떤 눈으로 보셨을까?

성경은 **'보다'**라고 간단하게 기록했지만, 영어와 한자, 그리고 우리말에도 **'보다'**라는 단어는 그 뜻의 깊이에 따라 세 가지로 세분화된다.

첫째, '見'(볼 견, look)이다. 우리 말에도 **'흘려보다'**라는 단어가 있는데, 이것은 그냥 보는 것을 말한다. 이렇게 바라보는 눈은 상대에게 아무런 영향을 미치지 못한다. 영어에서도 돌보다라는 뜻으로 'look after'를 사용하는 것처럼 특별히 어떤 변화를 바라지 않고 보는 것이다.

둘째, '觀'(볼 관, watch)이다. 우리 말에서는 **'알아보다'**가 이에 해당할 것이다. 깊이 있게 살피는 것을 관찰(觀察)이라고 말하는 것도 이런 연유 때문이다. 영어에서도 조심하라고 할 때, 'watch it'이라고 말하고, 보통 사람들이 사람이나 사물에 대하여 보는 눈도 대부분 여기까지이며, 일반적으로 부모들이 자식을 올바른 길로 인도하려고 바라보는 눈도 이 이상을 벗어나지 못할 때가 많다. 그래서 자녀를 올바른 길로 인도한다면서 때때로 강압적이 되기도 한다.

셋째, '診'(볼 진, see)이다. 우리 말에서는 **'여겨보다'**가 이에 해당할 것이다. 관찰(觀察)은 상대의 장단점을 파악하는 선에서 더는 전진하지 못하기 때문에 처방이 일률적이다. 그러나 진찰(診察)은 똑같은 병이라도 사람의 특성에 따라 처방이 달라질 수 있다. 진찰(診察)이란 관찰(觀察)한 사실에 대하여 자기 성찰(省察)을 거친 후에 그것을 꿰뚫어 파악하는 통찰(通察)의 과정을 거쳐야만 가능한 일이다. 그래서 사물을 살피는 것은 관찰, 병이 든 사람을 살피는 것을 진찰이라 말하는 것이다. 진(診)으로 보는 것도 변화를 바라면서 보는 것이지만 강요하지는 않는다. 성경도 이때 예수께서 요한을 바라보셨을 때의 단어를 'look'이나 'watch'가 아닌 'see'의 과거형인 'saw'를 사용했다. 그래서 'I see U'라는 말은 상대의 내면까지 모두 살핀다는 뜻이다.

'메라비언 법칙'에 따르면 한 사람이 상대방으로부터 받는 이미지는 시각이 55퍼센트, 청각이 38퍼센트의 영향을 미치고, 언어를 포함한 나머지 요소는 모두 합쳐도 7퍼센트밖에 영향을 미치지 않는다고 한다. 따라서 **'보다'**라는 단어와 별도로 세분화된 **'듣다'**라는 단어에 대해서도 고찰해 보고자 한다.

첫째, '聞'(들을 문, hear, 흘려듣다)이다. 이것은 그냥 듣는 것을 말한다. 둘째, '聽'(들을 청, listen to, 알아듣다)으로 주의 깊게 듣는 것을 말한다. 그래서 주의 깊게 듣는 것을 경청(傾聽)한다고 말한다. 셋째, '聆'(들을 영, see or understand, 여겨듣다)이다. 이것은 듣고 깨닫는 것을 말한다. 천자문에 '영음찰리'(聆音察理)라는 고사성어가 있는데 소리를 듣고 이치를 깨닫는다는 뜻이다.

마리아에게는 예수님 말고도 야고보, 요셉, 시몬, 유다라는 아들이 있었다(마 13:55). 더구나 예수님의 육신의 동생 야고보는 예루살렘 교회의 대표였을 만큼 신앙심이 두터웠다. 그가 마리아를 꺼렸을 리 없다. 요한에게 마리아를 부탁하셨던 것은 불 같은 성격의 요한을 걱정하셨기 때문이다. 그랬기 때문에 먼저 마리아를 보시며 **"여자여 보소서 아들이니이다"**(요 19:27)라고 했던 것이다. 즉 사랑을 받을 줄만 알고 베풀 줄 몰랐던 부족한 제자를 아들처럼 사랑으로 돌보아 달라고 그 육신의 어머니에게 부탁하셨던 것이다.

사람을 '관'(觀)으로 보면 그가 변하기를 기대한다. 그러나 '진'(診)으로 보면 있는 그대로 수용한다. 예수님은 요한의 불 같은 성격을 바꾸려 하시지 않았다. 때로 마음을 합하지 못하여 꾸짖기도 했지만, 그는 항상 주님이 사랑하시는 제자였다.

예수님이 요한에 대해서만 편애를 하셨던 것일까? 예수님은 3년 6개월 동안 함께 다녔던 제자들의 생각을 아주 잘 아셨다. 그래서 잡히시던 날 밤 떡과 포도주로 성찬을 마치신 후 감람산으로 함께 찬송을 부르며 올라가셨을 때, 모든 제자들에게 마지막으로 이렇게 당부하셨다.

"오늘 밤에 너희가 다 나를 버리리라 기록된바 내가 목자를 치리니 양의 떼가 흩어지리라 하였느니라 그러나 내가 살아난 후에 너희보다 먼저 갈릴리로 가리라"(마 26:31~32).

그뿐 아니라 부활하신 후 무덤을 찾아온 여인들에게 천사를 통하여, 그리고 다시 직접 여인들에게 나타나셔서 갈릴리에서 보자는 메시지를 제자들에게 전달할 것을 요청한다.

"또 빨리 가서 그의 제자들에게 이르되 그가 죽은 자 가운데서 살아나셨고 너희보다 먼저 갈릴리로 가시나니 거기서 너희가 뵈오리라 하라 보라 내가 너희에게 일렀느니라"(마 28:7).

"무서워 말라 가서 내 형제들에게 갈릴리로 가라 하라 거기서 나를 보리라"(마 28:10).

제자들이 숨어 있었던 곳은 예루살렘이었다. 그리고 제자들을 처음 부르셨던 갈릴리 벳세다 바닷가까지는 족히 130km나 되는 먼 거리였다. 천사는 여인들에게 '너희에게 일렀다'고 다짐까지 했고, 그래도 미덥지 않아 예수님이 직접 제자들에게 전달하라고 말씀하신다. 예수님이 굳이 갈릴리까지 가서 제자들을 만나기를 원하셨던 것은 무엇 때문이었을까?

대부분의 제자들이 갈릴리 어부 출신이고, 또한 그들을 부르셨던 곳이 바로 갈릴리 바닷가였다. 주님은 그들을 처음 만났던 장소에서 처음 사랑을 회복하고 싶으셨다. 따라서 결코 요한만 편애했던 것이 아니며, 자신의 죽음 앞에 흩어졌던 모든 제자들을 끝까지 사랑으로 감싸안으셨던 것이다. 다만 요한은 다른 제자들보다 좀더 관심이 필요한 제자였을 뿐이다.

참고로 영의 눈이 뜨이는 것도 '진'(診)이며 그 반대는 혼의 눈[觀] 또는 육의 눈[見]이 된다. 예수님이 안식일에 날 때부터 보지 못하는 사람을 고치신 사건이 있었다. 이때 유대인들은 그 맹인에게 와서 예수님이 안식일을 범했으므로 죄인이라고 말한다. 그는 그분이 죄인인지는 모르겠으나, 한 가지 아는 것은 자기가 맹인으로 있다가 지금은 보는 것이라고 대답한다. 그러면서 창세로부터 죄인이 맹인의 눈을 뜨게 했다는 말을 듣지 못했기 때문에, 자신의 눈을 고친 그분은 하나님으로부터 왔다는 것을 증명한다고 말한다. 이에 유대인들이 죄 가운데서 맹인으로 태어난 자가 가르치려 한다고 쫓아낸다. 예수님은 그러한 바리새인을 향하여 이렇게 선언한다.

> "너희가 소경 되었더면 죄가 없으려니와 본다고 하니 너희 죄가 그저 있느니라"(요 9:41).

비록 그들이 율법을 지키는 삶을 살고 있지만, 그들의 시각은 '관'(觀, watch)의 수준에서 벗어나지 못했다. 주님은 제자들에게도 여러 차례 영적인 눈[診]과 귀[聆]에 대하여 말씀하셨다(눅 10:23~24, 14:35). 그러나 그들은 영의 눈이 없었기 때문에 예수님의 말씀을 이해할 수 없었다.

아무튼 예수님이 부활하신 후, 요한은 주님이 세상에 오신 진정한 목적을 알게 되었고, 불 같은 그의 성격은 오히려 보석처럼 빛을 발하여 세상을 향해 담대하게 복음을 외치게 했다. 그는 베드로와 함께 성전 미문에 앉아 구걸하는 걷지 못하는 자를 향하여 이렇게 외친다.

"은과 금은 내게 없거니와 내게 있는 것으로 네게 주노니 곧 나사렛 예수 그리스도의 이름으로 걸으라"(행 3:6).

이 얼마나 가슴 뜨거운 외침인가? 그들은 이 일로 인하여 주님을 심문했던 안나스와 가야바에게 끌려가 심문을 받는다(행 4:6). 그러나 그들은 담대하게 예수 그리스도를 증언하였으며, 다시는 예수의 이름으로 말하지도 말고 가르치지도 말라는 위협에 다음과 같이 대답한다.

"하나님 앞에서 너희 말 듣는 것이 하나님 말씀 듣는 것보다 옳은가 판단하라 우리는 보고 들은 것을 말하지 아니할 수 없다"(행 4:19~20).

또한 스데반의 죽음 후에 예루살렘교회에 큰 핍박이 있었는데, 그는 베드로와 함께 사마리아에 가서 복음을 전해 많은 제자들을 얻었다(행 8:14~25). 그곳은 과거에 그가 예수님에게 불을 명하여 멸하게 해달라고 요구했던 땅이었다.

그럼 그의 성격이 영원히 우레와 같았을까?

요한서신을 읽어보면 그에게서 얼마나 사랑이 풍성하게 넘쳐났는지를 알 수 있다. 그는 마리아를 모시면서 주님이 얼마나 끝까지 참으시고, 변함없이 자신을 사랑하셨는지 알게 되었다. 훗날 그는 요한복음을 정리하면서 자신을 가리켜 **'사랑하시는 제자'**(요 19:26)라는 말로 자신을 향한 예수님의 사랑을 나타내었다. 주님이 왜 마리아를 자신에게 맡기셨는지 깨달았던 것이다.

또한 그는 마리아를 평생 모시고 살면서 예수님의 신성에 대하여 명확히 알았을 것이다. 그가 요한복음과 요한일서 도입부에서 예수 그리스도의 신성에 대하여 깊이 있게 다룰 수 있었던 것도 마리아의 영향이 컸을 것이다. 마리아는 어떻게 주님이 자신의 배를 빌려 세상에 나오셨는지 알고 있었고, 그래서 체험을 통해 주님의 신성을 정확히 알고 있었던 것이다.

사도 요한을 보면서 예수님의 무한한 사랑이 사람을 변화시킬 수 있다는 것을 새삼 깨닫게 된다. 그리스도인도 사람인지라 구원받은 후에도 옛 성품에서 완전히 자유로울 수 없다. 그러나 생사의 갈림길에서도 요한을 바라보시며, 육신의 어머니에게 불 같은 성격의 제자를 마지막까지 부탁하셨던 그 큰 사랑을 생각하면 교회 안의 모든 다툼도 감싸안을 수 있을 것이다.

16

사도들의 훌륭한 동역자 마가

마가는 베드로가 아들처럼 아끼는 제자였다. 그의 유대식 이름은 요한이고, 마가는 로마식 이름으로 **'망치'**라는 뜻이다. 아마 이방 전도를 위해 그렇게 고치게 된 것으로 보인다. 마가의 외삼촌으로 알려진 바나바가 구브로섬 출신의 레위인인 것으로 보아, 마가도 레위인으로 부친이 돌아가신 후 바나바와 함께 예루살렘으로 이주하여 성장한 것으로 보인다(빌 4:10; 행 4:36). 유대 본토가 아니라 외지 출신으로서 예루살렘에 정착해 살았다는 것은 하나님에 대한 신앙이 특출했음을 의미하는데, 이는 그의 가족이 레위인이었기 때문일 것이다. 즉 그는 어렸을 때부터 믿음이 독실한 가풍 안에서 어머니의 가르침을 받아 여호와 하나님을 섬기며 자랐다.

마가의 어머니 마리아는 상당한 재력가로 한꺼번에 어른 120명 이상이 들어가는 다락방이 있는 저택을 예루살렘에 갖고 있었다(행 1:13~15). 그래서 그녀는 자신의 집을 예수님과 제자들의 최후의 만찬 장소로 제공하였고(막 14:15), 예루살렘에서 처음으로 교회가 세워질 때 이곳에서 위대한 교회의 출발이 가능하게 하였다(행 1:12~15, 12:5, 12).

마가복음을 보면 예수님이 잡히시자 제자들이 예수님을 버리고 도망하는데, 한 청년이 벗은 몸에 베 홑이불을 두르고 예수님을 따라오다가 무리에게 잡히자 베 홑이불을 버리고 벗은 몸으로 도망하는 장면이 나온다(막 14:51~52). 복음서 가운데 마가복음만 이 사실을 기록하고 있는데, 만일 그 청년이 마가복음을 기록한 마가 자신이 아니었다면 이처럼 무의미한 사건을 복음서 가운데 삽입할 필요가 없었을 것이다. 최후의 만찬 후 예수님과 제자들이 찬송하면서 감람산으로 떠났는데, 마가의 어머니는 예수님이 뭔가 중요한 일을 하실 것이라는 낌새를 느꼈던 것 같다. 이에 아들에게 예수님과 제자들을 따라가라고 했을 것이다. 그러나 그는 이 모든 것이 못마땅하여 벌거벗은 몸으로 베 홑이불만 걸치고 마지못해 무리를 따라나섰다가 군병들이 체포하려 하자 혼비백산하여 베 홑이불을 버리고 벗은 몸으로 도망한 것으로 보인다.

따라서 마가는 어려서부터 예수님을 직접 목격했던 인물이며, 그의 어머니 마리아는 일찍이 복음을 받아들여 예수님과 그 제자들을 적극적으로 지원했던 인물이었다. 어쨌든 그는 좋은 신앙환경 속에서 성장했다. 유복한 가정환경에서 자애롭고 믿음이 돈독한 어머니와 레위인으로서의 철저한 신앙교육 가운데 예수님과의 만남을 가졌고, 자기 집에서 열렸던 은혜로운 기도회와 예배 속에서 사도들과도 자연스럽게 어울렸을 것이다. 그는 훌륭한 신앙인으로 자라날 토양을 두루 갖추고 있었다.

이런 가운데 어느새 그는 복음 전파의 현장에서 사역자로 드디어 등장하게 된다. 유대에 큰 기근이 일어나자 안디옥교회 성도들이 연보를 모아 예루살렘 교회를 돕게 되는데, 이때 바나바와 사울이 안디옥 교회의 대표로 이 일을 책임지고 예루살렘에 갔다가 마가를 데리고 안디옥으로 돌아온다(행 12:25). 그의 집이 교회로 제공되었기 때문에 오순절 성령의 역사를 보았던 그로서는 어떤 형태로든 복음 사역에 일조하고 싶었을 것이다. 그리하여 교회 안에서 큰 기둥으로 성장한 외삼촌인 바나바를 따라 안디옥으로 갔을 것이다. 그리고 안디옥 교회에서 제1차 선교단을 파송하는데, 선교단은 그를 수종자로 참가시켰다(행 13:5).

그들은 실루기아를 거쳐 먼저 구브로에 갔다. 이곳은 바나바의 고향으로 마가의 친척도 있었을 것이다. 구브로의 친척들은 선교단 일행을 환대하면서 유대인의 여러 회당에서 복음을 전하도록 개방해 주었다. 그들은 거짓 선지자를 징계하여 맹인으로 만드는가 하면, 총독 서기오 바울에게 복음을 전하여 회개시키는 업적을 남겼다. 그러나 선교단의 여정이 언제나 순조롭지는 않았다. 그들이 배를 타고 밤빌리아 지방의 버가로 갔을 때, 큰 어려움에 직면하게 된다.

버가에서 비시디아의 안디옥으로 가려면 해발 1,500m가 넘는 험난한 타우르스 산맥을 넘어야 하는데, 이곳은 산새가 험하여 도둑떼가 자주 출몰하는 지역이었다. 지중해 지역의 수많은 해적들이 폼페이우스에 의해 진압되면서(B.C. 67) 험난한 타우르스 산맥으로 들어가 산적이 되었던 것이다. 또한 밤빌리아 지방은 좋지 않은 여름 기후로 인하여 소택지를 중심으로 말라리아가 자주 발생한 지역이었다. 아마도 그는 더는 타국에서 처음 겪는 어려운 전도여행을 계속하고 싶지 않았을 것이다. 부유하고 유약하게 자란 그로서는 어려움 많은 선교단과 함께하는 것이 무척 고통스러웠을 것이다. 이에 그는 일행과 헤어져 예루살렘으로 돌아간다(행 13:13).

마가는 온실에서 순탄하게 자란 화초와 같아서 아름답기는 하지만 억세지 못하였고, 그의 신앙 역시 연단의 경험이 없었기에 어려움 앞에서 무너졌다. 어머니 마리아는 어려움을 이기지 못하고 집에 돌아온 아들을 보고 안타까웠을 것이며, 그의 집에 있는 교회에서 얼굴을 들지 못했을 것이다. 그 역시 사도들의 선교 소식을 들을 적마다 어려운 환경 앞에서 무기력했던 자신의 모습이 한심스러웠을 것이며, 아무것도 하지 않고 침륜에 빠졌을 것이다. 평범한 사람이 외부의 도움 없이 침륜에서 벗어나는 것은 쉽지 않다. 야곱의 아들 유다는 요셉을 팔았다는 죄책감으로 20년이 넘는 세월 동안 부모형제를 떠나 있었다. 며느리 다말이 아니었다면 그는 평생 부모형제에게 돌아가지 않았을 것이다. 주님을 부인한 베드로도 주님이 회복시켰기에 일어섰다.

침륜에 빠진 그를 일으켜 세운 사람은 외삼촌 바나바가 아니었다. 바나바는 2차 선교여행에서 바울과 헤어질 정도로 마가를 두둔했지만, 그가 마가의 신앙을 회복시킨 것은 아니었다. 그는 선교여행으로 떠났기 때문에 침륜에 빠져 있던 생질과 만날 시간이 없었다. 선교여행을 마친 후에 비로소 마가의 변화된 모습을 보았을 뿐이다.

그를 회복시킨 사람은 베드로였다. 아마도 어머니의 간절한 부탁도 있었을 것이다. 베드로가 그를 **'내 아들 마가'**(벧전 5:13)라고 부른 것을 봤을 때, 사랑으로 그를 이끌었을 것이다. 베드로 역시 예수님을 외면했던 전력의 소유자였다. 그는 세 번이나 예수님을 부인한 것으로 인하여 후회하며 심하게 울었고, 예수님이 사랑으로 회복시키지 않았다면 평생 죄책감 때문에 숨어 지내거나 자살했을 것이다. 그는 누구보다도 더 깊이 마가의 심정을 이해하며, 담대함이 부족하여 침륜에 빠진 마가를 사랑으로 위로했을 것이다. 누구나 한 번쯤은 주저앉을 수 있다. 그래서 침륜에 빠진 사람을 비난해서는 안 된다. 오히려 사랑으로 그를 일으켜 세워야 한다.

> "오직 나의 의인은 믿음으로 말미암아 살리라 또한 뒤로 물러가면 내 마음이 저를 기뻐하지 아니하리라 하셨느니라 우리는 뒤로 물러가 침륜에 빠질 자가 아니요 오직 영혼을 구원함에 이르는 믿음을 가진 자니라" (히 10:38~39).

실제로 전승에 따르면 마가는 베드로의 통역관으로 늘 그와 함께 했다고 한다. 갈릴리 어부 출신인 베드로는 헬라어 실력이 부족했기에 부유한 집에서 자란 구브로 출신 마가의 헬라어에 도움을 받았을 것이다.

마가복음에 베드로와 관련된 기록이 다른 복음서에 비해 유달리 많은 것도 그가 베드로의 동역자로 큰 역할을 했다는 증거가 된다. 마가복음은 예수님의 세례로부터 시작되어 부활할 때까지의 내용이 간결하게 기록되어 있는데, 이는 베드로의 말과 정확하게 일치하고 있다. 베드로가 가룟 유다를 대신할 제자를 제비뽑을 때, **"요한의 세례로부터 우리 가운데서 올리워 가신 날까지"**(행 1:21)라고 했기 때문이다. 또한 마가복음을 시작할 때, **"하나님의 아들 예수 그리스도 복음의 시작이라"**(막 1:1)라는 말씀도 **"주는 그리스도시요 살아 계신 하나님의 아들이시니이다"**(마 16:16)라고 베드로가 강조한 고백과 일맥상통하고 있다. 그래서 마가복음을 베드로복음이라고도 한다. 이처럼 바울에게 누가가 있었다면, 베드로에게는 마가가 있었다.

바울과 바나바가 선교여행에서 큰 성과를 올리고 안디옥으로 돌아와 예루살렘 종교회의에 참석하여 선교 결과를 보고했을 때 모든 교회는 큰 감명을 받았다(행 15:3). 이에 그도 다시금 복음을 전파하는 데 헌신할 것을 다짐하고 떨쳐 일어났다. 베드로를 통하여 신앙이 회복되었던 덕분에 분연히 일어났을 것이다. 그리하여 바울과 바나바의 제2차 선교여행에 따라가게 해달라고 부탁했다. 그러나 바울은 밤빌리아의 버가에서 중대한 사명을 저버리고 되돌아간 사람과 동행할 수 없다고 잘라 말했다(행 15:38). 또다시 그가 선교단에서 떠나면 선교단 전체의 사기에 큰 영향을 미칠 수 있었기 때문일 것이다. 하지만 바나바는 다시 한 번 마가에게 기회를 주고 싶었다. 이 일로 인해 바울과 바나바는 크게 다투게 되었고, 결국 바울은 실라를 데리고 수리아와 길리기아 방면으로 떠나고, 바나바는 다시 마가를 데리고 구브로로 향했다(행 15:37-41).

이후 마가의 행적은 사도행전에서 찾아볼 수 없다. 그러나 바나바의 선택은 기대에 어긋나지 않았다. 겁이 많던 마가도 드디어 주의 용사가 되어 있었다. 그의 행적은 바울 서신에서 찾아볼 수 있다. 놀랍게도 마가는 로마 감옥에서 바울 사도와 함께 있으면서, 바울에게 큰 위로를 주었다(골 4:10~11). 같은 시기에 빌레몬에게 보낸 편지에서도 바울은 다른 동역자들과 함께 그를 자기의 동역자라고 소개하며 안부를 전하고 있다(몬 1:24). 바울의 신뢰는 바나바와의 선교 활동에 대한 결과와 베드로로부터 들은 소식 때문이었을 것이다. 마가에 대한 바울의 이러한 평가는 이제 그가 복음의 사역자로 완전히 회복되었음을 증거하는 것이다.

그뿐 아니라 사도 바울은 순교 직전에 디모데에게 썼던 편지에서 복음을 위해 헤어졌던 마가를 다시 데려올 것을 부탁한다. 바울은 디모데에게 어서 속히 오라고 얘기하면서, **"마가를 데리고 오라 저가 나의 일에 유익하니라"**(딤후 4:11)라고 말하고 있다. 한때 마가로 인해 동역자인 바나바와 헤어질 정도로 그를 불신했던 바울이었는데, 이제는 그가 자기 일에 꼭 필요하니 데리고 오라고 신신당부하고 있는 것이다. 함께 있는 의사인 누가에게 부탁할 수 없는 어떤 특별한 사역을 그에게 부탁하기 위해서였다. 유복한 집안의 레위인으로 태어나 신앙 교육과 더불어 일반 학문 교육도 많이 받았던 덕분에, 다른 사람이 할 수 없었던 통역이나 바울을 변호하는 일을 맡기기 위한 것이 아니었나 싶다.

초기의 교회는 베드로와 요한처럼 예수님의 제자로 활동했던 사도들과 바울과 바나바처럼 주님의 제자는 아니었지만 복음을 듣고 사도로 활동한 자들이 있었다. 그런데 마가는 제자가 아니었음에도 예수님의 생전 모습을 목격하였고, 제자들과 사도들 모두로부터 훌륭한 동역자라는 칭호를 받았다. 그는 바나바의 동역자였으며, 베드로와 바울에게도 사랑받는 동역자 역할을 훌륭하게 수행하였다. 그리고 그의 집은 예수님 생전부터 초기 성도들에게 모임의 장소로 제공되어 교회가 태동하는 데 구심점 역할을 톡톡히 하였다. 그리고 그곳에 그가 있었다.

더불어 그는 예수님의 특별한 사랑을 받았던 베드로와 함께 사역했다. 그가 기록한 마가복음은 복음서 중에서 가장 먼저 기록되었으며 다른 복음서에 비해 간결하지만, 공관복음 중에서 그 기사의 순서가 정확하다. 예수님의 특별한 사랑을 받았던 베드로와 함께했기에 그의 기록은 정확했고, 정통성도 확보했다. 마가복음을 기준으로 하여 마태는 유대인에 대한 내용을 보강하고 말씀을 주제별로 분류하여 마태복음을 기록했고, 누가는 이방인에 대한 내용을 보강하여 누가복음을 기록했다.

환난과 핍박이 많았던 그 시대에 바울이나 바나바처럼 믿음에서 떠나지 않고 굳건히 신앙을 지킨 것도 훌륭하지만, 마가처럼 실족했더라도 회개하고 돌아온 것도 훌륭한 일이다. 왜냐하면 믿음에서 파선한 성도들이 너무 많았기 때문이다. 후메내오와 알렉산더는 양심을 버렸고, 믿음에 관하여는 파선한 자였으며(딤전 1:20), 구리장색 알렉산더는 바울에게 해를 많이 끼쳤지만 여전히 교회 안에 있었다(딤후 4:14~15). 또한 부활이 이미 지나갔다고 가르쳐 믿음을 무너뜨리는 일에 앞장선 후메내오와 빌레도도 있었고(딤후 2:17~18), 니골라는 집사였음에도 후일에는 변질된 믿음으로 성도들을 미혹하였다(행 6:5; 계 2:6, 15).

특히 마가와 함께 언급된 데마는 바울이 항상 안부를 전했고 누가와 함께 항상 바울 곁에 있었던 훌륭한 동역자였는데(골 4:14; 몬

1:24), 마가와는 상반된 길을 걸었다. 그는 바울의 처형이 임박했을 때, 세상을 사랑하여 바울을 버리고 데살로니가로 떠나갔다. 반면 마가는 오히려 사도 바울의 신실한 동역자로 부름받아 함께하였다(딤후 4:10~11). 비록 담대함이 부족하여 믿음에서 실족한 그였지만, **"상한 갈대를 꺾지 아니하며 꺼져가는 심지를 끄지 아니하기를 심판하여 이길 때까지"**(마 12:20) 하시는 주님의 큰 사랑으로 인하여 돌이켜 크게 쓰임을 받았던 것이다. 그는 그처럼 어려운 시대에 마음을 새롭게 하고 돌아와 그 누구보다 수고를 아끼지 않았던 형제였다.

예수님은 생전에 제자들에게 이 같은 비유를 든 적이 있었다.

> "그러나 너희 생각에는 어떠하뇨 한 사람이 두 아들이 있는데 맏아들에게 가서 이르되 얘 오늘 포도원에 가서 일하라 하니 대답하여 가로되 아버지여 가겠소이다 하더니 가지 아니하고 둘째 아들에게 가서 또 이같이 말하니 대답하여 가로되 싫소이다 하더니 그 후에 뉘우치고 갔으니 그 둘 중에 누가 아비의 뜻대로 하였느뇨"(마 21:28~31).

데마는 아버지의 뜻을 받들어 포도원에 나가 열심히 일했지만 일을 마치지 못하고 영원히 포도원을 떠난 아들이었다. 반면 마가는 포도원에 기세좋게 달려갔다가 따가운 햇볕이 쏟아지자 피곤하다고 떠났지만 회개하고 다시 돌아온 아들이었다. 그것은 그를 사랑한 어머니의 흔들리지 않는 기도와 그를 비난하지 않고 허물을 사랑으로 덮어주고 믿음을 북돋아 주면서 아들처럼 사랑했던 베드로의 관심이 있었기 때문이다.

험난한 신앙 여정에서 동역자 없이 혼자서 길을 떠날 수는 없다. 그러나 그 동역자가 항상 내게 위로와 힘을 주는 것은 아니다. 때로는 쓰러져 큰 짐이 되어 나의 앞길을 막을 수도 있다. 그러나 바울처럼 허물 있는 동역자를 가차없이 떨쳐버릴 것이 아니라, 베드로처럼 그 허물을 사랑으로 덮어주고 기다려주면서 격려를 아끼지 않는다면 긴긴 신앙 여정에서 서로에게 힘이 될 것이다. 이것이 서로 합력하여 선을 이루고 그리스도의 법을 완성하는 일이다. 누가 알겠는가. 그가 마가처럼 훌륭한 성도로 성장할지.

"우리가 알거니와 하나님을 사랑하는 자 곧 그 뜻대로 부르심을 입은 자들에게는 모든 것이 합력하여 선을 이루느니라"(롬 8:28).

"형제들아 사람이 만일 무슨 범죄한 일이 드러나거든 신령한 너희는 온유한 심령으로 그러한 자를 바로잡고 네 자신을 돌아보아 너도 시험을 받을까 두려워하라 너희가 짐을 서로 지라 그리하여 그리스도의 법을 성취하라"(갈 6:1~2).

17

은혜의 복음을 세운 바울

사도 바울은 예수님의 제자도 아니었고, 생전에 예수님의 모습을 본 적도 없는 사람이었지만 그 누구보다도 열심히 복음을 전하고 주의 일에 힘썼던 사도였다. 또한 그는 신약성경의 절반이 넘는 책을 기록하여 신약 교회의 기준을 세운 사도였다. 성경이 **'예수 그리스도의 은혜와 진리'**를 중심으로 **'모세의 율법'**과 **'바울의 복음'**이라는 두 기둥으로 이루어졌을 만큼 성경에서 바울이 차지하는 비중은 매우 크다(요 1:17; 롬 16:25~26).

그는 길리기아 다소에서 태어났고, 그 성에서 자란 베냐민 지파의 유대인으로, 어려서 예루살렘으로 보내져 가말리엘의 문하생으로 들어가 율법의 엄한 교육을 받고 자랐다(행 22:3). 그것을 볼 때 그의 부모가 얼마나 하나님을 열심히 섬기고 아들에 대한 소망을 간직했는지 알 수 있다. 그가 희랍철학에도 능통하고, 또한 태어나면서부터 로마시민권자였던 것을 봤을 때 그의 부친은 교사였던 것 같다. 로마제국은 의사와 교사에 대하여는 조건 없이 시민권을 주었기 때문이다. 그가 희랍의 학문에도 능통했다는 것은 그리스의 아레오바고에서 스도이고(스토아학파) 및 에비구레오(에피쿠로스학파)와 변론했다는 것으로도 알 수 있다.

사울은 바리새인으로 살아가면서 모세의 율법을 잘 지키는 것이 진정으로 하나님을 섬기는 예라 생각했던 사람이었다. 그랬기 때문에 그리스도인을 박해했고, 스데반이 피를 흘릴 때 곁에 서서 찬성하고 그를 죽이는 사람들의 옷을 지켰다(행 7:58~8:1, 22:20). 그래서 그는 예수님을 믿는 도를 좇는 사람들이 늘어나는 것을 염려한 나머지 그리스도인을 붙잡기 위해 다메섹 여러 회당에 갈 공문을 대제사장에게 청하여 길을 떠났다.

다메섹에 가까이 왔을 때 그에게 기이한 현상이 일어났는데, 홀연히 하늘로서 빛이 둘러 비추었다. 그가 땅에 엎드리자 하늘에서 **"사울아 사울아 네가 어찌하여 나를 핍박하느냐"**(행 9:4, 26:14)라는 소리를 듣는다. **"주여 뉘시오니이까"**(행 9:5)라고 묻자, **"나는 네가 핍박하는 예수라 네가 일어나 성으로 들어가라 행할 것을 네게 이를 자가 있느니라"**(행 9:5~6)라는 대답이 돌아왔다. 사울은 눈을 떴으나 아무것도 보지 못하는 상태가 되어 사람의 손에 이끌리어 다메섹의 직가(곧은 길)라는 거리에 있는 유다의 집에서 사흘 동안 식음을 전폐하고 하나님께 기도한다(행 9:7~11).

성경에는 단지 이렇게만 기록되어 있지만 사울이 받았을 충격은 가히 엄청난 것이었다. 예수님을 만났을 때 사울은 눈을 떴으나 보지 못하는 상태가 되었다. 이것은 그 당시 그의 영적 상태와 똑같았다. 사울의 지난 삶은 눈 뜬 맹인의 삶이었다. 그의 마음은 회한과 부끄러움으로 가득 찼고, 그래서 3일 동안 금식으로 자신의 죄를 자백했다. 그렇게 그는 회개의 기도를 하며 하나님으로부터 오는 구원을 기다리고 있었다. 그가 이처럼 긍휼을 입을 수 있었던 것은 믿지 않을 때에 모르고 행하였기 때문이었다(딤전 1:13).

그가 식음을 전폐하면서 회개의 기도를 하고 있을 때, 하나님은 아나니아를 보내 그의 눈을 뜨게 하셨다. 아나니아로부터 침례를 받고 하나님이 그를 통해 자신을 나타내시기를 기뻐했을 때, 그는 예수님에게로 마음을 180도 돌린다. 그리고 혈육과 의논하지도 않고, 그보다 먼저 사도 된 자들을 만나려고 예루살렘으로 가지도 않고, 바로 아라비아로 갔다(갈 1:15~17).

사울이 갔던 아라비아에는 시내산이 있었다(갈 4:25). 그곳은 모세와 엘리야가 하나님을 만났던 장소였다. 일찍이 모세와 엘리야가 하나님을 만났던 이곳에 사울 역시 성령에 이끌리어 왔으며, 그도 그곳에서 하나님으로부터 여러 가지 계시를 받았다. 이미 예수님도 아나니아에게 말씀하시길 **"이 사람은 내 이름을 이방인과 임금들과 이스라엘 자손들 앞에 전하기 위하여 택한 나의 그릇이라 그가 내 이름을 위하여 해를 얼마나 받아야 할 것을 내가 그에게 보이리라"**(행 9:15~16)라고 말씀하셨다. 그는 그렇게 다른 사람의 전도에 의해서도 아니고, 스스로 예수 그리스도를 찾아서도 아니고, 오직 하나님에 의해 택함을 받은 사람이었다.

사울은 하나님으로부터 직접 계시 받은 사실을 고린도후서에서 자세하게 설명하고 있다(고후 12:1~6). 그는 어떤 사람이라는 표현을 쓰면서 십사 년 전에 셋째 하늘에 이끌려 하나님으로부터 말할 수 없는 계시를 받은 사실을 말했다. 그리고 이때의 일련의 사건과 계시, 환상에 대하여 **"내가 참말을 함이라"**(고후 12:6)라고 말하고, **"하나님 앞에서 거짓말이 아니로라"**(갈 1:20)라고 맹세까지 했다.

그는 예수님으로부터 직접 계시를 받을 만한 충분한 이유가 있었다. 베냐민 지파의 유대인이었고, 가말리엘 문하에서 배운 바리새인으로 율법을 잘 알았을 뿐 아니라, 율법의 의로는 흠이 없는 자였기 때문이다. 또한 하나님을 향한 믿음은 동족의 여러 연갑자보다 더욱 열심이었다. 또한 로마시민권도 가지고 있어 로마제국 여러 곳을 자유롭게 왕래할 수도 있었다. 더군다나 예수님과 사울의 관계는 이미 다윗과 요나단의 맹세로 인해 확정된 사실이었다.

> "여호와께서 영원히 나와 너 사이에 계시고 내 자손과 네 자손 사이에 계시리라"(삼상 20:42).

이처럼 다윗의 후손으로 오신 예수님과 요나단의 후손으로 태어난 사울의 관계는 이미 성경의 예언으로 그 어머니의 태 속에서부터 확정되어 있었다(갈 1:15).

그는 아라비아의 시내산에서 계시를 받은 후 다메섹으로 돌아와 예수를 그리스도라 증언하면서 그 도시에 사는 유대인을 굴복시켰다(행 9:22). 그리고 3년이 지났을 때 예루살렘으로 가서 15일 동안 베드로와 주의 형제 야고보만 만났다(갈 1:18). 그는 예수님으로부터 직접 계시를 받았던 덕분에 혈육과 의논하지 않았고, 먼저 사도 된 자들을 만나려고 예루살렘으로 가지도 않았지만, 그럼에도 3년이 지난 시점에 베드로와 야고보를 만난 것은 살아생전 한 번도 보지 못한 예수님을 알고자 했기 때문이었다. 이때 사울을 이들에게 소개한 이는 바나바였다(행 9:27). 그는 예수님이 태어나서 나이 서른이 되기까지의 성장 과정을 주의 형제 중 가장 연장자인 야고보에게 들었을 것이고, 요한의 세례 이후의 삶에 대해서는 베드로에게서 들었을 것이다. 또 사울은 예수님으로부터 받은 계시를 두 사도에게 말했을 것이다. 그랬기에 베드로는 그가 받은 계시를 인정하고, 그의 서신들에 대해 성경으로서의 권위를 부여하였다(벧전 3:16).

예루살렘에서도 사람들이 그를 죽이려 하자, 가이사랴로 해서 수리아 지방의 안디옥을 거쳐 고향 길리기아 지방의 다소에 머문다. 이 당시에 스데반의 일로 인해 예루살렘에서 흩어진 성도들이 유대인에게만 복음을 전했는데, 그중 몇 사람이 안디옥에 와서 이방인(헬라인)

에게도 복음을 전하자 그들이 구원을 받게 되었다. 이에 예루살렘교회는 이 소문을 듣고 바나바를 안디옥까지 보낸다. 바나바는 안디옥에서 성도들의 믿음을 굳게 하지만 혼자서 이 일을 감당할 수 없어 다소에서 사울을 데리고 와 1년간 함께 안디옥교회를 일으킨다. 사울과 바나바의 사역으로 인해 안디옥에서 비로소 그리스도인이라는 일컬음을 받게 되었으며, 사울의 본격적인 사역은 이때부터 시작되었다.

사울은 안디옥교회에 있으면서, 아시아와 그리스 지역의 이방인을 위해 세 번에 걸친 선교여행을 떠난다. 그는 바나바와 함께 첫 번째 선교여행을 떠나면서, **'여호와께 구하다'**라는 히브리어 이름인 사울 대신 **'보잘것없는 자'**란 뜻을 가진 헬라어 이름인 바울을 취하고(행 13:9), 구브로(키프로스)섬을 거쳐 버가, 비시디아 안디옥, 이고니온, 루스드라, 더베까지 갔다가 다시 왔던 길을 돌아 버가에서 배를 타고 안디옥으로 돌아온다(첫 번째 선교여행 : 행 13~14장).

1차 선교여행을 마치고 돌아왔을 때 안디옥에서는 유대로부터 온 어떤 사람들이 개종한 이방인에게도 할례를 받게 하고 율법을 지키게 하는 것이 마땅하다고 하여 바울과 바나바와 함께 큰 논쟁이 벌어졌다. 이에 안디옥교회는 바나바와 바울 및 몇몇 형제를 예루살렘에 있는 형제들에게 보내 사도들의 의견을 듣는다. 야고보의 사회로 열린 회의에서 열띤 논쟁이 있었지만 베드로의 간증으로 인해 모든 논쟁이 잠잠해진다. 결국 이방인에게는 우상의 제물과 피와 목매어 죽인 것과 음행을 멀리할 것을 권면하는 것으로 결론을 내린다.

수일 후에 바울과 바나바는 1차 선교여행으로 세워진 교회에 대한 안부가 궁금하여 다시 방문하기로 결정한다. 바나바는 1차 선교여행 중 일행을 떠난 마가라 하는 요한도 데려가기를 원했으나 바울은 이를 반대한다. 그 당시에 마가는 구브로에서 바울 일행과 함께 있었는데, 버가에 상륙하여 더는 일행과 함께하지 않고 예루살렘으로 돌아갔다.

성경이 그 이야기를 정확히 기록하고 있지 않기 때문에 지나친 추측은 삼가야겠지만, 버가에서 비시디아 안디옥으로 가려면 해발 1,500m가 넘는 타우르스 산맥을 넘어야 한다. 이 산맥은 전통적으로 짐승과 산적이 많이 출몰하는 매우 험난한 지역이었다. 아마도 마가는 이러한 위험을 감당하기 어려워 예루살렘으로 돌아갔을 것이고, 바울은 두 번째 선교여행을 떠나면서 이처럼 심약한 마가를 데리고 또다시 타우르스 산맥의 위험한 길을 떠나는 것이 못마땅했을 것이다.

바울도 선교여행 중 받았던 고난에 대하여 **"여러 번 여행에 강의 위험과 강도의 위험과 동족의 위험과 이방인의 위험과 시내의 위험과 광야의 위험과 바다의 위험과 거짓 형제 중의 위험을 당하고"**(고후 11:26)라고 하여 자연재해와 강도들로부터의 많은 위험을 무릅썼다고 하면서 어려움을 토로했었다. 그렇지만 첫 번째 선교여행 때 세운 교회를 돌아보기 위해서는 또다시 타우르스 산맥을 넘어야 했기에, 바울과 실라는 타우르스 산맥을 넘는 험난한 수리아와 길리기아의 육지길로 여행을 떠났고, 바나바와 마가는 구브로로 향하는 바닷길을 택하였던 것이다.

바울 일행은 루스드라에서 디모데라 하는 신실한 청년을 만나 할례를 행하고 선교여행에 동행시킨다. 할례를 행한 것은 그의 부친이 헬라인이라 유대인의 비난을 잠재우기 위함이었다. 이후 디모데는 그의 제자가 되어 신약 교회의 기둥으로 자란다. 그들은 드로아를 거쳐 유럽의 첫 관문인 빌립보에 이르고 다시 데살로니가와 베뢰아, 아덴, 고린도에서 복음을 전한다. 바울은 베뢰아에서 헤어졌던 실라와 디모데를 고린도에서 만나, 브리스길라와 아굴라 부부의 도움으로 1년 6개월간 이곳에 머물며 교회를 이끌어간다. 브리스길라와 아굴라 부부는 글라우디오 황제의 유대인 추방령으로 인해 로마에서 쫓겨나 고린도에 머물고 있었다. 바울은 일찍이 서원이 있었으므로 겐그레아에서 머리를 깎고 브리스길라, 아굴라와 함께 배를 타고 에베소에 도착한다. 거기서 다시 배를 타고 가이사랴로 가서 예루살렘에서 명절을 보내고 교회에 들러 안부를 묻는다. 그가 머리를 깎는 나실인의 서약을 하고 명절에 예루살렘을 방문한 것은 유대인 때문이었을 것이다. 그리고 안디옥으로 돌아온다(두 번째 선교여행 : 행 15:36~18:22).

안디옥에 도착하자마자 바울은 다시 세 번째 선교여행을 떠난다(세 번째 선교여행 : 행 18:23~21:19). 두 번째 선교여행에서 다시 오겠다고 한 약속을 지켜 에베소에 이른 바울은 두란노 서원에서 2년 이상을 머물면서 말씀을 가르친다. 그러나 우상을 장식하는 은장색들이 돈벌이가 떨어질 것을 두려워하여 소요를 일으킴으로 인해 그는 드로아를 거쳐 마게도냐로 떠난다. 마게도냐에서는 석 달을 머물면서 각 교회를 굳게 한다. 첫 번째와 두 번째 선교여행이 이방인에게 복음을 전하기 위함이었다면, 세 번째 선교여행의 목적은 교회를 굳게 하는 것이었다. 그리하여 두 번의 선교여행을 통해 복음을 전한 교회를 돌아보면서, 그 자신도 에베소에서 2년, 마게도냐에서 석 달을 머물면서 교회를 굳게 하였고, 아볼로를 고린도로 보내는 등 교회를 굳게 하는 데 많은 노력을 기울였다. 무교절을 빌립보에서 보낸 그는 오순절 안에 예루살렘에 도착하기 위해 길을 서두른다. 그리하여 밀레도에 이르러 에베소교회의 장로들을 청하여 눈물로 교회를 당부한다.

"아시아에 들어온 첫날부터 지금까지 내가 항상 너희 가운데서 어떻게 행한 것을 너희도 아는 바니 곧 모든 겸손과 눈물이며 유대인의 간계를 인하여 당한 시험을 참고 주를 섬긴 것과 유익한 것은 무엇이든지 공중 앞에서나 각 집에서나 꺼림이 없이 너희에게 전하여 가르치고 유대인과 헬라인들에게 하나님께 대한 회개와 우리 주 예수 그리스도께 대한 믿음을 증거한 것이라 보라 이제 나는 심령에 매임을 받아 예루살렘으로 가는데 저기서 무슨 일을 만날는지 알지 못하노라 오직 성령이 각 성에서 내게 증거하여 결박과 환난이 나를 기다린다 하시나 나의 달려갈 길과 주 예수께 받은 사명 곧 하나님의 은혜의 복음 증거하는 일을 마치려 함에는 나의 생명을 조금도 귀한 것으로 여기지 아니하노라…너희는 자기를 위하여 또는 온 양 떼를 위하여 삼가라 성령이 저들 가운데 너희로 감독자를 삼고 하나님이 자기 피로 사신 교회를 치게 하셨느니라 내가 떠난 후에 흉악한 이리가 너희에게 들어와서 그 양 떼를 아끼지 아니하며 또한 너희 중에서도 제자들을 끌어 자기를 좇게 하려고 어그러진 말을 하는 사람들이 일어날 줄을 내가 아노니 그러므로 너희가 일깨어 내가 삼 년이나 밤낮 쉬지 않고 눈물로 각 사람을 훈계하던 것을 기억하라 지금 내가 너희를 주와 및 그 은혜의 말씀께 부탁하노니 그 말씀이 너희를 능히 든든히 세우사 거룩케 하심을 입은 모든 자 가운데 기업이 있게 하시리라"(행 20:18~32).

그는 예루살렘으로 가면 결박당할 것을 알고 있었기에 이처럼 에베소교회 장로들을 청하여 눈물로 교회를 당부하였고, 모든 성도들이 예루살렘으로 올라가지 말라고 권할 때, **"너희가 어찌하여 울어 내 마음을 상하게 하느냐 나는 주 예수의 이름을 위하여 결박 받을 뿐 아니라 예루살렘에서 죽을 것도 각오하였노라"**(행 21:13)라고 말하며 자신의 굳건한 결심을 내비쳤다.

예루살렘에서 형제들은 유대인 때문에 서원한 네 명의 사람들과 함께 머리를 깎아 나실인의 서약을 하도록 했으나, 유대인은 그것과 상관없이 소요를 일으켰고, 이를 두려워한 천부장은 그를 묶고 때렸다. 그러나 그가 로마시민이라는 사실을 알고는 그를 가아사랴의 벨릭스 총독에게 보내 재판을 받게 한다. 대제사장의 고소로 재판을 받던 중 2년의 세월이 흘렀고, 베스도가 새로운 총독으로 부임한다. 그는 총독인 베스도와 유대 왕 아그립바 앞에서도 **"말이 적으나 많으나 당신뿐 아니라 오늘 내 말을 듣는 모든 사람도 다 이렇게 결박한 것 외에는 나와 같이 되기를 하나님께 원하노이다"**(행 26:29)라고 담대히 고백한다. 이처럼 그는 어떠한 상황에서도 빈부귀천을 막론하고 온 힘을 다하여 복음을 전했다.

주께서는 그를 이방인을 위한 사도로 삼았을 뿐 아니라, 예수님을 통한 구원의 비밀과 예수 그리스도께서 머리와 신랑이 되시는 교회의 비밀을 후세에 전하는 주의 그릇으로 사용하셨다.

구원의 비밀은 아마 시내산에서 받았을 것이다. 사도 바울은 초기 서신인 데살로니가전·후서, 고린도전·후서, 갈라디아서, 로마서 등에서 율법의 본질과 목적, 믿는 자가 의롭게 되고 거룩하게 되며 영화롭게 되는 기반과 그 방법, 그리스도의 죽으심의 의미에 대한 모든 것을 펼쳐 낸다.

또한 로마의 감옥에서 기록한 옥중서신인 빌레몬서, 에베소서, 빌립보서, 골로새서 등은 가이사랴 감옥에 2년간 갇혔을 때 받은 계시에 따라 기록한 것으로 보이는데(행 24:27), 이 서신들을 통해 그리스도의 몸인 교회의 비밀과 교회의 구성원인 그리스도인의 지위, 행함, 섬김에 대한 내용과 하나님의 계획과 목적 안에서 교회가 갖는 독특한 위치에 대해 완전하게 설명해 주고 있다. 목회서신이라 불리는 디모데전서, 디도서, 디모데후서 등은 2차 감옥에 들어가기 전 및 감옥에서 기록한 것으로 보인다.

"영원부터 만물을 창조하신 하나님 속에 감취었던 비밀의 경륜이 어떠한 것을 드러내게 하려 하심이라 이는 이제 교회로 말미암아 하늘에서 정사와 권세들에게 하나님의 각종 지혜를 알게 하려 하심이니 곧 영원부터 우리 주 그리스도 예수 안에서 예정하신 뜻대로 하신 것이라"(엡 3:9~11).

가말리엘의 문하에서 수학할 정도로 율법에 통달했고, 로마시민권을 가진 자로서 희랍의 학문과 철학에도 능통했던 그는 예수 그리스도를 영접한 후 그러한 세상 지식을 배설물로 여겼지만, 유대인과 이방인을 전도하는 데 그 지식들을 요긴하게 사용하였다. 또한 자신의 생명을 조금도 귀한 것으로 여기지 않고 오직 예수 그리스도와 교회를 향한 뜨거운 열정으로 온 생애를 아낌없이 내주었다(고후 11:23~33). 그리고 총독인 베스도뿐 아니라 당대의 최고 권력자인 로마 황제 앞에 서서 예수님을 증거할 정도로 담대하였다(행 27:24). 그는 총명한 머리와 뜨거운 가슴, 두둑한 배짱으로 주님과 교회를 진정으로 사랑한 하나님의 사람이었다.

나를 버리고 그의 길을 가는 것 세상 그 무엇보다 어려운 내려놓음
내 안의 예수 그분만 생각할 때 하늘의 그 손이 일하시네
그분의 마음 그분의 시선 그분의 원하심을 내 맘에 두는 것
십자가 그 길 그곳에 나 설 때에 주님 나를 통해 일하시네
그 사랑 그 사랑 나를 살리신 그 사랑 하늘의 모든 영광 다 내려놓으신
내 삶도 그렇게 내려놓습니다 주님 기뻐하시는 그 길 가렵니다

그는 평생 **'하늘에서 보이신 것을 거스리지 아니하고'**(행 26:19) 예수 그리스도를 위해 살았으며, 성도들에게 손을 벌리지 않고 자신의 먹을 것을 위해 장막 짓는 직업을 가졌다. 복음을 전하기 위해서 옥에

갇히기도 하였고, 매도 수없이 맞았으며, 강도와 광야와 바다의 위험에 빠지기도 했다(고후 11:23~27). 또한 결혼도 하지 않았고, 항상 예수님의 뜻에 따르며 그분께서 공급하시는 것을 받았다. 자기를 위해서는 육체의 질병을 낫게 해달라고 세 번 간구한 것(고후 12:7~9) 외에는 아무것도 구하지 않았지만, 많은 성도들을 위해서는 끊임없이 간구했으며, 특별히 자신의 형제와 골육의 친척의 구원은 자신이 저주를 받아 그리스도에게서 끊어질지라도 간절히 원했다(롬 9:3).

그렇게 외로움 가운데서도 친구를 위하여 기꺼이 목숨을 내어놓은 요나단의 후손은 다음과 같이 고백하고 사랑하는 주님을 위하여 죽음을 맞이한다.

> "내가 선한 싸움을 싸우고 나의 달려갈 길을 마치고 믿음을 지켰으니 이제 후로는 나를 위하여 의의 면류관이 예비되었으므로 주 곧 의로우신 재판장이 그날에 내게 주실 것이니 내게만 아니라 주의 나타나심을 사모하는 모든 자에게니라"(딤후 4:7~8).

내려놓음

나를 버리고 그의 길을 가는 것
세상 그 무엇보다 어려운 내려놓음
내 안의 예수 그분만 생각할 때
하늘의 그 손이 일하시네
그분의 마음 그분의 시선
그분의 원하심을 내 맘에 두는 것
십자가 그 길 그곳에 나 설 때에
주님 나를 통해 일하시네
그 사랑 그 사랑 나를 살리신 그 사랑
하늘의 모든 영광 다 내려놓으신
내 삶도 그렇게 내려놓습니다
주님 기뻐하시는 그 길 가렵니다

18

사랑받는 의사이며 동역자였던 누가

헬라어로 **'빛을 주다'**라는 이름의 뜻을 지닌 누가는 누가복음과 사도행전을 기록했지만, 그에 대한 기록은 성경에서 찾아볼 수 없다. 우리가 아는 것은 그가 헬라인 의사라는 것(골 4:14)과 사도 바울의 두 번째 선교여행 때부터 그와 동행했다는 것뿐이다(행 16:10~17). 모든 성경 기록자들처럼 그 역시 자신에 대한 기록을 단 한 줄도 남기지 않고, 오직 예수 그리스도와 사도 바울을 포함한 그 제자들이 전했던 복음에만 그 초점을 맞추었기 때문이다. 그래서 그에 관한 아주 단편적인 그 기록들을 찾아 그의 성품을 살펴보면서 우리에게 주는 교훈을 생각해 보고자 한다.

"사랑을 받는 의원 누가와 또 데마가 너희에게 문안하느니라"(골 4:14).

사도 바울은 그에 대한 첫 번째 기록에서 그를 사랑받는 의사라고 불렀다. 사랑을 받았다는 것은 매우 특별한 것이다. 성경에는 사랑을 받았다고 기록된 특별한 사람이 많이 있다.

"곧 네가 기도를 시작할 즈음에 명령이 내렸으므로 이제 네게 고하러 왔느니라 너는 크게 은총을 입은 자라 그런즉 너는 이 일을 생각하고 그 이상을 깨달을찌니라"(단 9:23).

"내게 이르되 은총을 크게 받은 사람 다니엘아! 내가 네게 이르는 말을 깨닫고 일어서라 내가 네게 보내심을 받았느니라…그가 내게 이르되 다니엘아 두려워하지 말라 네가 깨달으려 하여 네 하나님 앞에 스스로 겸비케 하기로 결심하던 첫날부터 네 말이 들으신 바 되었으므로 내가 네 말로 인하여 왔느니라 그런데 바사 국군이 이십일 일 동안 나를 막았으므로 내가 거기 바사국 왕들과 함께 머물러 있더니 군장 중 하나 미가엘이 와서 나를 도와주므로 이제 내가 말일에 네 백성의 당할 일을 네게 깨닫게 하러 왔노라 대저 이 이상은 오래 후의 일이니라…가로되 은총을 크게 받은 사람이여 두려워하지 말라 평안하라 강건하라 강건하라"(단 10:11~19).

다니엘은 이스라엘 민족이 가나안으로 돌아갈 때가 되었다는 것을 알았을 때, 하나님 앞에 금식하고 백성들의 죄를 자복하는 기도를 했다. 이때 천사 가브리엘이 다니엘이 기도를 시작할 즈음에 명령을 받고 왔는데, 그를 '큰 사랑을 받은 다니엘'이라고 부른다. 또한 다니엘이 큰 이상을 보고 세 이레 동안 금식하며 기도했을 때도 가브리엘이 나타나 '큰 사랑을 받은 다니엘'이라고 불렀다. 이때도 가브리엘은 다니엘이 기도를 시작할 즈음에 출발했는데, 천사장 미가엘이 와서 도와줄 때까지 21일(세 이레)동안 바사 국군에 막혀 오지 못했다고 하였다. 그리고 다시 한 번 '은총을 크게 받은 사람'이라고 부르면서 메시지를 마무리했다. 큰 은총을 받았던 덕분에 하나님이 그의 기도에 즉각 응답하셨던 것이다. 유대인이 바벨론 유배로부터 귀환할 수 있었던 것은 전적인 하나님의 은혜였지만, 이는 그가 바벨론과 페르시아에서 70년간 총리로 있으면서 이 일이 가능하도록 하나님 앞에 기도하고 왕들을 움직였기 때문이기도 하다.

야곱(창 32:10), 모세(출 33:12~17), 사무엘(삼상 2:26), 다윗(삼상 16:22) 등도 하나님의 은총(사랑)을 받았다고 기록되었다. 그 외에도 성경에는 기록되지 않았지만, 많은 믿음의 선진들이 하나님의 은총을 받았을 것이다.

그런데 여기서 사도 바울도 헬라인 누가에 대해 똑같은 수식어를 붙였다. 신약성경 어디를 둘러봐도 그가 전도를 했다거나, 말씀을 선포했다는 기록이 없다. 사도 바울조차도 그에 대해서는 의사였다고만 기록했을 뿐 그가 전도자나 교사로 나섰다고 하지 않았다. 그럼에도 그는 누가를 사랑받는 의사라고 하였다. 그가 사도 바울에게 어떤 사람이었는지는 계속 이어지는 서신 속에서 확인할 수 있다.

> "또한 나의 동역자 마가 아리스다고 데마 누가가 문안하느니라"(몬 1:24).

사도 바울은 두 번째 그를 언급할 때 동역자라고 소개하였다. 우리의 삶에 있어서도 동역자가 있다는 것은 큰 복이다. 부부도 힘든 인생길을 함께하는 동역자이다. 남편은 돈을 벌어 가정경제를 책임지고, 아내는 집에서 자녀를 키우고 가정을 안정시켜 기나긴 인생길에서 서로에게 의지가 되는 동역자이다. 우리의 인생이 그러할진데, 하물며 힘든 선교여행에서 동역자가 있다는 것은 큰 복이 아닐 수 없다.

하나님은 위대한 믿음의 선진들에게 항상 훌륭한 동역자를 붙여주셨다. 모세는 하나님의 부르심을 받았을 때, 스스로 입이 뻣뻣하고 혀가 둔한 자이므로 보낼 만한 자를 보내라고 강하게 거부하였다(출 4:10~13). 이에 하나님은 화를 내시며 형 아론이 말을 잘하니 그와 함께하라고 하셨다(출 4:14). 비록 아론은 실패한 적도 있었지만,

그는 가나안에 들어가기 전까지 대제사장이 되어 모세의 동역자 역할을 훌륭히 수행하였다.

갈렙 역시 여호수아의 훌륭한 동역자였다. 이스라엘의 광야 생활 중 12명의 두령이 40일간 가나안 땅을 정탐했을 때, 오직 갈렙만 여호수아의 편에 서서 그를 지지하였다. 그는 가나안 정복전쟁에서도 선봉에 서서 아낙 자손의 땅 헤브론을 포함한 가나안 남부 지역을 정복하였다. 그리고 제사장이 거하는 13개 성읍 중 9개 성읍을 유다 지파의 땅에서 내어 놓았다. 이 얼마나 여호수아에게 큰 힘이 되었겠는가! 그가 있었기에 가나안 점령은 탄력을 받을 수 있었다.

요나단은 사울을 피해 도망가는 다윗과 함께하지 않았지만, 왕궁에 남아 다윗을 위해 아버지 사울을 설득하였다. 그가 있었기에 다윗은 10여 년이 넘는 도망자 생활을 견딜 수 있었다. 그는 자신의 왕위까지 포기하면서 다윗을 도왔다.

사도 바울의 첫 번째 선교여행의 동역자는 바나바와 마가였으나, 마가는 밤빌리아의 버가에서 예루살렘으로 돌아온다. 두 번째 선교여행의 동역자는 실라였으며, 중간에 루스드라에서 디모데를 제자로 삼아 동행하였다. 고린도에서는 로마에서 쫓겨난 유대인 브리스길라와 아굴라를 만나 함께 장막을 만들면서 동역하였다(행 18:1~3). 그 외에도 선교여행 중 많은 형제를 동역자로 만났다. 그런데 누가는 두 번째 선교여행부터 소리 없이 사도 바울과 동행하였다.

교사나 전도자는 힘들어도 이름을 남길 수 있다. 그러나 선교여행에서 의사는 필요 불가결한 존재이지만 크게 드러나지 않는다. 그는 누가복음과 사도행전을 기록한 식견과 믿음을 지녔으면서도, 교사나 전도자로 나서지 않고 의사로서의 역할에 충실하였다. 그리고 성격이 강한 사도 바울만 빛나게 하기 위해 마치 내조하듯 묵묵히 의술을 펼치면서 죽음까지 동행하였다.

사도 바울은 선교여행 중 많은 위험 가운데 노출되었다. 이고니온에서는 돌팔매를 당했고(행 14:5), 루스드라에서는 돌에 맞아 거의 죽을 뻔하여 성밖으로 버려졌으며(행 14:19), 빌립보에서는 많은 매를 맞고 옥에 갇혔다(행 16:22~23). 그는 여러 번 여행에 강의 위험과 강도의 위험과 동족의 위험과 이방인의 위험과 시내의 위험과 광야의 위험과 바다의 위험과 거짓 형제 중의 위험을 당하였다고 말할 정도로 선교여행 중 많은 고초를 겪었다(고후 11:26). 또한 세 번이나 하나님 앞에 간구할 정도로 육체에 큰 병이 있었다(고후 12:7~8). 그래서 바나바, 마가, 실라, 디모데, 디도, 브리스길라와 아굴라 등은 만나고 헤어지기를 반복하였지만, 누가는 사도 바울의 병약한 육신을 챙기기 위해 단 한 번도 그의 곁을 떠난 적이 없었다.

사실 의사는 고대에서 현대에 이르기까지 가장 선망받는 직업 중 하나이다. 이는 로마 제국에서도 예외가 아니어서 의사는 많은 돈을 벌었다. 특히 로마 제국이 교사와 의사에 대해서는 조건 없이 시민권을 준 덕분에 헬라인이었던 누가는 신분적 혜택도 누렸을 것이다. 그런데 그는 그 모든 것을 버리고 희생과 헌신으로 힘든 선교여행에서 기도로 동역하였다(행 16:13~16). 위험한 선교여행을 떠나는 사도 바울에게는 가장 절실하게 필요한 사람이었다.

> "데마는 이 세상을 사랑하여 나를 버리고 데살로니가로 갔고 그레스게는 갈라디아로 디도는 달마디아로 갔고 누가만 나와 함께 있느니라 네가 올 때에 마가를 데리고 오라 저가 나의 일에 유익하니라"(딤후 4:10~11).

예수님은 공생애 중 많은 이적을 행하여 따르는 무리들이 많았다. 예수님은 이들을 향하여, **"내가 진실로 진실로 너희에게 이르노니 너희가 나를 찾는 것은 표적을 본 까닭이 아니요 떡을 먹고 배부른**

까닭이로다"(요 6:26)라고 하셨다. 실제로 주님이 가르치는 말씀이 어렵다고 많은 제자들이 물러났고 다시는 예수님과 함께 다니지 않았다(요 6:66). 이에 예수님은 열두 제자를 향하여 **"너희도 가려느냐"**(요 6:67)라고 물었고, 시몬 베드로는 **"주여 영생의 말씀이 계시매 우리가 뉘게로 가오리이까 우리가 주는 하나님의 거룩하신 자신 줄 믿고 알았삽나이다"**(요 6:68~69)라고 대답하였다.

그러나 막상 예수님이 붙잡히시자 제자들은 뿔뿔이 흩어져 도망갔고, **"주여 내가 주와 함께 옥에도, 죽는 데도 가기를 준비하였나이다"**(눅 22:33), **"다 주를 버릴찌라도 나는 언제든지 버리지 않겠나이다"**(마 26:33), **"내가 주와 함께 죽을찌언정 주를 부인하지 않겠나이다"**(마 26:35)라고 했던 베드로마저 세 번이나 예수님을 부인하였다.

그런데 사도 바울이 두 번째 투옥으로 죽음을 기다리고 있을 때, 다른 사람은 다 떠났지만 누가는 그를 지키고 있었다. 누가와 항상 함께 언급되었던 동역자 데마는 세상을 사랑하여 데살로니가로 갔고, 그레스게는 갈라디아로, 디도는 달마디아로 갔지만 오직 누가만 그의 곁에 남아 있었다.

사도 바울은 이 마지막 여정에 대하여 이렇게 기록하였다.

> "관제와 같이 벌써 내가 부음이 되고 나의 떠날 기약이 가까왔도다 내가 선한 싸움을 싸우고 나의 달려갈 길을 마치고 믿음을 지켰으니 이제 후로는 나를 위하여 의의 면류관이 예비되었으므로 주 곧 의로우신 재판장이 그 날에 내게 주실 것이니"(딤후 4:6~8).

그는 마지막 여정에서 동역자들을 죽음으로 내몰지 않기 위해 모두 떠나보냈다. 그런데 오직 누가만 끝까지 그의 곁을 지켰다는 사실이 가슴을 먹먹하게 한다. 성경에는 절망에 빠진 동역자를 떠나지 않고 자신의 모든 것을 버리면서까지 함께했던 또 한 사람이 있다.

> "내 딸들아 돌아가라 너희가 어찌 나와 함께 가려느냐 나의 태중에 너희 남편 될 아들들이 오히려 있느냐 내 딸들아 돌이켜 너희 길로 가라 나는 늙었으니 남편을 두지 못할찌라 가령 내가 소망이 있다고 말한다든지 오늘 밤에 남편을 두어서 아들들을 생산한다 하자 너희가 어찌 그것을 인하여 그들의 자라기를 기다리겠느냐 어찌 그것을 인하여 남편 두기를 멈추겠느냐 내 딸들아 그렇지 아니하니라 여호와의 손이 나를 치셨으므로 나는 너희로 인하여 더욱 마음이 아프도다"(룻 1:11~13).

남편과 두 아들이 죽어 모든 희망이 사라졌던 나오미는 삶의 터전인 모압을 떠나 고향 베들레헴으로 돌아온다. 그리고 눈물을 흘리며 과부가 된 며느리 룻과 오르바를 돌려보내고자 한다. 그녀는 이제 살 만큼 살았으니 그러려니 할 수 있지만, 젊어서 과부가 된 며느리들 때문에 더욱 마음이 아프니 아직 젊을 때 새로운 남편을 찾아 떠나라고 하였다. 그런데 두 며느리 중 룻은 끝까지 시어머니의 곁을 떠나지 않았다.

바울도 자신의 마지막 길을 혼자 가려 했을 것이다. 그래서 그레스게는 갈라디아로, 디도는 달마디아로 보내 후일을 기약했을 것이며, 누가에게도 안디옥으로 돌아가라고 했을 것이다.

> "나로 어머니를 떠나며 어머니를 따르지 말고 돌아가라 강권하지 마옵소서 어머니께서 가시는 곳에 나도 가고 어머니께서 유숙하시는 곳에서 나도 유숙하겠나이다 어머니의 백성이 나의 백성이 되고 어머니의 하나님이 나의 하나님이 되시리니 어머니께서 죽으시는 곳에서 나도 죽어 거기 장사될 것이라 만일 내가 죽는 일 외에 어머니와 떠나면 여호와께서 내게 벌을 내리

시고 더 내리시기를 원하나이다"(룻 1:16~17).

룻이 끝까지 시어머니의 곁을 지켰던 것은 측은지심(惻隱之心) 때문이었다. 시어머니의 남은 여생은 절망 그 자체였다. 룻마저도 떠나면 시어머니의 노쇠한 육신을 돌봐줄 사람은 아무도 없었다. 아마도 룻은 그것을 내다봤을 것이다. 누가도 룻처럼 쇠약해진 바울을 내다봤을 것이다.

"바울 사도님, 당신의 하나님이 나의 하나님이기에 당신이 순교하는 곳에서 나도 순교할 것입니다. 만일 내가 죽는 일 외에 당신을 떠나면 주님이 내게 벌을 내리시고 더 내리시기를 원합니다."

사도 바울은 오랜 선교여행과 감옥 생활로 쇠약해질 대로 쇠약해져 있었다. 그레스게와 디도는 오르바처럼 울면서 떠났을 것이지만, 누가는 이처럼 룻과 똑같은 답변을 하면서 마치 아내처럼 쇠약한 사도 바울 곁에 남았을 것이다. 큰 확신으로 하나님을 사랑했기에 그 역시 사도 바울을 향한 측은지심(惻隱之心)에서 벗어날 수 없었을 것이다. 실제로 누가는 사도 바울과 함께 순교했다고 전해진다.

그가 기록한 누가복음은 바울이 가이사랴에 2년간 갇혀 있었을 때, 그도 팔레스타인에 있으면서 그 모든 일을 근원부터 자세히 미루어 살핀 후에 기록했을 것이다(눅 1:3). 그래서 기록의 객관성과 증거력 확보를 위해 정확한 연도와 공직자들의 이름을 언급하였다(눅 2:1, 3:1, 3:21~23; 행 11:28). 사도행전은 로마에서 2년간 가택연금\당했을 때 기록된 것으로 보인다(행 28:30).

그는 누가복음에서 주님의 족보를 아담과 하나님까지 소급했고, 그 탄생에 대해서도 어느 한 민족을 위해서가 아니라 **"온 백성**

에게 미칠 큰 기쁨의 좋은 소식"(눅 2:10)이라 하였다. 세례 요한의 활동에 대해서도 "**모든 육체가 하나님의 구원하심을 보리라**"(눅 3:6)라는 이사야의 예언까지 인용하여 복음이 이방인에게도 적용된다는 사실을 알려 주었다. 선한 사마리아인(눅 10:28~37), 어리석은 부자(눅 12:3~21), 열매없는 무화과나무(눅 13:6~9), 잔치 자리(눅 14:7~14), 큰 잔치(눅 14:15~24), 잃어버린 드라크마(눅 15:8~10), 탕자(눅 15:11~31), 바리새인과 세리(눅 18:9~14)의 비유는 오직 누가복음에만 나오는데, 이 모든 것들이 이방인의 구원을 알려주기 위함이었다.

그는 두 권의 성경에서 자신에 대하여는 이름을 포함한 그 어느 것도 기록하지 않았고, 오직 예수님과 사도 바울만 '**빛**'나게 하였다. 그러나 큰 확신으로 기록한 성경 속에서 그는 자신의 이름처럼 '**빛**'나고 있다. 모든 것을 버리고 희생과 헌신으로 겸손하게 사도 바울의 죽음까지 따라간 그는 진정 사도 바울의 훌륭한 동역자였으며, 하나님의 큰 은총을 받은 형제였다.

19

로마교회를 세운 고넬료

사도행전 8~10장을 보면 복음의 역사가 전 세계로 퍼져 나가는 상징적인 사건과 인물들이 나온다. 에디오피아 여왕 간다게의 모든 국고를 맡은 내시가 예루살렘에 경배를 드리러 왔다가 돌아가는 길에 이사야 53장을 읽었고, 빌립이 이를 올바로 가르쳐 그에게 복음을 전한다(행 8:26~39). 이로써 이방인 중 처음으로 함족의 후손에게 복음이 전해진다. 에디오피아가 지금도 여전히 기독교를 국교로 채택하고 있는 것을 볼 때, 처음부터 큰 권세를 가진 내시에 의해 강력하게 복음이 전해졌기 때문일 것이다.

사울은 길리기아의 수도인 다소에서 태어난 유대인이었으며, 유대인으로서 드물게 로마시민권을 가진 사람이었다. 속주민은 25년간 보조병으로 근무하여 만기제대하거나, 교사나 의사가 되어야만 로마시민권을 취득할 수 있었고, 그 자녀들은 자동적으로 로마시민이 되었다. 그러나 유대인은 로마 제국 내에서 유일하게 군무에 종사하는 것을 거부했고, 종교적인 이유로 인해 희랍 철학을 가르치는 교사나 의사가 되는 것에도 소극적이었다. 그런데 사울은 천부장 앞에 섰을 때 나면서부터 로마시민권자라고 밝혔고(행 22:28), 희랍철학자들과 논쟁할 정도로 박식하였다(행 17:18). 이것으로 판단해 보건대 그의 부친이 그리스 학문에 능통한 교사였던 듯싶다.

그는 그리스도인들을 잡으러 다메섹으로 가는 길에서 예수 그리스도를 만나 회심하게 된다(행 9:1~21). 이로써 비록 유대인이지만 상징적으로 셈족에게도 복음이 전해진다.

야벳족에게도 복음이 전해지는데, 로마 이달리야대의 백부장 고넬료가 베드로를 통해 구원을 받는다(행 10:1~48). 여기서는 그로부터 시작된 로마교회의 기원을 살펴보고자 한다.

"이 후에 바울이 아덴을 떠나 고린도에 이르러 아굴라라 하는 본도에서 난 유대인 하나를 만나니 글라우디오가 모든 유대인을 명하여 로마에서 떠나라 한 고로 그가 그 아내 브리스길라와 함께 이달리야로부터 새로 온지라 바울이 그들에게 가매 업이 같으므로 함께 거하여 일을 하니 그 업은 장막을 만드는 것이더라"(행 18:1~3).

이 기록을 보면, 아굴라가 그리스도인으로 개종했다든가 바울의 전도를 받았다는 사실을 언급하지 않고, 바울을 만났을 때 이미 그리스도인이었다고 말한다. 그럼 누가 그에게 복음을 전했을까?

로마의 4대 황제인 글라우디오(클라우디우스)가 로마에 사는 유대인들에게 추방령을 내린 사건이 있었다. 수에토니우스가 카이사르로부터 도미티아누스까지 이르는 12명의 황제에 대하여 기록한 **《황제전》**에 따르면, 이 칙령이 발표된 때가 A.D. 49년이었다. 이때 그들 중 약 2만 5천 명의 유대인이 고린도로 이주하였다. 추방령은 글라우디오 황제가 사망한 A.D. 54년에 풀렸다.

"크레스투스(Crestus)에 의해 미혹되어 끊임없이 소요를 일으키는 유대인들을 그(황제)는 로마에서 추방했다."(클라우디우스에 대한 보도 25장 4절)

사실 유대인 추방령이 처음 있는 일은 아니었다. 디베료(티베리우스) 통치 때인 A.D. 19년에도 사회 불안을 초래했다는 이유로 로마에 사는 유대인을 이탈리아 밖으로 추방했던 전례가 있었다. 수에토니우스가 말한 크레스투스는 그리스도인을 뜻하는데, 이를 볼 때 이미 그 당시에 로마에는 상당수의 그리스도인들이 있었음을 알 수 있다. 그리스도교를 몰랐던 글라우디오는 정통 유대인이 유대인과 이방인으로 구성된 그리스도인과의 사이에서 자주 소요 사태를 일으키자, 그 책임을 물어 모든 유대인을 이탈리아 밖으로 추방했던 것이다.

따라서 A.D. 49년 이후에 아굴라와 브리스길라는 로마 황제 글라우디오가 내린 추방령에 의해 로마를 떠나 고린도에 왔다가 사도 바울을 만났으며, 그 이전에 그들은 이미 그리스도인이었다(행 18:1~3).

교회사에서는 전통적으로 베드로에 의해 로마에 복음이 전해졌다고 믿고 있으며, 그래서 가톨릭에서는 그를 초대 교황으로 모시고 있다. 그런데 그가 A.D. 49년 이전에 로마에 갔다는 기록은 어디서도 찾아볼 수 없다. 그는 베드로전서를 시작하면서 본도, 갈라디아, 갑바도기아, 아시아와 비두니아에 흩어진 교회에게 이 서신을 보낸다고 했는데(벧전 1:1), 이는 그의 전도 지역이 소아시아 지역이었다는 것을 알려준다. 또한 사도 바울이 아굴라와 브리스길라를 만나기 전 소아시아 지역에서 복음을 전하려 했을 때, 성령이 이를 막아 브루기아와 갈라디아로 발길을 돌렸고, 비두니아로 가려는 발길도 예수의 영이 허락하지 않았는데(행 16:6~7), 이것은 이미 이곳에 베드로가 기반을 잡고 있었기 때문일 것이다.

사도 바울 역시 그 행적이 사도행전에 고스란히 기록되어 있기 때문에 로마에 복음을 전했던 당사자는 아니었다. 즉 로마교회의 시작은 바로 고넬료로부터 시작되었다.

이 고넬료를 이해하기 위해서는 로마군단의 편제를 알아야 한다. 로마군단(Legion)은 로마시민으로만 편성되었다. 1개의 군단은 10개 대대(Cohort)로 편성되며(성경에서는 그 지휘관을 천부장이라 칭했다), 1개 대대에는 6개의 백인부대(Centuria)가 있었다. 1개의 백인부대는 100명이 아니라 80명의 병사로 구성되었다. 다만 제1대대의 경우에는 1개의 백인부대가 160명으로 구성되었다. 성경에 천부장으로 기록된 대대장은 천 명을 거느린 장교가 아니라 실제로는 6개의 백인대(480명, 제1대대인 경우에는 960명)를 지휘하는 장교였다. 따라서 1개 군단은 10개의 보병대대(5,280명)와 기병대, 기술대, 의무대 등 여타 지원 병력까지 합하여 약 6천여 명으로 구성되어 있었다. 또한 1개의 로마군단에는 동일한 규모의 보조병(아욱실리아)이 있었는데, 로마시민이 아닌 속주민으로 편성된 부대였다. 따라서 군단장(Legatus)이 지휘하는 병력은 1만 2천 명이었다. 이 당시 로마에는 25개 군단, 30만 명의 병력이 제국의 전역에 흩어져 있었다.

신약성경에 나오는 백부장은 백인부대를 이끄는 초급 장교로, 정상적인 경우 군대에서 15년 이상의 전투 경험을 쌓은 노련한 병사만이 올라갈 수 있는 최고의 자리였다. 다만 귀족의 자제들은 각 대대의 수석백인부대장이나 대대장(천부장)으로 바로 들어갔는데, 그것은 향후 정치적 입지를 확보하기 위해서 반드시 군무를 거쳐야 했기 때문이었다.

사도행전에는 2개의 로마부대 이름이 나온다. 하나는 고넬료가 백부장으로 있었던 이달리야대이고(행 10:1), 하나는 율리오(율리우스)가 백부장으로 있던 아구사도대(아우구스투스 군단)이다(행 27:1). 아우구스투스 군단은 아우구스투스에 의해 창설되어 로마 역사에서 찾아볼 수 있지만, 이달리야 군단은 훗날에도 존재하지 않은 명칭이었다. 물론 훗날 네로 황제에 의해 창설된 이탈리카 군단이 있지만, 성경에 나오는 이달리야대와는 명칭도 다르고, 먼 모에시아 지방, 지금의 발칸반도가 그들의 근무지였다. 따라서 성경에 나오는 이달리야대는 이탈리카 군단이 아니었다.

유대 땅은 시리아 총독 관할이었고, 시리아 총독은 4개의 로마군단과 함께 동일한 규모의 보조부대를 그의 임지 내에 주둔시키고 있었다. 유대인은 카이사르에 의해 군복무가 면제되었던 덕분에 이 당시의 보조병은 헬라인으로만 구성되었다. 또한 카이사르 때부터 유대전쟁이 있기 전까지 유일신을 섬기는 유대인들을 자극하지 않기 위해, 유대장관의 관할인 예루살렘을 포함한 유대와 사마리아 땅에는 로마의 정식 군단병이 상주하지 않았고, 유대장관의 임지인 가이사랴와 갈릴리 가버나움에만 치안을 담당한 보조병들이 주둔했다[가이사랴는 로마 황제인 카이사르 아우구스투스(가이사 아구스도)에게 바치기 위해 지어진 지명이었다]. 그런데 헤롯 아그립바 1세의 통치 때 황제의 근위대 1개 대대(이달리야대)와 시리아 총독 관할 4개 군단에서 1개 대대씩 차출한 정규군 4개 대대가 가이사랴에 주둔했다(1개 대대의 근위대는 1천 명으로 구성되어 있다). 고넬료가 바로 이때 가이사랴에 주둔했던 근위대 소속 대대의 백부장이었다.

무슨 일이 일어났기에 로마가 이곳에 정규군을 배치한 것일까?

이 당시 로마 황제는 글라우디오(클라우디우스)였다. 그는 칼리굴라(가이우스)를 암살한 근위대에 의해 갑자기 추대되었다. 그는 칼리굴라의 숙부였고, 50세(재위 A.D. 41~54)가 되어 황제로 끌려 나왔다. 그는 절름발이에 볼품이 없었으며, 그때가 되도록 정치에는 관심이 없고, 역사 연구와 저술에만 전념했던 사람이었다. 따라서 황제로 끌려왔다는 표현이 적절했다.

그리고 이때 유대를 통치한 사람은 헤롯 아그립바 1세였다(재위 A.D. 41~44, 행 12:1). 그는 예수님의 탄생을 방해하기 위해 2세 이하의 어린아이를 죽였던 헤롯대왕의 후손으로서 글라우디오 황제에 의해 그동안 총독이 다스렸던 유대 지방의 분봉왕에 책봉되었다. 또한 그는 어려서 볼모로 잡혀와 있었던 덕분에 칼리굴라 황제의 친구였고, 뒤를 이은 글라우디오 황제와도 잘 아는 사이였다. 로마제국은 항상 피지배국의 왕자를 볼모로 데려와 상류층과 어울리도록 배려했다.

이 당시 동방에서는 골치 아픈 문제들이 발생하고 있었다. A.D. 38년에 알렉산드리아에서는 유대인과 헬라인 간 대립으로 폭동이 발생하여 도시가 황폐화되었고, A.D. 40년 유대에서도 유대인과 헬라인 간 대립으로 칼리굴라에게 바쳐진 제단을 유대인이 부수는 일이 발생하였다. 화가 난 칼리굴라는 시리아 총독 페트로니우스에게 예루살렘 성전에 유피테르(제우스) 신전을 세우라고 명령했지만, 총독이 태업으로 저항하는 동안 칼리굴라가 암살당한다. 이처럼 동방에서는 유대인과 그리스인 간의 충돌이 재발할 수 있어 일촉즉발의 사태에 직면해 있었다.

또한 헤롯 아그립바 1세는 글라우디오와의 친분을 과시하며 제멋대로 행동하였다. 아마도 상대가 심약한 글라우디오이다 보니 자기 마음대로 할 수 있다고 생각했는지도 모른다. 헤롯대왕이 죽은 뒤 카이사르 아우구스투스가 예루살렘 성벽 공사를 중지시켰지만, 그는 마음대로 성벽을 다시 짓기 시작했다. 이것을 안 시리아 총독은 단호하게 성벽을 파괴하라고 명령했다.

이에 헤롯 아그립바 1세는 두로와 시돈 지방의 지도자들이 식량원조 문제 때문에 자신에게 화친을 요청해 온 것을 기회로 로마 제국 동방에 있는 모든 왕들을 회의에 초대했지만, 이것도 시리아 총독의 보고를 받은 글라우디오의 엄중한 경고로 실현되지 못하였다. 이에 그는 가이사랴의 노천극장에서 군중집회를 개최하여 은으로 만든 옷을 입고 나타났다. 군중들은 그를 신이라 부르며 환호했지만, 갑자기 위장에 통증을 느낀 그는 그로부터 5일 후에 숨을 거둔다. 왕위에 오른 지 3년 만인 A.D. 44년이었다. 이것은 사도행전 12장에 기록된 내용과도 일치한다(행 12:20~23).

헤롯 아그립바 1세의 아들은 너무 어렸기 때문에 글라우디오는 유대인 왕을 내세워 유대 지역을 다스리는 것을 단념하였다. 그리하여 글라우디오는 쿠스피우스 파두스와 티베리우스 알렉산더를 차례로 유대 장관으로 파견하여 시리아 총독 관할하에 두었다. 그리고 A.D. 50년에 그의 아들인 헤롯 아그립바 2세를 다시 유대 왕으로 앉혔다. 그 후 A.D. 52년부터 헤롯 아그립바 2세를 갈릴리 인근 북부 유대 지역만 다스리도록 하였고, A.D. 66년까지 벨릭스(펠릭스), 베스도(페스투스), 알비누스, 플로루스로 이어지는 유대 장관들을 파견하여 나머지 지역을 다스렸다.

로마가 가이사랴에 근위대 1개 대대와 정규군 4개 대대를 파견한 것은 폭동을 일으켰던 알렉산드리아와 소요 사태를 일으켰던 유대 지방을 감시하고, 헤롯 아그립바 1세의 행동에 무언의 압력을 가하기 위해서였다. 로마의 25개 군단은 이미 각 지방의 수비를 담당하고 있어 부대의 재배치가 쉽지 않았고, 이집트에는 이미 정규군 2개 군단이 상주하고 있었기 때문에, 유대 지방에만 9개의 근위대대 중 1개 대대와 시리아 총독 관할의 4개 군단 중에서 1개 대대씩 파견하였다. 황제의 근위대는 대부분 라인강 군단에서 차출된 병사들이라 전투 경험이 풍부했다.

고넬료(코르넬리우스) 집안은 로마 건국을 주도한 최상위 귀족계급이었다. 한니발을 물리치고, 지중해를 로마의 호수로 만든 코르넬리우스 스키피오가 고넬료의 선조였을 만큼, 코르넬리우스(고넬료) 가문은 황제(가이사)의 집안인 율리우스(율리오) 가문에 버금가는 유력한 가문이었다. 로마군에서 백부장이 되기 위해서는 15년을 군대에서 근무해야 하지만, 귀족 가문인 고넬료는 처음부터 수석백인부대장으로 근위대에서 근무했을 것이다. 그 집안에 많은 사람들이 있고, 하인들이 있다는 것이 그가 로마의 유력한 집안이라는 것을 말해준다(행 10:7, 24).

고넬료는 분명 하나님을 모르는 이방인이었다. 그런데 하나님을 경외하였고, 백성을 많이 구제하였으며, 하나님께 항상 기도하는 사람이었다(행 10:2).

다신교를 믿었던 로마인이 어떻게 전능하신 하나님을 알게 되었을까?

그는 로마의 상류층으로 살면서 타락해 가는 로마와 가이사랴에서 하나님을 경외하며 경건하게 사는 유대인들을 보았을 것이다. 근위대에 의해 암살된 칼리굴라 황제는 타락의 극치를 달리고 있었으므로 로마인에 대한 환멸과 비례하여 유대인의 하나님에 대한 갈급함은 더욱 컸을 것이다. 더구나 칼리굴라 황제를 암살하고 글라우디오를 황제로 옹립한 근위대 대대장은 고넬료 집안의 코르넬리우스 사비누스였다(그는 황제를 죽인 대역죄인으로 자결을 명받고 명예롭게 순순히 따랐다). 그리하여 사도행전에 기록된 대로 항상 기도하면서 구제에도 힘썼던 그는 하나님의 계시를 받게 된다.

> "천사가 가로되 네 기도와 구제가 하나님 앞에 상달하여 기억하신 바가 되었으니 네가 지금 사람들을 욥바에 보내어 베드로라 하는 시몬을 청하라" (행 10:4~5).

베드로가 하나님의 지시를 받고 가이사랴에 이르렀을 때 감격하면서 그를 맞이하는 고넬료의 모습은 무척 감동적이다.

"고넬료가 일가와 가까운 친구들을 모아 기다리더니 마침 베드로가 들어올 때에 고넬료가 맞아 발 앞에 엎드리어 절하니 베드로가 일으켜 가로되 일어서라 나도 사람이라"(행 10:24~26).

"오셨으니 잘하였나이다 이제 우리는 주께서 당신에게 명하신 모든 것을 듣고자 하여 다 하나님 앞에 있나이다"(행 10:33).

이렇게 하여 고넬료와 그의 가족들과 친구들은 베드로의 강론을 듣게 되었고, 마침내 성령이 그들에게 임하여 방언을 말하고 하나님을 높이는 찬양이 온 집안에 가득하게 되었으며, 성령받은 모든 사람들이 세례를 받았다(행 10:34~38). 로마인이었던 그들이 라틴어나 공용어인 헬라어가 아니라 히브리어로 하나님을 찬양하였기 때문에 방언을 말했다고 기록한 듯싶다.

베드로를 통하여 복음을 들은 그와 가족들, 친구들은 헤롯 아그립바 1세의 죽음으로 유대 장관이 파견되자 이달리야대와 함께 로마로 복귀한다. 로마교회는 그들로부터 시작되어 상류층을 중심으로 엄청난 속도로 퍼져 나갔다. 복음이 상류층을 중심으로 뻗어나갔던 덕분에 더 빠른 속도로 번져갈 수 있었을 것이다. 그리하여 A.D. 44년부터 시작된 로마교회는 정통 유대인과의 여러 다툼을 야기했다. 이로 인하여 예수님을 반대하는 유대인이 그리스도인과 부딪혀 소요를 일으켰고, 이에 대한 책임을 물어 A.D. 49년에 모든 유대인을 로마에서 추방하기에 이르렀다.

고넬료에 의해 생성된 로마교회는 선한 일과 구제하는 일에는 열심이었으나, 성도 양육이 부족하여 올바른 교리에 서지 못했다. 사도 바울은 바나바와 함께 안디옥에서 유대인과 이방인으로 구성된 그리스도인을 1년간 가르쳤고(행 11:26), 데살로니가 유대인 회당에서는 세 안식일 동안(행 17:1~2), 고린도 유대인 회당에서는 1년 6개월 동안(행 18:11), 그리고 에베소에서는 무려 3년간이나 머물면서(행 20:31) 성도들의 양육에 힘을 쏟았다. 그런데 베드로는 겨우 수일을 머물면서 고넬료를 가르쳤을 뿐이었다. 하물며 로마에 사는 유대인 지도자들조차도 그리스도인들이 유대교와 달라 반대만 했지, 그 사상의 어떠함에 대해서는 전혀 모르고 있었다.

> "저희가 가로되 우리가 유대에서 네게 대한 편지도 받은 일이 없고 또 형제 중 누가 와서 네게 대하여 좋지 못한 것을 고하든지 이야기한 일도 없느니라 이에 우리가 너의 사상이 어떠한가 듣고자 하노니 이 파에 대하여는 어디서든지 반대를 받는 줄 우리가 앎이라 하더라"(행 28:21~22).

그랬기 때문에 사도 바울에 의해 기록된 로마서는 인류가 처음에 어떻게 하나님을 떠났고, 어떻게 죄가 들어왔는지, 그래서 하나님의 율법으로 심판 아래 놓인 인류의 죄가 얼마나 큰 것인지에 대해 이야기하면서 시작한다. 그리고 율법이 무엇이며 인류의 죄를 속죄하신 예수 그리스도는 누구인지, 어떻게 하면 구원을 받을 수 있는지, 영원한 속죄가 무엇인지 등을 설명하면서 이어간다. 또한 하나님의 말씀을 맡았던 유대인의 지위, 구원받은 그리스도인으로서 행하여야 하는 올바른 예배, 세상의 상전들에게 어떻게 처신해야 하는지, 교회 내에서 영적 수준이 다양한 성도들과의 관계 등을 아주 세세하게 가르치고 있다.

그렇게 로마서는 예배와 전도, 양육 등을 어떻게 해야 하는지 알려줄 뿐 아니라, 그리스도인으로서 교회 내에서 성도 간 어떤 사귐을 가져야 하고, 세상에 나가서는 어떻게 처신해야 하는지 등의 신앙생활의 기준을 자세히 정의하고 있다.

그래서 가장 위대한 제국의 심장에 보내졌던 이 서신은 후대의 사람들에게도 많은 영향을 끼쳤다. 베드로가 심고, 사도 바울이 물을 준 로마교회는 하나님의 역사하심으로 자라났다. 그리고 그 이면에는 로마로 돌아가 온 힘을 다해 복음을 전했던 고넬료의 수고가 있었다.

20

영원한 생명의 문, 예수 그리스도

"너희가 성경에서 영생을 얻는 줄 생각하고 성경을 상고하거니와 이 성경이 곧 내게 대하여 증거하는 것이로다"(요 5:39).

주 예수 그리스도는 창조주이시면서 세상에 내려와 극심한 고난을 받으시고 십자가에서 죽으셨으며, 부활하셨다. 무엇 때문에 예수님은 그와 같은 일을 행하셨을까? 이에 대하여 그리스도인들은 예수 그리스도께서 우리의 죄를 대신하여 십자가에서 죽으시고, 우리를 의롭다 하시기 위하여 부활하셨다고 대답한다(롬 4:25). 정확하지만 너무도 막연한 답변이다. 내가 어떤 죄를 지었기에 예수님이 오셔야 했고, 2천 년 전에 죽은 예수님이 내 죄와 무슨 상관이 있는지 등 아주 막연하기 그지없으며, 영생(영원한 생명)의 의미도 너무나 모호하다.

예수님은 세상에 오셨을 때, **"내가 곧 길이요 진리요 생명이니 나로 말미암지 않고는 아버지께로 올 자가 없느니라"**(요 14:6)라고 하여 영생의 길은 자신밖에 없다고 하셨다. 따라서 우리는 성경의 주제인 영생이 무엇이며, 그것이 어떻게 예수 그리스도와 연관되는지 구체적으로 살펴보면서 창조주의 섭리를 이해해야 한다.

1,600여 년이라는 긴 세월 동안 40여 명의 저자들이 기록한 구약 39권, 신약 27권에는 수많은 인물들의 삶과 사건들, 그리고 시와 예언들이 서술되어 있지만, 그 핵심주제는 영원한 생명이며, 그 중심에는 예수 그리스도가 있다. 또한 배열도 역사적으로 순서가 어긋난 것처럼 보이지만, 하나님이 정하신 순서는 영원한 생명의 창조, 소멸, 회복에 맞추어져 있다.

하나님은 이 세상을 창조하실 때 불완전하게 창조하신 것이 아니라 완전하게 창조하셨다. 완전한 창조란 한 번 창조된 것이 사라지지 않고 영원히 존재하는 것을 말한다. 그런데 그 완전한 창조를 불완전하게 흩어 버린 존재가 있었는데, 바로 기름부음을 받아 하나님의 보좌를 덮었던 그룹이었다(겔 28:14, 16). 그는 하나님의 보좌에 있던 다섯 그룹 중 가장 뛰어난 존재였기에 루시퍼(Lucifer)라는 이름도 가지고 있었다(사 14:12). 그러나 그는 하나님과 비기려 하여 하나님의 보좌에서 쫓겨났다. 아마도 그는 하나님이 세상을 창조하신 둘째 날 쫓겨났을 것이다. 왜냐하면 그날만 하나님이 보시기에 좋았더라는 말씀이 없기 때문이다.

성경 첫 장이 지나고 두 번째 장에 이르면 선과 악의 지식나무(선악을 알게 하는 나무)가 나오는데, 많은 사람들이 걸려 넘어지는 부분이다. 그들은 한결같이 **'왜 전지전능하신 하나님이 나약한 인간이 지킬 수 없다는 것을 아셨으면서도 선과 악의 지식나무를 만드셨을까?'** 라고 생각한다. 그리고 대부분이 여기에 걸려 더는 전진하지 못한다.

그리스도인들은 하나님이 인간에게 주신 자유의지로 하나님을 섬기도록 하기 위해서라고 대답한다. 그러나 그 대답은 항상 원점으로 돌아가게 되어, 사람들은 자유의지를 주셨으면 선과 악의 지식나무라는 함정도 파지 말았어야 한다고 주장한다. 결국 사람들은 자기들이 원하지도 않았는데 하나님이 맘대로 탄생시켜 지킬 수 없는 법으로 옭아맨 후 지옥으로 보낸다고 억지를 부린다. 그래서 이것으로 전능하신 하나님을 공격하는 무기를 삼는다. 하다못해 하나님을 믿는 성도라는 사람들조차도 **'왜 선과 악의 지식나무를 만들어서 쓸데없는 논쟁거리를 만들었을까?'**라는 의문을 품는다.

초대 교회 때부터 지금까지 이에 대해 수많은 논쟁이 있어 왔기에 여기에 대하여 아무리 완벽하게 대답할지라도 모든 사람들을 납득시킬 수는 없다. 그럼에도 영원한 생명을 설명하기 위해서는 부득불 생명나무와 선과 악의 지식나무에 대하여 언급해야 할 듯하다.

> "여호와 하나님이 그 땅에서 보기에 아름답고 먹기에 좋은 나무가 나게 하시니 동산 가운데에는 생명나무와 선악을 알게 하는 나무[선과 악의 지식나무]도 있더라"(창 2:9).

하나님은 최초의 인간에게 단 한 가지 법을 주셨는데, 그것은 선과 악의 지식나무 실과를 먹지 말라는 것이었다. 하나님은 아담에게 모든 것을 다 할 수 있으나 오직 선과 악의 지식나무 실과는 먹지 말라고 하셨으며, 그것을 먹는 날에는 반드시 죽을 것이라고 말씀하셨다(창 2:16~17). 아담과 하와는 하나님의 명령을 잘 준행하였다. 만약 사탄이 없었으면 그들은 하나님의 동산에서 아들 딸 많이 낳고 영원히 잘 살았을 것이다.

그런데 간교한 사탄이 뱀의 형상으로 나타나 하와를 꾀었다. 뱀으로 나타난 루시퍼는 이때 그의 본색과 불의를 드러냈던 것이다(겔 28:13~16). 그는 하나님의 명령을 직접 받지 않았던 하와를 꾀어 선과 악의 지식나무 앞으로 인도하여 그 실과를 먹게 한다.

하나님이 분노하셨던 것은 하나님과 사랑을 나누도록 창조하신 사람이 사탄을 추종했다는 것이었다. 하나님은 질투하시는 하나님이다(출 20:5; 신 4:24, 5:9; 수 24:19). 사랑이 없으면 질투도 없다. 하나님의 질투와 분노는 하나님의 유일한 사랑이 하나님이 하지 말라고 한 단 하나의 법도 지키지 못하고 하나님의 보좌에서 쫓겨난 사탄의 꾐에 빠진 것 때문이었다.

요즘 많은 사람들이 애완견을 반려동물이라 하며 자식처럼 키우고 있다. 그들이 애완견을 키우면서 바라는 것은 무엇일까? 그냥 잘 먹고 죽지 않고 건강하게 자라라는 것밖에는 없을 것이다. 다만 한 가지, '너를 무척이나 사랑하고 있으니, 내가 너의 주인이라는 것만 알아달라'고 할 것이다. 내가 이렇게 사랑하고 있음에도 다른 사람이 맛있는 먹이를 준다고 그에게 꼬리를 치고 따라가면 그것만큼 서운한 일이 없을 것이다. 물론 세상에 주인 혼자만 있다면 애완견은 선택의 여지가 없기 때문에 주인만 사랑할 것이다. 같은 이치로 아담도 사탄이 없었으면 당연히 하나님만 사랑했을 것이다. 그런데 안타깝게도 거기에는 이미 사탄이 있었기에 하나님은 사람이 창조주를 더 사랑하는지 점검할 수 있는 그 무언가가 필요했던 것이다.

하나님이 분노하신 이유를 이해할 수 있겠는가? 잘 이해되지 않더라도 좀더 계속해서 살펴보자.

하나님은 사탄의 꾐에 빠져 선과 악의 지식나무 실과를 먹은 아담과 하와에게 가죽옷을 지어 입히시고 동산에서 내쫓으셨다. 가죽옷을 지어 입히신 것은 이미 그들의 죄를 덮으셨다는 것을 의미한다. 그러나 **"이 사람이 선악을 아는 일에 우리 중 하나같이 되었으니 그가 그 손을 들어 생명나무 실과도 따먹고 영생할까 하노라"**(창 3:22)라고 하신 것처럼 죄의 몸으로 영생해서는 안 되기 때문에 그 길을 막으셨던 것이다. 그래서 동산 동편에 두루 도는 화염검과 그룹들을 두어 생명나무의 길을 지키게 하셨다.

성경은 생명책이다. 그냥 생명이 아니라 영원한 생명에 관한책이다.

성경은 하나님이 천지를 창조하시고 '좋았더라'라고 말씀하셨다고 기록하고 있다. 더구나 사람을 창조하신 여섯째 날에는 '심히 좋았더라'라고 하셨다고 기록되어 있다. 그런데 아담의 범죄 이후 하나님의 안식은 깨어졌고, 성경은 죽음의 책이 되어 버렸다.

"하나님이 사람을 창조하실 때에 하나님의 형상대로 지으시되"(창 5:1).

"아담이 일백삼십 세에 자기 모양 곧 자기 형상과 같은 아들을 낳아"(창 5:3).

하나님은 하나님의 형상을 따라 완전한 아담을 창조하셨는데, 죄가 들어온 후에 불완전한 아담은 하나님의 형상이 아닌 자기 형상, 즉 죄의 형상으로 아들을 낳았던 것이다. 그래서 이어지는 후손들의 족보에서 그들은 결국 죽음으로 끝을 맺게 된다.

"아담이 셋을 낳은 후 팔백 년을 지내며 자녀를 낳았으며 그가 구백삼십 세를 향수하고 죽었더라…라멕이 노아를 낳은 후 오백구십오 년을 지내며 자녀를 낳았으며 그는 칠백칠십칠 세를 향수하고 죽었더라"(창 5:4~31).

그들이 비록 천 년의 세월을 살았을지는 모르지만, 그 세월과 상관없이 그들의 결국은 **'죽었더라'**였다. 성경을 기록하게 하신 하나님의 의도는 이처럼 명확하다.

"동산 각종 나무의 실과는 네가 임의로 먹되 선악을 알게 하는 나무의 실과는 먹지 말라 네가 먹는 날에는 정녕 죽으리라"(창 2:16~17)라는 단 하나의 법은 인간을 죽음으로 내몰았고, 그 후 모세가 받은 율법으로도 인간을 살리지 못했다. 선과 악의 지식나무 실과를 먹음으로 인간은 지식을 쌓아 선과 악을 스스로 판단하여 뭐든지 할 수 있다고 생각하게 되었다. 그것은 사탄이 인간을 꾈 때 심어준 생각이었다. 사탄은 그 열매를 먹으면 눈이 밝아져 하나님과 같이 될 것이라고 하와를 꾀었던 것이다(창 3:5). 그래서 인간은 많은 지식을 쌓아 업적을 남겼으며, 이제는 생명을 연장할 수 있는 단계에까지 이르렀다. 아무리 그렇다 할지라도 아담 안에서 태어난 사람의 결국은 죽음이다. 인간은 생명에 관해서는 아무것도 할 수 없으며, 스스로 독립하여 살아갈 수 없다. 생명은 창조주께 속한 것이기 때문이다.

율법 역시 인간이 스스로 뭔가를 이룰 수 있다고 생각하게 만든다. 그 모든 것이 선과 악의 지식나무 열매에서부터 나온 것이다. 그래서 율법은 죽음의 법이다. 바울은 율법의 핵심이라 할 수 있는 십계명을 돌에 써서 새긴 죽게 하는 의문의 법이라고 하였다(고후 3:7).

율법에 대하여 더 구체적으로 말하기를, **"무릇 율법 행위에 속한 자들은 저주 아래 있나니 기록된바 누구든지 율법책에 기록된 대로 온갖 일을 항상 행하지 아니하는 자는 저주 아래 있는 자라 하였음이라"**(갈 3:10)라고 하여 생명에 들어가기 위해서는 율법책에 기록된 대로 온갖 일을 항상 행해야 한다고 하였다. 그래야만 살 수 있다는 것이다. 그러나 그러한 삶은 아주 피곤하며 도저히 지속될 수 없다. 그렇게 힘든 것이 율법인데 이스라엘은 그 율법을 받을 때 인간의 노력으로 그것을 지킬 수 있다고 생각하였다. 그래서 그들은 시내광야에서 율법을 받기 전 세 번이나 **"여호와의 명하신 대로 우리가 다 행하리이다"**라고 다짐했었던 것이다(출 19:8, 24:3, 7). 그러나 그것은 하나님이 원하신 대답이 아니었다. 하나님이 원하신 대답은 **"저희들은 주의 법이 너무 엄격하고 무서워 지킬 수 없는 존재들이니 오직 여호와의 은혜만 바랄 뿐입니다"**였다. 하나님은 그 당시 어떠한 심정이었는지 예레미야를 통하여 이같이 말씀하셨다.

> "대저 내가 너희 열조를 애굽 땅에서 인도하여 낸 날에 번제나 희생에 대하여 말하지 아니하며 명하지 아니하고 오직 내가 이것으로 그들에게 명하여 이르기를 너희는 내 목소리를 들으라 그리하면 나는 너희 하나님이 되겠고 너희는 내 백성이 되리라 너희는 나의 명한 모든 길로 행하라 그리하면 복을 받으리라 하였으나 그들이 청종치 아니하며 귀를 기울이지도 아니하고 자기의 악한 마음의 꾀와 강퍅한 대로 행하여 그 등을 내게로 향하고 그 얼굴을 향치 아니하였으며"(렘 7:22~24).

예수님도 어떤 율법사가 와서 영생에 대하여 물었을 때 **"율법에 무엇이라 기록되었으며, 네가 어떻게 읽느냐?"**라고 반문하셨다. 사람들은 율법에 무엇이라 기록되었는지에만 관심을 갖는데, 질문의 초점은 그 율법을 어떻게 읽느냐는 것이었다(눅 10:26). 예수님이 원하신 것은 **"하나님의 엄격한 율법은 지킬 수가 없으니, 그저 은혜만 바랄 뿐입니다"**라는 대답이었다. 율법이 육신으로 말미암아 연약하여 할 수 없는 그것을 하나님이 하시기 때문이다(롬 8:3).

그럼 율법이 죽게 하는 의문의 법이기 때문에 불의한가? 사도 바울은 이렇게 기록하였다.

> "그런즉 우리가 무슨 말 하리요 율법이 죄냐 그럴 수 없느니라 율법으로 말미암지 않고는 내가 죄를 알지 못하였으니 곧 율법이 탐내지 말라 하지 아니하였더면 내가 탐심을 알지 못하였으리라"(롬 7:7).

그러면 다시 앞으로 돌아가서 하나님이 선과 악의 지식나무를 주신 것이 잘못인가?

그렇지 않다. 선과 악의 지식나무가 없었으면 하나님은 사람이 얼마나 자신을 사랑하는지 확인하실 방법이 없다. 하나님은 인간을 위해 온갖 것을 다 허락하시고, 오직 단 한 가지 선과 악의 지식나무 열매만 먹지 말라고 말씀하셨다. 거기에는 이미 하늘에서 쫓겨난 사탄이 숨어 들어와 있었기 때문이었다. 그래서 하나님도 아담을 에덴동산으로 이끌어 오시며 다스리고 지키라고 명령하셨던 것이다(창 2:15). 선과 악의 지식나무는 인간이 하나님을 따르는지, 아니면 사탄을 따르는지 확인할 수 있는 유일한 감지기였다. 사탄이 없었으면 그러한 장치는 필요 없었을 것이다. 그래서 사탄이 갇힌 영원한 세상에는 오직 생명나무만 있는 것이다.

하나님이 인간에게 원하신 것은 크고 엄청난 것이 아니었다. 그냥 그 나무의 실과만 먹지 말라는 것이었다. 그게 지극히 어려운 일인가? 그런데도 인간은 사탄의 꾐에 쉽게 넘어갔다. 사람들에게 생명이신 예수 그리스도를 그렇게 전해도 믿지 않는 것은 그들이 사탄에게 붙잡혀 있기 때문이다. 예수 그리스도를 믿는 것은 철부지 어린아이도 할 수 있는 지극히 쉬운 일임에도 사탄이 그 길을 막고 인간들 스스로 구원할 수 있다고 꾀기 때문이다. 그렇게 아담의 범죄 이후로 계속 이어지는 구약의 말씀들은 암울한 저주와 죽음으로 가득 차 있다. 선지자들은 구약성경 곳곳에서 하나님의 진노와 심판을 예언했다. 그래서 구약은 죽음의 책인 것이다.

그런데 죽음의 책이라 할 수 있는 구약의 맨 끝, 마지막 장, 마지막 절에서 생명나무의 길을 여는 근본적인 길이 있음을 암시하는 말씀이 나온다.

> "그가 아비의 마음을 자녀에게로 돌이키게 하고 자녀들의 마음을 그들의 아비에게로 돌이키게 하리라 돌이키지 아니하면 두렵건대 내가 와서 저주로 그 땅을 칠까 하노라"(말 4:6).

드디어 뭔가 희망이 보이지 않는가? 누군지 모르지만 드디어 하나님의 마음을 인간에게로, 인간의 마음을 하나님께로 연결해 주시는 분이 오신다는 말씀으로 희망을 전하고 있다. 만약 성경이 구약으로 끝을 맺고, 또한 이 마지막 말씀이 없었더라면 성경은 죽음의 책에 불과했을 것이다. 이 말씀으로 인하여 구약성경은 살아났으며, 그래서 성경이야말로 참 하나님의 말씀이라는 것을 증명하게 된다. 정말 기가 막힌 배열이 아닌가!

신약성경 첫 장을 펴보면 바로 **"아브라함과 다윗의 자손 예수 그리스도의 세계라"**(마 1:1)라고 하면서 시작한다. 내가 어떻게 해보려고 노력해도 생명나무의 길을 열 수 없었던 죽음의 책을 보다 보니 마지막에 누가 와서 아비의 마음을 자녀에게로 돌이키게 하고, 자녀들의 마음을 아비에게로 돌이키게 하겠다고 하셨다. 그런데 신약성경을 펼치자마자 바로 그분, 예수 그리스도를 소개하는 말씀이 나온다. 그가 누구이기에 신약성경 첫 장에서 하나님과 인간을 연결해 주는 중매쟁이로 소개하는 것인가? 그리고 그의 족보에 대한 이야기가 끝나자마자 성경이 뭐라고 말씀하는가?

> "아들을 낳으리니 이름을 예수라 하라 이는 그가 자기 백성을 저희 죄에서 구원할 자이심이라"(마 1:21).

죄로 말미암아 사망이 왔는데, 그가 인간을 죄에서 구원하여 생명을 주시겠다고 선언하셨다.

창세기 5장에 기록된 족보와 마태복음 1장에 기록된 족보를 대조해 봐도 아주 극명하게 차이가 나는 것을 볼 수 있다. 구약의 첫 성경인 창세기 5장의 족보에 기록된 선조들은 죽음으로 끝나는데, 신약의 첫 성경인 마태복음 1장의 족보에는 죽음에 대한 이야기가 없다.

"아브라함이 이삭을 낳고 이삭은 야곱을 낳고…야곱은 마리아의 남편 요셉을 낳았으니 마리아에게서 그리스도라 칭하는 예수가 나시니라"(마 1:2~16).

그들은 백 년도 살지 못했지만, 거기에는 죽음에 대한 이야기가 의도적으로 빠져 있다. 구약이 산 영인 첫 사람 아담으로부터 시작되었음에도 그의 범죄함으로 인하여 그와 함께 모든 사람이 죽었지만, 신약에 이르러 살려주는 영인 마지막 아담 예수님으로 인하여 그 안에 있는 모든 사람이 살아났다(고전 15:22, 45).

"사망이 사람으로 말미암았으니 죽은 자의 부활도 사람으로 말미암는도다 아담 안에서 모든 사람이 죽은 것같이 그리스도 안에서 모든 사람이 삶을 얻으리라"(고전 15:21~22).

"첫 사람 아담은 산 영이 되었다 함과 같이 마지막 아담은 살려주는 영이 되었나니"(고전 15:45).

신약성경은 그렇게 점차적으로 생명의 길을 제시하면서 요한복음에 와서 절정에 이른다. 그리하여 예수님이 온통 생명 그 자체라고 선언한다.

"내가 진실로 진실로 너희에게 이르노니 내 말을 듣고 또 나 보내신 이를 믿는 자는 영생을 얻었고 심판에 이르지 아니하나니 사망에서 생명으로 옮겼느니라"(요 5:24).

"너희가 성경에서 영생을 얻는 줄 생각하고 성경을 상고하거니와 이 성경이 곧 내게 대하여 증거하는 것이로다"(요 5:39).

"하나님의 떡은 하늘에서 내려 세상에게 생명을 주는 것이니라"(요 6:33).

"나는 부활이요 생명이니 나를 믿는 자는 죽어도 살겠고 무릇 살아서 나를 믿는 자는 영원히 죽지 아니하리니"(요 11:25~26).

"내가 곧 길이요 진리요 생명이니 나로 말미암지 않고는 아버지께로 올 자가 없느니라"(요 14:6).

이처럼 요한복음은 생명에 대한 메시지로 가득 차 있고, 생명 그 자체이신 분이 바로 예수 그리스도라는 것을 명확하게 제시하고 있다. 사도 바울은 그의 서신서를 통해 생명나무의 길에 이르는 방법을 아주 구체적으로 알려주고 있다.

"율법이 육신으로 말미암아 연약하여 할 수 없는 그것을 하나님은 하시나니 곧 죄를 인하여 자기 아들을 죄 있는 육신의 모양으로 보내어 육신에 죄를 정하사 육신을 좇지 않고 그 영을 좇아 행하는 우리에게 율법의 요구를 이루어지게 하려 하심이니라"(롬 8:3~4).

"그러면 이제 우리가 그 피를 인하여 의롭다 하심을 얻었은즉 더욱 그로 말미암아 진노하심에서 구원을 얻을 것이니 곧 우리가 원수 되었을 때에 그 아들의 죽으심으로 말미암아 하나님으로 더불어 화목되었은즉 화목된 자로서는 더욱 그의 살으심을 인하여 구원을 얻을 것이니라"(롬 5:9~10).

아담의 범죄 이후 생명나무의 길이 막혔으나, 예수님이 세상에 오셔서 생명나무의 길을 다시 여셨다. 첫 사람 아담에게 **"동산 각종 나무의 실과는 네가 임의로 먹되 선악을 알게 하는 나무의 실과는 먹지 말라 네가 먹는 날에는 정녕 죽으리라"**(창 2:16~17)라고 하셨지만, 마지막 아담인 예수님이 **"내 아버지여 만일 할만하시거든 이 잔을 내게서 지나가게 하옵소서"**(마 26:39)라고 간구하셨을 때, 아담 안에서 죽은 모든 사람을 살리기 위하여 성부 하나님은 그 잔을 마시고 죽으라고 하셨다. 즉 아담 안에서 모든 사람이 사망했는데, 예수님이 아담 안에서 사망한 모든 사람의 죄를 대신하여 십자가 형벌을 받음으로써 그 사망의 저주를 푸셨고, 그 약속의 보증이 되기 위해 부활하셨다(롬 4:25). 그리하여 예수님 안에 있는 모든 사람이 생명을 얻었다(고전 15:22).

예수님은 이제 생명나무의 길을 여시기 위해 사탄과 마지막 전쟁을 치르실 것이다. 사탄이 살아 활동하면 생명나무의 길을 다시 막아야 하는 사태에 이를지 모르기 때문이다. 세상 마지막에 있을 사탄과의 전쟁은 실제 생명나무의 길을 열기 위한 전쟁이다(계 20:7~10). 예수님은 사탄과의 전쟁에서 승리하신 후, 그룹과 화염검으로 막았던 생명나무의 길을 다시 여실 것이다. 모든 피조물이 함께 회복될 것이며, 하나님의 창조는 다시 완전함에 이를 것이다(롬 8:19~23).

> "강 좌우에 생명나무가 있어 열두 가지 실과를 맺히되 달마다 그 실과를 맺히고 그 나무 잎사귀들은 만국을 소성하기 위하여 있더라 다시 저주가 없으며 하나님과 그 어린 양의 보좌가 그 가운데 있으리니"(계 22:2~3).

이처럼 그곳에는 더는 사탄이 없기 때문에 생명나무만 있고, 선과 악의 지식나무는 찾아볼 수 없다. 이제 성경은 생명나무로 향하는 길을 다시 막지 말라는 경고로 끝을 맺는다.

"내가 이 책의 예언의 말씀을 듣는 각인에게 증거하노니 만일 누구든지 이것들 외에 더하면 하나님이 이 책에 기록된 재앙들을 그에게 더하실 터이요 만일 누구든지 이 책의 예언의 말씀에서 제하여 버리면 하나님이 이 책에 기록된 생명나무와 및 거룩한 성에 참예함을 제하여 버리시리라" (계 22:18~19).

이 말씀은 작게 보면 요한계시록 자체를 두고 하신 말씀이지만, 크게 보면 바로 생명나무이신 예수 그리스도께로 향하는 길을 막는 자에 대한 경고이며 저주이다. 구약성경의 마지막 말씀이 희망을 전할 때(말 4:6), 신약성경의 마지막 말씀은 역설적으로 저주를 전하고 있다(계 22:18~19). 참으로 기막힌 대조가 아닐 수 없다.

하나님이 사람을 창조하시고 아담에게 모든 것을 다 허락하셨지만 오직 단 하나 선과 악의 지식나무 실과만 먹지 말라는 법을 주셨듯이, 이제 육신으로 그 모든 율법을 완성하신 예수님도 사람들에게 단 하나의 법만 주셨다. 하나님은 이것을 **'생명의 성령의 법'**이라고 말씀하시며, 그에 대한 죄만 심판하겠다고 하셨다. 창조주께서는 오직 우리에게 양자택일만 하라고 하셨다. 믿고 구원을 받든지, 아니면 거절하고 형벌을 받든지.

"그러므로 이제 그리스도 예수 안에 있는 자에게는 결코 정죄함이 없나니 이는 그리스도 예수 안에 있는 생명의 성령의 법이 죄와 사망의 법에서 너를 해방하였음이라"(롬 8:1~2).

"그가 와서 죄에 대하여, 의에 대하여, 심판에 대하여 세상을 책망하시리라. 죄에 대하여라 함은 저희가 나를 믿지 아니함이요"(요 16:8~9)

그 법에서는 생명을 얻기 위해 예수님 앞으로 나아오라고 말한다. 이 법은 어린아이도 실행할 수 있는 지극히 쉬운 법이다. 그러나 자아로 가득 찬 어른에게는 정말 어려운 법일지도 모른다.

> "너희 목마른 자들아 물로 나아오라 돈 없는 자도 오라 너희는 와서 사 먹되 돈 없이 값없이 와서 포도주와 젖을 사라 너희가 어찌하여 양식 아닌 것을 위하여 은을 달아 주며 배부르게 못 할 것을 위하여 수고하느냐 나를 청종하라 그리하면 너희가 좋은 것을 먹을 것이며 너희 마음이 기름진 것으로 즐거움을 얻으리라 너희는 귀를 기울이고 내게 나아와 들으라 그리하면 너희 영혼이 살리라 내가 너희에게 영원한 언약을 세우리니 곧 다윗에게 허락한 확실한 은혜니라"(사 55:1~3).

그러므로 왜 하나님이 선과 악의 지식나무를 만들어 인간이 범죄의 길을 가게 했는지 이해할 수 없다고 말하는 사람들은, 예수님을 믿지 않아도 모든 사람에게 영생을 줘야 한다고 억지를 부리는 사람들과 별반 다를 게 없다. 피조물이 조물주를 섬기는 것은 당연한 이치이며, 그 사랑에 대한 척도가 처음에는 선과 악의 지식나무 열매를 먹지 않는 것이었고, 지금은 율법을 통하여 죄인임을 깨닫고 생명이신 예수 그리스도를 나의 구세주로 믿고 구원받는 것이다.

> "오직 이것을 기록함은 너희로 예수께서 하나님의 아들 그리스도이심을 믿게 하려 함이요 또 너희로 믿고 그 이름을 힘입어 생명을 얻게 하려 함이니라"(요 20:31).

그러면 왜 예수님만이 유일한 구원의 문인가? 하나님이 모든 인간을 탄생시키셨으니 그냥 구원하여 영원한 세상으로 들어가게 하면 되지, 굳이 예수님을 거쳐야만 하는 이유가 무엇인가?

하나님은 **"범죄하는 그 영혼이 죽으리라"**(겔 18:4)라고 선언하셨으며, 그 범죄의 내용에 대해서도 율법에 자세히 기록하셨다. 그것은 율법을 통하여 모든 입을 막고 사탄을 포함한 온 세상을 하나님의 심판 아래 있게 하기 위함이었다(롬 3:19). 즉 이것은 하나님을 배반한 덮는 그룹인 사탄을 잡기 위한 일종의 덫이었다. 이것으로 하나님은 사탄을 붙잡아 영원한 불못에 집어넣을 명분을 얻었다. 그런데 그 불못에 사탄뿐 아니라, 그를 추종한, 즉 범죄한 인간까지 모두 들어가게 된 것이다. 모든 인간이 범죄한 아담 안에서 태어났기 때문에 사탄과 함께 영원한 불못으로 들어갈 운명에 처해졌다. 이 영원한 불못은 사탄을 위해 예비된 것임에도 인간들이 사탄을 좇았기 때문에 그곳에 들어가는 것이다(마 25:41).

하나님은 인간을 사랑하셨기 때문에 사탄을 좇아간 모든 인간이 사단과 함께 영원한 불못으로 들어가는 것을 차마 보실 수가 없었다. 그래서 죄와 상관없는 예수님을 대속물로 주셨다. 즉 예수님을 믿는 사람에게 면죄부를 발급하신 것이다. 하나님은 그것을 영세 전부터 자신 안에 감추셨다가 예수님을 세상에 보내셨고, 사도 바울을 통하여 그 비밀을 나타내셨다(롬 16:25~26).

왜 하나님은 예수 그리스도에 의한 구원 계획을 구약의 선지자들에게 숨겨놓으시고 예수님 자신도 명확하게 말씀하시지 않았을까? 그것은 영원 전부터 계획하신 구원의 비밀이 사탄에 의해 틀어지는 것을 막기 위해서였다. 사탄은 성경을 잘 알고 있었다. 그렇기 때문에 예수님을 성경으로 시험하였던 것이다. 선과 악의 지식나무의 비밀을 눈치챈 사탄이 아담을 꾀어 범죄에 이르게 한 것처럼 이것 또한 방해할 것이 분명하기 때문에 하나님 안에 감추셨던 것이다.

그래서 구약성경 그 어디에도 예수 그리스도에 대하여 명확히 기록하지 못했고, 예수님을 3년 내내 좇았던 제자들조차 올바로 깨닫지 못했다. 그뿐 아니라 예수님조차도 사람이 할 수 없는 것을 하나님은 하실 수 있다고 하셨을 뿐 구체적인 방법을 제시하지 않으셨다.

"오직 비밀[신비 : mystery]한 가운데 있는 하나님의 지혜를 말하는 것이니 곧 감취었던 것인데 하나님이 우리의 영광을 위하사 만세 전에 미리 정하신 것이라 이 지혜는 이 세대의 관원이 하나도 알지 못하였나니 만일 알았더면 영광의 주를 십자가에 못 박지 아니하였으리라"(고전 2:7~8).

그래서 하나님은 죄와 상관없이 예수 그리스도로 구원받은 모든 사람을 구원하셨다.

"이와 같이 그리스도도 많은 사람의 죄를 담당하시려고 단번에 드리신 바 되셨고 구원에 이르게 하기 위하여 죄와 상관없이 자기를 바라는 자들에게 두 번째 나타나시리라"(히 9:28).

이제 마지막으로 두 가지 오해를 살펴보자.

첫째, 하나님은 단지 사람을 시험하기 위해 선과 악의 지식나무를 만드신 것이 아니었다. 하나님은 진정으로 사람을 사랑했기에 올바르게 선과 악을 판단하고 많은 지식을 갖추어 하나님과 같아지기를 원하셨다(창 3:22). 하나님 안에서 선과 악을 판단하기 위해서는 당연히 선과 악의 지식나무 열매도 먹어야 한다.

"우리가 천사를 판단할 것을 너희가 알지 못하느냐 그리하거든 하물며 세상 일이랴"(고전 6:3).

그러나 선과 악의 지식나무 열매를 먹기 위해서는 먼저 하나님 안에서 순종하는 법부터 배워야 한다. 그런데 동산에는 하늘에서 쫓겨난 사탄이 자리 잡고 있었고, 그의 꾀임에 빠져 지식나무 열매를 먹었기 때문에 우리가 생각하고 행동하는 모든 의는 사탄에게 속하게 되었다.

> "네 악은 너와 같은 사람이나 해할 따름이요 네 의는 인생이나 유익하게 할 뿐이니라"(욥 35:8).

출애굽한 이스라엘이 시내광야에서 금송아지를 만들어 우상숭배하였을 때, 레위 지파 사람들이 우상숭배한 사람 3천 명을 죽인 사건이 있었다. 이것은 도덕적으로 명백한 집단학살이었다. 현시대에 이런 일이 일어났다면 광신도라 하여 그리스도인들조차도 용납하지 않았을 것이다. 왜냐하면 이슬람의 지하드도 그러한 판단으로 학살을 합리화하고 있기 때문이다. 그러므로 선악 간의 모든 판단은 조물주의 기준에 따라 이루어져야 한다.

인간은 선과 악의 지식나무 열매를 먹어 하나님처럼 선악 간의 일들을 판단하게 되었지만(창 3:22), 그 선악의 기준은 하나님이 아니라 승리한 자의 입장에서 정해졌다. 즉 선악 간에 이루어지는 모든 일들이 하나님 안에서 통일되지 않고, 강한 자의 도덕 기준에 따라 판단되기 때문에 세상은 여전히 혼돈에 빠져 있다. 만약 그들이 영생한다면 세상의 혼란은 상상을 초월할 것이다.

여호와를 경외하는 것이 지식과 지혜의 근본이기 때문에(시 111:10, 잠 1:7, 9:10, 14:27), 인간은 먼저 하나님을 아는 지식에서 자라가야 했음에도(벧후 3:18), 아담은 하나님을 알기 전에 사탄 안에서 지식나무 열매를 먹어, 그 안에서 선과 악을 판단하고, 지식을 얻었다. 그래서 하나님은 그룹들과 두루 도는 화염검을 두어 생명나무의 길을 막으셨던 것이다(창 3:24).

물론 사탄이 없었다면 우리의 모든 선악에 대한 판단은 하나님 편에서 이루어졌을 것이다. 하나님이 사탄을 무저갱에 가둔 그때가 되면 비로소 우리는 천사를 판단할 수 있게 될 것이다.

그래서 하나님을 아는 지식과 생명나무의 길을 여시기 위하여 성자 하나님이 친히 육신을 입고 세상에 오셨다. 순서가 뒤바뀌긴 하였지만, 그 뒤바뀐 것을 바로잡기 위해 예수 그리스도께서 오셨던 것이다. 새 하늘과 새 땅에 생명나무만 있고, 선과 악의 지식나무가 없는 것은 사탄이 무저갱에 갇힌 이유도 있지만, 예수 그리스도로 인하여 하나님을 아는 지식이 세상에 충만하고(사 11:9), 이미 아담과 하와가 선과 악의 지식나무 열매를 먹었기 때문이다.

둘째, 앞서 아담과 하와가 선과 악의 지식나무 열매를 먹었기 때문에 구약성경이 죽음의 책이 되었다고 이야기했다. 그러나 하나님은 여자의 후손(예수님)이 와서 사탄의 머리를 상하게 할 것이라고 하시면서 죽음이 시작되는 이곳에 생명의 코드를 넣어 두셨다(창 3:15). 이처럼 하나님은 구약성경을 온전히 죽음의 책으로 두시지 않았다. 많은 사람들이 선과 악의 지식나무에만 머물러 하나님을 비난하는 것은 구약성경 속에 숨겨진 생명의 코드를 발견하지 못했기 때문이다. 그래서 그들은 영생에 이르지 못하고 여전히 사망에 머물러 있는 것이다.

죽음을 보지 않고 하늘로 올라간 에녹도 하나님이 숨겨놓으신 생명의 코드이며, 구약성경 중간중간에 기록된 예수 그리스도에 대한 예언들도 죽음과 저주로 가득 찬 곳에 숨겨 놓으신 생명의 코드이다. 이를 통해 성경을 읽는 우리에게 소망을 간직할 수 있도록 하셨다. 그리고 앞서 언급한 이사야 55장의 말씀도 생명의 코드가 된다.

율법이 죽게 하는 의문의 법이라고 했다. 그렇지만 율법은 우리를 그리스도에게로 인도하는 몽학선생이 되어, 의롭게 되는 것이 내 힘이 아니라 오직 믿음으로만 가능하다는 깨달음을 제시하고 있다(갈 3:24). 그래서 이 역시 생명의 코드가 된다. 구약을 읽어 가면서 이러한 생명의 코드를 찾아보는 것도 또 다른 즐거움이 될 것이며, 그 생명의 코드를 발견할 때마다 하나님의 놀라운 섭리를 다시금 깨달아 알게 될 것이다. 그러므로 역설적이지만 구약도 생명의 책이다.

이처럼 예수 그리스도를 통하여 영원한 생명을 얻는 것을 첫 번째 탄생과 구별하여 **'거듭남'**(Born Again)이라 말한다. 거듭남의 올바른 이해를 위해 곤충의 한살이의 예를 살펴보자.

호랑나비는 알에서 부화(孵化)하여 애벌레가 된다. 땅만 바라보고 기어다니던 애벌레가 어느 날 깊은 잠에 빠지면서 번데기로 용화(蛹化)한다. 그리고 잠에서 깨어날 때 비로소 호랑나비로 우화(羽化)한다. 매미처럼 불완전변태를 하여 굼벵이라는 애벌레에서 바로 겉가죽을 뚫고 우화하는 곤충도, 번데기 과정을 거치지 않는다는 것만 다를 뿐 모든 곤충은 알에서 애벌레, 애벌레에서 성충으로 변태한다. 곤충이 알에서 애벌레로 부화하는 것을 **'처음 남'**(First Born)이라 한다면, 애벌레에서 성충으로 우화하는 것은 **'거듭남'**(Born Again)이라 할 것이다. 호랑나비나 매미라는 이름은 그들이 우화를 마치고 최종적으로 성충이 되었을 때 붙여진다. 그전까지는 그냥 알이고, 애벌레이고, 번데기일 뿐이다.

사람도 똑같은 과정을 겪는다. 여자는 태중에 있을 때 700만 개의 난자 예비군을 만들지만, 태어날 때는 100만 개, 사춘기에는 40만 개로 줄어든다. 그리고 그중에서 난자로 성장하여 배란되는 것은 평생 500개를 넘지 못한다. 그러나 정작 배란이 되었다 하더라도 정자와 만나 생명으로 탄생되는 난자는 10개를 넘지 못하고, 나머지는 용도폐기된다. 정자 역시 한 번에 3억 개가 난자를 향해 달려가서 겨우 하나만 난자와 만나 수정을 한다. 비록 탄생은 내 선택이 아니었다고 주장할지 모르겠지만, 이처럼 **'처음 남'**은 수많은 경쟁 속에서 간절한 염원으로 이루어졌다.

이렇게 간절한 염원으로 태어난 **'처음 남'**이기에 태어난 사람은 죽기를 두려워한다. 그러나 살기를 원한다고 죽음에서 벗어날 수는 없다. 모든 생명이 창조주께 속했기 때문이다. 구원받지 않은 사람들은 창조주를 향하여 자기가 원하지도 않았는데 하나님 맘대로 자기를 탄생시켜서 지옥으로 보낸다고 원망할지 모르겠지만, 지옥으로 가는 것은 창조주 하나님의 뜻이 아니다. 인간이 지옥으로 가는 것은 하늘의 하나님을 바라보지 않고, 곤충의 애벌레처럼 이 땅의 주인인 사탄을 좇았기 때문이다. 애벌레가 번데기를 거쳐 나비가 되듯, 사람도 땅에서의 삶이 전부가 아니라 죽음 너머 하늘에서의 영원한 삶이 있다.

사람을 탄생시키기 위해 3억 개의 정자가 난자를 향해 다가갔던 것처럼, 세상 사람들을 구원하기 위해 많은 그리스도인들이 썩지 않을 하나님 말씀의 씨를 들고 그들에게 다가간다. 곤충의 한살이에서 봤던 것처럼, 난자가 정자라는 씨를 만나 수정된 때를 **'처음 남'**(First Born)이라 한다면, 하나님 말씀의 씨로 구원받는 것을 **'거듭남'**(Born Again)이라 말한다(벧전 1:23).

세상에 태어난 모든 사람들이 영원한 삶을 원한다. 그것은 하나님이 인간을 처음 창조하실 때부터 사랑의 짝으로 탄생시켜 에덴동산에서 함께 영원히 살도록 설계하여 영원을 사모하는 마음을 주셨기 때문이다(전 3:11). 그것이 창조의 목적이며, 그래서 탄생은 처음부터 복이다. 비록 지금은 범죄함으로 인하여 사망이 인간을 지배하고 있지만, 하나님은 또다시 영생을 위해 예수 그리스도라는 문을 만들어 거듭남, 즉 영원한 생명으로 가는 길을 예비해 두셨다. 처음 남은 내 선택이 아니라 조물주의 간절한 염원으로 이루어진 것일 수 있지만, 그 탄생을 영원한 복으로 만들기 위해서는 우리가 썩지 않을 하나님 말씀의 씨를 받아들이고 거듭나야만 한다. 즉 피조물은 어떠한 처지에 처하더라도 조물주를 향하여 처음 남을 원망할 것이 아니라, 거듭남을 통하여 영생에 들어갈 수 있는 기회를 주신 것에 감사해야 하며, 스스로 선택하는 거듭남을 통하여 창조의 진정한 목적인 영생에 들어가야 한다.

"진실로 진실로 네게 이르노니 사람이 **거듭나지 아니하면** 하나님 나라를 볼 수 없느니라"(요 3:3).

"네가 만일 네 입으로 예수를 주로 시인하며 또 하나님께서 그를 죽은 자 가운데서 살리신 것을 네 마음에 믿으면 구원을 얻으리니"(롬 10:9).

"너희가 **거듭난 것**이 썩어질 씨로 된 것이 아니요 썩지 아니할 씨로 된 것이니 하나님의 살아 있고 항상 있는 말씀으로 되었느니라"(벧전 1:23).

마지막으로 **'거듭남'**(Born Again)을 통과한 사람은 그것이 끝이 아님을 반드시 명심해야 한다. 이 세상에서의 신분이 조물주의 선택에 의해 결정된 것이라면, 영원한 저 세상에서의 신분은 거듭난 피조물의 삶의 결과로 결정된다. 하나님은 거듭난 이후의 삶의 결과를 가지고 공정하게 평가하여 상급을 내린다고 하셨다. 하나님은 너무도 많은 곳에서 이러한 상급을 언급하셨다.

"땅의 티끌 가운데서 자는 자 중에 많이 깨어 영생을 얻는 자도 있겠고 수욕을 받아서 무궁히 부끄러움을 입을 자도 있을 것이며 지혜 있는 자는 궁창의 빛과 같이 빛날 것이요 많은 사람을 옳은 데로 돌아오게 한 자는 별과 같이 영원토록 비취리라"(단 12:2~3).

"기뻐하고 즐거워하라 하늘에서 너희의 상이 큼이라 너희 전에 있던 선지자들을 이같이 핍박하였느니라"(마 5:12).

"이는 우리가 다 반드시 그리스도의 심판대 앞에 드러나 각각 선악 간에 그 몸으로 행한 것을 따라 받으려 함이라"(고후 5:10).

"푯대를 향하여 그리스도 예수 안에서 하나님이 위에서 부르신 부름의 상을 위하여 좇아가노라"(빌 3:14).

"내가 선한 싸움을 싸우고 나의 달려갈 길을 마치고 믿음을 지켰으니 이제 후로는 나를 위하여 의의 면류관이 예비되었으므로 주 곧 의로우신 재판장이 그 날에 내게 주실 것이니 내게만 아니라 주의 나타나심을 사모하는 모든 자에게니라"(딤후 4:7~8).

다시 한 번 말하지만, 창조주에 의해 임의로 주어진 첫 번째 삶은 아주 짧지만 나의 선택으로 주어진 두 번째 삶은 영원하기 때문에 창조주를 향하여 탄생을 원망하거나, 왕자나 부자로 탄생시키지 않았다고 푸념할 필요가 없다. 창조주에 의해 주어진 첫 번째 탄생은 영생을 준비하는 아주 짧은 삶이기 때문이다. 그러므로 피조물은 조물주를 더 많이 생각할 수 있는, 그래서 구원의 기회와 상급을 받을 기회가 더 많이 주어진 가난하고 비천한 탄생과 인생의 고난에 오히려 더 감사해야 할 것이다. 그래서 시편 기자도 이렇게 노래하였던 것이다.

> "고난당하기 전에는 내가 그릇 행하였더니 이제는 주의 말씀을 지키나이다…고난당한 것이 내게 유익이라 이로 인하여 내가 주의 율례를 배우게 되었나이다"(시 119:67, 71).

그래서 인생은 'B'[탄생(Birth)]와 'D'[죽음(Death)] 사이에 있는 'C'[세상에 없어질 것에 대한 헛된 도전(Challenge)을 하여 위기(Crisis)를 맞지만, 성도를 만나 대화(Communication)하여 자신을 변화(Change)시키고 영생의 길을 선택(Choice)하여 구원의 기회(Chance)를 잡는]인 것이다.

21

예수 그리스도의 고난

"내 하나님이여 내 하나님이여 어찌 나를 버리셨나이까 어찌 나를 멀리하여 돕지 아니하옵시며 내 신음하는 소리를 듣지 아니하시나이까 내 하나님이여 내가 낮에도 부르짖고 밤에도 잠잠치 아니하오나 응답지 아니하시나이다 이스라엘의 찬송 중에 거하시는 주여 주는 거룩하시니이다 우리 열조가 주께 의뢰하였고 의뢰하였으므로 저희를 건지셨나이다 저희가 주께 부르짖어 구원을 얻고 주께 의뢰하여 수치를 당치 아니하였나이다 나는 벌레요 사람이 아니라 사람의 훼방거리요 백성의 조롱거리니이다 나를 보는 자는 다 비웃으며 입술을 비쭉이고 머리를 흔들며 말하되 저가 여호와께 의탁하니 구원하실걸, 저를 기뻐하시니 건지실걸 하나이다 오직 주께서 나를 모태에서 나오게 하시고 내 모친의 젖을 먹을 때에 의지하게 하셨나이다. 내가 날 때부터 주께 맡긴바 되었고 모태에서 나올 때부터 주는 내 하나님이 되셨사오니 나를 멀리하지 마옵소서 환난이 가깝고 도울 자 없나이다 많은 황소가 나를 에워싸며 바산의 힘센 소들이 나를 둘렀으며 내게 그 입을 벌림이 찢고 부르짖는 사자 같으니이다 나는 물같이 쏟아졌으며 내 모든 뼈는 어그러졌으며 내 마음[심장]은 촛밀 같아서 내[내장] 속에서 녹았으며 내 힘이 말라 질그릇 조각 같고 내 혀가 잇틀에 붙었나이다 주께서 또 나를 사망의 진토에 두셨나이다 개들이 나를 에워쌌으며 악한 무리가 나를 둘러 내 수족을 찔렀나이다 내가 내 모든 뼈를 셀 수 있나이다 저희가 나를 주목하여 보고 내 겉옷을 나누며 속옷을 제비 뽑나이다 여호와여 멀리하지 마옵소서 나의 힘이시여 속히 나를 도우소서 내 영혼을 칼에서 건지시며 내 유일한 것을 개의 세력에서 구하소서 나를 사자 입에서 구하소서 주께서 내게 응락하시고 들소 뿔에서 구원하셨나이다"(시 22:1~21).

시편 22편은 예수 그리스도의 십자가 고난에 대해 매우 자세히 기록해 놓았다. 이에 이 말씀을 기준으로 주님에게 임했던 육과 혼과 영의 고난을 살펴보고자 한다.

● 육(肉, flesh)에 당하신 고난

그 당시 죄인을 처형했던 십자가의 무게는 약 135kg 정도로 상당히 무거웠다. 웬만한 장정도 혼자서는 이것을 끌고 갈 수 없었다. 따라서 흔히 영화에서처럼 십자가 전체를 지게 하지는 않았다고 한다. 횡목만 죄인들의 양팔에 묶어 나르게 하였으며, 기둥은 다른 이동수단에 의해 형장으로 가져다 놓았다. 횡목만 하여도 그 무게가 34~57kg이나 되어 보통의 사람들이 감당하기에는 벅찼다. 예수님은 잡히시기 전까지 기도하시느라 뜬눈으로 밤을 보내셨으며, 새벽에 잡혀 대제사장, 헤롯, 빌라도 총독으로부터 돌아가면서 심문을 받아 심신이 지쳐 있었고, 빌라도의 법정에서 채찍에 맞아 온몸이 찢겨 있었다. 더구나 머리에 파고드는 가시관은 온 정신을 혼미케 하였을 것이다. 결국 예수님은 그 횡목도 지고 갈 수 없어 구레네 사람 시몬의 힘을 빌릴 수밖에 없었다.

주님은 오전 6시에 빌라도 법정을 떠나(요 19:14) 골고다에 도착하여, 9시에 십자가 형틀에 못 박히셨다(막 15:25). 로마 군인들은 예수님의 양팔을 십자가 횡목에 길게 뻗게 한 다음, 대략 13~18cm나 되는 철못으로 양손을 박았고, 또 다른 철못으로 다리를 겹치게 한 후 기둥에 박았다.

십자가형에 처할 때 가장 견디기 어려운 고통이 손과 발에 못이 박히는 것이라고 한다. 물론 십자가에 매달려 있을 때의 지속적인 고통에 비하면 아무것도 아닐 수 있겠지만, 생살에 못이 박힐 때 눈과 귀를 통하여 다가오는 공포와 순간적으로 강하게 느끼는 통증에 대한 공포는 상상을 초월할 것이다. 그래서 많은 죄인들이 손과 발에 못이 박힐 때 쇼크로 까무러치는 지경에 이르고, 형을 집행하는 사람들은 몸부림치는 죄인을 붙잡고 쉽게 그 일을 치르기 위해 쓸개즙이나 몰약을 탄 신포도주를 주어 마취시켰다.

예수님도 십자가에 못 박히기 전에 쓸개즙을 탄 신포도주(마 27:34)를 받으셨는데[마가복음에는 몰약을 탄 포도주(막 15:23)라고 기록됨], 이 역시 예수님의 고통을 덜어주기 위함이었다. 그러나 예수님은 이를 거절하시고 육신에 가해지는 고통을 묵묵히 견디고자 하셨다. 그러나 예수님도 육신을 입으셨기에 **"개들[이방인 : 로마군병들]이 나를 에워쌌으며 악한 무리가 나를 둘러 내 수족을 찔렀나이다"**(시 22:16)라고 하시면서 십자가에 못이 박힐 때 한 인간으로서 매우 공포에 떨었음을 잘 알 수 있다.

"나는 물같이 쏟아졌으며 내 모든 뼈는 어그러졌으며"(시 22:14).

예수님은 계속되는 고초로 온몸의 수분와 피와 땀으로 다 쏟아내서 탈진된 상태였다. 또한 두 팔로만 밑으로 처지는 몸을 지탱해야 했기에 십자가에 못 박힌 두 손에 지속적으로 느껴지는 통증도 견딜 수 없으셨다. 그 상태에서는 횡격막 근육도 장시간 당겨진 상태로 있었기 때문에 숨을 제대로 쉴 수 없었을 것이다. 따라서 숨을 쉬기 위해 주기적으로 다리에 힘을 주고 팔을 당겨서 처지는 몸을 끌어올렸을 것이며, 그때마다 손과 발에 박힌 못은 생살을 찢었을 것이다. 숨을 쉬기 위해 그 얼마나 몸부림치다 고통으로 온몸의 골격이 무너졌으면, **"내 모든 뼈는 어그러졌으며"**(시 22:14)라고 하셨겠는가? 예수님의 육신은 그런 고통 가운데서 오전 9시부터 오후 3시까지 6시간 동안 단 3개의 못에 지탱하여 매달려 있었다(막 15:25, 34). 얼마나 고통스러웠으면, 참을 수 없어 죽기 전에 단발마의 큰 소리로 외치기까지 하셨겠는가(마 27:50, 막 15:37)! 그래서 혹자는 예수님이 질식사하셨을 것이라고 섣불리 판단하기도 한다.

실제로 십자가형은 며칠씩 고통받다가 더는 손과 발이 버티지 못하면 질식사하게 된다. 로마병사들도 예수님의 마지막 숨통을 끊기 위해 망치로 무릎을 쳐서 다리뼈를 꺾으려 했는데, 이는 다리에 힘을 주어 처지는 몸통을 끌어올려 숨을 쉬는 것을 막기 위함이었다. 또한 해가 지면 유월절이 시작되므로, 그 전에 부정한 시체를 십자가에서 치우고자 한 것이었다(신 21:23).

그러나 로마병사들이 주님을 질식사시키기 위해 다리뼈를 꺾으려 했을 때 주님은 이미 사망에 이르셨다(요 19:33, 36). 그래서 학자들도 질식사보다는 심장쇼크로 돌아가셨을 것이라고 보고 있다(시 22:14~15). 이미 육신에 가해진 심한 매질과 고문에 의해 심장이 견딜 수 없었고, 결국 오후 3시가 되자 고통 속에서 심장쇼크로 돌아가신 것이다(막 15:33~34).

"내 마음[심장]은 촛밀 같아서 내[내장] 속에서 녹았으며 살가죽이 내 힘이 말라 질그릇 조각 같고 내 혀가 잇틀에 붙었나이다 주께서 또 나를 사망의 진토에 두셨나이다"(시 22:14~15).

마음(심장)이 촛밀처럼 내장 속에서 녹아 더는 온몸에 피를 보낼 수 없었기에 힘(살가죽)은 질그릇 조각처럼 말랐고, 입안도 바싹 말라 혀가 잇틀에 붙어 버렸다. 그렇게 되자 결국 정말 견디기 어려워 신음처럼 **"내가 목마르다"**(요 19:28)라고 뱉어버릴 수밖에 없었다. 그리하여 **"갈할 때에 초로 마시웠사오니"**(시 69:21)라는 말씀이 응하였다.

채찍으로 찢긴 피부, 고통으로 뒤틀린 골격, 그리고 찔리신 손과 발을 통해 흘러내리다 엉겨붙은 피덩어리들, 탈진으로 급기야 뼈만 앙상하게 남아 흉측한 몰골이 되어버린 예수님의 모습은 **"내가 내 모든 뼈를 셀 수 있나이다"**(시 22:17)라는 말씀으로 선명하게 표현되었다. 얼마나 그 고난이 극심했는지는 로마병사가 창으로 옆구리를 찔렀을 때 그곳에서 물과 피가 쏟아진 것만 보아도 알 수 있다. 극심한 부상을 당했을 때 피에서 물과 혈장이 분리되어 복수가 차오르듯이, 예수님 역시 심장과 혈관이 갈갈이 찢어져 흐른 피와 물이 배 속에 고여 있었다.

예수님은 우리가 머리로 계획하고 지었던 죄를 대신하여 머리에 가시관을 쓰셨고, 우리가 손으로 지었던 죄를 대신하여 손에 못이 박히셨다. 죄를 짓는 데 빨랐던 우리의 발을 대신하여 발에 못이 박혔으며, 우리의 마음으로 지었던 죄를 대신하여 옆구리에 창이 찔리셨던 것이다. 그리고 우리의 온몸으로 지었던 죄를 대신하여 채찍으로 맞았다.

● 혼(魂, soul)에 당하신 고난

그럼 예수님의 육신은 이렇게 갈기갈기 찢어졌는데, 예수님의 혼은 어떤 고난을 받으셨을까?

혼에는 의지와 생각과 감정이 있는데, 사람들은 이것을 인격의

3대 요소라 부른다. 이것들이 사람의 성격을 형성하여 사람을 사람답게 만들기 때문이다. 사람을 서로 구별하는 것은 혼이 다르기 때문이다. 사람들은 혼을 통해 세상과 소통하고 자기를 감지한다.

예수님은 하나님이셨지만 육신에 거할 때는 우리와 똑같은 성정을 가지셨기에 십자가 고난을 앞두고 그 혼이 극심하게 혼란스러웠다. 주님은 겟세마네에 기도하러 가실 때 베드로와 야고보, 요한을 향하여 **"내 마음(혼)이 심히 고민하여 죽게 되었으니 너희는 여기 머물러 나와 함께 깨어 있으라"**(마 26:38)라고 말씀하셨다. 이처럼 예수님도 혼에 닥치는 고난을 두려워했다.

예수님이 인격에 받으셨던 고난은 성경에 자세히 기록되어 있다. 대제사장의 법정에서 유대인들은 예수님의 얼굴에 침 뱉으며 주먹으로 치고 혹은 손바닥으로 뺨을 때렸다. 또한 재판을 받고 나올 때, 로마 군병들은 예수님의 옷을 벗기고 왕이 입는 홍포(자색 옷)를 입히고, 왕에게는 왕관이 있어야 한다면서 가시로 면류관을 만들어 씌웠다. 그리고 갈대를 홀이라면서 그 오른손에 들리고 그 앞에서 무릎을 꿇고 희롱하며 **"유대인의 왕이여 평안할찌어다"**(마 27:29)라고 했다. 그리고 다시 왕의 홀인 갈대를 빼앗아 가시관을 쓴 머리를 때리고, 침 뱉고, 뺨을 때렸을 때의 치욕은 실로 감당하기 어려우셨을 것이다(마 27:28~30).

더구나 로마 군병들은 겉옷을 나누어 가졌을 뿐 아니라, 통으로 짠 예수님의 속옷마저 제비 뽑아 가졌다(요 19:23~24). 이것이 무슨 뜻일까? 그것은 예수님이 벌거벗겨져 몸에 실오라기 하나 걸치지 않은 채, 몸의 부끄러운 것을 다 드러내놓고 사람들이 오고 가는 길거리에서 십자가에 매달렸다는 것을 말한다. 그것도 자그마치 6시간 동안이나.

지나가던 사람들이 자기 머리를 흔들며 **"성전을 헐고 사흘에 짓는**

자여 네가 만일 하나님의 아들이어든 자기를 구원하고 십자가에서 내려오라"(마 27:40)라고 했다. 또한 대제사장과 서기관과 장로들은 "**저가 남은 구원하였으되 자기는 구원할 수 없도다 저가 이스라엘의 왕이로다 지금 십자가에서 내려올찌어다 그러면 우리가 믿겠노라 저가 하나님을 신뢰하니 하나님이 저를 기뻐하시면 이제 구원하실찌라 제 말이 나는 하나님의 아들이라 하였도다**"(마 27:42~43) 하며 조롱하였다. 이 얼마나 치욕스러운 일인가?

> "나는 벌레요 사람이 아니라 사람의 훼방거리요 백성의 조롱거리니이다 나를 보는 자는 다 비웃으며 입술을 비쭉이고 머리를 흔들며 말하되 저가 여호와께 의탁하니 구원하실걸 저를 기뻐하시니 건지실걸 하나이다" (시 22:6~8).

인격에 대한 비참한 모욕을 당하자, 예수님은 스스로 사람이 아니라 벌레라고 비하하신다. 그 말씀 속에 말할 수 없는 참담함이 서려 있다. 더구나 그 모욕이 예수님 자신을 넘어 하나님께까지 이르렀을 때는 감내하기 힘들 정도로 비참했을 것이다. 과거 유럽에서는 자신의 가문에 수치를 준 사람에 대해서는 결투도 불사했으며, 목숨을 걸고 자신과 가문의 명예를 지켰다. 그래서 결투에 의한 살인은 전혀 죄가 되지 않았다. 지금도 역시 사람들에게는 명예가 목숨보다 중요하다. 그렇지만 예수님은 거기에 대해 일언반구가 없으셨다.

예수님은 왕이시다. 빌라도가 예수님에게 "**네가 유대인의 왕이냐?**"라고 물었을 때, 예수님은 "**네 말이 옳도다**"라고 대답하셨다(마 27:11; 막 15:2; 눅 23:3). 그러나 예수님은 유대인의 왕일 뿐 아니라 우주 만물의 창조자이시고, 주권자이시다. 그것은 과거, 현재, 미래를 통틀어 영원히 변하지 않는 진리이다. 그래서 잡히셨을 때 베드로가 검을 빼어 대제사장의 종을 쳐서 그 귀를 떨어뜨리자, 열두 영 더 되는 천사를 보내어 스스로를 구원할 수 있다고 장담까지 하셨다. 그러나 주님은 우리를 위하여 그 모든 모욕을 다 참아 내셨다.

> "믿음의 주요 또 온전케 하시는 이인 예수를 바라보자 저는 그 앞에 있는 즐거움을 위하여 십자가를 참으사 부끄러움을 개의치 아니하시더니" (히 12:2).

그렇다. 예수님이 이 모든 모욕을 참으신 것은 우리의 구원을 위함이었다. 그래서 감히 **"다 이루었다"**(요 19:30)라고 말씀하실 수 있었던 것이다. 우리는 비겁하게 도망하여 예수님만 그 외로운 사형장으로 보냈지만 예수님은 단 한마디의 원망도 없이 그 길을 감내하셨다.

일찍이 예수님은 **"나는 너희에게 이르노니 악한 자를 대적지 말라 누구든지 네 오른편 빰을 치거든 왼편도 돌려 대며 또 너를 송사하여 속옷을 가지고자 하는 자에게 겉옷까지도 가지게 하며 또 누구든지 너로 억지로 오 리를 가게 하거든 그 사람과 십 리를 동행하고"**(마 5:39~41)라고 하셨다. 그리고 십자가에서 자신이 말한 그 길을 묵묵히 걸어가셨다. 얼굴에 침을 뱉고 빰을 때리는 자에 대해 묵묵히 다른 빰도 돌려 댔으며, 자신의 겉옷을 나누고 속옷까지 제비 뽑는 것을 말없이 지켜보셨다. 마지막으로 자신의 얼굴에 침을 뱉고 빰을 때리고 속옷과 겉옷을 나눈 그들을 포함한 우리 모두를 구원하시기 위하여 십 리뿐 아니라 저 깊은 음부까지 내려갔다 오셨다(행 2:31). 그 길은 참으로 위대한 사랑의 길이었다.

● 영(靈, spirit)에 당하신 고난

육의 고난은 육신의 고통으로 나타나고, 혼의 고난은 인격의 수치와 모욕으로 나타난다. 그리고 영의 고난은 하나님과의 분리와 단절로 나타난다. 예수님은 십자가에서 이 모든 고난을 받으셨다.

예수님은 육에 임했던 고통에 대하여 쓸개즙을 탄 신포도주까지 거절하시면서 끝까지 참아내시다 결국 **"내가 목마르다"**(요 19:28)라는 말씀으로 그 고통을 짧게 표현하셨다. 그리고 혼에 임했던 고난에 대해서는 대제사장의 하속이 예수님의 대답을 트집 잡아 건방지다고 때리자 **"내가 말을 잘못하였으면 그 잘못한 것을 증거하라 잘하였으면 네가 어찌하여 나를 치느냐"**(요 18:23)라고 잠깐 항의하셨을 뿐, 수치와 모욕을 넉넉히 참아내셨다(사 53:7). 그러나 예수님은 영에 대한 고난에 대해서는 처절하게 절규하셨다.

영에는 양심과 직감과 교통이 있다. 사람은 영을 통해 하나님과 교통한다. 예수님은 거룩하고 죄가 없으신 분이고, 죄인에게서 멀리 계신 분이었기에, 예수님의 영은 성령과 연합되었고 한시라도 혼동의 요소가 없었다. 그리고 잠시도 하나님의 임재에서 떨어진 순간이 없었다.

> "내가 혼자 있는 것이 아니요 나를 보내신 이가 나와 함께 계심이라" (요 8:16).

> "나를 보내신 이가 나와 함께하시도다"(요 8:29).

그리하여 예수님은 감히 **"아버지여 내 말을 들으신 것을 감사하나이다 항상 내 말을 들으시는 줄을 내가 알았나이다"**(요 11:41~42)라고 기도하실 수 있었다. 그렇게 예수님은 아버지 하나님과 하나의 영으로 연결되어 있었다. 그런데 예수님은 유월절 만찬 전에 제자들의 발을 씻어주실 때, 유다가 자기를 팔아 십자가에 죽게 될 것을 심령(영)에 아시고 민망히 여기셨다(요 13:21). 그것은 십자가로 인하여 아버지의 영과 단절될 것을 주님의 영이 아셨기 때문이었다. 주님은 다른 것은 다 견딜 수 있어도 아버지 하나님과 영이 단절되는 것은 견딜 수 없어 하셨다.

그래서 잡히시던 날 밤, 예수님은 겟세마네에 제자들을 데리고 기도하러 가셨다. 평상시에는 혼자 기도하셨지만, 이때는 특별히 베드로와 야고보, 요한을 따로 가까이 두시고 아버지 하나님께 간절히 기도하셨다. 그러나 아버지 하나님은 아무런 응답도 하지 않으셨다. 그래서 제자들에게 기도의 힘을 보태달라고 하셨고, 그들이 자고 있자 꾸짖으시고 다시 나아가 기도하셨다. 예수님은 그러기를 세 번씩이나 하셨다. 예수님은 정말 절박했기 때문에 세 명의 제자들이 자신과 함께 기도하기를 원하셨는데, 그들은 그 기도에 힘을 실어주지 못했다.

> **"내 아버지여 만일 할 만하시거든 이 잔을 내게서 지나가게 하옵소서 그러나 나의 원대로 마옵시고 아버지의 원대로 하옵소서"(마 26:39).**

과연 예수님이 십자가에서 육신의 고통과 인격의 수치를 피하고 싶었기 때문에 기도하셨을까? 물론 그것도 견디기 어려운 고통이었지만 그것은 이미 예언된 것이었고, 스스로 감당해야 할 부분이었다. 예수님은 우리의 죄를 대속하기 위해 고난받고 죽어야 했다. 다만 예수님은 그 고난 가운데서도 아버지 하나님이 함께하기를 원하셨다. 세례 요한으로부터 세례를 받았을 때나, 변화산에서 몸이 변형되었을 때 예수님은 하늘로부터 **"이는 내 사랑하는 아들이요 내 기뻐하는 자라"**(마 3:17, 17:5)라는 응답을 들으셨다. 그런데 제자들과 겟세마네에서 간절히 기도할 때는 아버지 하나님이 응답하지 않으셨다. 지금처럼 아버지의 응답이 간절히 필요할 때, 아버지는 예수님과의 관계를 끊고 침묵하셨다. 예수님이 얼마나 아버지 하나님의 응답을 간절히 원했는지 누가는 이때의 상황을 이렇게 기록하였다.

> "사자가 하늘로부터 예수께 나타나 힘을 돕더라 예수께서 힘쓰고 애써 더욱 간절히 기도하시니 땀이 땅에 떨어지는 피방울같이 되더라" (눅 22:43~44).

아무리 힘들고 모진 고난이라도 아버지 하나님이 함께하시면 넉넉히 견딜 수 있지 않을까? 그러나 사자가 하늘로부터 주님의 기도에 힘을 보탰지만 정작 아버지는 그 간절한 기도에 침묵하셨다. 예수님이 영의 고난을 얼마나 견디기 힘들어하셨는지 시편에 이렇게 기록하였다.

> "내가 하나님을 생각하고 불안하여 근심하니 내 심령이 상하도다" (시 77:3).

> "나를 멀리하지 마옵소서 환난이 가깝고 도울 자 없나이다 많은 황소가 나를 에워싸며 바산의 힘센 소들이 나를 둘렀으며 내게 그 입을 벌림이 찢고 부르짖는 사자 같으니이다"(시 22:11~13).

급기야 예수님은 십자가 위에서 **"나의 하나님, 나의 하나님, 어찌하여 나를 버리셨나이까"**(마 27:46; 막 15:34)라고 절규하셨다.

주님이 이렇게 절규하신 것은 육신의 고통(**육의 고난**) 때문도, 인격에 대한 수치(**혼의 고난**) 때문도 아니었다. 그것들은 다 참을 수 있어도 아버지 하나님으로부터 버림받는 것(**영의 고난**)만큼은 견딜 수 없으셨기 때문이었다. 아버지 하나님이 예수님을 버리셨던 것은 우리의 죄가 예수님에게 옮겨졌기 때문이었다. 그전까지는 죄가 없으셨기에 아버지의 영과 하나 되어 교통할 수 있었지만, 세상 죄를 지고 십자가 앞에 나아왔을 때는 그 죄가 아버지의 영과 하나 되는 것을 방해하였다. 죄인은 절대 하나님의 영광에 이르지 못하기 때문이다(롬 3:23). 우리의 죄로 인하여 아버지 하나님은 예수님의 절규에 고개를 돌리고, 눈을 감고, 귀를 닫으셨다.

"언제나 나와 함께하셨던 나의 하나님이여, 모든 악령들이 주위를 에워싸고 있는 이때, 어찌하여 모른 체하시고 저만 홀로 두십니까?"

예수님의 십자가 사역의 정점은 아버지 하나님으로부터 버림받아 영이 분리되는 것이었다. 그렇지만 예수님은 그 절규 뒤에 **"다 이루었다"**(요 19:30)라고 말씀하시고 **"아버지여 내 영혼을 아버지 손에 부탁하나이다"**(눅 23:46)라고 하신 후 힘든 십자가의 사역을 마치셨다.

이로써 예수님의 육은 이 세상에, 혼은 저 깊은 음부에, 그리고 영은 저 높은 하나님 곁으로 가셨다. 예수님은 그처럼 힘든 십자가의 고난으로 철저히 버림받으셨지만, 하나님을 신뢰하면서 마음을 굳게 하고 나아가셨다. 이사야는 그 심정을 이렇게 묘사하고 있다.

"주 여호와께서 나의 귀를 열으셨으므로 내가 거역지도 아니하며 뒤로 물러가지도 아니하며 나를 때리는 자들에게 내 등을 맡기며 나의 수염을 뽑는 자들에게 나의 뺨을 맡기며 수욕과 침 뱉음을 피하려고 내 얼굴을 가리우지 아니하였느니라 주 여호와께서 나를 도우시므로 내가 부끄러워 아니하고 내 얼굴을 부싯돌같이 굳게 하였은즉 내가 수치를 당치 아니할 줄 아노라 나를 의롭다 하시는 이가 가까이 계시니 나와 다툴 자가 누구뇨 나와 함께 설찌어다 나의 대적이 누구뇨 내게 가까이 나아올찌어다"(사 50:5~8).

그 큰 고난을 앞에 두고 주님은 이처럼 얼굴을 부싯돌같이 굳게 하고 고난에 당당히 맞서서, 죽기를 무서워하므로 일생에 매여 종노릇하는 모든 자들을 놓아주시려 그 길을 걸어가셨다(히 2:15). 비록 하나님의 아들이셨지만, 그 받으신 고난으로 순종함을 배워서 온전하게 되었고, 자기에게 순종하는 모든 자에게 영원한 구원의 근원이 되셨다(히 5:8~9). 그렇게 우리의 죄가 십자가에서 처리된 덕분에 의인 된 우리가 하나님의 임재 가운데 나아갈 수 있는 것이다.

22

예수 그리스도의 찬송

"여호와는 나의 목자시니 내가 부족함이 없으리로다 그가 나를 푸른 초장에 누이시며 쉴만한 물가으로 인도하시는도다 내 영혼을 소생시키시고 자기 이름을 위하여 의의 길로 인도하시는도다 내가 사망의 음침한 골짜기로 다닐찌라도 해를 두려워하지 않을 것은 주께서 나와 함께하심이라 주의 지팡이와 막대기가 나를 안위하시나이다 주께서 내 원수의 목전에서 내게 상을 베푸시고 기름으로 내 머리에 바르셨으니 내 잔이 넘치나이다 나의 평생에 선하심과 인자하심이 정녕 나를 따르리니 내가 여호와의 집에 영원히 거하리로다"(시 23:1~6).

시편 23편은 이 하나만으로도 읽는 사람의 마음을 평화롭게 하여 많은 감동을 주지만, 진정한 이해와 묵상을 위해서는 시편 22편과 더불어 시편 24편까지 깊이 묵상해야 한다. 시편 22, 23, 24편을 깊이 묵상하면 유월절 어린 양이신 예수님의 과거, 현재, 미래를 알 수 있다. 그래서 게벌라인도 주석서에서 시편 22편 없이 시편 23편은 있을 수 없다고 말하였다.

시편 22편은 예수 그리스도의 육과 혼과 영에 임한 고난이 얼마나 극심했는지 자세하게 설명하고 있다(시 22:1~21). 복음서에 기록된 내용만으로는 유월절 어린양께서 받으신 고난을 온전히 알 수 없는데, 이 말씀을 묵상하면 창조주에게 임한 고난의 깊이를 깊이 이해할 수 있다.

그런데 과연 예수님의 죽음이 끝이었을까? 그렇게 예수님은 십자가의 고난에 대하여 절규만 하다가 죽으셨을까?

> "예수는 우리 범죄함을 위하여 내어줌이 되고 또한 우리를 의롭다 하심을 위하여 살아나셨느니라"(롬 4:25).

예수님의 고난을 예언한 시편 22편의 뒷부분에 이르기를, 하나님은 곤고한 자의 곤고를 싫어하거나 멸시하시지 않고 부르짖을 때에 들으셨고, 멸망받을 자들을 포함한 세상의 모든 살아 있는 자들이 주 앞에 경배할 것이라고 말씀하셨다(시 22:22~31). 이는 예수 그리스도께서 부활하셔서 궁극적으로는 위대한 승리를 이루실 것이라는 선언이었다.

하나님이 응답하시지 않고 예수님과의 관계를 끊으셨기에 예수님은 버림받은 것처럼 보였지만 여전히 하나님의 맏아들이셨고, 하나님과 동등 된 분이셨다. **"나의 하나님, 나의 하나님, 어찌하여 나를 버리셨나이까"**(마 27:46; 막 15:34)라고 하시며 영의 고난을 견딜 수 없어 하셨지만, 육신에 거했을 때 의당 자신이 하여야 할 일을 묵묵히 모두 마치시고, **"다 이루었다"**(요 19:30)라고 선언하셨다. 그리고 마지막으로 **"아버지여 내 영혼을 아버지 손에 부탁하나이다"**(눅 23:46)라는 말씀으로 자신의 영을 창조주께 맡기시고 비로소 힘든 십자가의 사역을 마치셨던 것이다. 사탄이 승리한 것처럼 보였지만, 그것은 주님의 위대한 승리였다(시 22:22~31).

예수님이 우리의 죄를 담당하신 덕분에 의인 된 우리는 이제 하나님의 임재 가운데 나아갈 수 있게 되었다. 우리의 유월절 어린양은 그렇게 지상에서의 모든 사역을 마치시고 하나님 앞에 이르렀을 때 목자이신 아버지 하나님께 세상에서 가장 아름다운 노래를 바치셨다.

이 세상 그 어느 누구보다 힘든 고난을 받으셨던 어린양의 찬송을 한 구절씩 살펴보자.

여호와는 나의 목자시니 내가 부족함이 없으리로다

하나님을 목자로 비유한 것은 주님이 세상에서 가장 연약한 유월절 어린양이 되어 그 십자가의 고난을 묵묵히 받으셨기 때문이다. 이 세상에서 가장 고통스러운 시간을 보냈던 어린양이 그 고통의 끝을 지나 처음 부르는 노래의 첫마디가 **"여호와는 나의 목자시니 내가 부족함이 없으리로다"**였다. 이는 실로 놀라운 고백이 아닐 수 없다.

성경에 **'나의 목자'**라는 단어가 한 번 더 나오는데(사 44:28), 이는 하나님이 고레스에 대하여 이르기를 '그는 나의 목자라' 한 것으로, 바사왕국의 고레스가 하나님의 사자로서의 역할을 성실히 이행할 것임을 의미하는 것이지 진짜 목자로서의 의미는 아니었다.

성경에는 하나님을 목자로 비유한 곳이 두 군데 더 있다.

> "대저 저는 우리 하나님이시요 우리는 그의 기르시는 백성이며 그 손의 양이라 너희가 오늘날 그 음성 듣기를 원하노라"(시 95:7).

> "여호와가 우리 하나님이신 줄 너희는 알찌어다 그는 우리를 지으신 자시요 우리는 그의 것이니 그의 백성이요 그의 기르시는 양이로다"(시 100:3).

그러나 이 두 말씀은 하나님을 목자로 비유했지만 직접적으로 '**나의 목자**'라고 고백한 부분은 아니다. 그냥 하나님의 성품을 사랑이 많으신 목자로 비유했을 뿐이다. 성경에는 또한 하나님을 '나의 하나님', '나의 왕', '나의 피할 바위', '나의 피할 산성', '나의 위로자'라고 고백한 곳도 여럿 있지만, 나의 목자라고 고백한 것은 이곳이 유일하다.

예수님이 아버지 하나님을 부르실 때 '**여호와는 나의 목자**'라 부르셨던 것은, 그가 십자가에서 유월절 어린양으로서 자신을 제물로 드렸기 때문이며, 하나님께서 버림을 받을 정도로 극심한 고난 가운데서도 여전히 그 가슴속 깊이 하나님을 신뢰하고 있었기 때문이다. '나의 목자'라는 고백 속에는 어린양의 모든 위험과 복지를 책임지는 분이라는 무한한 신뢰가 포함되어 있다. 이는 그 하나님을 완벽하게 신뢰하지 않으면 절대로 내뱉을 수 없는 찬양이었다.

그 목자의 존재에 대해서는 예수님이 잘 정의해 놓으셨다.

> "나는 선한 목자라 선한 목자는 양들을 위하여 목숨을 버리거니와 삯군은 목자도 아니요 양도 제 양이 아니라 이리가 오는 것을 보면 양을 버리고 달아나나니 이리가 양을 늑탈하고 또 헤치느니라 달아나는 것은 저가 삯군인 까닭에 양을 돌아보지 아니함이나 나는 선한 목자라 내가 내 양을 알고 양도 나를 아는 것이 아버지께서 나를 아시고 내가 아버지를 아는 것 같으니 나는 양을 위하여 목숨을 버리노라 또 이 우리에 들지 아니한 다른 양들이 내게 있어 내가 인도하여야 할 터이니 저희도 내 음성을 듣고 한 무리가 되어 한 목자에게 있으리라 아버지께서 나를 사랑하시는 것은 내가 다시 목숨을 얻기 위하여 목숨을 버림이라 이를 내게서 빼앗는 자가 있는 것이 아니라 내가 스스로 버리노라 나는 버릴 권세도 있고 다시 얻을 권세도 있으니 이 계명은 내 아버지에게서 받았노라 하시니라"(요 10:11~18).

살아생전 스스로 자신을 목자라고 비유했듯이, 예수님은 자신을 십자가의 극심한 고난 속으로 보내셨던 하나님께 무한한 사랑과 신뢰를 담아 찬양하셨다. 이것이 자신을 저 사망의 구렁텅이로 보냈던 분에게 신뢰를 담아 부른 노래의 첫 소절이었다.

그가 나를 푸른 초장에 누이시며 쉴 만한 물가으로 인도하시는도다

이스라엘은 지중해성기후이다. 지중해성기후는 남유럽과 북아프리카, 그리고 중동 지역의 지중해를 중심으로 띠처럼 형성된 지역에 발달되어 이렇게 불리지만, 그 밖에도 미국 캘리포니아 일부, 남아프리카공화국의 케이프타운 인근, 대서양과 인접한 칠레 서부, 호주 남쪽 해안을 따라 띠처럼 형성된 곳에서도 보이는 기후 특성으로, 지구상에서 오직 3퍼센트 땅에만 존재한다. 지중해성기후의 특징은 온대하계건조기후 또는 온대동우기후라 불릴 정도로 여름에 극히 건조하고, 겨울에는 1년 중 내리는 비의 대부분을 차지할 정도로 많은 비를 뿌린다.

따라서 여름에 좋은 풀을 찾는 것이 하늘의 별을 따는 것처럼 어려워 목자들은 양 떼를 이끌고 아주 먼 길을 가야 했고, 많은 비가 내리는 겨울에도 물을 흡수하는 성질이 있는 양털로 인하여 우리 속에서 그들을 세심하게 보살펴야 했다. 만약 양들이 겨울비를 맞게 되면 흡수된 빗물로 인하여 움직임이 둔화되고, 그 상태로 잠시만 방치해도 얼어 죽었기 때문이다.

그래서 양들을 푸른 초장에 누이는 것이 얼마나 큰 수고와 헌신을 필요로 했을지 능히 짐작할 수 있다. 그 건조한 땅에서 푸른 초장과 함께 쉴 만한 물가를 찾는 것은 더 많은 노력을 필요로 했다. 만약 웅덩이의 크기가 작으면 적당한 크기로 키우기 위해 돌을 치우고 땅을 파서 물을 모아야 했으며, 흐르는 물이면 먹기 좋도록 적당한 크기로 웅덩이를 만들어야 했다.

본래 양들은 다음 네 가지가 충족되어야만 누울 수 있다고 한다.

첫째로 양들은 겁이 많은 동물인지라 모든 두려움에서 벗어나야 하며, 둘째로 양들은 사회적인 동물인지라 자기들끼리의 싸움이 그쳐야 하며, 셋째로 파리나 기생충으로 인해 괴로움을 받지 않아야 한다. 그리고 마지막으로 배부르게 꼴을 먹지 않으면 절대로 눕지 않는다.

따라서 이렇게 편안히 누울 수 있었다는 것은 이 모든 것들이 해결되었다는 것을 의미하며, 목자에 대한 절대적 신뢰가 밑바탕에 깔려 있었다는 것을 의미한다.

이것은 전적으로 은유적 표현이다. 따라서 예수님이 푸른 초장에 누으시고 쉴 만한 물가로 인도되었다는 것은 사탄으로부터 벗어나 하나님의 품에 안전하게 거한다는 완전한 신뢰가 없으면 불가능한 고백인 것이다. 세상 그 어느 누구보다도 모진 십자가에서 고난을 받으시고 세상 모든 인류의 죗값을 대신 치르신 분께서 아버지의 품에서 편안한 쉼을 얻으신다고 생각해 보면 그 쉼이 얼마나 달콤할지 충분히 상상할 수 있지 않은가? 예수님은 으리으리한 궁궐이 아니라 소박한 푸른 초장에서 자신의 목자이신 하나님의 보살핌을 받는 것을 더 큰 기쁨으로 여기셨다.

내 영혼을 소생시키시고 자기 이름을 위하여 의의 길로 인도하시는도다

예수님의 영은 하나님께로 갔지만, 그 혼은 십자가에서 죽어 음부에 떨어지셨다. 그렇지만 다른 시편에 기록된 대로 예수님의 혼은 음부에 머물러서는 안 되었다.

"내가 여호와를 항상 내 앞에 모심이여 그가 내 우편에 계시므로 내가 요동치 아니하리로다 이러므로 내 마음이 기쁘고 내 영광도 즐거워하며 내 육체도 안전히 거하리니 이는 내 영혼을 음부에 버리지 아니하시며 주의 거룩한 자로 썩지 않게 하실 것임이니이다"(시 16:8~10).

그것은 그를 십자가에 못 박았던 사람들이 그를 향하여 자기 머리를 흔들며 **"성전을 헐고 사흘에 짓는 자여 네가 만일 하나님의 아들이어든 자기를 구원하고 십자가에서 내려오라"**(마 27:40)라고 하고, 또한 대제사장과 서기관과 장로들이 **"저가 남은 구원하였으되 자기는 구원할 수 없도다 저가 이스라엘의 왕이로다 지금 십자가에서 내려올찌어다 그러면 우리가 믿겠노라 저가 하나님을 신뢰하니 하나님이 저를 기뻐하시면 이제 구원하실찌라 제 말이 나는 하나님의 아들이라 하였도다"**(마 27:42~43)라고 조롱하였기 때문이다.

그렇게 조롱당하셨지만, 하나님은 자기 이름을 그 무엇보다도 소중히 여기셨기 때문에 예수님의 혼을 소생시키신 후에 의의 길로 인도해야 했다.

실제로 목동들은 양을 잃어버리는 것을 큰 치욕으로 여겼기 때문에 자기 이름을 위하여 못된 짐승의 공격을 받거나 길 잃은 양은 반드시 구해야 했다. 예수님도 제자들을 향하여 목자가 한 마리의 길 잃은 양을 구하기 위해 아흔아홉 마리의 양을 산에 두고 찾아다니지 않겠냐는 비유를 들었는데, 그만큼 이는 그 시대 사람들에게는 마음에 깊이 박히는 적절한 비유였다(마 18:12~13).

내가 사망의 음침한 골짜기로 다닐찌라도 해를 두려워하지 않을 것은 주께서 나와 함께하심이라 주의 지팡이와 막대기가 나를 안위하시나이다

가나안 땅 입성을 앞두고 모세가 죽었을 때, 이스라엘 민족의 충격은 극에 달했다. 출애굽 2세대들은 유월절의 능력도, 홍해 횡단의 기적도 보지 못한 자들이었다. 그들에게는 매일같이 사람이 죽어나가는 것과 비참한 광야의 생활이 이어지고 있을 뿐이었다. 출애굽 1세대들이 하나둘 죽어나갈 때마다 그들의 소망도 하나둘 스러져 갔고, 급기야 유일한 희망이라 생각했던 모세마저 가나안 입성을 앞두고 모압평지에서 죽었을 때, 그들의 슬픔과 절망은 말로 표현할 수 없었을 것이다. 여호수아가 그런 백성을 이끌고 나갈 막중한 책임을 받았을 때 그는 그 중압감에 모세의 하나님을 붙들고 늘어졌을 것이다. 그런 그에게 하나님은 이렇게 응답하신다.

> "너의 평생에 너를 능히 당할 자 없으리니 내가 모세와 함께 있던 것같이 너와 함께 있을 것임이라 내가 너를 떠나지 아니하며 버리지 아니하리니 마음을 강하게 하라 담대히 하라 너는 이 백성으로 내가 그 조상에게 맹세하여 주리라 한 땅을 얻게 하리라 오직 너는 마음을 강하게 하고 극히 담대히 하여 나의 종 모세가 네게 명한 율법을 다 지켜 행하고 좌로나 우로나 치우치지 말라 그리하면 어디로 가든지 형통하리니 이 율법책을 네 입에서 떠나지 말게 하며 주야로 그것을 묵상하여 그 가운데 기록한 대로 다 지켜 행하라 그리하면 네 길이 평탄하게 될 것이라 네가 형통하리라 내가 네게 명한 것이 아니냐 마음을 강하게 하고 담대히 하라 두려워 말며 놀라지 말라 네가 어디로 가든지 네 하나님 여호와가 너와 함께하느니라"(수 1:5~9).

여기에 주의 막대기와 지팡이에 대한 직접적인 표현이 없지만, 하나님은 그의 평생에 함께하겠다고 약속하셨다. 이처럼 하나님은 항상 그의 양무리에 대하여 목자로서 성실하셨지만, 그의 양무리는 언제나 목자를 신뢰하지 못했다. 그러나 유월절 어린양께서는 그런 극심한 상황에서도 주의 막대기와 지팡이가 항상 안위하실 것이라는 변함없는 신뢰를 보내셨다.

끝이 뭉뚝한 목자의 막대기(rod)의 첫 번째 용도는 못된 짐승으로부터 양을 보호하는 것이다. 그래서 목자들은 매우 긴 시간을 들여서 막대기를 던지는 연습을 하는데, 직접 쫓아가서 막대기로 때릴 뿐 아니라 가까이 다가오는 못된 짐승에게 던져 물리치기 위해서이다.

막대기의 두 번째 용도는 말을 듣지 않는 양을 징계하는 것이다. 그래서 성경도 **"내가 지팡이[rod]로 저희 범과를 다스리며 채찍으로 저희 죄악을 징책하리로다"**(시 89:32)라고 막대기를 징계의 용도로 표현하였다. 그러나 여기서는 못된 짐승의 접근을 막고 양을 보호하는 의미에 더 큰 비중을 두었다.

지팡이(staff)는 양을 바른 길로 인도할 때 주로 사용한다. 그래서 미가 선지자도 **"원컨대 주는 주의 지팡이로 주의 백성 곧 갈멜 속 삼림에 홀로 거하는 주의 기업의 떼를 먹이시되 그들을 옛날같이 바산과 길르앗에서 먹이옵소서"**(미 7:14)라고 하여 그 지팡이로 양 떼처럼 돌보아주실 것을 기도했던 것이다. 또한 길 잃은 새끼 양이나 고집 센 양들이 제 길에서 벗어났을 때 목자는 막대기로 징계하기보다 먼저 지팡이의 구부러진 쪽으로 위험에 처한 양들을 건졌던 것이다.

위험하지 않을 때, 막대기는 목자의 허리춤에 있어 손에서 멀어질 때가 있지만, 지팡이는 언제나 목자의 손에서 떨어지지 않았다. 하루 일과를 마치고 해가 뉘엿뉘엿 질 때, 목자가 그 지팡이에 의지하여 평화로이 풀을 뜯는 자기 양 떼를 인자하게 바라보는 모습을 상상해 보면 그 얼마나 평화로운 모습인지 짐작할 수 있을 것이다. 이처럼 지팡이는 인자하고 사랑이 많은 목자의 권위를 상징한다.

정말로 예수님도 십자가의 죽으심으로 그 혼이 죽어 음부의 음침한 골짜기를 헤매고 다니셨다. '주의 지팡이와 막대기가 나를 안위하신다'고 한 것은 '그 어떤 환난 가운데서도 주의 지팡이가 나의 길을 인도하고, 주의 막대기가 나를 보호하시는 덕분에 내가 비록 사망의 음침한 골짜기를 다닐지라도 겁낼 것 없다'는 것을 잘 표현하고 있다.

주께서 내 원수의 목전에서 내게 상을 베푸시고 기름으로 내 머리에 바르셨으니 내 잔이 넘치나이다

원수의 목전에서 상을 베푸신다는 것이 무엇일까? 사탄은 예수님을 십자가에서 죽임으로 인해 자신이 승리한 것으로 착각했다. 그러나 하나님은 주님의 혼을 소생시키셨으며, 무덤 문을 여시고 사망의 권세를 휘두른 원수 앞에서 예수님을 다시 살리셨다. 그리고 보란 듯이 사탄 앞에 테이블을 펼쳐 놓고 예수님을 영원한 왕으로 기름 부을 도구들을 그 위에 올려놓으셨다. 제사장이 왕을 세우기 위해서는 기름병만 취하였던 것이 아니라, 테이블을 펼치고 그 위에 여러 도구들을 올렸다. 그곳에서 모든 의식과 절차들이 행해진 후에 정식으로 기름을 부었던 것이다. 예수님은 그렇게 원수의 목전에서 보란 듯이 왕으로 선포된 것이다.

베드로는 예루살렘에 모인 유대인을 향하여 이렇게 외쳤다.

> "하나님께서 사망의 고통을 풀어 살리셨으니 이는 그가 사망에게 매여 있을 수 없었음이라"(행 2:24).

또한 사도 바울은 거듭난 그리스도인의 부활에 대해서도 이렇게 선언하였다.

> "이 썩을 것이 불가불 썩지 아니할 것을 입겠고 이 죽을 것이 죽지 아니함을 입으리로다 이 썩을 것이 썩지 아니함을 입고 이 죽을 것이 죽지 아니함을 입을 때에는 사망이 이김의 삼킨 바 되리라고 기록된 말씀이 응하리라 사망아 너의 이기는 것이 어디 있느냐 사망아 너의 쏘는 것이 어디 있느냐"(고전

15:53~55).

드디어 하나님은 예수님을 위대한 왕, 영원한 왕으로 그 머리에 기름을 부으셨다. 영광의 왕으로 보좌에 앉는 것은 천년왕국에서 실제적으로 이루어지겠지만, 하나님은 예수님이 부활하셨을 때 이미 영원한 왕으로 기름을 부으셨던 것이다.

나의 평생에 선하심과 인자하심이 정녕 나를 따르리니 내가 여호와의 집에 영원히 거하리로다

이제 예수님은 평생에 하나님의 선하심과 인자하심이 진정으로 함께하실 것이며, 여호와의 집에서 다시는 고난받지 않고 영원히 있게 될 것이다. 그로 인해 예수님을 따르는 우리 역시 이 나그네 길이 끝나면 예수님과 함께 아버지의 집에 영원히 거하게 될 것이다.

> "보라 하나님의 장막이 사람들과 함께 있으매 하나님이 저희와 함께 거하시리니 저희는 하나님의 백성이 되고 하나님은 친히 저희와 함께 계셔서 모든 눈물을 그 눈에서 씻기시매 다시 사망이 없고 애통하는 것이나 곡하는 것이나 아픈 것이 다시 있지 아니하리니 처음 것들이 다 지나갔음이러라" (계 21:3~4).

예수님은 하나님의 본체로서 당연히 사망과 음부에 매일 수 없는 분이다. 그렇지만 자신을 비워 종의 형체인 인간의 모습으로 이 세상에 오셨으며, 하나님께 순종하여 십자가에서 모진 고난을 받고 죽으셨다. 죄 없는 분이 스스로 자원하여 우리의 죄를 사하기 위하여 십자가 고난의 길을 마다하지 않고 걸어가셨던 것이다.

이 노래가 우리 마음 가운데 깊이 와닿는 것은 바로 세상에서 가장 모진 고난을 받으셨던 유월절 어린양께서 그 고난 가운데서도 여전히 하나님께 무한한 신뢰를 보내면서 불렀던 찬양이기 때문이다. 그 덕분에 믿음의 선진들은 그 모진 고난 가운데서도 시편 23편을 마음속 깊이 새기며 주님을 신뢰하고 묵묵히 순교의 길을 걸었던 것이다.

시편 23편을 세상에서 가장 아름다운 찬송시라 일컫는 이것은 바로 이런 비밀이 있기 때문이다.

혹시 삶이 힘들어 평화가 깨진 사람이 있다면, 우리를 위해 십자가의 모진 고난을 견디셨던 유월절 어린양이신 예수님을 생각하고, 또한 그분이 그러한 가운데서도 이처럼 아름다운 찬송을 부르셨다는 것을 기억하면 큰 위로를 받을 것이다. 그리고 이 찬송을 나의 노래로 삼아 험한 세상 나그네 길을 헤쳐 나가야 할 것이다.

> "비록 무화과나무가 무성치 못하며 포도나무에 열매가 없으며 감람나무에 소출이 없으며 밭에 식물이 없으며 우리에 양이 없으며 외양간에 소가 없을찌라도 나는 여호와를 인하여 즐거워하며 나의 구원의 하나님을 인하여 기뻐하리로다"(합 3:17~18).

23

예수 그리스도의 승천

"땅과 거기 충만한 것과 세계와 그중에 거하는 자가 다 여호와의 것이로다 여호와께서 그 터를 바다 위에 세우심이여 강들 위에 건설하셨도다 여호와의 산에 오를 자 누구며 그 거룩한 곳에 설 자가 누군고 곧 손이 깨끗하며 마음이 청결하며 뜻을 허탄한 데 두지 아니하며 거짓 맹세치 아니하는 자로다 저는 여호와께 복을 받고 구원의 하나님께 의를 얻으리니 이는 여호와를 찾는 족속이요 야곱의 하나님의 얼굴을 구하는 자로다(셀라) 문들아 너희 머리를 들찌어다. 영원한 문들아 들릴찌어다 영광의 왕이 들어 가시리로다 영광의 왕이 뉘시뇨 강하고 능한 여호와시요 전쟁에 능한 여호와시로다 문들아 너희 머리를 들찌어다 영원한 문들아 들릴찌어다 영광의 왕이 들어가시리로다 영광의 왕이 뉘시뇨 만군의 여호와께서 곧 영광의 왕이시로다(셀라)"(시 24:1~10).

예수 그리스도께서는 고난을 통과하셨고, 사탄과 사망으로부터 승리하셨으며, 이 세상에서 가장 아름다운 찬송으로 아버지 하나님을 찬양하셨다. 이것이 시편 22편과 23편의 내용이다. 이제 부활하신 주님은 40일간 제자들과 함께 머무신 후에 승천하신다.

땅과 거기 충만한 것과 세계와 그중에 거하는 자가 다 여호와의 것이로다 여호와께서 그 터를 바다 위에 세우심이여 강들 위에 건설하셨도다

사도 바울은 이것에 대하여 이렇게 정의하였다.

> "만물이 그에게[by] 창조되되 하늘과 땅에서 보이는 것들과 보이지 않는 것들과 혹은 보좌들이나 주관들이나 정사들이나 권세들이나 만물이 다 그로 말미암고[by] 그를 위하여[for] 창조되었고 또한 그가 만물보다 먼저[before] 계시고 만물이 그 안에[by] 함께 섰느니라"(골 1:16~17).

사도 바울의 진술은 바로 예수 그리스도가 만물의 창조자이자 주관자이심을 나타내고 있다. 예수님은 인격적인 자격에 있어서뿐 아니라, 창조자와 구속자로서도 세계를 통치하실 수 있는 권리를 충분히 가지고 있다. 즉 예수 그리스도는 온 우주 만물을 창조하신 하나님의 본체라는 것이다(빌 2:6).

여호와의 산에 오를 자 누구며 그 거룩한 곳에 설 자가 누군고

예루살렘에는 두 개의 높은 언덕이 있다. 첫째 언덕은 다윗의 보좌가 있는 시온산이며, 다른 하나는 성전이 세워진 모리아산이다. 여호와의 산은 보좌가 있는 시온산이며, 거룩한 곳은 성전이 있는 모리아산을 가리킨다. 이 두 곳을 차지할 수 있는 자는 왕과 제사장뿐이다.

왕과 제사장의 역할을 동시에 할 수 있는 분이 누구일까?

하나님은 선지자 나단을 통하여 다윗의 보좌가 영원히 설 것이라고 약속하셨다.

> "그러므로 이제 내 종 다윗에게 이처럼 말하라 만군의 여호와께서 이처럼

말씀하시기를 내가 너를 목장 곧 양을 따르는 데서 취하여 내 백성 이스라엘의 주권자를 삼고 네가 어디를 가든지 내가 너와 함께 있어 네 모든 대적을 네 앞에서 멸하였은즉 세상에서 존귀한 자의 이름같이 네 이름을 존귀케 만들어 주리라 내가 또 내 백성 이스라엘을 위하여 한 곳을 정하여 저희를 심고 저희로 자기 곳에 거하여 다시 옮기지 않게 하며 악한 유[자]로 전과 같이 저희를 해하지 못하게 하여 전에 내가 사사를 명하여 내 백성 이스라엘을 다스리던 때와 같지 않게 하고 너를 모든 대적에게서 벗어나 평안케 하리라 여호와가 또 네게 이르노니 여호와가 너를 위하여 집을 이루고 네 수한이 차서 네 조상들과 함께 잘 때에 내가 네 몸에서 날 자식을 네 뒤에 세워 그 나라를 견고케 하리라 저는 내 이름을 위하여 집을 건축할 것이요 나는 그 나라 위를 영원히 견고케 하리라 나는 그 아비가 되고 그는 내 아들이 되리니 저가 만일 죄를 범하면 내가 사람 막대기와 인생 채찍으로 징계하려니와 내가 네 앞에서 폐한 사울에게서 내 은총을 빼앗은 것같이 그에게서는 빼앗지 아니하리라 네 집과 네 나라가 내 앞에서 영원히 보전되고 네 위가 영원히 견고하리라 하셨다 하라(삼하 7:8~16, 참조. 시 89:20~37).

나단 선지자의 예언대로 예수 그리스도는 다윗의 후손으로 오신 영원한 왕이다.

"나 예수는 교회들을 위하여 내 사자를 보내어 이것들을 너희에게 증거하게 하였노라 나는 다윗의 뿌리요 자손이니 곧 광명한 새벽별이라"(계 22:16).

이와 더불어 예수 그리스도는 자신의 몸을 드려 한 거룩한 제사를 드리셨고, 영원한 대제사장이라는 칭호를 받으셨다. 주께서 영원한 제사장이 되실 수 있었던 것은 십자가의 고난을 통과하여 자기 자신을 거룩한 산 제사로 드렸기 때문이다.

“오직 그리스도는 죄를 위하여 한 영원한 제사를 드리시고 하나님 우편에 앉으사”(히 10:12).

“또한 이와 같이 그리스도께서 대제사장 되심도 스스로 영광을 취하심이 아니요 오직 말씀하신 이가 저더러 이르시되 너는 내 아들이니 내가 오늘날 너를 낳았다 하셨고 또한 이와 같이 다른 데 말씀하시되 네가 영원히 멜기세덱의 반차를 좇는 제사장이라 하셨으니”(히 5:5~6).

이처럼 예수 그리스도께서는 다윗의 혈통을 잇는 영원한 왕이시고, 멜기세덱의 반차를 좇는 영원한 제사장이시다.

곧 손이 깨끗하며 마음이 청결하며 뜻을 허탄한 데 두지 아니하며 거짓 맹세치 아니하는 자로다

이 말씀에는 여호와의 산과 거룩한 곳을 차지할 자에게 요구되는 네 가지 도덕적인 덕목이 제시된다. 이것을 순결의 네 가지 면이라고 하는데, 마음과 뜻은 내적인 삶, 말과 행동으로 표현되는 맹세와 손은 외적인 삶을 나타낸다.

주님은 진실로 깨끗한 손을 가지고 계셨다. 그래서 그 손에는 항상 권능이 있었다. 보는 모든 이로 하여금 감동케 하는 손이었다. 그 손으로 문둥병자와 소경과 앉은뱅이를 고치셨고, 어린아이들의 머리 위에 그 손을 얹어 축복하셨다.

주님은 세상을 향하여 **“누가 나를 죄로 책잡겠느냐”**(요 8:46)라고 담대하게 외칠 정도로 청결한 마음을 가지고 계셨으며, 죄를 알지도 못했고(고후 5:21), 그래서 죄가 없으셨다(요일 3:5).

주님은 뜻을 허탄한 데 두신 적이 없으셨다. 주님은 **“나는 마음이 온유하고 겸손하니”**(마 11:29)라고 하셨으며, 그래서 하나님이었음에도 오히려 자기를 비워 종의 형체를 가져 사람들과 같이 되셨고, 사람의 모양으로 나타나시어 자기를 낮추시고 죽기까지 복종하여 십자가에서 죽으셨다(빌 2:7~8).

마지막으로 주님은 거짓으로 맹세하신 적이 없었다. 주님 자신이 진리였기 때문에, **"내가 곧 길이요 진리요 생명이니 나로 말미암지 않고는 아버지께로 올 자가 없느니라"**(요 14:6)라고 말씀하셨던 것이다.

이처럼 주님은 손이 깨끗하며, 마음이 청결하고, 뜻을 허탄한 데 두지 않고, 거짓 맹세 하지 않은 분으로 순결의 네 가지 덕목을 다 갖추셨다.

저는 여호와께 복을 받고 구원의 하나님께 의를 얻으리니 이는 여호와를 찾는 족속이요 야곱의 하나님의 얼굴을 구하는 자로다(셀라).

이 말씀은 참으로 이해하기 어렵고 난해하다. 그러나 시편 22, 23, 24편을 예수 그리스도의 고난, 찬송, 승천이라는 시리즈로 보고, 이 시의 주인공이 하나님이신 예수 그리스도가 아니라 인생으로 덧입혀진 예수 그리스도라고 생각하면 쉽게 이해할 수 있는 말씀이다. 즉 예수님은 하나님을 따랐던 아브라함의 후손이시자 야곱과 다윗의 후손으로서 희로애락을 이는 인간의 형체로 오신 분이라는 것이다. 그것은 그가 영세 전부터 하나님 안에 감추어졌던 하나님의 복음의 신비를 이루시기 위함이었다(롬 16:25~26).

문들아 너희 머리를 들찌어다 영원한 문들아 들릴찌어다

예수 그리스도께서는 부활하시고 제자들과 사십 일 동안 함께하시면서 하나님 나라의 일을 말씀하신다(행 1:3). 그리고 마지막으로 제자들에게 이같이 당부하신다.

"오직 성령이 너희에게 임하시면 너희가 권능을 받고 예루살렘과 온 유대와 사마리아와 땅끝까지 이르러 내 증인이 되리라"(행 1:8).

이 말씀을 마치신 예수님은 그들이 보는 데서 하늘 문을 여시고 승천하셨다. 영광의 왕께서 들어가셔야 하기 때문에 그 문을 열라고 하신 것이다.

하늘 문이 열렸다는 표현은 성경 여러 곳에서 나온다.

"그러나 저가 오히려 위의 궁창을 명하시며 하늘 문을 여시고 저희에게 만나를 비같이 내려 먹이시며 하늘 양식으로 주셨나니 사람이 권세 있는 자의 떡을 먹음이여 하나님이 식물을 충족히 주셨도다"(시 78:23~25).

하나님은 이스라엘의 출애굽 때, 이스라엘 민족이 하나님을 믿지 않고, 그 구원을 의지하지 않아 그들을 향하여 분노하셨으나, 오히려 그들을 먹이시기 위해 친히 하늘 문을 여시고 만나를 비같이 내리셨다. 하나님은 거짓말을 하시지 않는 분이므로, 아브라함과 이삭과 야곱에게 하신 약속을 지키시기 위하여 하늘 문을 여셨던 것이다.

"만군의 여호와가 이르노라 너희의 온전한 십일조를 창고에 들여 나의 집에 양식이 있게 하고 그것으로 나를 시험하여 내가 하늘 문을 열고 너희에게 복을 쌓을 곳이 없도록 붓지 아니하나 보라"(말 3:10).

이 말씀은 십일조를 강조할 때 자주 인용되는 말씀인데, 실제로는 밭에서 거둔 십일조를 중간에서 가로채는 제사장들에게 하신 경고였다(말 1:6, 2:1). 즉 하나님은 물질 앞에서도 흔들리지 않는 신실한 종에게 하늘 문을 여시고 복을 주겠다고 약속하셨다. **"네 보물이 있**

는 곳에 네 마음도 있느니라"(마 6:21)라는 말씀은 동서고금을 막론하고 변하지 않는 진리이다.

그리고 스데반이 공회 중에서 증언을 마치고 성령이 충만하여 하늘을 우러러봤을 때도 하늘이 열렸고, 하나님의 영광과 그 우편에 서신 예수 그리스도를 보았다.

> "스데반이 성령이 충만하여 하늘을 우러러 주목하여 하나님의 영광과 및 예수께서 하나님 우편에 서신 것을 보고 말하되 보라 하늘이 열리고 인자가 하나님 우편에 서신 것을 보노라 한대"(행 7:55~56).

마지막으로 그리스도인의 휴거 때도 하늘 문이 열릴 것이다.

> "이 일 후에 내가 보니 하늘에 열린 문이 있는데 내가 들은바 처음에 내게 말하던 나팔 소리 같은 그 음성이 가로되 이리로 올라오라 이 후에 마땅히 될 일을 내가 네게 보이리라 하시더라"(계 4:1).

이처럼 하늘에 문이 있어 특별한 경우에 열리는데, 예수님은 부활하시고 40일간 제자들과 함께 있다가 승천하실 때 하늘의 문을 향하여 열라고 명령하셨다.

영광의 왕이 들어가시리로다 영광의 왕이 뉘시뇨 강하고 능한 여호와시요 전쟁에 능한 여호와시로다

예수 그리스도는 영광의 왕이시다. 성경에서 예수 그리스도를 영광의 왕이라 표현한 곳은 여기밖에 없다. 영광받으시는 하나님에 대한 표현으로 **'영광의 주'**(고전 2:8, 약 2:1), **'영광의 하나님'**(시 29:3; 행 7:2), **'영광의 아버지'**(엡 1:17)라는 말씀은 여러 곳에 있으나, 예수 그리스도를 **'영광의 왕'**이라 표현한 곳은 여기밖에 없다. 이에 **'영광'**과 **'왕'**이란 말의 뜻을 살펴보고자 한다.

'영광'은 싸움에서 승리하고서 받는 찬사이다. 예수님은 사탄과의 싸움에서 승리하여 영광을 얻으셨다.

첫째, 예수님은 광야에서 사탄의 시험을 이기셨다. 예수님은 40일간 굶주린 후에 사탄에게 이 세상에 있는 것으로 시험을 받으셨다(마 4:1~10). 즉 육신의 정욕과 안목의 정욕과 이생의 자랑으로 시험을 받으셨는데, 이것들은 하나님으로부터 나온 것이 아니라 세상으로부터 나온 것이었다(요일 2:16). 예수님은 그 시험에서 말씀으로 사탄을 내어쫓고 지상 사역을 시작하셨다.

둘째, 사탄은 예수님을 십자가의 죽음으로 내몰아 창조주 하나님을 자신의 종인 사망의 권세에 매어 두려 하였지만, 예수님은 십자가에서 부활하여 사망 권세를 이기고 승리하셨다.

"이는 그리스도께서 죽은 자 가운데서 사셨으매 다시 죽지 아니하시고 사망이 다시 그를 주장하지 못할 줄을 앎이로라"(롬 6:9).

"또 너희의 범죄와 육체의 무할례로 죽었던 너희를 하나님이 그와 함께 살리시고 우리에게 모든 죄를 사하시고 우리를 거스리고 우리를 대적하는 의문에 쓴 증서를 도말하시고 제하여 버리사 십자가에 못 박으시고 정사와 권세를 벗어버려 밝히 드러내시고 십자가로 승리하셨느니라"(골 2:13~15).

셋째, 주님은 세상 끝날에 사탄을 잡아 지옥불에 던지고 완전히 승리할 것이다(계 20:7~10).

더불어 '왕'이란 백성의 복지를 책임지는 사람이다. 세상에는 악한 왕도 있지만, 진정한 왕은 동서고금을 막론하고 외적의 침입을 물리쳐 백성을 고통에서 해방시키고, 그들의 의식주를 돌아보는 사람이다. 즉 부국강병(富國强兵)을 이룩한 왕이 진정한 왕이다.

주님은 우리를 거스리고 대적하는 의문에 쓴 죄의 증서들을 모두 십자가에 못 박으시고 우리를 죄에서 해방시키셨으며, 우리의 삶을 책임지시는 분이시다. 따라서 예수 그리스도께서 **'영광의 왕'**이 되셨다는 것은 사탄과의 싸움에서 승리하여 그를 따르는 그리스도인들을 사탄의 종에서 해방시켰다는 것을 뜻한다. 예수님은 우리를 사탄의 손아귀에서 건져 내시기 위하여 먼저 사탄의 종인 사망의 권세를 물리치고 승리하셨던 것이다. 그리하여 예수 그리스도께서는 우리의 죄를 위하여 한 영원한 제사를 드리시고(히 10:12) 승천하여 하나님 우편에 계시면서 지금도 우리를 위하여 간구하신다(롬 8:34).

문들아 너희 머리를 들찌어다 영원한 문들아 들릴찌어다 영광의 왕이 들어가시리로다 영광의 왕이 뉘시뇨 만군의 여호와께서 곧 영광의 왕이시로다(셀라)

예수 그리스도는 이제 사탄과의 마지막 일전을 남겨두고 있다.

> "또 내가 하늘이 열린 것을 보니 보라 백마와 탄 자가 있으니 그 이름은 충신과 진실이라 그가 공의로 심판하며 싸우더라 그 눈이 불꽃 같고 그 머리에 많은 면류관이 있고 또 이름 쓴 것이 하나가 있으니 자기밖에 아는 자가 없고 또 그가 피 뿌린 옷을 입었는데 그 이름은 하나님의 말씀이라 칭하더라 하늘에 있는 군대들이 희고 깨끗한 세마포를 입고 백마를 타고 그를 따르더라 그의 입에서 이한 검이 나오니 그것으로 만국을 치겠고 친히 저희를 철장으로 다스리며 또 친히 하나님 곧 전능하신 이의 맹렬한 진노의 포도주 틀을 밟겠고 그 옷과 그 다리에 이름 쓴 것이 있으니 만왕의 왕이요 만주의 주라 하였더라"(계 19:11~16).

“또 내가 보매 천사가 무저갱 열쇠와 큰 쇠사슬을 그 손에 가지고 하늘로서 내려와서 용을 잡으니 곧 옛 뱀이요 마귀요 사단이라 잡아 일천 년 동안 결박하여 무저갱에 던져 잠그고 그 위에 인봉하여 천 년이 차도록 다시는 만국을 미혹하지 못하게 하였다가 그 후에는 반드시 잠간 놓이리라”(계 20:1~3).

이렇게 예수 그리스도께서는 세상 마지막 전쟁에 친히 참가하여 사탄 권세를 무너뜨리시고, 훗날 다시 그를 악한 일에 쓰기 위해 일천 년간 무저갱에 가두어 둘 것이다. 그리고 잠깐 놓인 그를 다시 불과 유황 못에 던져 세세토록 밤낮 괴로움을 받게 할 것이다.

“천 년이 차매 사단이 그 옥에서 놓여 나와서 땅의 사방 백성 곧 곡과 마곡을 미혹하고 모아 싸움을 붙이리니 그 수가 바다 모래 같으리라 저희가 지면에 널리 퍼져 성도들의 진과 사랑하시는 성을 두르매 하늘에서 불이 내려와 저희를 소멸하고 또 저희를 미혹하는 마귀가 불과 유황 못에 던지우니 거기는 그 짐승과 거짓 선지자도 있어 세세토록 밤낮 괴로움을 받으리라”(계 20:7~10).

이것이 영광의 왕과 사탄의 마지막 전쟁이 될 것이며, 주님은 하나님으로부터 세상을 다스리는 권세를 받아 영원토록 만왕의 왕, 만주의 주로서 우리를 다스리실 것이다.

“갈릴리 사람들아 어찌하여 서서 하늘을 쳐다보느냐 너희 가운데서 하늘로 올리우신 이 예수는 하늘로 가심을 본 그대로 오시리라”(행 1:11).

“이것들을 증거하신 이가 가라사대 내가 진실로 속히 오리라 하시거늘 아멘 주 예수여 오시옵소서’”(계 22:20).

24

예수 그리스도를 본받아

"내가 그리스도를 본받는 자 된 것같이 너희는 나를 본받는 자 되라 너희가 모든 일에 나를 기억하고 또 내가 너희에게 전하여 준 대로 그 유전을 너희가 지키므로 너희를 칭찬하노라"(고전 11:1~2).

인간에게 가장 중요한 일은 구원을 받는 것이다. 성경에서는 이것을 칭의라고 말한다. 좀 길게 말하면 이신칭의(以信稱義), 즉, 믿음으로써 의에 이른다는 뜻이다(롬 10:10).

그러면 구원받은 성도들에게 다음으로 다가오는 것은 무엇일까? 그것은 어떻게 신앙생활을 이어가느냐일 것이다. 이것을 성화(聖化)라고 정의한다. 사실 구원받은 그리스도인은 하나님이 개별적으로 다루시기 때문에 성화에 대한 정답이 있는 것은 아니다. 그러다 보니 살면서 하나님으로부터 많이 맞기도 하고, 어려움에 봉착하는 경우도 많다. 성도들은 그러한 시행착오를 겪을 때 주님의 뜻이 무엇인지 살피게 되고, 앞선 믿음의 형제들의 조언도 받는다. 또한 성경에 기록된 선진들의 삶을 통해 교훈을 받기도 한다.

그럼 구체적으로 성화라는 것은 무엇을 말할까? 궁극적으로는 예수 그리스도와 완전히 마음을 연합하여 내 안에 예수 그리스도가 살게 하는 것이다.

> "내가 그리스도와 함께 십자가에 못 박혔나니 그런즉 이제는 내가 산 것이 아니요 오직 내 안에 그리스도께서 사신 것이라 이제 내가 육체 가운데 사는 것은 나를 사랑하사 나를 위하여 자기 몸을 버리신 하나님의 아들을 믿는 믿음 안에서 사는 것이라"(갈 2:20).

예수 그리스도가 내 안에 살기 위해서는 무엇보다 내가 그리스도를 닮아야 하는 것이다. 그렇기 때문에 사도 바울은 **"내가 그리스도를 본받는 자 된 것같이 너희는 나를 본받는 자 되라"**(고전 11:1~2)라고 했던 것이다. 또 그는 직접적으로 **"너희는 하나님을 본받는 자가 되고"**(엡 5:1)라고도 하였다. 그뿐 아니라 예수님도 직접적으로 **"나의 멍에를 메고 내게 배우라"**(마 11:29)고 하셨다. 이것은 그리스도인의 영원한 숙제이다. 그리스도를 본받는다는 것은 내가 사모하는 사람의 인격을 닮아 가는 것이다. 그리하여 궁극적으로는 내 안에 내가 사는 것이 아니라 예수 그리스도가 사는 경지에까지 이르는 것이다.

그렇기 때문에 우리는 구체적으로 예수 그리스도를 본받는 것이 무엇인지 알아야 한다. 즉 예수 그리스도의 어떤 성품을 본받아야 하는지 알아야 한다는 것이다. 그냥 막연하게 **"나를 희생하고, 하나님과 성도를 사랑하면 되겠지"**라고 짐작할 것이 아니라 그것이 어떤 것인지 정의해야 시행착오를 겪지 않을 수 있다. 따라서 예수 그리스도의 삶의 행적을 좇아 가면서 과연 어떤 성품을 본받아야 하는지 살펴볼 필요가 있다.

첫째는 지혜이다.

예수님은 어린 시절부터 지혜가 출중하셨다. 이는 우주 만물의 창조자이시니 당연한 일일 것이다.

"아기가 자라며 강하여지고 지혜가 충족하며 하나님의 은혜가 그 위에 있더라"(눅 2:40).

"사흘 후에 성전에서 만난즉 그가 선생들 중에 앉으사 저희에게 듣기도 하시며 묻기도 하시니 듣는 자가 다 그 지혜와 대답을 기이히 여기더라"(눅 2:46~47).

"예수는 그 지혜와 그 키가 자라가며 하나님과 사람에게 더 사랑스러워 가시더라"(눅 2:52).

"고향으로 돌아가사 저희 회당에서 가르치시니 저희가 놀라 가로되 이 사람의 이 지혜와 이런 능력이 어디서 났느뇨"(마 13:54).

예수님은 참으로 지혜가 넘치는 분이었다. 한번은 서기관들과 바리새인들이 간음 중에 현장에서 붙잡힌 여자를 끌고 와서 모세의 율법에 따르면 돌로 쳐 죽여야 하는데 예수님이라면 어떻게 하겠냐고 물어본다. 참으로 난처한 질문이었다. 죽이라고 말하면 사랑을 외쳤던 자신의 말에 모순이 있다고 공격할 것이고, 죽이지 말라고 말하면 유대인으로서 모세의 율법을 지키지 말라고 가르쳤다고 공격할 것이기 때문이었다. 그들은 그렇게 예수님을 공격할 목적으로 간음 중 붙잡힌 여인을 끌고 온 것이다.

이에 예수님은 **"너희 중 죄 없는 자가 먼저 돌로 치라"**고 말씀하신다. 이에 어른부터 젊은이까지 양심의 가책을 받고 모두 그 자리를 떠나가고 예수님도 그 여인을 용서하시며, **"다시는 죄를 짓지 말라"**고 말씀하신다(요 8:3~11). 이 얼마나 지혜로운 대답인가?

또 이런 일도 있었다. 안식일에 회당에 들어갔을 때 거기에 손 마른 사람이 있었는데, 사람들이 예수님을 송사하려고 이렇게 물었다.

"안식일에 병 고치는 것이 옳으니이까"(마 12:10).

안식일에 병을 고치는 것이 옳다고 대답한다면 유대인으로서 안식일에 관한 모세의 율법을 어기게 한다고 공격할 것이고, 안식일에는 아무 일도 하지 말라고 대답하면 사랑을 외쳤던 사람이 모순된 행동을 한다고 공격할 것이었다. 이때 예수님은 이렇게 대답하신다.

"너희 중에 어느 사람이 양 한 마리가 있어 안식일에 구덩이에 빠졌으면 붙잡아 내지 않겠느냐 사람이 양보다 얼마나 더 귀하냐 그러므로 안식일에 선을 행하는 것이 옳으니라"(마 12:11~12).

그리고 예수님은 병든 사람을 고쳐 주신다.

또 다른 사건으로, 주님을 공격하는 자들이 와서 가이사에게 세를 바치는 것이 옳은지 그른지 질문한다. 이것도 참으로 난처한 질문이었다. 가이사에게 세금을 바치라고 하면 매국노라고 공격할 것이고, 바치지 말라고 하면 로마법을 위반한 자라고 고발당할 수 있었기 때문이다. 어떤 대답을 하더라도 올가미에 걸리게 되어 있었던 것이다.

이에 예수님은 그들이 자기를 시험하는 줄을 아시고, 데나리온을 가져오라고 하신다. 그러면서 **"동전에 새겨진 형상과 글이 뉘 것이냐?"**라고 물어보신다. 그들이 **"가이사의 것이니이다"**라고 대답하자, **"가이사의 것은 가이사에게, 하나님의 것은 하나님께 바치라"**(마 22:21)

라는 말씀으로 그들의 입을 다물게 하신다. 이러한 재치 있는 대답은 아무나 쉽게 할 수 있는 것이 아니다.

또한 예루살렘에 올라가 성전을 깨끗게 하셨을 때, 대제사장들과 서기관들과 장로들이 **"무슨 권세로 이런 일을 하느뇨 누가 이런 일 할 이 권세를 주었느뇨"**(막 11:28)라고 공격하자 예수님은 이렇게 질문하시면서 그들의 입을 막으셨다.

> "나도 한 말을 너희에게 물으리니 대답하라 그리하면 나도 무슨 권세로 이런 일을 하는지 이르리라 요한의 세례가 하늘로서냐 사람에게로서냐 내게 대답하라"(막 11:29~30).

만약 하늘로서라 하면 왜 세례 요한을 믿지 않느냐고 할 것이고, 사람에게로서라 하면 모든 사람이 요한을 참선지자로 여기므로 백성을 무서워하여 그들은 아무런 대답을 하지 못하였다(막 11:31~32).

지혜를 지녔다는 것은 상황을 똑바로 관찰(觀察)하고 자기 성찰(省察)을 거친 다음, 이를 꿰뚫어 통찰(通察)한 후에 바르게 진찰(診察)하는 혜안(慧眼)을 가졌다는 것을 뜻한다. 예수님은 제자들을 다루실 때도 그들의 성품을 바꾸도록 하신 것이 아니라, 그대로 감싸안으셨다. 우레의 아들인 세베대의 아들들의 성품도 바꾸려 하지 않고 사랑으로 감싸안았기에 훗날 그들이 담대하게 복음을 전할 수 있었고, 세 번이나 주님을 부인한 베드로의 충성도 이끌어 낼 수 있었다.

혹자는 주님은 우주 만물의 창조자이시니 그런 지혜가 있는 것은 당연하다고 하면서, 선천적으로 똑똑하게 태어나지 않은 사람은 예수님을 닮을 수 없지 않냐고 반문할 것이다. 그래서 예수님의 지혜를 본받아야 한다고 말하면 강한 거부감을 나타내기도 한다. 그러나 다음 말씀들을 보면 예수님을 본받고자 했던 사도들의 대부분이 지혜로운 삶을 산 것을 알 수 있다.

"형제들아 너희 가운데서 성령과 지혜가 충만하여 칭찬 듣는 사람 일곱을 택하라 우리가 이 일을 저희에게 맡기고"(행 6:3).

여기서도 예수님의 제자들이 성령과 지혜가 충만한 사람 일곱을 택하여 교회의 모든 일을 그들에게 맡기고 자기들은 기도하는 것과 말씀 전하는 것에 전념하겠다고 말한다. 그렇게 뛰어난 사람 중에 선별된 사람인 스데반이 지혜와 성령으로 말하자 유대인들이 그를 당해내지 못했다(행 6:10).

그뿐 아니라 사도 바울도 고린도에 있는 교회에 편지를 보내면서 **"형제들아 지혜에는 아이가 되지 말고 악에는 어린아이가 되라 지혜에 장성한 사람이 되라"**(고전 14:20)라고 하였다. 사도 바울이 얼마나 하나님 앞에 지혜로운 사람이 되라고 강조했는지는 다음의 편지에서도 확인할 수 있다.

"이로써 우리도 듣던 날부터 너희를 위하여 기도하기를 그치지 아니하고 구하노니 너희로 하여금 모든 신령한 지혜와 총명에 하나님의 뜻을 아는 것으로 채우게 하시고"(골 1:9).

"그리스도의 말씀이 너희 속에 풍성히 거하여 모든 지혜로 피차 가르치며 권면하고 시와 찬미와 신령한 노래를 부르며 마음에 감사함으로 하나님을 찬양하고"(골 3:16).

따라서 우리는 스스로 똑똑하지 못하다고, 이것은 우리의 영역이 아니라고 물러나서는 안 되는 것이다. 성경이 이렇게 명령하기 때문이다.

> "너희 중에 누구든지 지혜가 부족하거든 모든 사람에게 후히 주시고 꾸짖지 아니하시는 하나님께 구하라 그리하면 주시리라"(약 1:5).

우리는 지혜가 부족하면 하나님 앞에 지혜를 달라고 간구해야 한다. 실제로 솔로몬은 하나님께 지혜를 구하여 칭찬을 받았으며, 구하지 않았던 재물과 명예도 함께 얻었다(왕상 3:5~15). 또한 엘리사는 엘리야의 영감의 갑절이나 구하여 그것을 허락받았다(왕하 2:9~10).

지혜로운 사람은 그 말에 힘이 있어 사람들을 논리적으로 잘 설득할 수 있고, 그래서 많은 사람들을 옳은 길로 인도할 수 있기 때문이다. 지혜란 지식과 경험이 생각의 과정을 거쳐 나오는 것이며, 여기서 가장 큰 역할을 하는 것은 깊이 있게 사색하는 것이다. 그것이 성령과 조화를 이룰 때 많은 사람들을 하나님께로 인도할 수 있으며, 성숙한 신앙인으로 자라날 수 있다. 그래서 하나님은 지혜로운 자에 대해서는 상을 주시겠다고까지 말씀하셨다.

> "땅의 티끌 가운데서 자는 자 중에 많이 깨어 영생을 얻는 자도 있겠고 수욕을 받아서 무궁히 부끄러움을 입을 자도 있을 것이며 지혜 있는 자는 궁창의 빛과 같이 빛날 것이요 많은 사람을 옳은 데로 돌아오게 한 자는 별과 같이 영원토록 비취리라"(단 12:2~3).

그렇기 때문에 당연히 예수님의 지혜를 본받아야 하는 것이다.

둘째는 열정이다.

이는 무언가를 성실하게 실천하는 것이다. 지혜가 정적인 것이라면, 열정은 동적인 것이다.

예수님은 열정이 넘치셨던 분이다. 공생애 초기 유월절에 예루살렘에 올라가셨는데, 성전 안에 소와 양과 비둘기 파는 사람들과 돈 바꾸는 사람들이 많은 것을 보시고, 노끈으로 채찍을 만들어 양과 소를 다 성전에서 내어쫓으시고, 돈 바꾸는 사람들의 돈을 쏟으시며 상을 엎으셨다. 그러면서 **"내 아버지의 집으로 장사하는 집을 만들지 말라"**(요 2:16)라고 단호하게 말씀하셨다. '주의 집을 사모하는 열성이 나를 삼키리라'라고 하셨던 것처럼 그렇게 하나님을 사모하는 열정이 강하셨다.

복음서를 자세히 보면 예수님의 바쁜 일과를 충분히 가늠해 볼 수 있다. 마태복음 5~7장은 산상수훈이라 할 정도로 매우 긴 말씀인데, 예수님은 그렇게 길게 사람들을 가르치시고 산에서 내려와서 한 문둥병자를 고치시고 가버나움으로 들어가셨다. 가버나움에서는 백부장의 하인을 고치셨으며, 베드로의 장모의 열병도 고치셨다. 그리고 그 이후에 대해 마태복음에 이렇게 기록되어 있다.

> "저물매 사람들이 귀신들린 자를 많이 데리고 예수께 오거늘 예수께서 말씀으로 귀신들을 쫓아 내시고 병든 자를 다 고치시니"(마 8:16).

동일한 말씀이 마가복음에는 이렇게 기록되어 있다.

> "저물어 해 질 때에 모든 병자와 귀신들린 자를 예수께 데려오니"(막 1:32).

예수님은 이렇게 밤중까지 자기에게 오는 자들을 물리치시지 않고 열정적으로 돌보셨다.

이것은 초인적인 체력이 아니면 소화해낼 수 없는 그런 생활이었다. 예수님은 그렇게 공생애 기간 동안 헌신적으로 자신을 불태우셨다. 그렇게 바쁘고 피곤함에도 오히려 새벽 혹은 날이 저문 후에 제자들을 물리치시고 하나님께 기도하는 생활을 게을리하시지 않았다(마 14:23; 막 1:35).

이 말씀에 대하여 킹 제임스 성경은 'and'라는 접속사를 사용하여 이튿날 새벽이 끊어진 날이 아니라는 것을 표시했지만(막 1:35), 우리말 성경은 이것을 **'오히려'**라고 번역하여 강조했다. 이 **'오히려'**라는 단어가 예수님이 하나님의 일에 얼마나 열정적이었는지를 더 잘 표현해 주고 있다. 그렇게 마가복음은 1장 5절부터 각 절마다 'and'라는 접속사를 사용하여 예수님의 하루 일과를 긴박하게 연결하고 있다. 예수님은 얼마나 바쁜 일과를 보내셨는지 식사할 겨를도 없었다(막 3:20).

예수님은 결코 말만 앞세운 종교 지도자들처럼 행동하지 않으셨다. 예수님은 그들에 대하여 이렇게 말씀하셨다.

> "서기관들과 바리새인들이 모세의 자리에 앉았으니 그러므로 무엇이든지 저희의 말하는 바는 행하고 지키되 저희의 하는 행위는 본받지 말라 저희는 말만 하고 행치 아니하며 또 무거운 짐을 묶어 사람의 어깨에 지우되 자기는 이것을 한 손가락으로도 움직이려 하지 아니하며 저희 모든 행위를 사람에게 보이고자 하여 하나니 곧 그 차는 경문을 넓게 하며 옷술을 크게 하고 잔치의 상석과 회당의 상좌와 시장에서 문안 받는 것과 사람에게 랍비라 칭함을 받는 것을 좋아하느니라"(마 23:2~6).

이처럼 지혜가 넘치는 분이 열정을 가지고 솔선수범하셨기에 모두가 존경하며 따랐던 것이다.

세 번째는 자신에게 닥쳐오는 시련과 고난을 인내로써 견디어 내는 것이다.

이것은 참된 용기이다. 예수님은 살아생전 이것을 제자들에게 가르치셨으며, 친히 그 길을 걸어가셨다. 산상수훈은 이렇게 시작된다.

> "심령이 가난한 자는 복이 있나니 천국이 저희 것임이요…의를 위하여 핍박을 받은 자는 복이 있나니 천국이 저희 것임이라 나를 인하여 너희를 욕하고 핍박하고 거짓으로 너희를 거스려 모든 악한 말을 할 때에는 너희에게 복이 있나니 기뻐하고 즐거워하라 하늘에서 너희의 상이 큼이라 너희 전에 있던 선지자들을 이같이 핍박하였느니라"(마 5:3~12).

시련을 인내로써 견디어 내는 것은 소망이 있기 때문이다. 요셉과 다니엘 등 훌륭한 믿음의 선진들은 닥쳐오는 시련을 소망으로 견딘 덕분에 원하는 바를 이룰 수 있었다.

우리는 예수님의 인내를 잘 알고 있다. 주님은 파도와 바람을 잠잠케 하실 수 있는 능력을 가지고 계신 분이다. 문둥병자를 고치셨고, 귀머거리와 눈먼 자를 고치셨으며, 앉은뱅이를 일으켜 세우셨다. 하물며 죽은 자를 살리신 것도 세 번이나 된다. 그것은 주님이 창조주이시기에 가능한 일이었다. 그런데 주님은 하찮은 피조물인 인간으로 오셔서 십자가에서 죽으셨다.

예수님이 십자가를 앞에 두고 얼마나 큰 시련을 받으셨으며, 그리고 끝까지 인내하셨는지 우리는 잘 알고 있다. 베드로가 칼을 빼어 들고 말고의 귀를 잘라버리자 예수님은 그 귀를 다시 붙여주시며 이렇게 말씀하셨다.

> "네 검을 도로 집에 꽂으라 검을 가지는 자는 다 검으로 망하느니라 너는 내

가 내 아버지께 구하여 지금 열두 영 더 되는 천사를 보내시게 할 수 없는 줄로 아느냐 내가 만일 그렇게 하면 이런 일이 있으리라 한 성경이 어떻게 이루어지리요 하시더라"(마 26:52~54).

예수님은 하나님이시다. 따라서 맘만 먹으면 열두 영 더 되는 천사를 불러 자신을 잡아가는 사람들을 일거에 죽일 수도 있었다. 하나님이 이사야를 통하여 이렇게 말씀하셨기 때문이다.

"과연 내 손이 땅의 기초를 정하였고 내 오른손이 하늘에 폈나니 내가 부르면 천지가 일제히 서느니라"(사 48:13).

주님은 열두 영뿐 아니라 천지를 불러 세우실 수 있는 분이다. 그렇지만 그렇게 하시지 않았다. 예수님의 육과 혼과 영에 임했던 십자가의 고난은 말로 표현할 수 없는 고통이었다. 얼마나 그 육신에 대한 고통이 극심했으면 **"내 마음[심장]은 촛밀 같아서 내[내장] 속에서 녹았으며 내 힘이 말라 질그릇 조각 같고 내 혀가 잇틀에 붙었나이다 주께서 또 나를 사망의 진토에 두셨나이다"**(시 22:14~15)라고 절규하셨겠는가? 그렇지만 예수님은 **"내가 목마르다"**(요 19:28)라는 짧은 외마디로 그 고통을 함축하셨을 뿐이다.

또한 혼(인격)에 가해진 조롱과 멸시는 정말 참기 힘들었을 것이다.

"나는 벌레요 사람이 아니라 사람의 훼방거리요 백성의 조롱거리니이다 나를 보는 자는 다 비웃으며 입술을 비쭉이고 머리를 흔들며 말하되 저가 여호와께 의탁하니 구원하실걸, 저를 기뻐하시니 건지실걸 하나이다"(시 22:6~8).

더구나 로마 군병들이 그 속옷마저 제비 뽑아 나누어 가졌을 때, 또한 몸에 실오라기 하나 걸치지 않아 부끄러운 곳을 다 드러내놓고 십자가에 매달렸을 때의 그 수치심이란 견디기 어려우셨을 것이다.

> "그가 곤욕을 당하여 괴로울 때에도 그 입을 열지 아니하였음이여 마치 도수장으로 끌려가는 어린 양과 털 깎는 자 앞에 잠잠한 양같이 그 입을 열지 아니하였도다"(사 53:7).

그렇기 때문에 그리스도인으로서 받는 고난과 시련에 대하여 히브리서는 이렇게 말한다.

> "믿음의 주요 또 온전케 하시는 이인 예수를 바라보자 저는 그 앞에 있는 즐거움을 위하여 십자가를 참으사 부끄러움을 개의치 아니하시더니 하나님 보좌 우편에 앉으셨느니라 너희가 피곤하여 낙심치 않기 위하여 죄인들의 이같이 자기에게 거역한 일을 참으신 자를 생각하라"(히 12:2~3).

그리고 그 영은 하나님께 철저히 버림받았다. 육과 혼에 가해진 고난과 수치는 묵묵히 견딜 수 있었지만, 공생애 기간 내내 하나님과 기도로 교통했던 그 영마저 하나님과 끊어져 버림받았을 때는 인내심의 한계를 느끼셨을 것이다. 하나님께 버림받은 영이 얼마나 괴로웠으면, 예수님의 십자가 고난을 나타내는 시편 22편을 이렇게 시작했겠는가?

> "내 하나님이여 내 하나님이여 어찌 나를 버리셨나이까 어찌 나를 멀리하여 돕지 아니하옵시며 내 신음하는 소리를 듣지 아니하시나이까"(시 22:1).

육에 가해진 고통보다도, 혼에 가해진 수치심보다도, 영이 하나님과 끊어지고 버려진 고통은 견딜 수 없었던 것이다.

예수님은 우리의 죄 때문에 애매히 고난받으셨던 것이다. 그렇지만 예수님은 그 고난을 인내로써 감내하셨다. 무엇 때문이었겠는가? 그것은 그 피로 세워질 교회를 바라보셨기 때문이다. 그것은 예수님의 소망이었다. 만약 그러한 소망이 없었으면 이 세상에 육신을 입고 오실 이유도, 애매히 고난을 받고 십자가에서 억울하게 죽으실 이유도 없었을 것이다. 예수님은 그 모든 고난을 넉넉히 감당하셨고, 우주적 교회를 이루셨다. 또한 시련 가운데 있는 우리에게도 인내로써 감당할 수 있게 하여 동일한 소망을 간직하게 하셨다.

> "내 형제들아 너희가 여러 가지 시험을 만나거든 온전히 기쁘게 여기라 이는 너희 믿음의 시련이 인내를 만들어 내는 줄 너희가 앎이라 인내를 온전히 이루라 이는 너희로 온전하고 구비하여 조금도 부족함이 없게 하려 함이라"(약 1:2~4).

넷째는 사랑이다.

예수님은 죄인을 사랑하셨고, 원수를 사랑하셨다. 그리고 우리에게도 원수를 사랑하라고 하셨다. 죄인을 사랑하는 것은 사실 우리의 영역이 아니다. 우리 역시 죄인이었고, 비록 구원을 받았을지라도 역시 죄인이며, 주님의 공로가 아니면 아무것도 아니기 때문이다. 그래서 우리도 원수를 사랑하신 주님의 뒤를 따라야 한다.

예수님은 산상수훈에서 이렇게 가르치셨다.

> "또 눈은 눈으로, 이는 이로 갚으라 하였다는 것을 너희가 들었으나 나는 너희에게 이르노니 악한 자를 대적지 말라 누구든지 네 오른편 뺨을 치거든

> 왼편도 돌려 대며 또 너를 송사하여 속옷을 가지고자 하는 자에게 겉옷까지도 가지게 하며 또 누구든지 너로 억지로 오 리를 가게 하거든 그 사람과 십 리를 동행하고 네게 구하는 자에게 주며 네게 꾸고자 하는 자에게 거절하지 말라 또 네 이웃을 사랑하고 네 원수를 미워하라 하였다는 것을 너희가 들었으나 나는 너희에게 이르노니 너희 원수를 사랑하며 너희를 핍박하는 자를 위하여 기도하라 이같이 한즉 하늘에 계신 너희 아버지의 아들이 되리니 이는 하나님이 그 해를 악인과 선인에게 비취게 하시며 비를 의로운 자와 불의한 자에게 내리우심이니라 너희가 너희를 사랑하는 자를 사랑하면 무슨 상이 있으리요 세리도 이같이 아니하느냐 또 너희가 너희 형제에게만 문안하면 남보다 더 하는 것이 무엇이냐 이방인들도 이같이 아니하느냐 그러므로 하늘에 계신 너희 아버지의 온전하심과 같이 너희도 온전하라"(마 5:38~48).

예수님은 **"하늘에 계신 너희 아버지의 온전하심과 같이 너희도 온전하라"**(마 5:48)라고 말씀하셨다. 원수를 사랑할 정도의 큰 사랑을 이루신 하나님을 본받으라는 것이다. 예수님은 그렇게 가르치셨을 뿐 아니라 몸소 그 길을 걸어가셨다.

> "이에 예수께서 가라사대 아버지여 저희를 사하여 주옵소서 자기의 하는 것을 알지 못함이니이다 하시더라 저희가 그의 옷을 나눠 제비 뽑을쌔 백성은 서서 구경하며 관원들도 비웃어 가로되 저가 남을 구원하였으니 만일 하나님의 택하신 자 그리스도여든 자기도 구원할찌어다 하고 군병들도 희롱하면서 나아와 신 포도주를 주며 가로되 네가 만일 유대인의 왕이어든 네가 너를 구원하라 하더라"(눅 23:34~37).

이에 대하여 사도 바울은 이렇게 말했다.

"너희를 핍박하는 자를 축복하라 축복하고 저주하지 말라 즐거워하는 자들로 함께 즐거워하고 우는 자들로 함께 울라 서로 마음을 같이하며 높은데 마음을 두지 말고 도리어 낮은 데 처하며 스스로 지혜 있는 체 말라 아무에게도 악으로 악을 갚지 말고 모든 사람 앞에서 선한 일을 도모하라 할 수 있거든 너희로서는 모든 사람으로 더불어 평화하라 내 사랑하는 자들아 너희가 친히 원수를 갚지 말고 진노하심에 맡기라 기록되었으되 원수 갚는 것이 내게 있으니 내가 갚으리라고 주께서 말씀하시니라 네 원수가 주리거든 먹이고 목마르거든 마시우라 그리함으로 네가 숯불을 그 머리에 쌓아 놓으리라 악에게 지지 말고 선으로 악을 이기라"(롬 12:14~21).

그뿐 아니라 예수님은 진정으로 불쌍한 영혼에 대해서는 먼 타국 땅까지 가는 수고도 마다하지 않으셨다. 비록 **"나는 이스라엘 집의 잃어버린 양 외에는 다른 데로 보내심을 받지 아니하였노라"**(마 15:24)라고 하실 정도로 이스라엘 백성의 영혼에 더 관심이 많으셨지만, 자신에게 나아오는 간절한 영혼에 대해서는 유대인과 이방인을 가리지 않으셨다.

예를 들어, 어느 날 주님은 낮에 가르치고 병든 자를 고치느라 힘드셨지만 저물 때 배를 띄워 갈릴리 가버나움에서 데가볼리(Decapolis) 가다라로 가자고 제자들을 재촉하셨다. 그날 밤 파도가 배를 덮쳤지만 예수님은 그것을 깨닫지 못할 정도로 피곤하셨다. 깊은 밤 거라사에 도착하자 무덤 사이에 있던 군대귀신 들린 광인을 찾아 그를 구원하셨다. 그는 너무나 많은 귀신에 사로잡혔기에 쇠사슬과 고랑을 채워도 그것을 끊고 도망갈 정도로 비참한 삶을 살던 사람이었다. 그가 제정신이 있어 자기를 구해달라고 기도했을리 만무하다. 더구나 데가볼리는 유대인이 금기시하는 돼지를 키우는 헬라인의 땅으로 예수님을 배척한 다른 나라였다. 예수님은 단지 이

한 사람만을 위해 피곤함을 무릅쓰고 한밤중에 거친 파도를 헤쳐 그곳에 가셨고, 그를 고치신 후에는 즉시 돌아오셨다(마 8:23~34, 5:1; 막 4:35~41, 5:1~21; 눅 8:22~40). 그것은 진정 남녀노소, 지위고하를 막론한 진정한 사랑이었다.

예수님은 **"사람이 만일 온 천하를 얻고도 제 목숨을 잃으면 무엇이 유익하리요 사람이 무엇을 주고 제 목숨을 바꾸겠느냐"**(마 16:26)라고 하신 말씀처럼 단 하나의 영혼을 구원하기 위한 수고로움도 마다하지 않으셨다.

다섯째는 온유와 겸손과 순종이다.

> "나는 마음이 온유하고 겸손하니 나의 멍에를 메고 내게 배우라 그러면 너희 마음이 쉼을 얻으리니"(마 11:29).

예수님은 진정으로 온유하고 겸손하신 분이었다. 다만 유대인의 관원이나 종교 지도자들을 향해서는 엄격하셨는데, 그것은 그들이 위선으로 가득 찼을 뿐 아니라, 어떻게 해서든 예수님을 수렁에 빠뜨리기 위해 흠을 잡으려 했기 때문이다. 주님은 주께 나아오는 자들을 금하신 적이 없었다. 딱 한 번 주께 나아오는 자들을 피하신 적이 있었는데, 그것은 그들이 억지로 주님을 잡아 임금 삼으려 했기 때문이다(요 6:15). 주님은 제자들도 항상 온유와 사랑으로 인도하셨다. 물론 제자들을 향해서도 서너 번 꾸짖으신 적이 있었지만, 그것은 그들의 실수 때문이 아니라 하나님의 섭리에 반한 행동 때문이었다.

한번은 사마리아 한 촌에서 예수님 일행을 받아들이지 않자, **"주여 우리가 불을 명하여 하늘로 좇아 내려 저희를 멸하라 하기를 원하시나이까"**(눅 9:54)라고 한 요한을 꾸중하셨고, 또 한번은 어린아이들이 예수님에게 오는 것을 제자들이 막았기 때문이었다(막 10:13~15). 그리고 예수님이 부활하신 후 그것을 믿지 않는 그들을 꾸짖으셨다(막 16:14). 물론 예수님께 절대 죽어서는 안 된다고 말한 베드로도 꾸짖으셨는데, 이것은 베드로를 꾸짖으신 것이라기보다는 베드로를 조종하는 사탄을 꾸짖으신 것이다(마 8:33). 또한 성전에서 장사하는 사람들을 내어쫓고 채찍을 들고 그들의 상을 엎으셨는데, 이것은 그들이 기도하는 곳인 하나님의 집을 장사하는 집과 강도의 굴혈로 만들어 더럽혔기 때문이었다(마 21:12~13; 요 2:14~16).

잡히시던 날 저녁에는 손수 제자들의 더러운 발을 씻어주심으로 항상 섬기고 사셨던 삶을 다시 보여주셨으며, 제자들에게도 그러한 삶을 살 것을 요구하셨다. 실제로 성경 가운데 훌륭한 삶을 살았던 아브라함, 이삭, 야곱, 욥, 요셉, 사무엘, 다윗 등 많은 믿음의 선진들이 온유한 삶을 살았고, 고난 가운데 인내하면서 주님을 따랐다.

마지막으로 거룩한 삶이다.

주님은 생전에 거룩한 삶을 살라고 직접 가르치시지는 않았다. 그렇지만 주님은 스스로 청빈하고 거룩한 삶을 살면서 모든 사람의 본이 되셨다. 그리고 거짓되고 위선적인 삶을 사는 바리새인들을 포함한 종교 지도자들의 삶을 지적했고, 그래서 그들의 미움을 받아 십자가의 고난을 받고 죽으셨던 것이다. 성경은 그리스도인들이 이러한 삶을 살도록 여러 곳에서 강조하고 있다.

> "너희가 전에는 어두움이더니 이제는 주 안에서 빛이라 빛의 자녀들처럼 행하라"(엡 5:8).

> "그러므로 너희가 그리스도와 함께 다시 살리심을 받았으면 위엣 것을 찾으

라 거기는 그리스도께서 하나님 우편에 앉아 계시느니라 위엣 것을 생각하고 땅엣 것을 생각지 말라 이는 너희가 죽었고 너희 생명이 그리스도와 함께 하나님 안에 감취었음이니라 우리 생명이신 그리스도께서 나타나실 그 때에 너희도 그와 함께 영광 중에 나타나리라 그러므로 땅에 있는 지체를 죽이라 곧 음란과 부정과 사욕과 악한 정욕과 탐심이니 탐심은 우상숭배니라 이것들을 인하여 하나님의 진노가 임하느니라 너희도 전에 그 가운데 살 때에는 그 가운데서 행하였으나 이제는 너희가 이 모든 것을 벗어버리라 곧 분과 악의와 훼방과 너희 입의 부끄러운 말이라 너희가 서로 거짓말을 말라 옛사람과 그 행위를 벗어버리고 새사람을 입었으니 이는 자기를 창조하신 자의 형상을 좇아 지식에까지 새롭게 하심을 받는 자니라"(골 3:1~10).

"내가 거룩하니 너희도 거룩할찌어다"(벧전 1:16).

이처럼 예수 그리스도를 본받는 것은 참으로 어려운 일이다. 그렇지만 사도 바울은 주님이 걸어가신 그 길을 온전히 따라갔다. 하나님을 아는 지혜에서 거침이 없었고, 그로 인해 많은 계시를 받아 신약성경을 완성했다. 또한 열정을 가지고 그리스도를 전파하는 일에 임하여 자기를 돌보지 않았다(고후 11:21~28). 그는 예루살렘으로 올라가기 전 가이사랴에서 아가보라는 선지자를 통해 예루살렘에 올라가면 유대인들이 가지를 결박하여 이방인에게 넘겨줄 것이라는 이야기를 듣는다. 이에 모든 성도들이 예루살렘으로 올라가지 말라고 권할 때 그는 이렇게 대답한다.

"너희가 어찌하여 울어 내 마음을 상하게 하느냐 나는 주 예수의 이름을 위하여 결박 받을 뿐 아니라 예루살렘에서 죽을 것도 각오하였노라"(행 21:13).

그렇게 권하여도 뜻을 굽히지 않자 형제들은 **"주의 뜻대로 이루어지이다"**(행 21:14)라고 말할 수밖에 없었다. 그리하여 모진 고난 가운데서도 오직 하나님만 바라보면서 그 시련을 묵묵히 감내하였다. 그럼에도 그가 얼마나 성도들을 사랑했는지는 그의 서신서 곳곳에 묻어난다. 그의 마지막 서신서인 디모데후서에는 이렇게 기록되어 있다.

> "내가 처음 변명할 때에 나와 함께한 자가 하나도 없고 다 나를 버렸으나 저희에게 허물을 돌리지 않기를 원하노라"(딤후 4:16).

그도 예수님처럼 넉넉한 사랑을 지닌 사도였던 것이다.

비록 엄두가 나지 않지만 그 길을 가야만 한다는 것을 알기에 우리는 조금씩 그리로 발을 내디딜 것이며, 또 주께서 우리를 인도하실 것이다. 하나님을 향한 지혜와 열정, 인내 그리고 사랑은 예수 그리스도께서 걸으셨던 길이며, 사도 바울과 수많은 믿음의 선진들이 푯대로 삼았던 가치들이다. 우리도 예수 그리스도께서 본을 보이시고, 사도 바울도 본받으라고 했던 그 가치들을 마음에 새기고 신앙생활을 해야 할 것이다.

> "너희의 믿음의 역사와 사랑의 수고와 우리 주 예수 그리스도에 대한 소망의 인내를 우리 하나님 아버지 앞에서 쉬지 않고 기억함이니"(살전 1:3).

25

예수 그리스도께서 가르치신 기도

"하늘에 계신 우리 아버지여 이름이 거룩히 여김을 받으시오며 나라이 임하옵시며 뜻이 하늘에서 이룬 것같이 땅에서도 이루어지이다 오늘날 우리에게 일용할 양식을 주옵시고 우리가 우리에게 죄지은 자를 사하여 준 것같이 우리 죄를 사하여 주옵시고 우리를 시험에 들게 하지 마옵시고 다만 악에서 구하옵소서 (나라와 권세와 영광이 아버지께 영원히 있사옵나이다 아멘)"(마 6:9~13).

기도는 기본적으로 마음의 서원을 천지의 주재이신 하나님께 알리고, 그것을 이루어 달라고 요청드리는 것이다. 그래서 구약의 선진들이나 사도들도 기도에 특별한 형식을 언급하지 않았다.

그럼에도 사람들은 기도를 하는 데 많이 혼란스러워한다. 왜냐하면 지금도 어떤 성도는 기도의 응답을 받는데, 또 어떤 성도는 아무리 간절히 기도해도 응답이 없다고 말하기 때문이다. 그래서 시험에 빠지고 급기야 신앙에서 멀어지게 된다. 기본적으로 기도 응답을 받으려면 나의 염원이 주님의 뜻과 영광에 부합해야 하고, 또한 나와 교회를 위한 기도가 되어야 한다. 이러한 기도의 응답은 우리의 신앙생활에 있어 매우 중요한 부분을 차지한다.

그러므로 응답받는 기도를 하기 위해서는 당연히 기도를 배워야 한다. 기왕에 주께서 가르쳐주신 기도를 배우면 그 기도가 하나님의 마음과 합하게 되어 성령 충만한 신앙생활을 이룰 수 있을 것이다. 왜냐하면 주께서 가르쳐주신 기도는 어떻게 기도를 해야 하는지 모르는 사람들에게 이런 형식으로 기도하라고 가르쳐주신 기도이며, 기도의 응답을 받았던 구약의 선진들의 기도도 주께서 가르쳐주신 기도의 형식을 따르고 있기 때문이다.

즉 솔로몬이 성전을 봉헌할 때 했던 기도, 히스기야가 앗수르 산헤립의 침략에 떨며 드렸던 기도, 다니엘이 이스라엘의 회복을 구하며 드렸던 기도 등이 이 같은 형식을 따르고 있다. 물론 모세가 시내 광야에서 범죄한 백성들을 위하여 했던 기도, 엘리야가 바알의 선지자들 앞에서 했던 기도, 에스라가 민족적 회개를 외치면서 했던 기도 등 일부 기도들은 주께서 가르쳐준 기도의 형식에서 벗어나 있지만, 그 기도들은 다급한 목적을 위해 했던 것이므로 논외로 해야 할 것이다.

그러므로 여기서도 주께서 가르치신 기도를 솔로몬의 기도(대하 6:14~42), 히스기야의 기도(왕하 19:15~19), 다니엘의 기도(단 9:4~19)와 대조한 후, 사도들이 가르친 기도와도 비교해 보고자 한다.

하늘에 계신 우리 아버지여 이름이 거룩히 여김을 받으시오며

이것은 경배와 찬양으로 우리의 기도를 들으시는 인격적인 하나님을 영화롭게 하는 것이다. 실제 기도에서 가장 먼저 해야 하는 것이 바로 경배와 찬양이다.

솔로몬은 성전 봉헌 예배의 기도를 이렇게 시작했다.

> "이스라엘 하나님 여호와여 천지에 주와 같은 신이 없나이다 주께서는 온

마음으로 주의 앞에서 행하는 주의 종들에게 언약을 지키시고 은혜를 베푸시나이다"(대하 6:14).

예루살렘을 침략한 18만 5천 명의 앗수르 군사를 하룻밤에 몰살시킨 히스기야의 기도도 하나님에 대한 경배와 찬양으로 시작한다.

"그룹들 위에 계신 이스라엘의 하나님 여호와여 주는 천하만국에 홀로 하나님이시라 주께서 천지를 조성하셨나이다"(왕하 19:15).

다니엘도 역시 예루살렘의 회복이 가까워짐을 알고 자기 민족의 죄악을 자복하는 긴 기도를 선능자를 찬양하는 것으로 시작하였다.

"크시고 두려워할 주 하나님, 주를 사랑하고 주의 계명을 지키는 자를 위하여 언약을 지키시고 그에게 인자를 베푸시는 자시여"(단 9:4).

이처럼 모든 기도의 시작은 전지전능하신 하나님을 찬양하는 것으로 되어 있으며, 사도들 역시 교회에 보내는 편지를 항상 하나님과 예수 그리스도를 찬양하고 경배하는 것으로 시작하였다는 것을 알 수 있다(롬 1:25; 고후 1:3; 엡 1:3; 빌 1:11 등).

모세는 가데스바네아에서 범죄한 이스라엘을 구원하기 위하여 죽음을 각오하고 하나님께 매달렸는데, 그가 그때 간구한 것도 하나님의 거룩한 이름을 위하여 용서해 달라는 것이었다.

"애굽인 중에서 주의 능력으로 이 백성을 인도하여 내셨거늘 그리하시면 그들이 듣고 이 땅 거민에게 고하리이다 주 여호와께서 이 백성 중에 계심을 그들도 들었으니 곧 주 여호와께서 대면하여 보이시며 주의 구름이 그들 위에 섰으며 주께서 낮에는 구름기둥 가운데서 밤에는 불기둥 가운데서 그들 앞에서 행하시는 것이니이다 이제 주께서 이 백성을 한 사람같이 죽이시면 주의 명성을 들은 열국이 말하여 이르기를 여호와가 이 백성에게 주기로 맹세한 땅에 인도할 능이 없는 고로 광야에서 죽였다 하리이다" (민 14:13~16).

그만큼 창조주 하나님의 이름은 귀한 것이다.

나라이 임하옵시며 뜻이 하늘에서 이룬 것같이 땅에서도 이루어지이다

그렇게 시작되는 기도는 하늘과 땅에서 전능자의 뜻이 이루어지기를 원하는 것으로 이어진다. 즉 우리는 기도를 할 때 내 뜻이 이루어지는 것이 아니라 무엇보다 먼저 주님의 나라와 뜻이 하늘과 땅에서 이루어지기를 기도해야 하는 것이다. 실제로 많은 사람들이 기도를 할 때 하나님을 찬양하고 경배하는 것으로 시작을 하지만 곧바로 주님의 뜻이 무엇인지 생각지도 않고 자신의 소원부터 아뢴다.

계속해서 솔로몬의 기도를 보자.

"주께서 주의 종 내 아비 다윗에게 허하신 말씀을 지키시되 주의 입으로 말씀하신 것을 손으로 이루심이 오늘날과 같으니이다"(대하 6:15).

주께서는 이 땅에서 그 뜻을 이루고자 그의 아비 다윗에게 성전 건축을 명하신 것이었으며, 그리하여 지금 솔로몬 자신을 통하여 그 뜻을 이루셨다고 고하였던 것이다.

"여호와여 귀를 기울여 들으소서 여호와여 눈을 떠서 보시옵소서 산헤립이 사신 하나님을 훼방하러 보낸 말을 들으시옵소서"(왕하 19:16).

이것은 앗수르의 산헤립으로부터 구원해 달라는 히스기야의 기도인데, 그는 오히려 이것을 역설적으로 표현하였다. 즉 주께서 원하는 것은 이스라엘과 유다를 통하여 하나님의 뜻을 이 땅 위에서 이루시는 것인데, 산헤립이 그 일을 방해하고 있다고 고발하고 있는 것이다.

> "우리는 이미 범죄하여 패역하며 행악하며 반역하여 주의 법도와 규례를 떠났사오며 우리가 또 주의 종 선지자들이 주의 이름으로 우리의 열왕과 우리의 방백과 열조와 온 국민에게 말씀한 것을 듣지 아니하였나이다 주여 공의는 주께로 돌아가고 수욕은 우리 얼굴로 돌아옴이 오늘날과 같아서 유다 사람들과 예루살렘 거민들과 이스라엘이 가까운 데 있는 자나 먼 데 있는 자가 다 주께서 쫓아 보내신 각국에서 수욕을 입었사오니 이는 그들이 주께 죄를 범하였음이니이다"(단 9:5~7).

다니엘 역시 이 땅에서 이루어져야 할 주의 뜻을 자기와 자기 선조가 어겼기 때문에 본토에서 쫓겨나 각국에서 온갖 수모를 당했다고 이야기하고 있다. 이것은 언뜻 보면 자기들의 죄를 자복하는 것으로만 보일 수 있다. 그러나 실은 죄를 자복하는 것과 함께 주께서 유다 사람들을 통하여 이루고자 하신 뜻을 거슬렀다는 것을 동시에 자복하고 있는 것이다.

우리의 소원과 기도는 당연히 주님의 나라가 이 땅에 임하는 것이고, 주님의 뜻이 이 땅에서 이루어지는 것이 최종 목표가 된다. 즉 우리는 주께서 뜻하신 바를 이룰 수 있도록 우리의 마음을 주님과 합해야 하며, 그것을 위해 함께 노력해야 하는 것이다.

그 주님의 뜻이 무엇인가? 첫째는 복음을 전파하여 구원받는 자를 더하는 것이다.

"하늘과 땅의 모든 권세를 내게 주셨으니 그러므로 너희는 가서 모든 족속으로 제자를 삼아 아버지와 아들과 성령의 이름으로 세례를 주고 내가 너희에게 분부한 모든 것을 가르쳐 지키게 하라 볼찌어다 내가 세상 끝 날까지 너희와 항상 함께 있으리라"(마 28:18~20).

이것이 예수님이 부활하신 뒤 승천하시기 전에 제자들에게 주신 가장 큰 사명이다. 이를 위하여 우리는 많은 물질과 시간을 드리고, 노력을 기울여야 한다.

둘째는 구원받은 회중이 하나님을 찬양하고 경배하는 것이다. 구약에서는 이스라엘 민족이 그 일을 하였지만, 신약에 와서는 교회가 그 일을 대신하고 있다.

셋째는 심판받을 세상에 소망을 두는 것이 아니라, 하늘에 소망을 두는 것이다.

실제로 하나님과 동행한 에녹과 노아는 하나님을 믿고 예배에 충실했으며, 세상에 소망을 둔 것이 아니라 영원한 나라에 소망을 두고 그 상급을 위해 살았다. 이것이 하나님과 동행하는 것이며, 예수 그리스도와 연합하는 것이다.

오늘날 우리에게 일용할 양식을 주옵시고

이 모든 것이 끝난 후에야 비로소 우리는 주께 소원을 아뢰어야 한다. 솔로몬은 기도할 때 하나님을 찬양하고 주님의 뜻이 이루어지길 구한 뒤 자신의 소원을 털어놓았다.

"이스라엘 하나님 여호와여! 주께서 주의 종 내 아비 다윗에게 말씀하시기를 네 자손이 자기 길을 삼가서 네가 내 앞에서 행한 것같이 내 율법대로 행하기만 하면 네게로 좇아 나서 이스라엘 위에 앉을 사람이 내 앞에서 끊어지지 아니하리라 하셨사오니 이제 다윗을 위하여 그 허하신 말씀을 지키시옵소서 그런즉 이스라엘 하나님 여호와여 원컨대 주는 주의 종 다윗에게 하신 말씀이 확실하게 하옵소서 하나님이 참으로 사람과 함께 땅에 거하시리이까 하늘과 하늘들의 하늘이라도 주를 용납지 못하겠거든 하물며 내가 건축한 이 전이오리이까"(대하 6:16~18).

히스기야 역시 그다음 간절한 소원을 하나님께 아뢰었다.

"여호와여 앗수르 열왕이 과연 열방과 그 땅을 황폐케 하고 또 그 신들을 불에 던졌사오니 이는 저희가 신이 아니요 사람의 손으로 지은 것 곧 나무와 돌뿐이므로 멸하였나이다 우리 하나님 여호와여 원컨대 이제 우리를 그 손에서 구원하옵소서 그리하시면 천하만국이 주 여호와는 홀로 하나님이신 줄 알리이다"(왕하 19:17~19).

그런데 히스기야는 하나님이 그 기도를 안 들어주고는 못 견딜 정도로 하나님 마음에 쏙 드는 기도를 하였다. 참으로 산헤립의 편지에 기록된 대로 앗수르의 모든 왕들은 열방과 그 땅을 황폐화시켰고, 그들이 믿는 신들을 불에 던졌지만, 그것은 그 신들이 그냥 나무와 돌에 불과한 우상이었기 때문에 열방을 구원할 수 없었다고 아뢴다. 그렇지만 하나님은 우주에 홀로 하나이신 창조자이시므로 자기들을 구원하여 천하만국에 오직 하나님만이 참신이라는 것을 알리시라고 고하였다.

그런데 오늘날 우리에게 일용할 양식을 주시라고 한 예수님의 간구는 무척 소박하다.

"내가 두 가지 일을 주께 구하였사오니 나의 죽기 전에 주시옵소서 곧 허탄과 거짓말을 내게서 멀리 하옵시며 나로 가난하게도 마옵시고 부하게도 마옵시고 오직 필요한 양식으로 내게 먹이시옵소서 혹 내가 배불러서 하나님을 모른다 여호와가 누구냐 할까 하오며 혹 내가 가난하여 도적질하고 내 하나님의 이름을 욕되게 할까 두려워함이니이다"(잠 30:7~9).

이것이 예수님이 했던 기도의 요지였고, 그래서 아예 목숨을 위하여 무엇을 먹을까, 무엇을 마실까, 몸을 위하여 무엇을 입을까 염려하지도 말라고 하셨다. 하나님이 이 모든 것이 우리에게 있어야 할 줄을 이미 아시기 때문에, 우리는 먼저 그의 나라와 의를 구해야 한다고 하셨다(마 6:25~34). 사도 바울 역시 우리에게 이렇게 가르쳤다.

"그러나 지족하는 마음이 있으면 경건이 큰 이익이 되느니라 우리가 세상에 아무것도 가지고 온 것이 없으매 또한 아무것도 가지고 가지 못하리니 우리가 먹을 것과 입을 것이 있은즉 족한 줄로 알 것이니라 부하려 하는 자들은 시험과 올무와 여러 가지 어리석고 해로운 정욕에 떨어지나니 곧 사람으로 침륜과 멸망에 빠지게 하는 것이라 돈을 사랑함이 일만 악의 뿌리가 되나니 이것을 사모하는 자들이 미혹을 받아 믿음에서 떠나 많은 근심으로써 자기를 찔렀도다"(딤전 6:6~10).

우리가 우리에게 죄지은 자를 사하여 준 것같이 우리 죄를 사하여 주옵시고

사실 이 부분은 구원받은 그리스도인에게는 맞지 않는 내용이다. 왜냐하면 이미 그리스도인은 예수 그리스도의 십자가 보혈로 죄 사함을 받았기 때문이다. 신약성경을 따르는 그리스도인들이 예배 시간에 주기도문을 읊지 않는 것도 이 때문이다. 이것은 구원받지 않은 자를 위한 중보기도로서 필요한 부분이다.

예수님은 계속해서 소원과 간구에 대하여 말씀하셨다. 그런데 그 간구가 일반적인 간구와는 좀 다른 것을 알 수 있다. 즉 우리의 죄를 사하여 달라는 기도였다. 솔로몬이 하나님께 간구한 기도의 대부분의 내용이 바로 죄를 사하여 달라는 것이었다.

> "나의 하나님 여호와여! 종의 기도와 간구를 돌아보시며 종이 주의 앞에서 부르짖음과 비는 기도를 들으시옵소서…범죄치 아니하는 사람이 없사오니 저희가 주께 범죄하므로 주께서 저희에게 진노하사 저희를 적국에게 붙이시매 적국이 저희를 사로잡아 땅의 원근을 물론하고 끌어간 후에 저희가 사로잡혀 간 땅에서 스스로 깨닫고 그 사로잡은 자의 땅에서 돌이켜 주께 간구하기를 우리가 범죄하여 패역을 행하며 악을 지었나이다 하며 자기를 사로잡아 간 적국의 땅에서 온 마음과 온 뜻으로 주께 돌아와서 주께서 그 열조에게 주신 땅과 주의 빼신 성과 내가 주의 이름을 위하여 건축한 전 있는 편을 향하여 기도하거든 주는 계신 곳 하늘에서 저희의 기도와 간구를 들으시고 저희의 일을 돌아 보옵시며 주께 득죄한 주의 백성을 용서하옵소서 나의 하나님이여 이제 이곳에서 하는 기도에 눈을 드시고 귀를 기울이소서… 여호와 하나님이여 주의 기름 부음 받은 자에게서 얼굴을 돌이키지 마옵시고 주의 종 다윗에게 베푸신 은총을 기억하옵소서"(대하 6:19, 36~42).

다니엘이 했던 기도도 별반 다르지 않았다.

> "주여 내가 구하옵나니 주는 주의 공의를 좇으사 주의 분노를 주의 성 예루살렘, 주의 거룩한 산에서 떠나게 하옵소서 이는 우리의 죄와 우리의 열조의 죄악을 인하여 예루살렘과 주의 백성이 사면에 있는 자에게 수욕을 받음이니이다 그러하온즉 우리 하나님이여! 지금 주의 종의 기도와 간구를 들으시고 주를 위하여 주의 얼굴 빛을 주의 황폐한 성소에 비취시옵소서 나의 하나님이여 귀를 기울여 들으시며 눈을 떠서 우리의 황폐된 상황과 주의 이름

으로 일컫는 성을 보옵소서 우리가 주의 앞에 간구하옵는 것은 우리의 의를 의지하여 하는 것이 아니요 주의 큰 긍휼을 의지하여 함이오니 주여 들으소서 주여 용서하소서 주여 들으시고 행하소서 지체치 마옵소서 나의 하나님이여 주 자신을 위하여 하시옵소서 이는 주의 성과 주의 백성이 주의 이름으로 일컫는 바 됨이니이다"(단 9:16~19).

다니엘은 간절한 마음으로 자기 백성의 죄를 용서하여 달라고 기도하였다. 그리하여 다시 주께서 허락하신 땅으로 돌아갈 수 있도록 긍휼을 베풀어 주시기를 기도하였다.

이처럼 모든 믿음의 선진들은 그들의 간구가 온전히 하나님의 뜻에 합한 덕분에 그 기도가 하늘에 상달되어 응답을 받았다.

우리를 시험에 들게 하지 마옵시고 다만 악에서 구하옵소서

솔로몬, 히스기야, 다니엘의 기도에서는 이 부분에 대한 예를 찾아볼 수 없다. 시험에 드는 것이 무엇이고, 주께서는 왜 악에서 구해 달라고 하셨을까? 주님은 이것에 대해 특별히 강조하셨는데, 그것은 주께서 민족적, 지역적으로 다른 많은 사람들로 교회를 구성할 것을 계획하셨으며, 그 성도들 간에 일어날 수 있는 여러 가지 갈등을 염두에 두셨기 때문이다.

우리가 시험에 빠지는 이유는 이미 앞에서 언급한 것들, 즉 욕심(남에게 베풀지 않고 일용할 양식 이상을 채우는 것)과 증오(우리가 우리에게 죄지은 자를 사하여 주지 않는 것) 때문이다.

"사람이 시험을 받을 때에 내가 하나님께 시험을 받는다 하지 말찌니 하나님은 악에게 시험을 받지도 아니하시고 친히 아무도 시험하지 아니하시느니라 오직 각 사람이 시험을 받는 것은 자기 욕심에 끌려 미혹됨이니 욕심이

> 잉태한즉 죄를 낳고 죄가 장성한즉 사망을 낳느니라"(약 1:13~15).

그래서 욕심에 빠지지 않기 위해 일용할 양식 이상의 것을 채우려 하지 말라고 하셨던 것이다.

시험에 빠지는 두 번째 이유는 증오 때문이다. 그래서 예수님은 기도할 때, 우리가 우리에게 죄지은 자를 사하여 준 것같이 우리 죄를 사하여 달라고 하셨다. 즉 시험에 빠지지 않기 위해서는 우리가 먼저 우리에게 죄지은 자를 용서해야만 한다. 그리고 그 용서는 무한정이어야 한다고 하셨다.

> "너희는 스스로 조심하라 만일 네 형제가 죄를 범하거든 경계하고 회개하거든 용서하라 만일 하루 일곱 번이라도 네게 죄를 얻고 일곱 번 네게 돌아와 내가 회개하노라 하거든 너는 용서하라"(눅 17:3~4).

용서는 예수님이 기도를 가르치신 것을 마친 후에 다시 한 번 강조하신 부분이기도 하다.

> "너희가 사람의 과실을 용서하면 너희 천부께서도 너희 과실을 용서하시려니와 너희가 사람의 과실을 용서하지 아니하면 너희 아버지께서도 너희 과실을 용서하지 아니하시리라"(마 6:14~15).

베드로는 예수님께 형제가 범죄하면 몇 번이나 용서해야 하는지 묻고, 일곱 번 용서하면 되지 않겠냐고 스스로 대답하였다. 그때 예수님께서는 **"일곱 번뿐 아니라 일흔 번씩 일곱 번이라도 할찌니라"**(마 18:22)라고 하셨다. 회개하고 용서를 구했기 때문에 용서하는 것이 아니라, 아무런 조건 없이 무조건 용서하라고 하셨다. 그러시면서 일만 달란트 빚을 탕감받은 종이 겨우 일백 데나리온 빚진 자를 옥에 가둔 예를 드신 후에 또다시 이렇게 강조하셨다.

> "너희가 각각 중심으로 형제를 용서하지 아니하면 내 천부께서도 너희에게 이와 같이 하시리라"(마 18:35).

또한 예수님은 주 앞에 예물을 드리다가도 형제에게 원망 들을 만한 일이 생각나거든 그 형제와 화목한 후에 예물을 드려야 하나님이 받으실 것이라고 하셨다.

> "옛사람에게 말한바 살인치 말라 누구든지 살인하면 심판을 받게 되리라 하였다는 것을 너희가 들었으나 나는 너희에게 이르노니 형제에게 노하는 자마다 심판을 받게 되고 형제를 대하여 라가라 하는 자는 공회에 잡히게 되고 미련한 놈이라 하는 자는 지옥 불에 들어가게 되리라 그러므로 예물을 제단에 드리다가 거기서 네 형제에게 원망 들을 만한 일이 있는 줄 생각나거든 예물을 제단 앞에 두고 먼저 가서 형제와 화목하고 그 후에 와서 예물을 드리라"(마 5:21~24).

사람들은 이것이 성도들 간에만 이루어지면 되는 것이라 착각하고 있다. 그러나 성경은 세상 사람들에게도 동일하게 적용하라고 하셨다.

> "아무에게도 악으로 악을 갚지 말고 모든 사람 앞에서 선한 일을 도모하라 할 수 있거든 너희로서는 모든 사람으로 더불어 평화하라 내 사랑하는 자들아 너희가 친히 원수를 갚지 말고 진노하심에 맡기라 기록되었으되 원수 갚는 것이 내게 있으니 내가 갚으리라고 주께서 말씀하시니라 네 원수가 주

> 리거든 먹이고 목마르거든 마시우라 그리함으로 네가 숯불을 그 머리에 쌓아 놓으리라 악에게 지지 말고 선으로 악을 이기라"(롬 12:17~21).

예수님은 또한 이렇게 말씀하셨다.

> "내가 진실로 너희에게 이르노니 누구든지 이 산더러 들리어 바다에 던지우라 하며 그 말하는 것이 이룰 줄 믿고 마음에 의심치 아니하면 그대로 되리라 그러므로 내가 너희에게 말하노니 무엇이든지 기도하고 구하는 것은 받은 줄로 믿으라 그리하면 너희에게 그대로 되리라 서서 기도할 때에 아무에게나 혐의가 있거든 용서하라 그리하여야 하늘에 계신 너희 아버지도 너희 허물을 사하여 주시리라"(막 11:23~25).

예수님께서는 믿고 마음에 의심치 않으면 그대로 될 것이니, 기도하고 구하는 것은 당연히 받은 줄로 믿으라고 하셨다. 그러나 거기에도 단 하나의 전제조건이 있는데, 그것은 나에게 혐의가 있는 모든 사람을 용서하는 것이었다. 역설적으로 사람을 용서하지 않고 하는 기도는 듣지 않겠다는 말씀이었다.

나라와 권세와 영광이 아버지께 영원히 있사옵나이다 아멘

예수님의 기도는 다시 한 번 하나님에 대한 경배와 찬양으로 마무리된다.

그런데 예수님은 이 기도를 가르치시기 전에, 골방에 들어가 은밀한 중에 계신 하나님께 간구하고, 기도할 때 이방인처럼 중언부언하면서 많은 말을 하지 말라고 말씀하셨다. 왜냐하면 하나님은 우리가 구하기 전에 이미 우리에게 무엇이 필요한지 다 아시기 때문이라고 하셨다.

> "또 너희가 기도할 때에 외식하는 자와 같이 되지 말라 저희는 사람에게 보이려고 회당과 큰 거리 어귀에 서서 기도하기를 좋아하느니라 내가 진실로 너희에게 이르노니 저희는 자기 상을 이미 받았느니라 너는 기도할 때에 네 골방에 들어가 문을 닫고 은밀한 중에 계신 네 아버지께 기도하라 은밀한 중에 보시는 네 아버지께서 갚으시리라 또 기도할 때에 이방인과 같이 중언부언하지 말라 저희는 말을 많이 하여야 들으실 줄 생각하느니라 그러므로 저희를 본받지 말라 구하기 전에 너희에게 있어야 할 것을 하나님 너희 아버지께서 아시느니라"(마 6:5~8).

이 말씀으로 인하여 많은 사람들이 기도에 관해 오해하는 부분이 있다. 그래서 부부가 합심하여 기도를 한다든지, 또는 교회가 합심하여 기도를 하는 것에 대하여 거부감을 표시하는 사람들이 있다. 그러나 여기 기록된 것처럼 이것은 외식하는 자들을 향하여 하신 말씀이었다.

하나님은 성도를 통하여 영광받기를 간절히 원하신다. 앞서 살폈듯이 욕심과 증오로 인해 성도들 간에 멀어지고 시험에 빠지는 것을 바라시지 않는다. 성도가 시험에 빠지면 하나님께 영광을 돌리지 않기 때문이다. 그러나 서로 사랑하면 욕심과 증오에 빠지지 않고 온전히 하나님의 영광을 이룰 수 있다. 그래서 예수님도 욕심과 증오에 빠지지 말라고 한 것이 아니라 서로 사랑하라고 명령하셨고, 이것을 새 계명이라 하셨다.

> "새 계명을 너희에게 주노니 서로 사랑하라 내가 너희를 사랑한 것같이 너희도 서로 사랑하라 너희가 서로 사랑하면 이로써 모든 사람이 너희가 내 제자인 줄 알리라"(요 13:34~35).

"예수께서 가라사대 네 마음을 다하고 목숨을 다하고 뜻을 다하여 주 너의 하나님을 사랑하라 하셨으니 이것이 크고 첫째 되는 계명이요 둘째는 그와 같으니 네 이웃을 네 몸과 같이 사랑하라 하셨으니"(마 22:37~39).

예수님은 첫째로 하나님을 사랑하고, 둘째로 하나님이 우리를 사랑한 것같이 우리도 서로 사랑할 것을 명하셨다. 그렇기 때문에 형제자매를 미워하고 용서하는 마음이 없이 하는 기도는 아무리 간절한 기도라도 응답하지 않겠다고 하셨던 것이다.

이 외에도 사도들 역시 기도에 대해 언급하는데, 그 내용은 다음과 같다.

첫째, 감사를 드리는 것이다. 이것은 찬양 및 경배와 일맥상통한다.

"주 안에서 항상 기뻐하라 내가 다시 말하노니 기뻐하라 너희 관용을 모든 사람에게 알게 하라 주께서 가까우시니라 아무것도 염려하지 말고 오직 모든 일에 기도와 간구로, 너희 구할 것을 감사함으로 하나님께 아뢰라 그리하면 모든 지각에 뛰어난 하나님의 평강이 그리스도 예수 안에서 너희 마음과 생각을 지키시리라"(빌 4:4~7).

둘째, 죄에 대한 자복이다. 이것은 이미 구약에서도 하나님께 기도가 상달되도록 하기 위해서 해야 할 당연한 전제조건이었으며, 예수님도 수없이 언급하셨던 내용이다.

"만일 우리가 죄 없다 하면 스스로 속이고 또 진리가 우리 속에 있지 아니할 것이요 만일 우리가 우리 죄를 자백하면 저는 미쁘시고 의로우사 우리 죄를 사하시며 모든 불의에서 우리를 깨끗케 하실 것이요 만일 우리가 범죄하지 아니하였다 하면 하나님을 거짓말하는 자로 만드는 것이니 또한 그의 말씀이 우리 속에 있지 아니하니라"(요일 1:8~10).

셋째, 소원을 아뢰는 것이다. 믿음의 선진들은 먼저 하나님을 경배하고, 회개하고, 그다음에야 비로소 마음속의 소원을 아뢰었다.

"그러므로 내가 첫째로 권하노니 모든 사람을 위하여 간구와 기도와 도고와 감사를 하되 임금들과 높은 지위에 있는 모든 사람을 위하여 하라 이는 우리가 모든 경건과 단정한 중에 고요하고 평안한 생활을 하려 함이니라"(딤전 2:1~2).

마음의 소원을 반드시 구체적으로 간구해야 한다. 자신을 돌아보면서 기도하되, 그 소원이 이루어질 때까지 끊임없이 아뢰어야 한다. 이스라엘 민족은 간절한 소원을 아뢸 때 금식하며 기도하였다. 즉, 목숨을 내놓고 하나님께 매달렸던 것이다. 다윗은 기도의 응답을 받기 위해 끊임없이 부르짖고, 또 부르짖었다. 사울의 손아귀에서 벗어나기 위해 도망다니면서 쓴 시편을 읽어보면 그가 얼마나 절박하게 하나님을 찾았는지를 잘 알 수 있다. 에스겔 역시 비록 하나님이 주시겠다고 약속한 것일지라도 간절히 기도하라고 하였다.

"나 주 여호와가 말하노라 그래도 이스라엘 족속이 이와 같이 자기들에게 이루어 주기를 내게 구하여야 할찌라"(겔 36:37).

예수님도 원하는 것을 얻기 위해 간절히 구하라고 하셨고(마 7:7~11; 요 15:7), 야고보도 기도는 구체적으로 간절히 할 것을 부탁하였다(약 5:17).

넷째, 다른 사람을 위한 중보이다. 예수님은 우리를 홀로 남겨두지 않고 교회로 모이게 하셨으므로 당연히 성도를 위한 기도도 당부하셨다.

> "너희 중에 병든 자가 있느냐 저는 교회의 장로들을 청할 것이요 그들은 주의 이름으로 기름을 바르며 위하여 기도할찌니라 믿음의 기도는 병든 자를 구원하리니 주께서 저를 일으키시리라 혹시 죄를 범하였을찌라도 사하심을 얻으리라 이러므로 너희 죄를 서로 고하며 병 낫기를 위하여 서로 기도하라 의인의 간구는 역사하는 힘이 많으니라"(약 5:14~16).

역사상 수많은 사람들이 기도의 응답을 받았다. 하나님은 우주 만물을 창조하신 전지전능하신 분이기 때문에 반드시 우리의 기도를 들어주신다. 만약 우리의 기도가 응답받지 못했으면 우리가 죄악 중에 있는 것은 아닌지, 또는 우리가 진정으로 하나님과 마음을 합하지 않는 것은 아닌지 자신을 살펴야 할 것이다. 그러므로 우리의 기도는 오직 하나님을 향하여야 한다. 그것이 주께서 가르치신 기도의 요지이다.

> "또 여호와를 기뻐하라 저가 네 마음의 소원을 이루어 주시리로다 너의 길을 여호와께 맡기라 저를 의지하면 저가 이루시고 네 의를 빛같이 나타내시며 네 공의를 정오의 빛같이 하시리로다"(시 37:4~6).

> "너희는 먼저 그의 나라와 그의 의를 구하라 그리하면 이 모든 것을 너희에게 더하시리라"(마 6:33).

> "구하라 그러면 너희에게 주실 것이요 찾으라 그러면 찾을 것이요 문을 두드리라 그러면 너희에게 열릴 것이니 구하는 이마다 얻을 것이요 찾는 이가

찾을 것이요 두드리는 이에게 열릴 것이니라 너희 중에 누가 아들이 떡을 달라 하면 돌을 주며 생선을 달라 하면 뱀을 줄 사람이 있겠느냐 너희가 악한 자라도 좋은 것으로 자식에게 줄 줄 알거든 하물며 하늘에 계신 너희 아버지께서 구하는 자에게 좋은 것으로 주시지 않겠느냐"(마 7:7~11).

"너희가 내 이름으로 무엇을 구하든지 내가 시행하리니 이는 아버지로 하여금 아들을 인하여 영광을 얻으시게 하려 함이라 내 이름으로 무엇이든지 내게 구하면 내가 시행하리라(요 14:13~14).

"너희가 내 안에 거하고 내 말이 너희 안에 거하면 무엇이든지 원하는 대로 구하라 그리하면 이루리라"(요 15:7).

"지금까지는 너희가 내 이름으로 아무것도 구하지 아니하였으나 구하라 그리하면 받으리니 너희 기쁨이 충만하리라"(요 16:24).

"너희가 얻지 못함은 구하지 아니함이요 구하여도 받지 못함은 정욕으로 쓰려고 잘못 구함이니라"(약 4:2~3).

우주 만물의 창조주께서는 이렇게 많은 말씀으로 우리의 기도에 응답하겠다고 약속하셨다. 하나님은 그 큰 이름을 위하여 우리의 올바른 간구를 듣고 반드시 이루실 것이다.

26

에덴동산의 네 강으로 조명한 하나님의 경륜

"강이 에덴에서 발원하여 동산을 적시고 거기서부터 갈라져 네 근원이 되었으니 첫째의 이름은 비손이라 금이 있는 하윌라 온 땅에 둘렸으며 그 땅의 금은 정금이요 그곳에는 베델리엄과 호마노도 있으므 둘째 강의 이름은 기혼이라 구스 온 땅에 둘렸고 세째 강의 이름은 힛데겔이라 앗수르 동편으로 흐르며 네째 강은 유브라데더라"(창 2:10~14).

하나님은 에덴동산을 창설하시고, 그곳에 보기에 아름답고 먹기에도 좋은 각종 나무 열매를 나게 하셨으며, 생명나무와 선과 악의 지식나무(선악을 알게 하는 나무)도 두셨다. 네 강이 에덴에서 발원하여 흘렀는데, 여기에는 하나님과 인간의 관계에 대한 놀라운 비밀이 숨겨져 있다.

그 비밀을 들여다보기 전에 먼저 하나님이 생명의 물에 대해 얼마나 큰 관심을 가지고 계신지 살펴보고자 했다. 왜냐하면 성경의 메시지가 생명에 대한 이야기이고, 그 생명은 생명수가 있어야 가능하기 때문이다. 그래서 성경에서 말하는 생명의 물에 대한 것을 알고 있어야 네 강 속에 담긴 하나님과 인간의 관계를 이해할 수 있다.

성경에 구체적인 언급은 없지만, 에덴동산에서 발원하여 흘렀던 네 강이 만물을 소성시키는 생명수였다. 그것은 네 강의 이름에 담긴 뜻으로도 확인할 수 있고, 다음의 여러 말씀으로도 확인할 수 있다.

"너희 목마른 자들아 물로 나아오라 돈 없는 자도 오라 너희는 와서 사 먹되 돈 없이 값없이 와서 포도주와 젖을 사라"(사 55:1).

"내가 주는 물을 먹는 자는 영원히 목마르지 아니하리니 나의 주는 물은 그 속에서 영생하도록 솟아나는 샘물이 되리라"(요 4:14).

"그가 내게 이르시되 이 물이 동방으로 향하여 흘러 아라바로 내려가서 바다에 이르리니 이 흘러내리는 물로 그 바다의 물이 소성함을 얻을찌라 이 강물이 이르는 곳마다 번성하는 모든 생물이 살고 또 고기가 심히 많으리니 이 물이 흘러들어 가므로 바닷물이 소성함을 얻겠고 이 강이 이르는 각처에 모든 것이 살 것이며 또 이 강가에 어부가 설 것이니 엔게디에서부터 에네글라임까지 그물 치는 곳이 될 것이라 그 고기가 각기 종류를 따라 큰 바다의 고기같이 심히 많으려니와 그 진펄과 개펄은 소성되지 못하고 소금 땅이 될 것이며 강 좌우 가에는 각종 먹을 실과나무가 자라서 그 잎이 시들지 아니하며 실과가 끊치지 아니하고 달마다 새 실과를 맺으리니, 그 물이 성소로 말미암아 나옴이라 그 실과는 먹을 만하고 그 잎사귀는 약 재료가 되리라'"(겔 47:8~12).

"성령과 신부가 말씀하시기를 오라 하시는도다 듣는 자도 오라 할 것이요 목마른 자도 올 것이요 또 원하는 자는 값없이 생명수를 받으라"(계 22:17).

이제 에덴동산에서 흘렀던 네 강인 비손강, 기혼강, 힛데겔강, 유브라데강과 그 강이 흘렀던 지역을 차례로 살펴보면서 하나님과 인간의 관계에 대한 비밀을 들여다보자.

먼저 비손(Pison)강과 그 강이 흘렀던 하윌라(Havilah)의 관계를 보자. 비손은 **'값없이 풍부하게 흐른다'**라는 뜻을 가지고 있다. 하나님은 인간을 사랑의 대상으로 창조하셨으며, 아름다운 에덴동산에서 함께 살기를 원하셨다. 그리하여 최초의 인간인 아담과 하와는 그 사랑 안에서 자라났다. 하윌라의 원래 뜻은 **'자라게 하다'**인데, 하나님의 그 무한하고 값없이 흐르는 사랑 안에서 풍성하게 자라났던 최초 인간의 모습을 잘 표현해 주고 있다.

하나님의 사랑으로 자라났던 그 땅은 참으로 아름다운 땅이었다. 그곳에는 수정처럼 맑고 아름다운 정금이 있었다. 정금이 어떤 것인가 하는 것은 성경에 잘 나와 있다.

"그 성은 정금인데 맑은 유리 같더라…성의 길은 맑은 유리 같은 정금이더라"(계 21:18, 21).

새예루살렘을 구성하는 성과 성안의 길이 정금으로 되어 있는데, 마치 맑은 유리 같다고 표현하고 있다. 얼마나 순도가 높고 깨끗하였으면 마치 맑은 유리와 같다고 했겠는가? 하윌라에서 나오는 금이 바로 그러한 정금이었다. 또한 하윌라 땅에는 정금뿐 아니라 아름다운 보석인 호마노와 향신료인 베델리엄도 있었다. 따라서 비손강과 그 강이 흘렀던 하윌라는 아름다운 에덴동산에서 하나님과 친밀한 관계를 유지했던 인간의 모습을 매우 잘 표현해 주고 있다.

그런데 그 아름다운 관계를 깨뜨린 자가 있었는데, 그것은 기름부음을 받아 하나님 보좌를 덮었던 루시퍼라는 그룹이었다(사 14:12~14; 겔 28:14~16). 원래 하나님 보좌에는 다섯 그룹들이 있었다. 루시퍼는 하나님 보좌를 두른 네 그룹들보다 더 뛰어난 덮는 그룹이었으나, 하나님을 배반하여 보좌에서 쫓겨났다. 그리고 하와를 꾀어 하나님이 먹지 말라고 하셨던 선과 악의 지식나무 열매를 먹도록 하여 하나님과 인간의 관계를 끊었다. 이로 인해 하나님의 사랑의 대상이었던 아담과 하와는 에덴동산에서 쫓겨나게 되었다.

그동안 사람들은 비손강이 어디에 있었는지 몰랐다. 그러나 과학이 발달하여 이제는 비손강의 위치를 확인할 수 있게 되었다. 그 강을 지금은 와디 바틴(Wadi al Batin)과 와디 리마(Wadi al Rimah)로 부르고 있으며, 원래는 사우디아라비아 헤자즈 산맥에서부터 이라크의 사프완(Safwan)까지 흘러 유브라데강과 만나 페르시아만으로 흘러들어 갔었다. 그런데 그 강의 중앙으로 거대한 나후드 사막(Nafud Desert)이 지나가면서 값없이 풍부하게 흘렀던 강물이 말라버렸다. 그리하여 헤자즈 산맥 쪽은 와디 리마, 페르시아만 쪽은 와디 바틴이라는 서로 다른 이름으로 불리고 있다. '와디'(Wadi)란 큰 비가 올 때만 흐르는 마른 강을 말한다.

나후드 사막은 사하라 사막 다음으로 세상에서 가장 큰 사막이다. 그 사막은 하나님과 사람의 관계를 끊어버렸던 루시퍼를 상징한다. 그래서 하나님의 사랑은 더 이상 값없이 풍부하게 흐르지 못하였고, 하윌라는 더 이상 아름다운 땅이 되지 못하였다. 그래서 지금의 하윌라의 뜻은 **'모래 땅'**으로 바뀌었다.

사람들은 하나의 단어에 전혀 상관없는 두 개의 뜻이 있는 것을 이상하게 생각하는데, 이는 전혀 이상한 것이 아니다. 일례로 **'바벨'**이 **'신의 문'** 또는 **'혼잡'**이라는 뜻인데, 바벨탑 사건을 보면 왜 그 뜻이 두 개인지 가늠할 수 있다. 같은 이치로 하윌라도 두 개의 뜻을 가지게 된 것이다.

거친 광야가 되어버린 하윌라에는 육신을 상징하는 아말렉 족속이 주인처럼 살았다. 그들은 사탄을 상징하는 메마른 나후드 사막으로부터 가끔씩 흘렀던 와디의 물로 근근이 살았다. 삶이 결코 녹록하지 않았기 때문에 하윌라에서 술 광야까지 아주 광대한 땅에 퍼져 살 수밖에 없었고(삼상 15:7), 그 삶이 고달파 약탈을 일삼았던 것이다.

그렇게 고달픈 삶이었기에 그들은 이스라엘의 출애굽 때 길에서 이스라엘의 약한 부분을 쳐서 약탈하려고 했다. 하나님은 이 일에 대해 매우 분노하셨으며, 그래서 **"내가 아말렉을 도말하여 천하에서 기억함이 없게 하리라…여호와가 아말렉으로 더불어 대대로 싸우리라"**(출 17:14, 16)라고 하셨다. 그리하여 사울의 때에 이르러 아말렉을 쳐서 그들의 소유까지 모두 진멸하라고 명령하셨던 것이다(삼상 15:1~3).

사울은 하나님의 명을 받들어 이스라엘에서 20만 명, 유다에서 1만 명이라는 어마어마한 군대를 동원하여 아말렉이 살고 있는 영토를 토벌하기 위해 길을 나섰다. 이때 아말렉 족속과 함께 살고 있는 겐 족속에게 아말렉 땅에서 떠나라고 명할 정도로 그 토벌작전은 실로 엄청난 것이었다. 이때의 전투 성과가 얼마나 뛰어났던지, 사울은 군사들을 길갈에 두고 갈멜(엘리야의 갈멜산이 아니라, 유다 지파의 땅)에 자신을 위해 기념비를 세우고 다시 길갈로 내려와 사무엘과 만났다(삼상 15:12). 그러나 사울은 아말렉 왕 아각을 살려두고, 탈취물 중 좋은 것을 남겨두었다. 이에 하나님은 그가 하나님의 명령에 온전히 순종하지 않은 것을 책망하셨고, 그 일로 인하여 이스라엘의 왕권을 빼앗아 유다 지파 이새의 아들 다윗에게 넘겼다(삼상 16:1). 하윌라에 거했던 아말렉은 사울의 토벌작전으로 완전히 멸망하였으나(삼상 15:8), 그 일로부터 그리 멀지 않은 때에 다윗이 거처했던 시글락을 침략했으며, 페르시아의 아하수에로 왕 때는 거꾸로 이스라엘을 모두 죽이려는 음모까지 꾸몄다(에 3:8~11). 하나님이 만물을 회복하시기 전까지는 사탄의 세력을 아무리 흔적 없이 멸하였더라도 이처럼 조금만 방심하면 우후죽순처럼 솟아날 것이다.

하윌라와 아말렉의 이러한 관계를 깨달으면 사울이 불순종한 것이 얼마나 큰 잘못이었는지 알 수 있다. 이는 그 옛날 가데스바네아에서 반석에 명하여 물을 내라 했으나 그 반석을 쳐서 물을 내었던 모세의 잘못에 버금가는 일이었다(민 20:8~12). 모세는 광야 40년의 기간 중 두 번에 걸쳐 반석을 쳐서 물을 내었는데, 첫 번째는 르비딤이었고, 두 번째는 가데스였다. 그런데 가데스에서는 반석에 명하여 물을 내라 하셨으나 모세가 백성에게 분노하여 반석을 쳤던 것이다. 상징적으로 반석은 예수 그리스도이고, 물은 예수님으로부터 흘러나오는 생명수이다(고전 10:4). 첫 번째 반석은 예수님의 초림, 두 번째는 재림을 상징한다. 따라서 가데스에서는 반석을 쳐서는 안 되는 것이었다. 이 일로 인해 그는 가나안에 들어갈 수 없었다(민 27:12~14).

이처럼 하나님으로부터 흘러나온 생명수를 얻어 **'자라게'** 했던 하윌라 땅이, 하나님과의 관계가 끊어지자 사탄의 양분을 받아 거친 **'모래 땅'**으로 전락했던 것이다. 사탄이 지배하는 세상은 사람에게 아무런 소망을 주지 못한다. 비손강이 마르고 하윌라가 모래 땅이 되어 버린 것, 그것이 예수 그리스도가 오시기 전까지 이 세상의 상태였다.

다음은 기혼(Gihon)강인데, 이 강은 구스 온 땅에 흘렀다. 기혼은 **'차고 넘쳐난다'**는 뜻을 가지고 있다. 그렇게 풍성하게 차고 넘쳐난 강물이 구스 온 땅으로 흘렀던 것이다. 구스는 **'검다'**라는 뜻을 가지고 있으며, 검은 것은 죄악을 뜻한다.

"구스인이 그 피부를, 표범이 그 반점을 변할 수 있느뇨 할 수 있을찐대 악에 익숙한 너희도 선을 행할 수 있으리라"(렘 13:23).

죄의 본성은 원래 검다. 그래서 하나님은 피부가 검은 구스인을 들어 그 검은 피부를 희게 할 수 있다면, 우리 스스로도 비록 악에 익숙하지만 선을 행할 수 있을 것이라고 말씀하셨다.

그럼 구스인이 그 검은 피부를 희게 할 수 있을까? 표범에게서 그 반점을 지울 수 있을까?

불가능한 일이다. 그렇기 때문에 악에 익숙한 우리도 스스로는 결코 선을 행할 수 없는 것이다. 그래서 차고 넘치는 하나님의 은혜가 필요한 것이다.

하나님과 인간의 관계는 생명수가 넘쳐나던 땅이 거친 모래 땅이 된 것처럼 사탄에 의해 완전히 끊어진 것처럼 보였다. 그러나 하나님의 사랑은 여전히 흐르고 있었을 뿐 아니라 차고 넘쳐나도록 흘렀던 것이다. 그것도 사탄의 꾀임에 빠져 하나님으로부터 멀어져 죄악으로 가득 찬 구스 온 땅으로 흘렀다.

> "말씀이 육신이 되어 우리 가운데 거하시매 우리가 그 영광을 보니 아버지의 독생자의 영광이요 은혜와 진리가 충만하더라"(요 1:14).

예수 그리스도의 보혈의 은혜는 하나님을 떠나 죄를 지었던 인류의 시작부터 인류의 마지막까지 모든 사람이 구원받을 수 있도록 차고 넘치도록 흘러 부족함이 없다. 그 덕분에 우리는 주님의 능력을 힘입어 넉넉히 구원받을 수 있는 것이다.

예수님도 친히 **"내가 주는 물을 먹는 자는 영원히 목마르지 아니하리니 나의 주는 물은 그 속에서 영생하도록 솟아나는 샘물이 되리라"**(요 4:14)라고 말씀하셨기에 주님의 차고 넘치는 은혜의 보혈로 인해 먹보다 검은 우리의 죄가 눈보다 더 희게 되었다.

그 옛날 지금의 이란 땅인 페르시아에는 구스인이 살았다. 역사에서는 그들이 세운 국가를 **'카사이트'**(Kassite) 또는 **'카슈'**(Kassu)라 불렀는데, 카슈가 성경에서 말하는 구스(Cush)인 것이다. 그러나 구스(카슈)인은 이사야 18장에 기록된 말씀처럼 홍해를 건너 아프리카로 떠나갔으며, 그 땅에 지금은 백인인 아리아인(페르시아인)들이 들어와 있다.

그 기혼강이 지금도 구비구비 돌아 이란 땅을 빠짐없이 적시며 흐르고 있다. 지금의 사람들은 그 강을 카룬(Karun) 강이라 부르고 있다. 직선 거리로는 300km도 안 되는 카룬 강은 이란 땅을 굽이굽이 돌아 무려 820km에 이른다. 그래서 현재 카룬 강은 이란 사람들의 젖줄이 되고 있다. 마치 먹보다 검은 우리의 죄가 주님의 차고 넘치는 보혈로 인하여 눈보다 더 희게 된 것과 같다.

이제 힛데겔(Hiddekel) 강을 보자. 힛데겔은 **'신속하게 흐르는'**, **'화살처럼 빨리 나는 힘'**이라는 뜻이 있다. 힘 있고, 능력 있는 강물을 뜻한다. 그런데 그 강물이 왜 앗수르 땅으로 흘렀을까?

앗수르의 원뜻은 **'죽다'** 또는 **'죽음'**이었는데, 지금은 **'평원'**이라는 뜻을 가지고 있다. 죽음의 땅 앗수르로 힛데겔 강이 흘렀을 때 그 땅은 비로소 소성함을 입었다. 그런데 이상하게도 힛데겔 강은 앗수르 온 땅으로 흐르지 않고, 앗수르 동편으로만 흘렀다. 그 강의 혜택을 오직 죽음의 땅 동편의 사람들만 누렸던 것이다. 이는 예수 그리스도의 재림을 상징한다.

> "보라 내가 너희에게 비밀을 말하노니 우리가 다 잠잘 것이 아니요 마지막 나팔에 순식간에 홀연히 다 변화하리니 나팔 소리가 나매 죽은 자들이 썩지 아니할 것으로 다시 살고 우리도 변화하리라 이 썩을 것이 불가불 썩지 아니할 것을 입겠고 이 죽을 것이 죽지 아니함을 입으리로다 이 썩을 것이 썩지 아니함을 입고 이 죽을 것이 죽지 아니함을 입을 때에는 사망이 이김

의 삼킨 바 되리라고 기록된 말씀이 응하리라"(고전 15:51~54).

예수 그리스도는 반드시 재림할 것이며, 오직 그리스도 안에서 잠자는 자들만 썩지 않을 몸을 입고 죽음으로부터 부활할 것이다. 마치 앗수르 동편의 사람들만 힛데겔 강의 혜택을 받은 것과 같다. 예수님은 재림하실 때 예루살렘 성전 동문으로 입성하실 것이며, 세상은 예수님이 통치하시는 천년왕국의 시대로 들어설 것이다. 굳이 앗수르 땅의 동편을 강조했던 것은 바로 예수 그리스도의 재림을 설명하기 위함이었다.

"그 후에 그가 나를 데리고 문에 이르니 곧 동향한 문이라 이스라엘 하나님의 영광이 동편에서부터 오는데 하나님의 음성이 많은 물소리 같고 땅은 그 영광으로 인하여 빛나니 그 모양이 내가 본 이상 곧 전에 성읍을 멸하러 올 때에 보던 이상 같고 그발 하숫가에서 보던 이상과도 같기로 내가 곧 얼굴을 땅에 대고 엎드렸더니 여호와의 영광이 동문으로 말미암아 전으로 들어가고 성신이 나를 들어 데리고 안뜰에 들어가시기로 내가 보니 여호와의 영광이 전에 가득하더라"(겔 43:1~5).

현대 사람들은 이 강을 티그리스(Tigris) 강이라고 부르고 있다. 아직도 이 강의 상류는 집수 범위가 넓으며, 강폭이 유브라데 강보다 좁고, 튀르키예 국경과 바그다드와의 고도 차가 300m 이상 될 정도로 크기 때문에 강물이 많고 유속이 매우 빠른 특징을 가지고 있다. 그래서 상류의 강수 상황에 따라 쉽게 범람한다. 따라서 **'화살처럼 빨리 나는 힘'**이라는 하나님의 능력을 상징하는 힛데겔이라는 이름은 아직도 유효하다. 그러나 사람들은 힛데겔이라는 이름을 버렸다.

마지막으로 살펴볼 강은 유브라데(Euphrates) 강이다. 유브라데는

'참 좋은', **'비옥한'**이라는 뜻을 가지고 있다. 우리는 지금 유브라데 강의 위치를 알고 있기 때문에 그 강물이 어디로 흘러가는지 잘 알고 있다. 그런데 성경은 유독 유브라데 강에 대해서는 그 강물이 어디로 흘렀는지 아무런 언급이 없다. 성경은 유브라데 강이 흘러가는 곳을 지정하지 않았다.

유브라데 강은 네 강의 중심이 되는 강이다. 비손 강은 사프완에서, 기혼 강은 코람사르에서, 힛데겔 강은 쿠르나에서 유브라데 강과 합쳐진 후 페르시아만으로 흘러간다. 강이 합쳐진 후부터 페르시아만까지의 강은 더는 비손 강도, 기혼 강도, 힛데겔 강도 아닌 오직 유브라데 강일 뿐이다. 모든 강물은 유브라데 강에 귀결되며, 바다로 나가 온 세상으로 흐른다. 그래서 성경은 유브라데 강을 큰 강, 하수로 불렀다(출 23:31; 신 1:7; 사 7:20). 강이 지금과 반대로 흘렀던 아담의 때에도 역시 유브라데 강은 바다로 흘러 만물을 소성시켰을 것이다. 유브라데 강의 목적지를 기록하지 않은 것은 그 강물이 온 세상으로 흐르기를 바랐던 하나님의 마음이 담긴 것이었다.

유브라데 강은 천년왕국 너머에 있는 새 하늘과 새 땅을 상징한다. 비로소 하나님은 사탄에게 넘겨졌던 세상의 권세를 찾아오실 것이며, 만물을 다시 하나님의 권세 아래 두실 것이다. 인간의 모든 삶과 역사의 귀결은 새 하늘과 새 땅에 맞춰진다. 에덴동산에 흘렀던 모든 강물이 유브라데 강에 귀결되는 것과 같다.

> "또 내가 새 하늘과 새 땅을 보니 처음 하늘과 처음 땅이 없어졌고 바다도 다시 있지 않더라 또 내가 보매 거룩한 성 새 예루살렘이 하나님께로부터 하늘에서 내려오니 그 예비한 것이 신부가 남편을 위하여 단장한 것 같더라"(계 21:1~2).

"또 저가 수정같이 맑은 생명수의 강을 내게 보이니 하나님과 및 어린 양의 보좌로부터 나서 길 가운데로 흐르더라 강 좌우에 생명 나무가 있어 열두 가지 실과를 맺히되 달마다 그 실과를 맺히고 그 나무 잎사귀들은 만국을 소성하기 위하여 있더라"(계 22:1~2).

하나님의 권능으로 새 하늘과 새 땅이 새롭게 창조되었을 때, 수정같이 맑은 생명수 강물이 하나님과 어린 양의 보좌로부터 나와 길 가운데로 흐를 것이다. 그리고 강 좌우에 있는 생명나무에서는 그 생명수로 인하여 달마다 새로운 과실이 풍성히 맺히고, 그로 인해 만국이 소성될 것이다. 유브라데 강이 에덴동산에 흘렀던 모든 강의 중심이 되는 **'참 좋은'** 생명수였던 것과 같다.

우리는 그 시대를 바라보고 살아간다. 사탄이 지배하는 하윌라와 같이 거친 광야에서 구스인처럼 죄인으로 살았지만, 예수 그리스도의 보혈로 눈보다 더 희어졌기에 머지않아 죽음으로 가득 찬 앗수르와 같은 세상에서 벗어나 천년왕국으로 들어갈 것이고, 천년왕국 너머에 있는 새 하늘과 새 땅으로 옮겨질 것이다. 그것이 믿음의 선진들이 바라봤던 세상이며, 나그네 삶을 살아가는 우리가 들어가기를 고대하는 세상이다.

"사랑하는 자들아 주께는 하루가 천 년 같고 천 년이 하루 같은 이 한 가지를 잊지 말라 주의 약속은 어떤 이의 더디다고 생각하는 것같이 더딘 것이 아니라 오직 너희를 대하여 오래 참으사 아무도 멸망치 않고 다 회개하기에 이르기를 원하시느니라 그러나 주의 날이 도적같이 오리니 그날에는 하늘이 큰 소리로 떠나가고 체질이 뜨거운 불에 풀어지고 땅과 그중에 있는 모든 일이 드러나리로다 이 모든 것이 이렇게 풀어지리니 너희가 어떠한 사람이 되어야 마땅하뇨 거룩한 행실과 경건함으로 하나님의 날이 임하기를 바라보고 간절히 사모하라 그날에 하늘이 불에 타서 풀어지고 체질이 뜨거운 불에 녹아지려니와 우리는 그의 약속대로 의의 거하는바 새 하늘과 새 땅을 바라보도다"(벧후 3:8~13).

● 에덴동산과 네 강

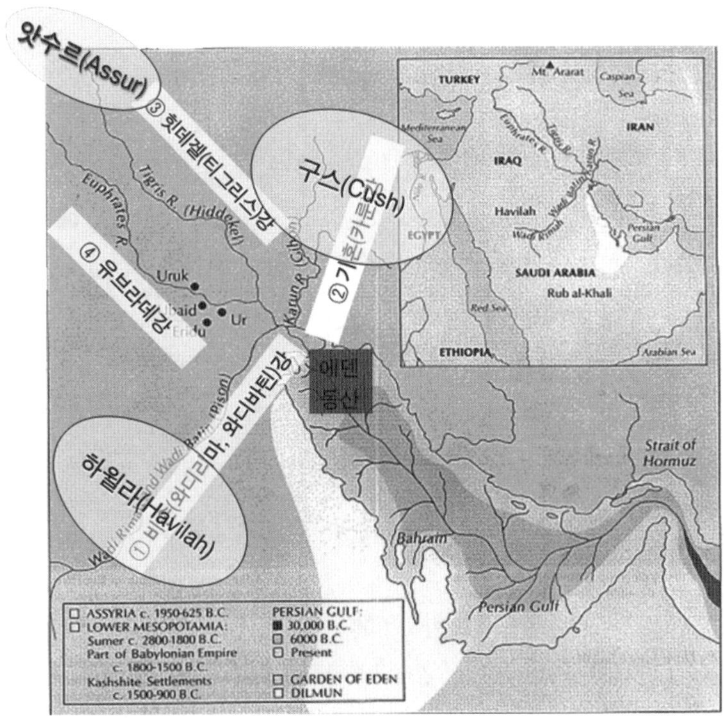

27

느헤미야의 예루살렘 성문으로 고찰한 그리스도인의 신앙 단계

느헤미야가 중건한 예루살렘 성벽과 성문에는 그리스도인의 삶과 연관된 영적인 의미가 많이 내포되어 있다. 사람들은 예루살렘 성벽 중건에 대하여 역사적인 사건 이상의 어떤 영적인 의미를 부여하는 것은 위험한 일이라고 생각할지 모른다. 그러나 성경은 다니엘 9장에서 예루살렘을 중건하라는 영이 날 때가 하나님이 정하신 인류 역사의 기준점이 된다고 하셨기 때문에, 예루살렘 성벽과 성문의 중건은 예수 그리스도와 그리스도인에게 차지하는 의미가 상당히 깊고, 영적으로도 그리스도인의 삶과 많은 연관성을 지니고 있다.

"네 백성과 네 거룩한 성을 위하여 칠십 이레로 기한을 정하였나니 허물이 마치며 죄가 끝나며 죄악이 영속되며 영원한 의가 드러나며 이상과 예언이 응하며 또 지극히 거룩한 자가 기름부음을 받으리라 그러므로 너는 깨달아 알찌니라 예루살렘을 중건하라는 영이 날 때부터 기름부음을 받은 자 곧 왕이 일어나기까지 일곱 이레와 육십이 이레가 지날 것이요 그때 곤란한 동안에 성이 중건되어 거리와 해자가 이룰 것이며 육십이 이레 후에 기름부음을 받은 자가 끊어져 없어질 것이며 장차 한 왕의 백성이 와서 그 성읍과 성소를 훼파하려니와 그의 종말은 홍수에 엄몰됨 같을 것이며 또 끝까지 전쟁이 있으리니 황폐할 것이 작정되었느니라 그가 장차 많은 사람으로 더불어 한 이레 동안의 언약을 굳게 정하겠고 그가 그 이레의 절반에 제사와 예물을 금지할 것이며 또 잔포하여 미운 물건이 날개를 의지하여 설 것이며 또 이미 정한 종말까지 진노가 황폐케 하는 자에게 쏟아지리라 하였느니라" (단 9:24~27).

하나님은 다니엘에게 이스라엘 민족과 예루살렘 성을 위하여 칠십 이레로 기한을 정하셨는데, 예루살렘을 중건하라는 영이 날 때부터 일곱 이레(49년)와 육십이 이레(434년)가 지나면 기름부음을 받은 자가 끊어진다고 말씀하셨다. 이 칙령은 바사 왕 아닥사스다 이십 년 니산월에 느헤미야에게 내려졌다(느 2:1~8).

지금의 달력으로 환산했을 때, 칠십 이레의 시작은 B.C. 445년 3월 14일이 된다. 그리하여 그때로부터 일곱 이레(49년)가 지난 B.C. 396년에 말라기를 끝으로 구약의 역사가 끝나며, 다시 육십이 이레(434년)가 지난 A.D. 32년에 기름부음을 받은 예수 그리스도께서 죽으셨다. 이처럼 느헤미야에게 내려진 포고령이 성경에서 차지하는 위치가 중요하기 때문에 예루살렘 성 중건을 기록한 느헤미야 3장의 내용도 그리스도인의 삶에 대한 커다란 영적 의미를 내포하고 있다.

그럼 첫 번째 문부터 차례대로 살펴보자.

"때에 대제사장 엘리아십이 그 형제 제사장들과 함께 일어나 양문을 건축하여 성별하고 문짝을 달고 또 성벽을 건축하여 함메아 망대에서부터 하나넬 망대까지 성별하였고 그다음은 여리고 사람들이 건축하였고 또 그다음은 이므리의 아들 삭굴이 건축하였으며"(느 3:1~2).

첫 번째로 언급된 문은 **'양문'**(Sheep Gate)이다. 이 문은 예루살렘

성의 정문으로 구원을 의미한다. 이 문을 양문이라 불렀던 이유는 성전에서 희생으로 드릴 양을 들여오는 문이기 때문이었다. 그래서 이 문을 건축한 사람들은 대제사장 엘리아십과 그 형제 제사장들이었다(느 3:1). 제사장들은 이 문을 건축한 뒤에 말씀과 기도로 성별하였다. 또한 다른 문들은 자물쇠와 빗장을 채웠는데 유일하게 양문은 문짝은 달았지만 자물쇠와 빗장을 채우지 않았다.

이것은 놀라운 예표이다. 예수님이 친히 **"내가 진실로 진실로 너희에게 말하노니 나는 양의 문이라 나보다 먼저 온 자는 다 절도요 강도니 양들이 듣지 아니하였느니라 내가 문이니 누구든지 나로 말미암아 들어가면 구원을 얻고 또는 들어가며 나오며 꼴을 얻으리라"**(요 10:7~9)라고 하여 친히 자신이 구원의 문인 양의 문이라고 말씀하셨다. 여기서 문짝은 달았으나, 자물쇠와 빗장을 채우지 않았다는 것은 **"곧 예수 그리스도를 믿음으로 말미암아 모든 믿는 자에게 미치는 하나님의 의니 차별이 없느니라"**(롬 3:22)라는 말씀처럼, 은혜의 시대에는 누구든지 예수 그리스도의 보혈을 믿으면 구원받는 것을 예표한다. 이것은 그리스도인으로서의 시작을 뜻한다. 아무리 교회에 오래 다녔어도 구원받지 않았으면 그리스도인이 아닌 것이다.

예루살렘의 양문 곁에는 베데스다 연못이 있는데, 가끔 천사가 내려와 물을 동하게 하였다(요 5:2~4). 물이 동했을 때 어떤 병자든지 먼저 물에 들어가면 나았는데, 양문 곁에 베데스다 연못이 있는 것은 바로 양문이 구원의 문이었기 때문이다.

예수 그리스도께서 우리의 죄를 위하여 희생제물이 되신 것과 그 십자가는 그리스도인의 삶의 처음이자 마지막이다. 그렇기 때문에 느헤미야 3장은 양문에서 시작하여 다시 양문에 이르는 것으로 끝을 맺고 있으며, 사도 바울도 **"유대인은 표적을 구하고 헬라인은 지혜를 찾으나 우리는 십자가에 못 박힌 그리스도를 전하니 유대인에게는**

거리끼는 것이요 이방인에게는 미련한 것이로되, 오직 부르심을 입은 자들에게는 유대인이나 헬라인이나 그리스도는 하나님의 능력이요 하나님의 지혜니라"(고전 1:22~24)라고 말하여 그리스도인에게는 예수 그리스도의 십자가가 처음과 나중이자 모든 것이 된다고 했던 것이다.

> "어문은 하스나아의 자손들이 건축하여 그 들보를 얹고 문짝을 달고 자물쇠와 빗장을 갖추었고 그다음은 학고스의 손자 우리아의 아들 므레못이 중수하였고 그다음은 므세사벨의 손자 베레갸의 아들 므술람이 중수하였고 그다음은 바아나의 아들 사독이 중수하였고 그다음은 드고아 사람들이 중수하였으나 그 귀족들은 그 주의 역사에 담부치 아니하였으며"(느 3:3~5).

두 번째 문은 **'어문'**(Fish Gate)이다. 이 문은 전도를 의미한다. 예루살렘 북쪽 성벽의 좌측에 위치한 문으로서, 갈릴리 바다에서 잡힌 물고기들이 바로 이곳을 통해 들어왔기 때문에 이런 이름이 붙여졌다. 그런데 이 문을 건축한 사람들은 이름 없는 사람들이었고, 귀족들은 참여하지 않았다. 성경에는 하스나아의 자손들이 이 문을 건축했다고 말했을 뿐 더는 특별한 정보가 없다(느 3:3). 바벨론에서 돌아온 귀환자 명단에 여리고 자손과 스나아 자손이 나오는 것을 볼 때(스 2:34~35), 여리고와 스나아는 똑같이 지명을 지칭하는 것이며, 하스나아는 **'스나아'**라는 지명 앞에 정관사 **'하'**가 붙은 것으로 봐야 할 것이다. 따라서 그들은 여리고 사람들처럼 자신들의 조상이 스나아라는 곳에 살았다는 것만 알 뿐, 그 족보를 밝히지 못하는 아주 비천한 사람들이었다.

예수 그리스도로 구원받은 사람들은 대부분 이름 없는 사람들이었으며, 그들이 바로 세상에 나아가 하나님의 복음을 외쳤던 것이다. 실제로 예수님은 특별히 당시 비천한 직업에 속한 어부였던 사람들을 부르셨고, 그들을 특별히 아끼셨다. 예수님의 특별한 제자 중에 베드로, 야고보, 요한이 모두 어부 출신이었으며, 그 외에도 안드레, 바돌로매, 빌립이 모두 갈릴리 출신의 어부였다. 그리하여 예수님이 이들을 부르실 때, **"나를 따라오너라 내가 너희로 사람을 낚는 어부가 되게 하리라"**(마 4:19; 막 1:17)라고 하셨던 것이다. 예수님은 평범하고 이름 없는 어부들을 구원하셨고, 그들에게 전도의 사명을 부여하여 사람을 낚는 어부로 만드셨다.

세상 마지막 날에 어문 앞에서는 사람들의 곡성이 들릴 것이라 했는데(습 1:10), 이는 주의 복음을 거부한 자들이 흘리는 눈물을 상징적으로 보여주는 것이라 생각한다.

대부분의 그리스도인들이 구원을 받으면 먼저 자신의 구원에 감사한 다음, 그 기쁜 소식을 가까운 사람들에게 알려 복음을 전파한다. 그래서 양문 다음에 어문이 오는 것이다. 남편이 다섯이나 있었던 사마리아 여인도 예수 그리스도를 만난 후 물동이를 버려두고 동네에 들어가서 예수님을 소개했다(요 4:28~30). 또한 날 때부터 소경 되었던 자도 역시 눈을 뜬 후에 바리새인들을 향하여 예수님을 증거하였다(요 9:30~34).

"옛문은 바세아의 아들 요야다와 브소드야의 아들 므술람이 중수하여 그 들보를 얹고 문짝을 달고 자물쇠와 빗장을 갖추었고 그다음은 기브온 사람 믈라댜와 메로놋 사람 야돈이 강 서편 총독의 관할에 속한 기브온 사람들과 미스바 사람들로 더불어 중수하였고 그다음은 금장색 할해야의 아들 웃시엘 등이 중수하였고 그 다음은 향품 장사 하나냐 등이 중수하되 저희가 예루살렘 넓은 성벽까지 하였고 그다음은 예루살렘 지방 절반을 다스리는 자 후르의 아들 르바야가 중수하였고 하루맙의 아들 여다야는 자기 집과 마주 대한 곳을 중수하였고 그다음은 하삽느야의 아들 핫두스가 중수하였고, 하

> 림의 아들 말기야와 바핫모압의 아들 핫숩이 한 부분과 풀무 망대를 중수하였고 그다음은 예루살렘 지방 절반을 다스리는 자 할로헤스의 아들 살룸과 그 딸들이 중수하였고"(느 3:6~12).

세 번째 문은 **'옛문'**(Old Gate)이다. 이 문은 구원받아도 여전히 변하지 않는 우리의 옛사람(자아)을 의미한다. 성경에 기록된 여러 말씀들을 비교해 볼 때, 이 문은 모퉁이문과 동일한 것으로 보인다(왕하 14:13; 대하 26:9; 렘 31:38). 성경에서 옛문이라고 기록된 곳은 오직 느헤미야서밖에 없는데, 여기서 원래 이름을 버리고 옛문이라 한 것에는 영적인 의미가 있다.

> "오직 너희는 그리스도를 이같이 배우지 아니하였느니라 진리가 예수 안에 있는 것같이 너희가 과연 그에게서 듣고 또한 그 안에서 가르침을 받았을찐대 너희는 유혹의 욕심을 따라 썩어져 가는 구습을 좇는 옛사람을 벗어 버리고 오직 심령으로 새롭게 되어 하나님을 따라 의와 진리의 거룩함으로 지으심을 받은 새사람을 입으라"(엡 4:20~24).

이것이 사도 바울을 통하여 주님이 하신 말씀이다. 그리스도인이라면 당연히 옛사람을 버리고 새사람을 입어야 하지만, 대다수의 그리스도인들이 그렇게 살지 못하고 있다. 처음에는 구원의 기쁨으로 열렬히 복음도 전하지만, 그 시간이 지나가면 대부분이 옛 습성에 사로잡히게 된다. 실제로 얼마나 많은 그리스도인들이 주의 길에서 떠나는가? 사람은 구원을 받았다 하여 산소와 수소가 합하여 물이 되는 것처럼 성품이 그렇게 바뀌지 않는다. 그래서 많은 이들이 썩어질 구습에 빠져 세상으로 돌아가는데, 그것을 돌이키도록 이끌어 주는 이들이 앞선 그리스도인들과 지역교회인 것이다. 지역교회가 그만큼 중요하다.

> "너희는 돌아보아 하나님 은혜에 이르지 못하는 자가 있는가 두려워하고 또 쓴 뿌리가 나서 괴롭게 하고 많은 사람이 이로 말미암아 더러움을 입을까 두려워하고"(히 12:15).

이처럼 지역교회에서 앞선 성도들은 초신자들을 하나님의 은혜에 도달하도록 이끌어야 할 뿐 아니라, 교회 안에서 쓴 뿌리가 자라나지 않도록 엄히 살펴야 한다. 바세아의 아들 요야다와 브소드야의 아들 므술람이 서로 협력하여 옛문을 중수했던 것처럼, 그리스도인도 서로 협력하여 선을 이루어야 하는 것이다(느 3:6; 롬 8:28).

실제로 초기 그리스도인 모임에서도 옛 습성을 버리지 못하여 세상으로 떠난 성도가 있었다. 데마는 누가와 함께 사도 바울의 사역에 참여하면서 바울이 가는 곳에는 어디든 있었다. 심지어 감옥까지 동행한 사도 바울의 동역자였다(골 4:14; 몬 1:24). 그런데 정작 사도 바울에게 동역자가 절실히 필요할 때, 그는 세상을 더 사랑하여 사도 바울의 곁을 떠났다(딤후 4:10). 이처럼 하나님 앞에 열심이 있다고 하는 많은 사람들이 하나님의 힘으로 신앙생활을 한 것이 아니라 자신의 힘으로 신앙생활을 했기 때문에 옛사람을 버리지 못하여 세상으로 돌아갔던 것이다.

옛문과 골짜기문 사이의 성벽 공사에는 많은 계층의 사람들이 참여했다. 예루살렘 절반을 다스리던 후르의 아들 르바야와 또 예루살렘 나머지 절반을 다스리던 할로헤스의 아들 살룸과 그 딸들이 참여했고, 금장색 할해야의 아들 웃시엘과 향품 장수 하나냐가 참여하였다. 또한 이방인인 기브온 사람들도 참여하는 등 매우 다양한 사람들이 성벽 공사에 참여했다(느 3:7~12).

처음 구원받은 대다수의 그리스도인은 옛 습성에 사로잡혀 자신의 힘으로 무언가를 하려고 노력한다. 즉 앞서 언급한 사람들이 자신의 힘과 지혜로 옛문과 골짜기문 사이의 긴 성벽 공사에 참여한 것처럼, 아직 옛사람을 버리지 못한 대부분의 그리스도인도 신앙적으로 열심을 내어 뭔가를 이루고자 노력한다. 그러나 예수 그리스도의 피로 구원받은 후에도 여전히 세상에서 살아가는 삶은 결코 아름다운 삶이 될 수 없다. 결국 그들은 하나님의 다루심으로 인해 좌절하게 되어 골짜기 아래로 한없이 추락한다. 그렇게 하나님은 자기 생각이 가득한 그리스도인을 지속적으로 다루셔서 옛문에서 골짜기문으로 인도하실 것이다. 옛문과 골짜기문까지의 거리가 매우 길고 많은 사람들이 언급된 것은, 많은 그리스도인들이 옛사람을 버리기까지 매우 긴 시간이 필요하다는 것을 뜻한다.

참고로 옛문에서 골짜기문까지의 거리가 매우 길기 때문에 그 중간에 또 하나의 문이 있을 법도 한데 성경에 언급이 없다. 그런데 실제로 옛문과 골짜기문 사이에는 에브라임문이 존재했었다(느 12:39). 그럼에도 여기서는 그 문을 간과해 버렸다. 어쩌면 에브라임문의 상태가 건축하지 않아도 될 만큼 온전했기 때문일 수도 있다. 그러나 에브라임문을 간과한 것은 앞서 언급한 것처럼 옛문과 골짜기문을 통하여 우리에게 교훈을 주기 위함이다.

> **"골짜기문은 하눈과 사노아 거민이 중수하여 문을 세우며 문짝을 달고 자물쇠와 빗장을 갖추고 또 분문까지 성벽 일천 규빗을 중수하였고"(느 3:13).**

그리고 비로소 하나님은 우리를 네 번째 문인 **'골짜기문'**(Valley Gate)으로 인도하신다.

참으로 이상한 것은 골짜기문에서 분문까지는 하눈과 매우 작은 성읍 사노아 거민들이 일천 규빗(450m)이나 되는 매우 많은 구역을 담당했다는 것이다(느 3:13). 사노아 거민들이 큰 열심을 냈든지, 아니면 성벽 파괴가 심하지 않아 크게 부담되지 않았을 수 있다. 그러나 성경이 일천 규빗을 특히 강조한 것은 또 다른 교훈이 있기 때문이다. 그것은 구원받은 많은 성도들 중 옛문에서 골짜기문까지 오는 동안 세상으로 떠나 골짜기문에 이르렀을 때는 겨우 몇 사람밖에 남지 않음을 보여준다. 세월이 흐른 뒤에 교회 안에서 주위를 둘러보았을 때, 함께 교제했던 많은 그리스도인들이 모임을 떠났음을 보게 되는 것이다.

골짜기문을 통과한 그리스도인은 비로소 세상의 모든 것들이 부질없고, 오직 예수 그리스도만이 참소망이 된다는 것을 깨닫게 된다. 그리하여 세상의 유혹으로부터 자신을 다잡아 세우는 일을 하게 된다. 대속죄일에 죄를 사하기 위해 죽인 짐승의 육체를 분문 밖에서 불살라 태웠던 것처럼(히 13:11), 그리스도인도 하나님의 말씀으로 일천 규빗의 튼튼한 성벽을 세운 뒤 육신적인 것들(옛사람)을 분문 밖에 버려야 한다. 이것이 정상적인 그리스도인으로서 걸어가야 하는 자연스러운 길이다. 예수님도 우리보다 먼저 이 길을 가셨다.

> "그는 근본 하나님의 본체시나 하나님과 동등 됨을 취할 것으로 여기지 아니하시고 오히려 자기를 비워 종의 형체를 가져 사람들과 같이 되었고 사람의 모양으로 나타나셨으매 자기를 낮추시고 죽기까지 복종하셨으니 곧 십자가에 죽으심이라"(빌 2:6~8).

하나님은 타락한 세대 가운데서 그리스도인을 하나님의 흠 없는 자녀로 세상 가운데 빛으로 나타내시기 위하여 예외 없이 골짜기문과 분문을 통과하게 하시는데, 이는 우리에게 소원을 두고 일하시는 하나님의 섭리가 있기 때문이다.

> "너희 안에서 행하시는 이는 하나님이시니 자기의 기쁘신 뜻을 위하여 너희로 소원을 두고 행하게 하시나니…이는 너희가 흠이 없고 순전하여 어그러지고 거스리는 세대 가운데서 하나님의 흠 없는 자녀로 세상에서 그들 가운데 빛들로 나타내며"(빌 2:13, 15).

느헤미야는 예루살렘에 도착하여 3일 만에 그 성이 어떠한가 알아보기 위해 밤에 몰래 예루살렘 성벽을 순찰했다. 그때 골짜기문으로 나아가 분문에 이르러 성벽이 다 무너진 것을 확인했다. 그리고 앞으로 행하여 샘문과 셀라못까지 나아가려 했으나 더는 갈 곳이 없으므로 성벽을 살펴본 후 다시 골짜기문으로 해서 숙소로 돌아왔다(느 2:11~15).

이것은 주님 앞에 낮아진 모습으로 옛사람을 버리고 나아가지 않으면 성령과 교통할 수도, 보내심을 받을 수도 없다는 것을 보여준다고 할 수 있다. 얼마나 많은 그리스도인들이 골짜기문과 분문 앞까지 오는 동안 자기 생각을 버리지 못하여 좌절하며 믿음에서 떠나가는가!

> "너희가 육신대로 살면 반드시 죽을 것이로되 영으로써 몸의 행실을 죽이면 살리니"(롬 8:13).

그러므로 우리가 할 일은 **'주여! 내가 여기 있나이다'**(창 22:1, 11, 46:2; 출 3:4; 삼상 3:4~8; 사 6:8; 행 9:10)라고 하면서 자기 생각을 버리고 하나님과 마음을 합하는 것이다. 우리가 아무리 버티고, 또 많은 시간이 걸린다 할지라도, 교회 가운데 거하는 모든 그리스도인에게 소원을 두고 계신 주께서는 그들이 반드시 이 문을 통과하도록 다루실 것이다.

"만군의 여호와께서 맹세하여 가라사대 나의 생각한 것이 반드시 되며 나의 경영한 것이 반드시 이루리라"(사 14:24).

물론 이 말씀은 하나님이 계획하신 미래의 일들에 대한 것이지만, 또한 우리에게 소원을 두고 계신 주님이 우리를 반드시 하나님의 사람으로 만드실 것이라는 의미도 내포하고 있다.

실례로 잔꾀가 많고 거짓말을 잘하는 야곱에게 소원을 두신 하나님은 그를 끝까지 다루셨다. 그리하여 그는 130세가 되었을 때 비로소 자아를 내려놓고 하나님 앞에 엎드렸다. 하나님은 자아가 강한 그를 끝까지 다루셨고, 그래서 자기 것을 움켜쥔 그는 고달픈 일생을 살았다. 그가 130세가 되어 하나님 앞에 모든 것을 내려놨을 때, 비로소 그는 죽은 줄 알았던 요셉을 돌려받았던 것이다. 이처럼 그리스도인 역시 옛사람을 버리지 못하면 그 삶은 고달파질 수밖에 없다. 그러나 자아를 내려놓으면 그다음부터 하나님이 그 안에서 일하실 것이다.

"분문은 벧학게렘 지방을 다스리는 레갑의 아들 말기야가 중수하여 문을 세우며 문짝을 달고 자물쇠와 빗장을 갖추었고"(느 3:14).

그로 인해 그리스도인은 다섯 번째 문인 **'분문'**(똥문, Dung Gate)과 마주하게 된다. 분문이라는 이름도 오직 느헤미야서에만 기록되어 있다. 이 문의 원래 이름은 하시드문(렘 19:2)이었다. 이 문을 통하여 저주의 땅인 힌놈의 골짜기로 통할 뿐 아니라, 온갖 더러운 것들을 버렸기 때문에 똥문이라고도 불렀다. 또한 대속죄일에 죄를 사하기 위하여 죽인 짐승의 피는 대제사장이 가지고 성소에 들어갔지만 그 육체는 분문 밖에서 불살라 태웠다.

> "이는 죄를 위한 짐승의 피는 대제사장이 가지고 성소에 들어가고 그 육체는 영문 밖에서 불사름이니라"(히 13:11).

분문에 이르러 내 안의 더러운 것들을 버렸다는 것이 나의 성품을 깨끗하게 정화시켰다는 것을 뜻하지는 않는다. 사람들이 그리스도인의 삶을 오해하여 은둔자의 길을 떠나거나, 금욕주의에 빠지는 것을 가끔 본다. 성품이나 기질은 바꿀 수 있는 것들이 아니기 때문에, 은둔함으로 피하거나 금욕으로 억제하면 언젠가 그것들은 걷잡을 수 없이 터져 나올 것이다. 또한 금욕을 한다고 원래 사람의 마음 속에 있는 성품이나 습성이 바뀌지도 않을뿐더러, 은둔자의 길을 떠나면 어떻게 세상으로 나아가 사탄에게 붙잡힌 혼들을 구원해 낼 수 있겠는가?

그래서 분문에 이르러 내 안의 것들을 버리는 것은 자아를 내려놓고 주님과 마음을 합하는 것을 뜻한다. 베드로는 이에 대해 **"육체의 더러운 것을 제하여 버림이 아니요 오직 선한 양심이 하나님을 향하여 찾아가는 것이라"**(벧전 3:21)라고 하였다. 이런 사람을 영에 속한 사람이라 부르는데, 이러한 사람은 선한 양심에 따라 **분별**하며, 직감으로 성령님이 하시는 일을 **지각**하고, 예배로 하나님과 **교통**한다. 그는 영으로 하나님을 감지하며, 하나님이 그의 중심이고 전부이다.

분문을 중수한 사람은 벧학게렘 지방을 다스리는 레갑의 아들 말기야였는데, 레갑 족속은 모세의 장인 이드로의 후손으로 이스라엘 중심에 들어와 서기관 족속이라는 칭호를 받을 정도로 하나님께 열심인 사람들이었다(대상 2:55). 그들의 선조는 아합 집안을 무너뜨리고 왕이 된 예후를 도와 바알을 섬기는 사람을 멸했고, 나실인의 삶과 같은 가훈을 정하여 하나님 앞에 깨끗한 삶을 살았다(렘 35:6~11). 그는 하나님께 열심인 가문 출신답게 가장 더러운 분문을 맡았다.

> "샘문은 미스바 지방을 다스리는 골호세의 아들 살룬이 중수하여 문을 세우고 덮으며 문짝을 달며 자물쇠와 빗장을 갖추고 또 왕의 동산 근처 셀라 못 가의 성벽을 중수하여 다윗성에서 내려오는 층계까지 이르렀고 그다음은 벧술 지방 절반을 다스리는 자 아스북의 아들 느헤미야가 중수하여 다윗의 묘실과 마주 대한 곳에 이르고 또 파서 만든 못을 지나 용사의 집까지 이르렀고 그다음은 레위 사람 바니의 아들 르훔이 중수하였고 그다음은 그일라 지방 절반을 다스리는 자 하사뱌가 그 지방을 대표하여 중수하였고 그다음은 그 형제 그일라 지방 절반을 다스리는 자 헤나닷의 아들 바왜가 중수하였고 그다음은 미스바를 다스리는 자 예수아의 아들 에셀이 한 부분을 중수하여 성 굽이에 있는 군기고 맞은편까지 이르렀고 그다음은 삽배의 아들 바룩이 한 부분을 힘써 중수하여 성 굽이에서부터 대제사장 엘리아십의 집 문에 이르렀고 그다음은 학고스의 손자 우리야의 아들 므레못이 한 부분을 중수하여 엘리아십의 집 문에서부터 엘리아십의 집 모퉁이에 이르렀고 그다음은 평지에 사는 제사장들이 중수하였고 그다음은 베냐민과 핫숩이 자기 집 맞은편 부분을 중수하였고 그다음은 아나냐의 손자 마아세야의 아들 아사랴가 자기 집에서 가까운 부분을 중수하였고 그다음은 헤나닷의 아들 빈누이가 한 부분을 중수하되 아사랴의 집에서부터 성 굽이를 지나 성 모퉁이에 이르렀고, 우새의 아들 발랄은 성 굽이 맞은편과 왕의 윗 궁에서 내어민 망대 맞은편 곧 시위청에서 가까운 부분을 중수하였고 그다음은 바로스의 아들 브다야가 중수하였고"(느 3:15~25).

육신적인 것들을 버린 그리스도인은 이제 여섯 번째 문인 **'샘문'**(Fountain Gate)에 이르게 된다. 샘문은 분문과 아주 가깝게 붙어 있었다. 그것은 우리가 자기 생각을 버리고 그리스도와 온전히 마음을 합하여 나아갔을 때 그 즉시 성령께서 역사하신다는 의미이다.

샘문 앞에는 셀라못(실로암못, 실로아, 아래 못, 왕의 못)이 있었다. 훗날 예수님은 땅에 침을 뱉으신 후 진흙을 이겨 소경의 눈에 바르고 실로암못에서 씻으라 하여 그 눈을 뜨게 하셨는데, 그 실로암못이 바로 샘문 앞에 있었다(요 9:1~9). 실로암은 **'보냄을 받은 자'**라는 뜻을 가지고 있는데, 분문에서 옛사람을 버리고, 샘문 앞에서 새롭게 된 자만이 주께서 사용하실 수 있는 자로 거듭난다는 것을 보여준다. 이때 성도는 비로소 하나님을 '나의 하나님'으로 부르게 된다.

그래서 예수님도 제자들을 향하여, **"아무든지 나를 따라 오려거든 자기를 부인하고 자기 십자가를 지고 나를 좇을 것이니라 누구든지 제 목숨을 구원코자 하면 잃을 것이요 누구든지 나를 위하여 제 목숨을 잃으면 찾으리라"**(마 16:24~25)라고 하셨고, 사도 바울도 다음과 같이 이야기하였다.

> "내가 그리스도와 함께 십자가에 못 박혔나니 그런즉 이제는 내가 산 것이 아니요 오직 내 안에 그리스도께서 사신 것이라 이제 내가 육체 가운데 사는 것은 나를 사랑하사 나를 위하여 자기 몸을 버리신 하나님의 아들을 믿는 믿음 안에서 사는 것이라"(갈 2:20).

즉 온전히 자아를 내려놓고 주를 따라야 하는 것인데, 이것은 자신의 삶을 완전히 버리는 것이 아니라, 삶 속에서 말씀을 항상 가까이하면서 주님께 순종하는 것이다.

옛문에서 골짜기문에 이르는 성벽 공사에 많은 사람이 기록된 것처럼, 샘문에서 수문에 이르는 성벽 공사도 많은 사람이 참여하였다(느 3:16~25). 그러나 여기서는 옛문에서 골짜기문에 이르는 성벽 공사를 한 사람들과 다르게, 하나님과 마음을 합한 후 비로소 하나님 일에 열심을 내는 성도들의 모습을 보여준다. 실제로 옛문에서 골짜기문에 이르는 성벽 공사에는 금장색이나 향품 장수처럼 세속적인 사람들이 동원된 반면, 샘문에서 수문에 이르는 성벽 공사에는 제사장과 같은 거룩한 사람들이 동원되었다. 특별히 삽배의 아들 바룩의 경우에서처럼 '힘써 중수했다'는 말을 오직 여기서만 사용했다. 이는 자기에게 맡겨진 부분을 힘써 중수했던 사람들처럼, 분문에서 자신의 온갖 더러운 것을 쏟아낸 그리스도인들이 샘문 앞에서 성령으로 새롭게 되어 더는 세상에 흔들리지 않고 세상에 보냄을 받은 대로 열심을 내는 그리스도인으로 사는 모습을 예표한다.

> "우리가 그를 전파하여 각 사람을 권하고 모든 지혜로 각 사람을 가르침은 각 사람을 그리스도 안에서 완전한 자로 세우려 함이니 이를 위하여 나도 내 속에서 능력으로 역사하시는 이의 역사를 따라 힘을 다하여 수고하노라" (골 1:28~29).

삽배의 아들 바룩이 한 부분을 힘써 중수했듯이, 바울도 그 안에서 능력으로 역사하시는 이의 역사를 따라 힘을 다하여 수고했다. 이처럼 샘문을 통과한 성도는 각 사람에게 복음을 전파하고, 주님의 지혜로 권하고 가르치는 일들을 할 때 힘을 다하여 수고해야 한다. 그것이 샘문을 통과하고 실로암못을 거쳐 수문에 다다른 성도의 당연한 의무이다.

> "(때에 느디님 사람은 오벨에 거하여 동편 수문과 마주 대한 곳에서부터 내

어민 망대까지 미쳤느니라) 그다음은 드고아 사람들이 한 부분을 중수하여 내어민 큰 망대와 마주 대한 곳에서부터 오벨 성벽까지 이르렀느니라" (느 3:26~27).

이제 샘문을 통과한 후에는 일곱 번째 문인 **'수문'**(Water Gate)에 이르게 된다. 물은 어제나 오늘이나 변함없이 항상 있는 하나님의 말씀을 뜻한다. 예수님도 **"내가 주는 물을 먹는 자는 영원히 목마르지 아니하리니 나의 주는 물은 그 속에서 영생하도록 솟아나는 샘물이 되리라"**(요 4:14)라고 하여 영원부터 변함없이 있는 말씀을 물로 비유하셨다. 그래서 이스라엘 민족이 예루살렘 성벽이 중건된 이후 수문 앞 광장에 모여 율법의 말씀을 들었던 것이다(느 8:1~5).

성경은 샘문에서 수문에 이르는 성벽 공사에 대해서는 장황하게 늘어놓는 반면 정작 수문에 대해서는 지나쳐 버린다. 단지 느디님 사람들이 오벨에 거하며 동편 수문에서부터 내어민 망대까지 미쳤다고만 기록하고 있다(느 3:26). 하나님의 말씀이 어제나 오늘이나 변함없이 항상 있는 것처럼, 수문도 특별히 건축할 필요가 없었기 때문이다. 또한 수문을 간과했다는 것은 하나님 일에 열심을 내는 것과 말씀을 공급받는 것이 함께 이루어졌음을 보여준다.

그런데 수문 앞 광장에서 하나님의 말씀을 들었다는 것은 '나의 하나님'을 부르며 하나님과 마음을 합한 성도가 이제 은사를 따라 '우리 하나님'으로 좇으며 교회를 섬긴다는 것을 뜻한다. 실제로 물은 표면장력으로 근처에 있는 물과 합치는 능력이 강하고, 세상의 온갖 더러운 것을 씻어 깨끗하게 할 뿐 아니라, 대부분의 물질을 흡수하여 하나로 연합하는 성질을 가지고 있다.

예수님은 십자가를 앞에 두고 제자들에게 명하기를, 가지가 포도나무에 붙어 있는 것처럼 항상 주님 안에 거하라고 하셨고, 또한 아버지 하나님께는 성부와 자신이 하나인 것처럼 자신과 그리스도인이 하나가 될 수 있도록 인도해 달라고 기도드렸다.

> "내 안에 거하라 나도 너희 안에 거하리라 가지가 포도나무에 붙어 있지 아니하면 절로 과실을 맺을 수 없음같이 너희도 내 안에 있지 아니하면 그러하리라 나는 포도나무요 너희는 가지니 저가 내 안에 내가 저 안에 있으면 이 사람은 과실을 많이 맺나니 나를 떠나서는 너희가 아무것도 할 수 없음이라"(요 15:4~5).

> "아버지께서 내 안에, 내가 아버지 안에 있는 것같이 저희도 다 하나가 되어 우리 안에 있게 하사 세상으로 아버지께서 나를 보내신 것을 믿게 하옵소서 내게 주신 영광을 내가 저희에게 주었사오니 이는 우리가 하나가 된 것같이 저희도 하나가 되게 하려 함이니이다 곧 내가 저희 안에 아버지께서 내 안에 계셔 저희로 온전함을 이루어 하나가 되게 하려 함은 아버지께서 나를 보내신 것과 또 나를 사랑하심같이 저희도 사랑하신 것을 세상으로 알게 하려 함이로소이다"(요 17:21~23).

이것이 세상에서 그리스도인이 가져야 할 궁극적인 목표인 것이다. 그래서 사도 바울은 성도들을 향하여 **"모든 겸손과 온유로 하고 오래 참음으로 사랑 가운데서 서로 용납하고 평안의 매는 줄로 성령의 하나 되게 하신 것을 힘써 지키라"**(엡 4:2~3)라고 했으며, **"우리가 다 하나님의 아들을 믿는 것과 아는 일에 하나가 되어 온전한 사람을 이루어 그리스도의 장성한 분량이 충만한 데까지 이르리니"**(엡 4:13) **"마음을 같이하여 같은 사랑을 가지고 뜻을 합하며 한 마음을 품어 아무 일에든지 다툼이나 허영으로 하지 말고 오직 겸손한 마음으로 각각 자기보다 남을 낫게 여기고 각각 자기 일을 돌아볼 뿐더러 또한 각각 다**

른 사람들의 일을 돌아보아 나의 기쁨을 충만케 하라 너희 안에 이 마음을 품으라 곧 그리스도 예수의 마음이니"(빌 2:2~5)라고 하여 그리스도와 연합하고 서로 하나 되는 신앙을 요구했다.

샘문에서 마음을 새롭게 한 후 수문에 이르게 되면 하나님의 뜻이 무엇인지 항상 살피면서 궁극적으로 주의 교회의 일원으로 주님과 연합하는 삶을 살게 된다. 이것이 진정으로 성숙한 그리스도인의 모습이다.

하나님은 과거로부터 공동체 단위로 역사하셨다. 이스라엘 민족이라는 공동체를 형성하게 한 후에는 이스라엘을 위해 일하셨고, 교회가 형성된 후에는 교회를 위해 일하셨다. 그래서 공동체를 이끌어 가는 리더에게는 무한한 능력을 주셨고, 기적도 허락하셨다. 요셉이 그랬고, 여호수아가 그랬으며, 사무엘과 다윗이 그랬다. 신약시대에는 사도 바울에게 많은 능력을 주셨다.

신약 시대에 진정한 연합이란 교회의 머리이신 예수 그리스도를 중심으로 성도라는 몸이 이루어져 가는 것이다. 그래서 진정 샘문을 통과한 그리스도인은 수문에 이르러 하나님과 연합하여 교회라는 공동체를 이끌어야 한다.

느디님 사람들은 하나님의 전을 위하여 제사장과 레위인의 수종을 들었던 종의 후손이었다(대상 9:14~19; 스 8:17~20). 그래서 제사장, 레위 사람과 함께 가장 먼저 예루살렘으로 돌아와 하나님께 드리는 예배에 봉사하였다(대상 9:2). 이들은 여호수아가 성전에서 물 긷는 자와 나무 패는 자로 삼았던 기브온 거민의 후손이었던 것으로 보인다(수 9:22~27). 이것은 하나님과 마음을 합하여 말씀에 온전히 엎드려 순종하면서 살아가는 진정한 그리스도인의 모습을 보여주는 것이라 할 수 있다.

"그리스도의 말씀이 너희 속에 풍성히 거하여 모든 지혜로 피차 가르치며 권면하고 시와 찬미와 신령한 노래를 부르며 마음에 감사함으로 하나님을 찬양하고"(골 3:16).

"마문 위로부터는 제사장들이 각각 자기 집과 마주 대한 부분을 중수하였고 그다음은 임멜의 아들 사독이 자기 집과 마주 대한 부분을 중수하였고" (느 3:28~29).

여덟 번째 문은 **'마문'**(Horse Gate)이다. 말은 전쟁을 상징하는데, 이스라엘 민족이 이 문을 통하여 전쟁터로 나갔기 때문에 붙여진 이름이다.

"말의 힘을 네가 주었느냐 그 목에 흩날리는 갈기를 네가 입혔느냐 네가 그것으로 메뚜기처럼 뛰게 하였느냐 그 위엄스러운 콧소리가 두려우니라 그것이 골짜기에서 허위고 힘 있음을 기뻐하며 앞으로 나아가서 군사들을 맞되 두려움을 비웃고 놀라지 아니하며 칼을 당할찌라도 물러나지 아니하니 그 위에서는 전동과 빛난 작은 창과 큰 창이 쟁쟁하며 땅을 삼킬 듯이 맹렬히 성내며 나팔 소리를 들으면 머물러 서지 아니하고 나팔 소리 나는 대로 소소히 울며 멀리서 싸움 냄새를 맡고 장관의 호령과 떠드는 소리를 듣느니라" (욥 39:19~25).

샘문과 셀라못에서 하나님의 성령의 도움을 받아 새롭게 하여 부르심에 응하고, 수문 앞에서 하나님의 말씀으로 새 힘을 얻는다.

"너는 알지 못하였느냐 듣지 못하였느냐 영원하신 하나님 여호와, 땅 끝까지 창조하신 자는 피곤치 아니하시며 곤비치 아니하시며 명철이 한이 없으시며 피곤한 자에게는 능력을 주시며 무능한 자에게는 힘을 더하시나니 소년이라도 피곤하며 곤비하며 장정이라도 넘어지며 자빠지되 오직 여호와를 앙망하는 자는 새 힘을 얻으리니 독수리의 날개치며 올라감 같을 것이요 달음박질하여도 곤비치 아니하겠고 걸어가도 피곤치 아니하리로다" (사 40:28~31).

그리고 하나님의 전신갑주를 입고 세상으로 나아가 사탄과 싸워 이긴다.

"종말로 너희가 주 안에서와 그 힘의 능력으로 강건하여지고 마귀의 궤계를 능히 대적하기 위하여 하나님의 전신갑주를 입으라 우리의 씨름은 혈과 육에 대한 것이 아니요 정사와 권세와 이 어두움의 세상 주관자들과 하늘에 있는 악의 영들에게 대함이라 그러므로 하나님의 전신갑주를 취하라 이는 악한 날에 너희가 능히 대적하고 모든 일을 행한 후에 서기 위함이라 그런즉 서서 진리로 너희 허리 띠를 띠고 의의 흉배를 붙이고 평안의 복음의 예비한 것으로 신을 신고 모든 것 위에 믿음의 방패를 가지고 이로써 능히 악한 자의 모든 화전을 소멸하고 구원의 투구와 성령의 검 곧 하나님의 말씀을 가지라"(엡 6:10~17).

이처럼 마문은 그리스도인으로서 살아가면서 치러야 하는 영적인 전쟁을 의미한다. 마문 역시 수문처럼 사람들에 의해 중수되지 않았는데(느 3:28), 이는 마귀와 대적할 때 자신의 힘과 능력이 아닌 하나님의 말씀으로 싸워야 함을 보여준다.

"그다음은 동문지기 스가냐의 아들 스마야가 중수하였고 그다음은 셀레먀의 아들 하나냐와 살랍의 여섯째 아들 하눈이 한 부분을 중수하였고 그다음은 베레갸의 아들 므술람이 자기 침방과 마주 대한 부분을 중수하였고" (느 3:29~30).

이제 아홉 번째 문인 **'동문'**(East Gate)에 이르게 된다. 이 문은 **'금문'**(Golden Gate) 또는 **'왕의 문'**(King's Gate)이라고도 불렸다. 동문 인근 성벽은 동문지기 스가냐의 아들 스마야에 의해 중수된다(느 3:29). 동문은 왕의 문으로 오직 왕만 출입할 수 있는 문이므로 개방되지 않았으며, 특별히 중수될 필요도 없었다. 그래서 동문지기가 동문 인근의 성벽을 중수했던 것이다.

동문은 예수 그리스도의 재림을 상징한다. 그래서 유다가 멸망한 이후로 동문은 굳게 닫혔으며, 새로운 왕이 나타날 때까지 열리지 않았다. 예수님의 재림은 공중 재림과 지상 재림으로 나뉘는데, 둘 사이에는 7년의 기간이 존재한다. 에스겔 44장에 따르면 동문은 명백히 예수 그리스도의 지상 재림과 관련이 있지만(겔 44:1~3), 느헤미야 3장이 그리스도인의 삶에 대한 예표라고 볼 때 여기서의 동문은 공중 재림을 의미한다. 왜냐하면 공중 재림은 그리스도인에게 적용되나, 지상 재림에는 환난받는 성도들도 포함되기 때문이다.

"보라 내가 너희에게 비밀을 말하노니 우리가 다 잠잘 것이 아니요 마지막 나팔에 순식간에 홀연히 다 변화하리니 나팔 소리가 나매 죽은 자들이 썩지 아니할 것으로 다시 살고 우리도 변화하리라 이 썩을 것이 불가불 썩지 아니할 것을 입겠고 이 죽을 것이 죽지 아니함을 입으리로다 이 썩을 것이 썩지 아니함을 입고 이 죽을 것이 죽지 아니함을 입을 때에는 사망이 이김의 삼킨 바 되리라고 기록된 말씀이 응하리라 사망아 너의 이기는 것이 어디 있느냐 사망아 너의 쏘는 것이 어디 있느냐"(고전 15:51~55).

"그다음은 금장색 말기야가 함밉갓 문과 마주 대한 부분을 중수하여 느디님 사람과 상고들의 집에서부터 성 모퉁이 누에 이르렀고 성 모퉁이 누에서 양문까지는 금장색과 상고들이 중수하였느니라"(느 3:31~32).

이제 마지막 열 번째 문인 **'함밉갓문'**(Miphkad Gate)에 이르는데, 개역성경은 '함밉갓'이라 했지만, 원래는 '밉갓'이 맞다. 밉갓은 **'조사'** 혹은 **'재판을 위한 임명'**이라는 뜻을 가지고 있다. 고대 근동의 풍습에 따르면 성문 앞에서 재판이 이루어졌고, 성경에도 성문 앞에서 재판을 했던 여러 기록이 있다(창 19:1~9; 룻 4:1~12 등). 또한 밉갓문 인근에 죄수들을 가두었던 감옥문이 있었던 것도(느 12:39) 이러한 사실을 증명해 준다.

"이는 우리가 다 반드시 그리스도의 심판대 앞에 드러나 각각 선악 간에 그 몸으로 행한 것을 따라 받으려 함이라"(고후 5:10).

이를 그리스도인의 삶에 적용해 보면, 의심할 바 없이 그리스도의 심판대를 의미한다. 여기에 **'성 모퉁이 누'**가 나오는데(느 3:31), 누는 성곽 위에서 사방을 감시하도록 만든 지붕만 있는 집을 말한다. 따라서 누는 지상 위를 상징하므로 그리스도인의 심판은 공중에서 있을 것이다. 그리스도인은 그들이 육신으로 있을 때 행한 것들을 가지고 칭찬과 책망을 받을 것이다.

금장색 말기야가 함밉갓문과 마주 대한 부분을 중수하였다고 하였기 때문에 함밉갓문은 사람에 의해 중수되지 않고 원래부터 그 자리에 있었다는 것을 알 수 있다(느 3:31). 이것 역시 수문과 마문, 동문이 사람에 의해 중수되지 않은 것처럼 하나님의 영역에 속했다.

그리고 느헤미야 3장은 다시 마지막 **'양문'**(Sheep Gate)에 이르러 끝을 맺는다. 여기에 이르게 되면 우리는 다음의 말씀을 생각하게 된다.

> "성안에 성전을 내가 보지 못하였으니 이는 주 하나님 곧 전능하신 이와 및 어린 양이 그 성전이심이라. 그 성은 해나 달의 비췸이 쓸데없으니 이는 하나님의 영광이 비취고 어린 양이 그 등이 되심이라 만국이 그 빛 가운데로 다니고 땅의 왕들이 자기 영광을 가지고 그리로 들어오리라 성문들을 낮에 도무지 닫지 아니하리니 거기는 밤이 없음이라 사람들이 만국의 영광과 존귀를 가지고 그리로 들어오겠고 무엇이든지 속된 것이나 가증한 일 또는 거짓말하는 자는 결코 그리로 들어오지 못하되 오직 어린 양의 생명책에 기록된 자들뿐이라"(계 21:22~27).

느헤미야 3장에 기록된 10개의 문 외에 2개의 문이 더 있었는데, 앞서 살폈듯이 옛문과 골짜기문 사이에 에브라임문이 있었고(느 12:39), 왕궁 근처 샘문과 수문 사이에 수르문(왕하 11:6)이 있었을 것이다. 이 외에도 감옥문이 언급되는데(느 12:39), 이는 함밉갓문 인근에 있었던 감옥의 출입을 위해 만들었던 문으로 성벽에 속한 문은 아니었다.

그리스도인으로 거듭난 후에 그 즉시 하나님 앞으로 옮기우면 좋겠지만, 그럴 경우 더 많은 그리스도인은 탄생할 수 없다. 또한 이제 막 구원받은 그리스도인은 보석의 원석처럼 쓸모없는 돌일 뿐이다. 따라서 거친 원석은 필연적으로 보석으로 다듬어져야 한다. 예수 그리스도 앞에서 보석으로 다듬어진다는 것은 신앙생활 가운데 골짜기문을 만나고, 분문을 만나고, 샘문에 이르렀을 때만 가능한 것이다. 즉 옛사람을 온전히 버리고 하나님과 마음을 합했을 때 비로소 하나님이 쓰시기에 합당한 그릇으로 예비되어 하나님의 성령이 내 안에서 역사한다. 그때가 되었을 때 온전히 하나님의 일을 할 수 있게 된다(딤후 2:21).

동문과 함밉갓문을 상고하면서 우리 미래의 모습도 상상해 볼 수 있으며, 하나님께서 세상을 심판한 후에는 다시 어린양 되신 예수 그리스도와 함께 영원한 삶을 누릴 것이라는 확신도 갖게 된다.

그러므로 느헤미야가 중건한 예루살렘 성벽과 성문 가운데 숨겨진 영적인 의미를 알게 된다면, 그리스도인으로서 어떻게 살아야 하는지 깨닫게 되고, 또한 삶 속에 있는 고난이 결코 나에게만 있는 것이 아님을 알게 되어 예수 그리스도를 신뢰하는 굳건한 믿음으로 자랄 것이다.

● 느헤미야에 의해 중건된 예루살렘 성벽과 성문

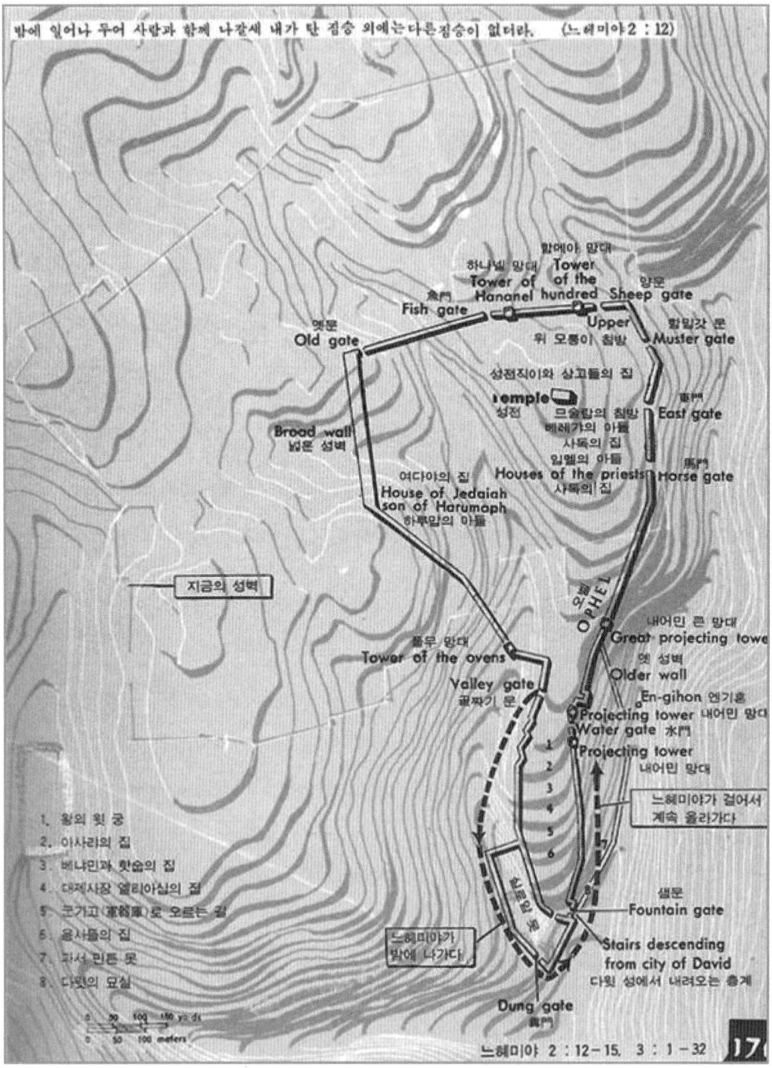

부록 유다와 이스라엘의 연대기

연도	유다 왕국(숫자는 왕의 통치 연도)		이스라엘 왕국(숫자는 왕의 통치 연도)	
B.C. 931	1		하반기 1	여로보암 왕조(22년간)
B.C. 930	2		2	
B.C. 929	3 르		3 여	
B.C. 928	4		4	
B.C. 927	5 호	시삭의 침공(왕상 14:25)	5 로	
B.C. 926	6		6	
B.C. 925	7 보	- 남왕국의 연대 계산법은 왕이 바뀌는 시점이 해의 상반기일 경우 그 해를 다음 왕의 치리 기간에 포함시키고, 왕이 바뀌는 시점이 해의 하반기일 경우 그 해를 이전 왕의 치리 기간에 포함시킨다.	7 보	- 북왕국의 연대 계산법은 왕이 바뀌는 해를 이전 왕의 치리 기간에도 포함시키고, 다음 왕의 치리 기간에도 포함시킨다. 북왕국이 이런 연대 계산법을 채택한 것은 여로보암의 치리 시작 연도를 르호보암과 똑같이 만들기 위함이었던 것으로 보인다.
B.C. 924	8		8	
B.C. 923	9 암		9 암	
B.C. 922	10		10	
B.C. 921	11		11	
B.C. 920	12		12	
B.C. 919	13		13	
B.C. 918	14		14	
B.C. 917	15		15	
B.C. 916	16		16	
B.C. 915	17	르호보암의 죽음(왕상 14:21)	17	
B.C. 914	상반기 1	아비얌 즉위(왕상 15:1)	18	
B.C. 913	2 아비얌		19	
B.C. 912	3 하반기	아비얌 죽음(왕상 15:2), 아사 즉위(왕상 15:9)	20	
B.C. 911	1		21	

연도	유다 왕국(숫자는 왕의 통치 연도)			이스라엘 왕국(숫자는 왕의 통치 연도)			
B.C. 910	2			22	1	나답	여로보암의 죽음(왕상 14:20), 나답 즉위(왕상15:25)
B.C. 909	3			2	1		바아사 왕조(24년간)(왕상 15:25, 28, 33)
B.C. 908	4			2			
B.C. 907	5			3			
B.C. 906	6	아		4			
B.C. 905	7			5		바	
B.C. 904	8			6			
B.C. 903	9			7			
B.C. 902	10	사		8		아	
B.C. 901	11			9			
B.C. 900	12			10			
B.C. 899	13			11		사	
B.C. 898	14			12			
B.C. 897	15		개혁(대하 15:10)	13			
B.C. 896	16			14			
B.C. 895	17			15			
B.C. 894	18			16			
B.C. 893	19			17			
B.C. 892	20			18			
B.C. 891	21			19			
B.C. 890	22			20			
B.C. 889	23			21			

연도	유다 왕국(숫자는 왕의 통치 연도)			이스라엘 왕국(숫자는 왕의 통치 연도)			
B.C. 888	24			22			
B.C. 887	25			23			
B.C. 886	26	∧	(왕상 15:16, 32), (대하 14:1)	24	1	엘라	(왕상 15:33, 16:8)
B.C. 885	27	10			2	시므리 1	시므리 왕조(7일간) (왕상 16:8, 10, 15, 16)
B.C. 884	28	년			2		오므리 왕조(44년)
B.C. 883	29	의			3	오므리	(디브니파와 대립)
B.C. 882	30				4	(바아사 2세)	
B.C. 881	31	평			5		정식 즉위(왕상 16:23)
B.C. 880	32	화			6		
B.C. 879	33	기			7		
B.C. 878	34	간			8		
B.C. 877	35	∨	(대하 15:19)		9	오므리	
B.C. 876	36		(왕상 15:17), (대하 16:1)		10	(바아사 2세)	디르사에서 치리 끝(왕상 16:23)
B.C. 875	37	아			11		사마리아에서 치리 시작
B.C. 874	38			12	1		(왕상 16:23, 29)
B.C. 873	39	사	아사의 병(대하 16:12)		2		
B.C. 872	40				3		
B.C. 871	41	하반기	(왕상 15:10, 22:41)		4		
B.C. 870	1				5		
B.C. 869	2	여			6		
B.C. 868	3	호			7		
B.C. 867	4	사			8		

연도	유다 왕국(숫자는 왕의 통치 연도)				이스라엘 왕국(숫자는 왕의 통치 연도)				
B.C. 866	5		밧		9			아	
B.C. 865	6				10				
B.C. 864	7				11				
B.C. 863	8		아하시야		12				
B.C. 862	9		여	(왕하 8:26) – 아하시야의 나이 22세. 이때 여호사밧이 북왕국과 친족관계를 맺고서(대하 18:2) 아합의 누이인 아달랴를 아내로 맞이했고, 그녀가 데려온 아들 아하시야를 잠시 보위에 앉힘	13			합	
B.C. 861	10				14				
B.C. 860	11		호		15				
B.C. 859	12				16				
B.C. 858	13		사		17				
B.C. 857	14				18				
B.C. 856	15		밧		19				
B.C. 855	16				20				
B.C. 854	17	1	여호람	1차 공동통치(여호사밧과 여호람) (왕하 1:17)	21	1		아하시야	공동통치(왕상 22:51)
B.C. 853	18	2	(요람)	엘리야의 책망(대하 21:12~15)	22	2	1		(왕상 16:29, 22:51, 왕하 1:17, 3:1)
B.C. 852	19						2		
B.C. 851	20		여호사밧				3	여	
B.C. 850	21						4		
B.C. 849	22		하반기				5	호	
B.C. 848	23	3	여호람	2차 공동통치(여호사밧과 여호람)			6		
B.C. 847	24	4	(요람)	(왕하 8:16)			7	람	
B.C. 846	25	5					8		
B.C. 845		6					9		

연도	유다 왕국(숫자는 왕의 통치 연도)			이스라엘 왕국(숫자는 왕의 통치 연도)		
B.C. 844	7			10		
B.C. 843	8	1 아하시야	아하시야 즉위(42세)(왕하 9:29, 대하 22:2)	11		
B.C. 842	상반기	1	아하시야 정식 즉위(왕하 8:25)	12 상반기 1		예후 왕조(89년간) (왕하 3:1, 9:13)
B.C. 841	2	아		2		
B.C. 840	3			3		
B.C. 839	4	달		4	예	
B.C. 838	5			5		
B.C. 837	6	랴		6		예후 때부터 북왕국의 치리 기간
B.C. 836	7 상반기	1	(왕하 11:3~4, 12:1)	7		계산법은 남왕국과 똑같이 바뀌었다.
B.C. 835	2			8	후	예후가 새로운 왕조를 시작하면서
B.C. 834	3			9		여로보암이 왜곡한 계산법을
B.C. 833	4	요		10		바로잡은 것으로 보인다.
B.C. 832	5			11		
B.C. 831	6			12		
B.C. 830	7	아		13		
B.C. 829	8			14		
B.C. 828	9			15		
B.C. 827	10	스		16		
B.C. 826	11			17		
B.C. 825	12			18		
B.C. 824	13			19		
B.C. 823	14			20		

연도	유다 왕국(숫자는 왕의 통치 연도)			이스라엘 왕국(숫자는 왕의 통치 연도)		
B.C. 822	15			21		
B.C. 821	16			22		
B.C. 820	17	요		23	예	
B.C. 819	18			24		
B.C. 818	19			25		
B.C. 817	20	아		26	후	
B.C. 816	21			27		
B.C. 815	22			28		(왕하 10:36)
B.C. 814	23	스	성전 개수(왕하 12:6)	*상반기* 1		(왕하 13:1)
B.C. 813	24			2		
B.C. 812	25			3	여	
B.C. 811	26			4		
B.C. 810	27			5	호	
B.C. 809	28			6		
B.C. 808	29			7	아	
B.C. 807	30			8		
B.C. 806	31			9	하	
B.C. 805	32			10		
B.C. 804	33			11	스	
B.C. 803	34			12		
B.C. 802	35			13		
B.C. 801	36			14		
B.C. 800	37			15 상반기 1	요	(왕하 13:10)

연도	유다 왕국(숫자는 왕의 통치 연도)				이스라엘 왕국(숫자는 왕의 통치 연도)			
B.C. 799	38	상반기	1	(왕하 14:1)	16	2	아	
B.C. 798	39	2	아		17	3	스	여호아하스의 죽음(왕하 13:1)
B.C. 797	40	3	마	(왕하 12:1)		4	1	
B.C. 796	4		샤		5	2		
B.C. 795	5				6	3		
B.C. 794	6	1			7	4		
B.C. 793	7	2			8	5		
B.C. 792	8	3			9	6	여	
B.C. 791	9	4			10	7		
B.C. 790	10	5	아		11	8		
B.C. 789	11	6			12	9	로	
B.C. 788	12	7			13	10		
B.C. 787	13	8	사		14	11		
B.C. 786	14	9			15	12	보	
B.C. 785	15	10			16	하반기	13	요아스의 죽음(왕하 13:10), 여로보임 2세 정식 즉위(왕하 14:23)
B.C. 784	16	11	랴	왕하 14:17(북왕국의 요아스왕은 아마샤 제15년에 죽었고, 아마샤는 제29년까지 살았다. 요아스의 죽음 이후 아마샤가 더 살았던 기간은 제15년부터 제29년까지 15년이다)	14			
B.C. 783	17	12			15		암	
B.C. 782	18	13	ㅡ		16			
B.C. 781	19	14	웃		17			
B.C. 780	20	15			18		2	
B.C. 779	21	16	시		19			
B.C. 778	22	17			20			

연도	유다 왕국(숫자는 왕의 통치 연도)				이스라엘 왕국(숫자는 왕의 통치 연도)		
B.C. 777	23	18	야		21	세	
B.C. 776	24	19	)		22		
B.C. 775	25	20			23		
B.C. 774	26	21			24		
B.C. 773	27	22			25		
B.C. 772	28	23			26		
B.C. 771	29 하반기	24		아마샤의 죽음(왕하 14:2), 아사랴 정식 즉위(왕하 15:1)	27		
B.C. 770	25				28		
B.C. 769	26				29		
B.C. 768	27				30		
B.C. 767	28				31		
B.C. 766	29				32		
B.C. 765	30				33		
B.C. 764	31		아		34	여	
B.C. 763	32				35	로	
B.C. 762	33		사		36	보	
B.C. 761	34				37	암	
B.C. 760	35		랴		38	2	
B.C. 759	36				39	세	
B.C. 758	37		(		40		
B.C. 757	38		웃		41 하반기	사가랴	왕하 14:23, 6개월 치리(왕하 15:8)

연도	유다 왕국(숫자는 왕의 통치 연도)			이스라엘 왕국(숫자는 왕의 통치 연도)		
B.C. 756	39			상반기 살룸	하반기	살룸 왕조(1개월간) 살룸(왕하 15:13), 므나헴(왕하 15:17)
B.C. 755	40	시		1		므나헴 왕조(12년간)
B.C. 754	41			2	므	앗수르 불의 침공(왕하 15:19)
B.C. 753	42	야	아사랴의 문둥병(왕하 15:5) - 이때 요담이 왕자로서 다스리기 시작했는데, 이때의 나이가 25세였을 것이다(왕하 15:33).	3		불은 디글랏빌레셋 3세의 즉위 전 이름인 것으로 보인다.
B.C. 752	43	)		4	나	
B.C. 751	44			5		
B.C. 750	45			6	헴	
B.C. 749	46			7		
B.C. 748	47			8		
B.C. 747	48			9		
B.C. 746	49			10		(왕하 15:17)
B.C. 745	50			상반기 1	브가히야	(왕하 15:23)
B.C. 744	51			2	(므나헴 2세)	(왕하 15:23)
B.C. 743	52	1	(왕하 15:2)	상반기 1		베가 왕조(20년간) (왕하 15:27)
B.C. 742		2 요담	정식 즉위(왕하 15:32)	2		

부록 유다와 이스라엘의 연대기

연도	유다 왕국(숫자는 왕의 통치 연도)				이스라엘 왕국(숫자는 왕의 통치 연도)			
B.C. 741	3		1		3			
B.C. 740	4	2			4		베	
B.C. 739	5	3	아	(왕하 16:2) - 아하스는 예루살렘에서 치리 기간은 16년이지만, 북왕국에 가서 호세아를 지원한 기간이 있었다. 그는 '이스라엘의 아하스 왕'이라고도 불리며(대하 28:19), 북왕국의 치리 기간을 산정해야만 아하스와 히스기야의 나이 차이가 벌어져 부자 관계가 성립한다.	5			
B.C. 738	6	4			6			
B.C. 737	7	5			7			
B.C. 736	8	6	하		8		가	
B.C. 735	9	7			9			
B.C. 734	10	8			10			
B.C. 733	11	9	스		11			
B.C. 732	12	10			12			
B.C. 731	13	11			13			
B.C. 730	14	12			14		하반기	호세아 왕조(9년간), 호세아 즉위(왕하 17:1)
B.C. 729	15	*(1) 아하스*		- ( )는 북왕국 치리 기간	15	1	호	
B.C. 728	16	*(2) (북왕국)*		(왕하 15:33)	16	2		
B.C. 727	17	13	하반기	아하스 정식 즉위(왕하 16:1), (왕하 18:1)	17	3	세	
B.C. 726	18	*(3)*	1		18	4		
B.C. 725	19	*(4)*	2		19	5	아	
B.C. 724	20	*(5)*	3		20	하반기	6	베가의 사망(왕하 15:27), 호세아 단독 통치(왕하 15:30)
B.C. 723	14		4		7			사마리아 포위 시작(왕하 18:9)
B.C. 722	15		5		8			
B.C. 721	16		6	아하스의 죽음(왕하 16:2)	9			북왕국 멸망(왕하 17:1, 6, 18:10)
B.C. 720	7		히					

연도	유다 왕국(숫자는 왕의 통치 연도)			이스라엘 왕국(숫자는 왕의 통치 연도)	
B.C. 719	8				
B.C. 718	9	스			
B.C. 717	10				
B.C. 716	11	기			
B.C. 715	12				
B.C. 714	13	야			
B.C. 713	14		산헤립 1차 침공(왕하 18:13, 20:1, 6)		
B.C. 712	15				
B.C. 711	16				
B.C. 710	17				
B.C. 709	18				
B.C. 708	19	히			
B.C. 707	20				
B.C. 706	21	스			
B.C. 705	22				
B.C. 704	23	기			
B.C. 703	24				
B.C. 702	25	야			
B.C. 701	26		산헤립 2차 침공(왕하 18:17)		
B.C. 700	27				
B.C. 699	28				
B.C. 698	29		(왕하 18:2)		

연도	유다 왕국(숫자는 왕의 통치 연도)		이스라엘 왕국(숫자는 왕의 통치 연도)			
B.C. 697	1					
B.C. 696	2					
B.C. 695	3 므					
B.C. 694	4					
B.C. 693	5					
B.C. 692	6 낫					
B.C. 691	7					
B.C. 690	8					
B.C. 689	9 세					
B.C. 688	10					
B.C. 687	11					
B.C. 686	12					
B.C. 685	13					
B.C. 684	14					
B.C. 683	15					
B.C. 682	16					
B.C. 681	17					
B.C. 680	18					
B.C. 679	19					
B.C. 678	20					
B.C. 677	21					
B.C. 676	22					
B.C. 675	23					

연도	유다 왕국(숫자는 왕의 통치 연도)		이스라엘 왕국(숫자는 왕의 통치 연도)			
B.C. 674	24					
B.C. 673	25					
B.C. 672	26					
B.C. 671	27					
B.C. 670	28					
B.C. 669	29					
B.C. 668	30					
B.C. 667	31					
B.C. 666	32					
B.C. 665	33					
B.C. 664	34					
B.C. 663	35					
B.C. 662	36					
B.C. 661	37					
B.C. 660	38					
B.C. 659	39					
B.C. 658	40					
B.C. 657	41					
B.C. 656	42					
B.C. 655	43					
B.C. 654	44					
B.C. 653	45					
B.C. 652	46					

부록 유다와 이스라엘의 연대기

연도	유다 왕국(숫자는 왕의 통치 연도)			이스라엘 왕국(숫자는 왕의 통치 연도)			
B.C. 651	47	므					
B.C. 650	48						
B.C. 649	49						
B.C. 648	50	낫					
B.C. 647	51						
B.C. 646	52						
B.C. 645	53	세					
B.C. 644	54						
B.C. 643	55		(왕하 21:1)				
B.C. 642	1	아					
B.C. 641	2	몬	(왕하 21:19)				
B.C. 640	1						
B.C. 639	2						
B.C. 638	3						
B.C. 637	4	요					
B.C. 636	5						
B.C. 635	6						
B.C. 634	7	시					
B.C. 633	8						
B.C. 632	9						
B.C. 631	10	야					
B.C. 630	11						
B.C. 629	12						

연도	유다 왕국(숫자는 왕의 통치 연도)			이스라엘 왕국(숫자는 왕의 통치 연도)			
B.C. 628	13		예레미야의 예언 시작(렘 1:2)				
B.C. 627	14						
B.C. 626	15						
B.C. 625	16						
B.C. 624	17						
B.C. 623	18		성전 정화(왕하 22:3)				
B.C. 622	19						
B.C. 621	20						
B.C. 620	21						
B.C. 619	22						
B.C. 618	23						
B.C. 617	24						
B.C. 616	25						
B.C. 615	26						
B.C. 614	27						
B.C. 613	28						
B.C. 612	29		앗수르의 연대기 자료와 비교할 때 여호아하스의 3개월 치리는 요시야 제31년 이듬해의 제4월~제7월이다(왕하 22:1)				
B.C. 611	30						
B.C. 610	31	여호아하스					
B.C. 609	상반기	하반기	왕하 23:31(3개월 치리)				
B.C. 608	1		대하 36:9(여호야긴, 8세 즉위)				
B.C. 607	2	여	여호야김은 '제1년'에 아들인 여호야긴에게 제한적으로				

연도	유다 왕국(숫자는 왕의 통치 연도)			이스라엘 왕국(숫자는 왕의 통치 연도)
B.C. 606	3		통치권을 허용했다.	
B.C. 605	4	호	(렘 25:1, 36:1, 2, 45:1)	
B.C. 604	5		(렘 36:9)	
B.C. 603	6	야		
B.C. 602	7			
B.C. 601	8	김		
B.C. 600	9			
B.C. 599	10			
B.C. 598	11 하반기	여호야긴	3개월 치리, 18세(왕하 24:8)	
B.C. 597	1		(왕하 24:18)	
B.C. 596	2	시		
B.C. 595	3			
B.C. 594	4	드	(렘 28:1, 51:59)	
B.C. 593	5			
B.C. 592	6	기		
B.C. 591	7			
B.C. 590	8	야		
B.C. 589	9		예루살렘 포위 시작(왕하 25:1)	
B.C. 588	10		(렘 32:1,2)	
B.C. 587	11 상반기			

왕하 24:18, 25:2~4, 8(남왕국 멸망)
- 시드기야의 치리가 그해의 상반기에 끝났으므로 그해가 '시드기야 제11년'은 아니지만 그 후에 다른 왕이 이어지지 않아 달리 표현할 수 없으므로, 그해를 '시드기야 제11년'으로 부르는 것이다.

당신의 **하나님**, 나의 **하나님**, 그리고 우리 **하나님** **하**

솔로몬부터 예수 그리스도까지
성경 속 인물들로 믿음을 조명하다

1판 1쇄 인쇄 _ 2025년 9월 25일
1판 1쇄 발행 _ 2025년 9월 30일

지은이 _ 김종식
펴낸이 _ 이형규
펴낸곳 _ 쿰란출판사

주소 _ 서울특별시 종로구 이화장길 6
편집부 _ 745-1007, 745-1301~2, 747-1212, 743-1300
영업부 _ 747-1004, FAX 745-8490
본사평생전화번호 _ 0502-756-1004
홈페이지 _ http://www.qumran.co.kr
E-mail _ qrbooks@daum.net / qrbooks@gmail.com
한글인터넷주소 _ 쿰란, 쿰란출판사
페이스북 _ www.facebook.com/qumranpeople
인스타그램 _ www.instagram.com/qrbooks
등록 _ 제1-670호(1988.2.27)
책임교열 _ 이주련·김준표

© 김종식 2025 ISBN 979-11-24013-03-8 03230

책값은 뒤표지에 있습니다.
이 출판물은 저작권법에 의해 보호를 받는 저작물이므로 무단 복제할 수 없습니다.
파본(破本)은 구입처에서 교환해 드립니다.